認知臨床心理学

認知行動アプローチの展開と実践

丹野義彦[編集代表]

東京大学出版会

編集委員（*は編集代表）

丹野義彦*（第 V 部）

佐々木淳 （第 I 部）

杉浦義典 （第 II 部）

森脇愛子 （第 III 部）

石垣琢麿 （第 IV 部）

Development of Clinical Cognitive Psychology:
Evidence-based Approaches for Certified Public Psychologists
Yoshihiko TANNO *et al*., Editors
University of Tokyo Press, 2024
ISBN 978-4-13-011151-5

序 ● 認知臨床心理学の展開と実践
──公認心理師の業務にいかに役立つか

丹野義彦

1　入門から展開へ

　1996 年に『認知臨床心理学入門』（以下，『入門』と略）を刊行してから四半世紀が経過した．『入門』は 1991 年のドライデン＆レントゥル（編）"Adult clinical problems: A cognitive-behavioural approach" を翻訳したもので，不安・抑うつといった問題ごとに認知行動パラダイムを体系的に紹介している．

　この『入門』以降の世界的動向をふまえ，日本の認知臨床心理学の研究成果をまとめ，心理学の一分野としての認知臨床心理学を確立し，次の世代への架け橋とするために本書は編集された．そのうえで，公認心理師の仕事への認知臨床心理学の定着を図りたい．本書も，『入門』と同じく問題ごとの構成をとり，不安とストレス障害（第 I 部：佐々木淳編），反復思考（第 II 部：杉浦義典編），抑うつに関連した問題（第 III 部：森脇愛子編），幻覚・妄想および統合失調症（第 IV 部：石垣琢麿編），パーソナリティとそれに関連する障害（第 V 部：丹野義彦編）の 5 部からなる．

　『入門』で私が最も感銘を受けたことは，科学としての基礎心理学に裏づけられた臨床心理学という思想であった．当時から日本の心理臨床学は基礎心理学との交流が少なく，時に対立するような風潮もあり，両者をいかに橋渡しするかが課題となっていた．そうした中で本書を読み，まさに求めていたものに出会った．その感銘から翻訳し，幸いなことにこの本には反響があった．

2　なぜ「認知」なのか

　心理学が科学として独立したのは行動主義心理学による．行動主義から生ま

れたのが行動科学パラダイムであり行動療法である．一方，1970年代にはコンピュータ科学による「認知革命」が起こり，認知科学パラダイムが生まれ，認知心理学が確立した．この頃から心理学の主流は行動主義心理学から認知心理学へと移行する．当時の私はこの移行のはざまにいた．

認知心理学の影響を受けて認知療法が誕生する．両者の結びつきについては意外に知られていない．ベック（Beck, A. T.）は精神科医であり，臨床経験から認知療法を生み出したが，周囲にいた多くの心理学者と共同で，スキーマ理論や推論の誤りといった認知心理学の理論を用いて定式化した．これによって心理学者が認知療法の理論を理解しやすくなった．認知療法は「認知で感情をコントロールする」という感情心理学の理論でもある．

行動療法と認知療法はのちに統合されて認知行動療法（以下，CBT）と呼ばれるが，共通点は基礎心理学に裏づけられた技法であることである．前述の「求めていたものに出会った」というのはこのことだった．

3　世界のパラダイムシフトとの出会い

『入門』で強調されたことは，行動療法も認知療法も単なる治療技法ではなく，パラダイム（基礎心理学の理論，アセスメント，異常心理学，治療技法などの統合）をなすという点である．だから，治療技法を学ぶためには，行動科学と認知科学の両方のパラダイム全体を理解する必要がある．そのために専門学校ではなく，大学院での訓練が必要なのである．その大学院での教育理念こそが，科学者―実践家モデルである．

今から思えば，『入門』との出会いは，世界のパラダイムシフトとの出会いであった．その頃，世界のメンタルヘルスの専門家の間では，大きなパラダイムシフトが起こっていた．すなわち，CBT，エビデンスに基づく実践，科学に裏づけられた実践の確立である．

こうした世界の動きを伝えるために，2001年から，「講座臨床心理学」全6巻（東京大学出版会）を，下山晴彦氏と編集した．2003年からは「叢書　実証にもとづく臨床心理学」全7巻（東京大学出版会）を刊行し，臨床心理学の新しい姿を提示した．

序　認知臨床心理学の展開と実践——公認心理師の業務にいかに役立つか

4　認知臨床心理学は公認心理師の業務にどう役立つか

2017 年には公認心理師法が施行され，待望の国家資格が動き出した．日本の心理学史上画期的なことであった．その制度を決めるために，国の公認心理師カリキュラム等検討会のもとにワーキングチームが設けられ，私も日本学術会議から構成員として参加した．それ以来，公認心理師制度は私のライフワークとなっている．公認心理師制度には，世界的なパラダイムシフトを反映して，科学者—実践家モデルやエビデンスに基づく実践の理念が反映されている．

以下では，認知臨床心理学が公認心理師の業務にいかに重要であるかを述べたい．

アセスメントと認知臨床心理学

公認心理師の第一の仕事は，心理アセスメントである．認知臨床心理学では「認知行動アセスメント」と呼ばれる．本書でも，第 3 章で睡眠のアセスメント，第 7 章でマインドワンダリングの測定，第 12 章で自己内省・洞察尺度，第 16 章で幻聴のアセスメント，第 18 章でパーソナリティ症のアセスメント，第 20 章で完全主義尺度などの技法が紹介されている．

また，精神病理の発生・維持のメカニズムを実証的に調べる研究分野が「認知行動病理学」であり，本書でも第 5 章，第 9 章，第 10 章，第 15 章，第 21 章などで，いろいろな認知行動モデルが紹介されている．

心理的援助と認知臨床心理学

第二の仕事は，要支援者とその関係者に対する心理的支援であり，認知臨床心理学では CBT が重視される．公認心理師の業務でも CBT は重視されている．大学院では「行動論・認知論に基づく心理療法」すなわち CBT が必修である．本書でも，CBT（第 1 章は不安症，第 2 章は社交不安，第 3 章は不眠症，第 16 章は統合失調症に対する）をはじめ，第 6 章でメタ認知療法，第 7 章でマインドフルネス，第 17 章でメタ認知トレーニング，第 20 章で怒りコントロールなどの重要な技法が紹介されている．また，第 18 章ではビッグ 5 理論から見た技法の

iii

分類と開発が論じられる．なお，実践心理学の全体像については，佐々木淳『こころのやまいのとらえかた』（ちとせプレス，2024年）がわかりやすい．

CBTが重視される背景には，公認心理師の業務のエビデンス（科学的根拠）が厳しく問われるようになったことがある．2022年度厚生労働省の障害者福祉事業「公認心理師の多様な活躍につながる人材育成の在り方に資する調査」においては，現場の公認心理師がエビデンスに基づき実践することが重要だとしている．この調査では，公認心理師の「段階的到達目標」を作成しており，その中項目「エビデンスに基づき実践する」では，就職後5年目の到達目標として，「臨床実践のプランニングにおいて，関連する臨床試験のエビデンスや診断ガイドライン等を活用できる」「自らの心理実践の有効性について客観的な指標を用いて評価」するといったスキルが挙げられている．

心の健康教育と認知臨床心理学

第三の仕事は心の健康教育である．心の健康を増進する教育や情報提供であり，科学的根拠に基づく情報を提供する必要がある．本書では，第3章でモバイルヘルス，第4章でストレス軽減，第8章でコロナ禍での心理教育，第13章で自殺予防のための援助希求行動促進，第14章で精神病症状体験の予防，第18章でビッグ5カウンセリングなどが挙げられている．本書ではアナログ研究（臨床群ではなく非臨床群を対象にした研究）の成果が多く語られているが，心の健康教育の資料の宝庫である．

養成と認知臨床心理学

公認心理師の養成では，大学において基礎心理学を勉強し，科学的な考え方や判断力を身につける．そのうえで実践心理学の知識を身につけ，大学院の実習で技能を学ぶ．つまり，養成の基本理念は「科学者―実践家モデル」である．

大学で学ぶ25科目の中では，学習・言語心理学において，学習の原理や行動主義・行動療法の基礎を学ぶ．また，知覚・認知心理学において，認知のメカニズムや認知療法の基礎を学ぶ．心理学研究法，心理学統計法，心理学実験などの科目では，科学的な思考法や方法論を身につけ，エビデンスの原理とその重要性を学ぶ．

他にも基礎心理学のいろいろな領域から新しい臨床理論や研究が生まれてくる. 本書でも, 例えば, 第2章で認知神経科学, 第8章で社会心理学, 第18章でパーソナリティの生物—心理—社会モデルなどが挙げられ, この点でも基礎心理学の教育は重要である.

科学者—実践家モデルの充実

欧米では大学では基礎心理学を学び, 大学院で初めて実践に触れるのに対し, 日本の公認心理師制度では, 大学で基礎心理学と実践心理学の両方を学ぶため, 基礎心理学が不十分である. 今後充実を図っていく必要がある. 基礎心理学と実践心理学とを結びつけ, 科学者—実践家モデルを促進するために, 2018年には養成団体「公認心理師養成大学教員連絡協議会（公大協）」と職能団体「公認心理師の会」が創設された. 両団体ともに科学者—実践家モデルを基本理念とし, 協力して活動している.

最後に, 私が関わった東京大学出版会の本はこれで27冊目となる. これまでお世話になった歴代編集部の伊藤一枝さん, 後藤健介さん, そして本書を完成に導いていただいた小室まどかさんに心より厚くお礼申しあげたい.

2024年8月　編集委員を代表して

目　次

序　認知臨床心理学の展開と実践
　　——公認心理師の業務にいかに役立つか ………………………（丹野義彦）　i

第Ⅰ部　不安とストレス障害　1

第1章　不安症 …………………………………………………（佐々木淳）　3

　1　変化する不安症概念　3

　2　認知行動療法の社会的展開　4

　3　不安症研究の対象の拡大　6

　4　より身近な認知行動療法に向けて　8

　5　今後の展望　10

第2章　社交不安症 ………………………………………………（星野貴俊）　15

　1　疾患概念および名称の変遷　15

　2　社交不安症の認知行動療法的治療モデル　17

　3　社交不安症に関連する心理学的諸要因の実証研究　19

　4　認知神経科学からのアプローチ　23

第3章　睡眠と不安 ………………………………………………（高野慶輔）　29

　1　診断的定義と測定　29

　2　これまでの研究の経緯と現在地　30

　3　心理社会的支援との関わり　35

　4　今後の展望　36

第4章　ストレス・不安と認知機能 …………………………（林　明明）　41

　1　ストレスと認知機能　41

　2　急性ストレスが記憶に与える影響　45

　3　心理社会的支援との関わり　49

　4　今後の課題　50

vii

目　次

第II部　反復思考　53

第5章　不安と認知バイアス　………………………………………（守谷　順）　57

1　注意バイアスのモデルの発展　57
2　注意バイアスの発達　67
3　注意バイアスと介入との関係　70
4　今後の展望　72

第6章　反復思考　…………………………………………………（杉浦義典）　77

1　反復思考の理論モデル　78
2　反復思考の新たなモデル——対比の回避理論　83
3　反復思考の言語的な特徴　85
4　マインドワンダリング——反復思考の上位概念　87

第7章　マインドワンダリング　…………………………………（飯島雄大）　95

1　マインドワンダリングとは　95
2　マインドワンダリングの測定　96
3　マインドワンダリングの適応的な機能　97
4　マインドワンダリングの不適応的側面　99
5　マインドワンダリングと反復思考　101
6　マインドワンダリングを低減させる方法　103
7　今後の展望　104

第III部　抑うつに関連した問題　109

第8章　抑うつと心理社会的側面　………………………………（森脇愛子）　113

1　抑うつとは　113
2　抑うつとストレッサーと認知，対処　115
3　抑うつと対人的諸側面　118
4　今後に向けて　123

第9章　抑うつと記憶　……………………………………………（小林正法）　127

1　自伝的記憶と抑うつ　128

目　次

2　エピソード的未来思考と抑うつ　129

3　記憶の制御と抑うつ　131

4　抑うつに対する記憶面からの心理社会的支援　137

5　まとめと今後の展望　139

第10章　注意機能と抑うつの関係 ………………………………(西口雄基)　145

1　非機能的認知と認知バイアス　145

2　抑うつと注意バイアス　146

3　認知バイアス修正法——認知バイアス研究を実践につなぐ　150

4　抑うつと実行注意　152

5　抑うつと注意機能の研究のこれから　155

第11章　抑うつと自己注目 ………………………………………(森　正樹)　157

1　悩むことの二面性　157

2　自己注目の適応的機能の検証——問題解決に着目して　160

3　適応的な自己注目を特徴づける要素——脱中心化に着目して　169

4　問題解決・脱中心化に着目した研究のまとめ　174

第12章　自己洞察 …………………………………………………(中島実穂)　177

1　自己洞察とは何か　177

2　自己洞察と心理的適応　183

3　自己洞察の向上方法　185

4　公認心理師の実践における自己洞察　186

第13章　自殺予防と援助希求行動 ………………………………(山内貴史)　191

1　人はなぜ自殺するか　191

2　自殺の危険因子　193

3　自殺のリスクと援助希求行動（援助要請行動）　196

4　援助希求行動を促進する環境要因　198

5　COVID-19 流行下での援助希求行動と自殺関連行動　200

6　自殺予防と援助希求行動の促進に向けて　201

ix

目　次

第IV部　幻覚・妄想および統合失調症　205

第14章　一般人口における精神病症状体験 ………………………(山崎修道)　209

1　思春期の精神病症状体験　209
2　精神病症状体験や精神疾患の要因への注目　216
3　心理社会的支援との関わりと今後の展望　219

第15章　被害観念と社交不安 ………………………………………(森本幸子)　225

1　被害観念とは何か　225
2　被害観念と社交不安　231
3　被害観念と社交不安の事例と弁別　233
4　今後の展望　237

第16章　幻聴への認知的アプローチ ………………………………(古村　健)　241

1　幻　聴　241
2　幻聴の認知モデル　243
3　日本における幻聴の認知モデル研究の展開　250

第17章　メタ認知トレーニング ……………………………………(石垣琢麿)　255

1　メタ認知　255
2　メタ認知と認知バイアスの臨床的意義　258
3　メタ認知トレーニングの実際　260
4　治療効果と今後の展望　265

第V部　パーソナリティとそれに関連する障害　273

第18章　パーソナリティ理論と公認心理師の実践
　　　　──ビッグ5理論の可能性 ………………………………(丹野義彦)　275

1　ビッグ5理論の成果と利点──プラットフォームとしてのビッグ5理論　275
2　パーソナリティ症をビッグ5理論から理解する　277
3　精神疾患をビッグ5理論から理解する　280
4　ICD-11のパーソナリティ症とビッグ5理論　280
5　公認心理師の実践とビッグ5理論　282
6　ビッグ5カウンセリングの試み　285

目 次

7 ビッグ5理論の可能性——臨床的ポテンシャルを引き出そう 290

第19章 完全主義の臨床心理学 ……………………………(小堀 修) 293

1 公認心理師が完全主義者と出会う時 293

2 完全主義者とは何者なのか 295

3 完全主義の二面性——ポジティブとネガティブ 301

4 自己志向的完全主義の持つ二つの過程 304

5 今後の展望と完全主義研究の始め方 306

第20章 攻撃性と精神病理 ……………………………(上野真弓) 311

1 攻撃性とは 311

2 怒りとは 312

3 攻撃とは 313

4 攻撃性と精神疾患 314

5 攻撃性と心理的支援 319

第21章 冷たい（基礎）と温かい（臨床）のあいだ …………(浅井智久) 325

1 自己研究への旅 325

2 心理物理学——多感覚の科学 326

3 精神病理学——幻覚の科学 329

4 認知神経科学——自己の科学 334

5 認知臨床心理学——主観と客観の科学 338

6 脳と心の距離感 340

人名索引 343
事項索引 345

第 I 部

●

不安とストレス障害

第Ⅰ部は「不安とストレス障害」を扱っている．近年，診断基準において不安症とストレス障害は区別されたが，精神症状の生物学的基礎自体はオーバーラップしている部分が多い現象である．第1章では，「不安症」と題してこの領域について，社会的な展開も含めた動向の俯瞰的な概観を行った．これは第Ⅰ部のその他の章および第Ⅱ部との重複を避ける意味もあるが，『認知臨床心理学入門』の発刊の時期に日本では黎明期にあった認知行動療法の発展をたどっていくことで，認知臨床心理学の今後の発展の方向性を描く意味がある．

第2章は，第1章と同様，歴史的な展開を踏まえることが重要な精神障害の一つである社交不安がテーマである．日本では対人恐怖症とされ，海外での社会恐怖や社交不安症とは別の症状が指摘されてきた．この章ではそうした異同についての議論を紹介した上で，いくつかの著名な社交不安症の認知行動モデルの姿を描き出す．そして，それぞれに共通している認知的変数を概説し，認知神経科学からの最近の発展的な話題を紹介しており，興味深い．

第3章は，身近な話題であるものの，『認知臨床心理学入門』ではクローズアップされていなかった睡眠がテーマである．認知や行動が大きく睡眠に影響することをとらえるばかりでなく，生物学的要因，身の回りの刺激など，生物—心理—社会モデルへと視野を広げる必要性とその好例を提供しているとも言える．睡眠の問題のどういった側面に改善すべき点を見つけるのか，その着眼点も臨床的なセンスにあふれている．

第4章は，ストレスおよびストレス障害についての研究を扱っている．不安もそうであるが，ストレスも害のある側面だけではないことに目配りをしたレビューであり，ストレスの本質とは何かを考えさせてくれる．不安症とPTSDの差異は，そもそもの海馬の違いから現れると言われているが，第4章のレビューは記憶機能についての研究知見にあふれているし，ストレスの実験課題にも詳しいため，参考になる．

第Ⅱ部においても不安やストレス障害に関連する話題が網羅されているが，第Ⅱ部のほうはより認知的側面そのもののメカニズムに焦点を当てる傾向にあるのに対して，第Ⅰ部のほうはより精神症状や精神障害に力点があると言える．相互に関連づけながら，認知的に精神障害を検討する世界観をより深く理解してほしい．

第1章●不安症

佐々木淳

1　変化する不安症概念

　1996 年に刊行された『認知臨床心理学入門』（ドライデン＆レントゥル，1996：以下，『入門』）は，日本に実証的な精神病理の理解の体系を導入し，その進展の基礎となった点で画期的であった．1960 年代からうつ病への認知療法が展開される中，1970 年代から不安症における認知内容や特異性についての検討（Beck *et al.*, 1974; Beck & Emery, 1985）が現在の不安症の認知行動理論の大きな源流の一つになっている．主要な認知的アプローチ研究の多くは第Ⅰ部をはじめとした章に紹介されているだけでなく，診断横断的にも重要なものが多い．そこで本章では『入門』から現在に至るまでに不安症とその研究および臨床がどのように発展したのか，日本社会においてどのような展開を見せてきたのかを概説する．

　まず，『入門』は DSM-Ⅲ-R（American Psychiatric Association, 1987）に基づいていたが，診断体系に変化があったことを記さなければならない．塩入（2018）によると，不安症は前頭前皮質の機能が低下したり，扁桃体が病的に活性化したりすることが共有された特徴となっており，HPA（hypothalamic-pituitary-adrenal axis：視床下部―下垂体―副腎系）系や交感神経系の亢進につながる．不安症では海馬の体積は一般的には保たれているのに対し，PTSD（post traumatic stress disorder：心的外傷後ストレス障害）患者の海馬の体積はトラウマを受ける前においても小さく，うまく機能しない可能性が指摘されている．そして，強迫症（obsessive compulsive disorder：OCD）では「OCD ループ仮説」，つまりセロトニン神経系が関与する皮質・線条体・視床・皮質といった回路（cortico-striato-thalamo-cortical circuit：CSTC）が重視されている．こうしたメカ

3

第 I 部 不安とストレス障害

ニズムの違いを反映して，現在の DSM-5-TR（American Psychiatric Association, 2022）では，強迫症群と PTSD や急性ストレス障害は不安症から区別され，「分離不安症」「選択性緘黙」「限局性恐怖症」「社交不安症」「パニック症」「広場恐怖症」「全般不安症」「物質・医薬品誘発性不安症」「他の医学的疾患による不安症」などから不安症が構成されている．なお，DSM-5 の日本語版からは，「不安障害（anxiety disorder）」ではなく，「order（正）が dis（外れた）」という本質を踏まえて，不安「症（disorder）」という文字を当てることになった（清水他，2014）のは特筆すべき点だろう．つまり，苦痛や社会的機能の低下は伴うものの，健常な状態との連続性が強調されたと言える．

2 認知行動療法の社会的展開

『入門』から 10 年後の 2006 年に発刊された『不安障害の臨床心理学』（坂野他，2006）では，エビデンスに基づく実践や生物─心理─社会モデルのさらなる普及が求められていたが，そこから 18 年経った 2024 年現在では，認知行動療法（cognitive behavioral therapy：CBT）を基軸としてこうしたケアのあり方が日本に根づいてきたことがわかる．不安症に対するセルフヘルプ本はもとより，様々な CBT のマニュアル本の出版，さらにはマインドフルネスやメタ認知療法など，「第三世代の CBT」に関する出版も相次いで行われている．そして，不安症に限らず，うつ病など感情の調節障害を持つ精神障害に対する統一プロトコル（Unified Protocol）（バーロウ他，2012）も日本に紹介されるに至っている．

2007 年には厚生労働省「パニック障害研究班」が主体となり，日本不安障害学会（現在の日本不安症学会）が設立されることになった．これは SSRI と呼ばれる抗うつ薬の登場前後から，発症頻度が高いにもかかわらず受診率が低く，かつ社会的機能が低くなることに，また最近では難治性うつ病の先駆障害として，不安症に注目が及んだことによるという（学会ホームページより要約）．そして，この学会に参加する研究者や臨床家を主体として，CBT の標準的治療マニュアルの作成と効果研究が実施されるようになった．その結果，2010 年のうつ病への CBT に続き，2016 年には社交不安症，強迫症，パニック症，心的外傷後ストレス障害（PTSD）への CBT が診療報酬の対象となった．つまり，

4

保険医療機関において標準的マニュアルに基づきながら治療計画の作成と説明を行い，認知療法・CBT を行った場合に，計 16 回に限り診療報酬が得られるようになった．2023 年 12 月までにはもう一つ，神経性過食症が診療報酬の対象に加わったが，残念ながらこれらは医師と看護師が実施する CBT のみであり，公認心理師による CBT が強く期待されている状況である．このように，学会や国を挙げて標準的マニュアルを作成し臨床試験を行うことで，不安症への CBT が保険制度に根づくこととなり，社会からの後押しを得ることができたのは非常に重要な進展であろう．近年，『エビデンスに基づく認知行動療法スーパービジョンマニュアル』（ミルンとライザー，2022）が紹介されているが，これは社会制度面での充実による認知行動療法の広まりを反映しており，期待に応える人材を育成する意味が込められていると考えられる．

　それとも関連して，CBT を行う上で忘れてはいけないことは，治療関係に配慮をすることである．不安症についてのエビデンスベイスドな治療の効果を最大限に発揮するには，治療関係への着目が不可欠である．アメリカ心理学会（American Psychological Association：APA）ではすでに 2000 年代の初めには治療関係の実証的な評価や効果への貢献に関心が置かれており，心理療法推進部会（第 29 部会）とカウンセリング心理学部会（第 17 部会）が共同して「エビデンスに基づく関係性と反応性に関する第 3 回 APA 部会間タスクフォース」が結成され，2018 年にはメタ分析結果の更新をもとに，「明らかに効果がある」もの九つ，「おそらく効果がある」もの七つなどを評価し，提言を行っている（Norcross & Lambert, 2018）．

　不安症の CBT に関して，Luong *et al.* (2020) のシステマティックレビューは，治療結果における治療関係の変数（例えば，グループの結束，共感，フィードバック，目標の合意，協働，感情の表現，治療への信頼，肯定的評価と温かさ，結果への期待，アライアンス，および，アライアンスの断絶―修復など）の重要性を 50 個の研究からまとめたものであり，興味深い．その結果，Norcross & Lambert (2018) で「明らかに効果的」と評価されていた「グループの結束（group cohesion）」と，「おそらく効果的」とされていた「結果への期待（outcome expectation）」の重要性が示された（ただし，さらなる研究の蓄積によってより明確な結論が得られるはずの治療関係の要素は他にもあった）．「グループの結束」については，

第Ⅰ部　不安とストレス障害

集団療法の中で各参加者とのつながりが効果に影響を与えていること,「結果への期待」は,期待が期待を呼び,よい結果がさらなる結果をもたらすことを示している.不安症への CBT はエクスポージャー療法を含むため,アライアンスは潜在的に重要な要因となると予想されるが,結果への影響には幅があることが明らかになった.これにはアライアンスの測定時期による効果の違いが影響していた可能性がある (Luong *et al.*, 2020).換言すれば,不安症においても,治療関係をモニターすること,感じ取り続ける必要性があることを示唆している.日本でも,カザンツィスら (2023) やベネット–レビーら (2015/2021) に代表されるような,CBT の治療関係やセラピストの内省力の構築に主に軸足を置く書籍が見られるようになった.こうした取り組みは不安症への CBT を後押しするものとなるだろう.

　また,不安症の予防に向けた心理的介入や心理教育の取り組みも積み重ねられてきている.例えば,Moreno-Peral *et al.* (2017) のメタ分析は,統制群と比較して予防群が不安の発症率を 43% ほど低減させているものの,有意な改善が認められないランダム化比較試験 (randomized controlled trial：RCT) も多いことがわかった.こうしたことから,Moreno-Peral *et al.* (2020) のシステマティックレビューでは,不安症の予防効果への調整要因についての検討を行っている.そこで抽出された研究では,ライフイベント,介入の特徴 (セッションの回数など),臨床的特徴 (ベースラインでの不安やうつの得点の高さや親の心理的問題の状況),認知的変数 (注意バイアスやワーキングメモリなど),対人的機能 (家族構成や家族からの支援など),デモグラフィック (年齢や性別,社会経済的状況など) といった調整要因が検討されていたが,研究数の不足から不安症に対する調整効果に関する結論は出ていない.今後の研究が期待される.

3　不安症研究の対象の拡大

　『入門』は認知行動理論の発展のみならず,CBT の普及のバックボーンとして大きな意義があったと言えるが,そこで紹介されていたのは,主に成人に対する認知行動理論と CBT の姿であった.しかし,支援や予防を考えるのであれば,子どもやその家族に対する理解が重要であるのは想像に難くない.

石川（2017）によると，すでに 1994 年には子どもの不安症の CBT の RCT が行われているという．また，Walkup *et al.*（2008）の多施設共同 RCT 研究では，488 人の不安症の子ども（7〜17 歳）を対象としたが，CBT とセルトラリンという薬剤，それぞれの効果はプラセボよりも有意に高い上，双方を組み合わせた群で顕著な改善を示した子どもの割合が一番高いこと，追跡研究（Piacentini *et al.*, 2014）において，8 割以上の子どもに効果が持続していたことを紹介している．日本においても，Ishikawa *et al.*（2019）が 8〜15 歳の不安症の児童・青少年 51 人に対して，日本文化に適応を図ったプログラムの RCT を報告しているが，待機群の 12％ と比べ，治療群は 50％ が診断されない状態となり，有意な効果が確認された．さらに，治療条件の参加者は，臨床的重症度と抑うつ状態の自己報告などに大きな効果量の有意差が見られ，3 カ月後，6 カ月後のフォローアップにおいても，不安症と診断される子どもが有意に減少していた．こうして日本でも子どもの不安症に対する認知行動療法の導入が進んでいる．

また，先に論じたように個人の不安症に関する認知行動理論の流れから，その周囲，特に家族への着目が行われるようになってきた．Lawrence *et al.*（2019）によると，親が不安症でない場合と比較すると，親が不安症である子どもが不安関連の問題を呈するリスク比は 1.76 にも上る．親に不安への遺伝的な脆弱性があるとすると，子どもにその脆弱性が引き継がれる可能性が高く，また親に現れている不安な認知や行動をモデリングすることで子どもが不安を学習していく．例えば，親が子どもに対して過保護であったり過制御したりすることや，子どもが回避的な対処を身につけることが指摘されている（Murray *et al.*, 2009; Chapman *et al.*, 2022）．

Ginsburg *et al.*（2015）の研究は，不安症の親を持つ子どもの不安症の発症を予防するための，家族に対するプログラムであり，親と子どもの持つ修正可能な不安のリスク要因（親：不安を高めるような行動や不安のモデリング，子どもに対して過保護にしたり過制御したりすることなど，子ども：社会的状況を回避すること，不適応な認知，不安の症状など）をターゲットとしていた．その結果，1 年間の追跡調査期間の間で，情報だけを与えられた対照群は，予防群と比較して 7 倍の子どもが不安症を発症していた．また，介入後やフォローアップ時において，

第I部　不安とストレス障害

対照群と比較すると予防群は不安症状の重症度が中〜大の程度で効果量が低くなっていた．ただし，親の不安のみを治療すれば世代間連鎖が防げるかについては，Chapman *et al.*（2022）がシステマティックレビューを試みているが，そうした研究知見はまだ得られておらず，親だけでなく子どものメンタルヘルスにまで視野を広げてアウトカムを測定することの必要性が論じられている．

　他にも，海外では周産期における不安症への着目がなされるようになっているのも特筆すべき点であろう．実に，周産期にはうつ病よりも不安症のほうが高頻度であると言われている．Maguire *et al.*（2018）によると，周産期における不安は，母親の健康や母子関係だけでなく，子どもの発達や不安定な愛着へのリスクが高まる可能性がある．Maguire *et al.*（2018）は，周産期の不安症状へのCBTの有効性を13個の研究のメタ分析から示しているが，他の年代と同様に，周産期の女性についてもCBTが有効であることを報告している．うつ病や診断横断的な技法を含むよりも，不安症に特化した技法を含むほうが効果量が大きくなる可能性を見出しているが，研究間の結果のばらつきも大きいため，今後の詳細な検討が必要であるとしている．

4　より身近な認知行動療法に向けて

　WHO（世界保健機関）（World Health Organization, 2017）は非致死性の健康損失のうち，第6位に不安症を数えている．また，Alonso *et al.*（2018）によると，21カ国5万人を超えるデータから，12カ月有病率でDSMの不安症を持っている人が9.8%であるのに対して，ケアの必要性を感じていたのはそのうち41.3%にとどまること，また不安症を持っている人の27.6%ほどしか治療を受けておらず，しかも一定条件下の薬物療法や補完代替療法，心理療法など適切な治療を受けていたのは9.8%にとどまっていることが明らかになった．必要な人に適切な支援を提供できるように工夫が必要であると言える．

　遠隔心理学（telepsychology）とは，日本においてはコロナ禍を経てより注目を浴びることとなったものであり，"遠隔通信を使用した心理学的サービスの提供"のことを意味する（American Psychological Association, 2013）．様々な国と地域の遠隔支援の既存のガイドラインをMcCord *et al.*（2020）が統合している

8

第 1 章　不安症

が，"Telehealth Practice Domains" が九つ（心理療法，アセスメント，スーパービジョンなど），"Setting" が七つ（地域のクリニック，病院，学校など），そして "Delivery Modality" として，アプリ，電子メール，電話，テキスト，ビデオ会議，ウェブの六つが挙げられている．インターネットなどのデジタルな手法を用いた支援は，参加者のドロップアウトが多いことが危惧されていたが（Eysenbach, 2005），不安症におけるこうした手法の臨床試験を見る限りでは，適格基準を満たす人の多くは治療を完了することが示されている（Bisby et al., 2022）．また，アプリの発展も目覚ましいものがあり，Szuhany & Simon (2022) は，サブクリニカルあるいは軽度の不安を持つ人や，不安を軽減させる意欲が強い人にとって，こうした方法が 1 段階目として有用であると紹介している．

これまで様々な対象に対する遠隔 CBT の有効性が示されているが（Andrews et al., 2018; Carlbring et al., 2018），不安症の中でもパニック症を例にとると，遠隔 CBT と一口に言っても，治療者の関与度には低強度と高強度があり，さらにウェブで行う場合もあれば，電話などを使うこともある．Efron & Wootton (2021) は，こうしたセッティングを踏まえて遠隔 CBT の効果を整理している．21 の効果研究のメタ分析から，遠隔 CBT は受動的な対照群よりも効果的であり，対面 CBT と同等の効果を持っていることが明らかになった．また，インターネット実施型，ビデオ会議実施型，読書療法型の CBT は，いずれも治療前後において大きな効果量を示していた．この知見は，遠隔 CBT を進める上での安心材料として大きな意義があると言える．

日本でのインターネット CBT の動向に詳しい松本 (2022) は，不安症に加えて，強迫症，うつ病，摂食障害についての研究をレビューしているが，パニック症と社交不安症への取り組みや，Clark & Wells (1995) の社交不安症の認知行動モデルに基づいた取り組みがあることを紹介している．後者については，日本文化に適合させたインターネット CBT の受容性および予備的効果を検討した Yoshinaga et al. (2023) は，参加者の 60% が寛解したこと，また 7% の脱落にとどまったことを報じており，今後の成果が期待される．

第Ⅰ部　不安とストレス障害

5　今後の展望

『入門』が記された時代から実に30年近くが経過した．以上で見てきたように，不安症という概念はより身近なものとなっただけでなく，子ども，そして親と子どもといったように，個人の持つ不安にとどまらず，不安を介した人間関係のシステムへと視野を広げてきたと言える．そしてこのことは，治療から予防に視野が広がっていくという意義も併せ持っている．ただし，先に見たように，不安の心理教育や治療関係についてはまだ研究の蓄積が不足していた．これは従来の個人の認知行動理論を他者とのシステムへと視野を拡張させる必要性を物語っているのかもしれない．

　公認心理師法は第42条に他職種連携を謳っている．これは単に心理検査や心理療法を行うだけでなく，他の専門職とのシステムの中でクライアントをケアしていくことを意味する．著名な医学誌 *Lancet* に掲載された不安症のセミナー論文（Penninx *et al.*, 2021）において，薬物療法と心理療法が同様に第一選択であるとしつつも，今後検討するべき課題として，クライアントの選好要因を研究する必要性を論じている．これはクライアントが望む治療を選択することがドロップアウトやアライアンスに影響する（Windle *et al.*, 2020）という知見による．前述のように，日本でもコロナ禍が契機となって，既存の医療機関や相談機関以外に，ケアや啓発をインターネットで展開する試みが加速している．家族や地域システムの中にいる不安症のクライエントを見つけ，支援リソースのシステムの中からその人の希望する支援を探し出すこと，またその人を支える支援リソースのプレイヤー間で最適な状態へとコーディネートするのが公認心理師の仕事であると表現できるであろうか．不安症の研究と臨床に興味を持つ人たちの参加を期待したい．

引用文献

Alonso, J. *et al.*, & WHO World Mental Health Survey Collaborators (2018). Treatment gap for anxiety disorders is global: Results of the World Mental Health Surveys in 21 countries. *Depression and Anxiety, 35*(3), 195-208.

American Psychiatric Association (1987). *Diagnostic and statistical manual of mental disor-*

第 1 章　不安症

ders (*3rd ed., rev.*). American Psychiatric Press.

American Psychiatric Association (2022). *Diagnostic and statistical manual of mental disorders* (*5th ed., text rev.*). American Psychiatric Press.

American Psychological Association (2013). Guidelines for the practice of telepsychology. *American Psychologist, 68*(9), 791-800.

Andrews, G. *et al.* (2018). Computer therapy for the anxiety and depression disorders is effective, acceptable and practical health care: An updated meta-analysis. *Journal of Anxiety Disorders, 55*, 70-78.

バーロウ，D. H., フェアホルム，C. P., エラード，C. K., バッソー，C. L., ファーキオーニ，T. J. ／伊藤正哉・堀越勝（訳）(2012). 不安とうつの統一プロトコル――診断を越えた認知行動療法セラピストガイド　診断と治療社

Beck, A. T., & Emery, G. (1985). *Anxiety disorders and phobias.* Basic Books.

Beck, A. T., Laude, R., & Bohnert, M. (1974). Ideational components of anxiety neurosis. *Archives of General Psychiatry, 31*, 319-325.

Bennet-Levy, J., Thwaites, R., Haarhoff, B., & Perry, H. (2015). *Experiencing CBT from the inside out: A self-practice/self-reflection workbook for therapists.* Guilford Press.（佐々木淳（監訳）伊藤絵美・丹野義彦（監修）(2021). 体験的CBT――〈実践から内省への自己プログラム〉ワークブック　岩崎学術出版社）

Bisby, M. A., *et al.* (2022). A meta-analytic review of randomized clinical trials of online treatments for anxiety: Inclusion / exclusion criteria, uptake, adherence, dropout, and clinical outcomes. *Journal of Anxiety Disorders, 92*, 102638.

Carlbring, P., Andersson, G., Cuijpers, P., Riper, H., & Hedman-Lagerlöf, E. (2018). Internet-based vs. face-to-face cognitive behavior therapy for psychiatric and somatic disorders: An updated systematic review and meta-analysis. *Cognitive Behaviour Therapy, 47*(1), 1-18.

Chapman, L. *et al.* (2022). The impact of treating parental anxiety on children's mental health: An empty systematic review. *Journal of Anxiety Disorders, 88*, 102557.

Clark, D. M., & Wells, A. (1995). A cognitive model of social phobia. In R. G. Heimberg, M. R. Liebowitz, D. A. Hope, & F. R. Schneier (Eds.), *Social phobia: Diagnosis, assessment, and treatment* (pp. 69-93). Guilford Press.

ドライデン，W., レントゥル，R. ／丹野義彦（監訳）(1996). 認知臨床心理学入門――認知行動アプローチの実践的理解のために　東京大学出版会

Efron, G., & Wootton, B. M. (2021). Remote cognitive behavioral therapy for panic disorder: A meta-analysis. *Journal of Anxiety Disorders, 79*, 102385.

Eysenbach, G. (2005). The law of attrition. *Journal of Medical Internet Research, 7*(1), e402. doi: 10.2196/jmir.7.1.e11

Ginsburg, G. S., Drake, K. L., Tein, J. Y., Teetsel, R., & Riddle, M. A. (2015). Preventing onset of anxiety disorders in offspring of anxious parents: A randomized controlled trial of a family-based intervention. *American Journal of Psychiatry, 172*(12), 1207-1214.

石川信一 (2017). 日本における子どもの不安症に対する認知行動療法　不安症研究, *9*(1), 57-64.

Ishikawa, S. I. *et al.* (2019). A randomized controlled trial of a bidirectional cultural adaptation of cognitive behavior therapy for children and adolescents with anxiety disorders. *Behaviour Research and Therapy, 120*, 103432.

カザンツィス，N.，ダッティリオ，F. M.，ドブソン，K. S.／坂野雄二・青木俊太郎（監訳）（2023）．認知行動療法と治療関係——臨床家のためのガイドブック　金剛出版

Lawrence, P. J., Murayama, K., & Creswell, C. (2019). Systematic review and meta-analysis: Anxiety and depressive disorders in offspring of parents with anxiety disorders. *Journal of the American Academy of Child & Adolescent Psychiatry, 58(1)*, 46-60.

Luong, H. K., Drummond, S. P., & Norton, P. J. (2020). Elements of the therapeutic relationship in CBT for anxiety disorders: A systematic review. *Journal of Anxiety Disorders, 76*, 102322.

Maguire, P. N., Clark, G. I., & Wootton, B. M. (2018). The efficacy of cognitive behavior therapy for the treatment of perinatal anxiety symptoms: A preliminary meta-analysis. *Journal of Anxiety Disorders, 60*, 26-34.

松本一記（2022）．日本におけるインターネット認知行動療法研究の展望　不安症研究，*14*(*1*)，29-39.

McCord, C., Bernhard, P., Walsh, M., Rosner, C., & Console, K. (2020). A consolidated model for telepsychology practice. *Journal of Clinical Psychology, 76(6)*, 1060-1082.

ミルン，D. L.，ライザー，L. P.／鈴木伸一（監訳）（2022）．エビデンスに基づく認知行動療法スーパービジョンマニュアル　北大路書房

Moreno-Peral, P. *et al.* (2017). Effectiveness of psychological and/or educational interventions in the prevention of anxiety: A systematic review, meta-analysis, and meta-regression. *JAMA Psychiatry, 74(10)*, 1021-1029.

Moreno-Peral, P. *et al.* (2020). Moderators of psychological and psychoeducational interventions for the prevention of anxiety: A systematic review. *Journal of Anxiety Disorders, 76*, 102317.

Murray, L., Creswell, C., & Cooper, P. J. (2009). The development of anxiety disorders in childhood: An integrative review. *Psychological Medicine, 39(9)*, 1413-1423.

Norcross, J. C., & Lambert, M. J. (2018). Psychotherapy relationships that work III. *Psychotherapy, 55(4)*, 303.

Penninx, B. W. J. H., Pine, D. S., Holmes, E. A., & Reif, A. (2021). Anxiety disorders. *Lancet, 397*, 914-927.

Piacentini, J. *et al.* (2014). 24 and 36-week outcomes for the Child / Adolescent Anxiety Multimodal Study (CAMS). *Journal of the American Academy of Child and Adolescent Psychiatry, 53*, 297-310.

坂野雄二・丹野義彦・杉浦義典（2006）．不安障害の臨床心理学（叢書実証に基づく臨床心理学）　東京大学出版会

清水栄司他（2014）．「不安障害」から「不安症」への病名変更案について　不安障害研究，*5*(*2*)，116-121.

塩入俊樹（2018）．DSM 診断基準における不安症の変遷——半世紀の流れの中で　不安症研究，*10*(*1*)，10-19.

第 1 章　不安症

Szuhany, K. L., & Simon, N. M. (2022). Anxiety disorders: A review. *JAMA, 328(24)*, 2431–2445.

Walkup, J. T. *et al.* (2008). Cognitive behavioral therapy, sertraline, or a combination in childhood anxiety. *New England Journal of Medicine, 359(26)*, 2753-2766.

Windle, E. *et al.* (2020). Association of patient treatment preference with dropout and clinical outcomes in adult psychosocial mental health interventions: A systematic review and meta-analysis. *JAMA Psychiatry, 77(3)*, 294-302.

World Health Organization (2017). *Depression and other common mental disorders: Global health estimates* (No. WHO/MSD/MER/2017.2). World Health Organization.

Yoshinaga, N. *et al.* (2023). Preliminary evaluation of translated and culturally adapted internet-delivered cognitive therapy for social anxiety disorder: Multicenter, single-arm trial in japan. *JMIR Formative Research, 7(1)*, e45136. doi: 10.2196/45136

第2章 ● 社交不安症

星野貴俊

1 疾患概念および名称の変遷

社交不安症 (social anxiety disorder : SAD) とは，人前でのスピーチや発言のような他者から注目を浴びるかもしれない社会的場面，あるいは会食や雑談といった社交的なやりとりの場面において，自分が恥ずかしい思いをするような不適切な行動をとってしまうのではないかと激しい不安に駆られる状態のことである．また，強い苦痛からそのような社交場面を回避することにより，期待される役割や他者との交流が妨げられ，日々の生活や仕事に重大な支障をきたしてしまう社会生活上の困難を含む (Spence & Rapee, 2016)．

SAD は 1980 年の DSM-III において，「社会恐怖 (social phobia)」という名称で記載されて診断基準が示された．これにより，その病態が欧米で広く知られるようになったとともに多くの疫学的調査が実施され (Kessler *et al.*, 1994; Schneier *et al.*, 1992; Wittchen *et al.*, 1992)，生涯有病率の高さや社会機能面で重大な支障をきたすこと，うつ病やアルコール依存などの他の精神疾患と併存しやすいことなどが明らかとなった．一方で，「人前で話す」「人前で書字をする」「人前で飲食する」「公衆トイレを使用する」といった特定の行為状況に対しての恐怖という面が強調されており，特定の恐怖症 (specific phobia) の亜種として位置づけられていたと理解される (朝倉, 2015)．

その後，前述のような大規模疫学調査の成果が蓄積され，1994 年の DSM-IV においては社会恐怖とともに「社会不安障害」という名称が併記された．恐怖症としての対象限局性というよりも広範な対人交流への不安を抱きながら社会生活に支障を生じるという病態理解の変遷へとつながった．日本ではさらに，social anxiety disorder のより適切な訳語として，日本精神神経学会によ

15

第 I 部　不安とストレス障害

り「社交不安障害」へと変更がなされている．また，複数あるいはほとんどの
社交場面に対して不安を生じる「全般性（generalized）」というサブタイプ
が規定された他，赤面・震え・発汗といった社交場面での不安で現れる身体反
応への強い懸念も診断基準に明記された．2013 年に刊行された現行の DSM-5
（American Psychiatric Association, 2013）においては「社交不安症」という診断
名が採用されている．非全般性と全般性の区分，つまり苦痛となる対人状況の
汎化・多様化は，診断カテゴリというよりも重症度と関連する要因である
（Bögels *et al.*, 2010）と考えられるため廃止されており，代わってスピーチや演
技，演奏など限定的な状況における「パフォーマンス限局型」を特定するよう
変更がなされている．

　DSM-5 における特筆すべき変化として，これまで「人前で恥をかくことへ
の著しい恐れ・不安」が重視されてきたが，自分の振る舞いや不安症状の露呈
によって「他者から否定的な評価を受けることになると恐れている」ことが明
記され，より広い層の病態をとらえられるようになったことが挙げられる．さ
らに，このような自己主体性の不安だけではなく，「他者の迷惑になってしま
うのではないか」「拒絶されてしまうのではないか」といった他者主体性の不
安も盛り込まれたことにより，日本における対人恐怖症の概念との類似性が一
層高まったことが指摘されている（音羽・森田，2015）．

対人恐怖症との関連

　人前での著しい不安や緊張の様態について，日本では早くも 1930 年代には
対人恐怖症（Taijin kyofusho）という語で知られていた．精神科医の森田正馬に
よって初めて概念化がなされ，今日の SAD と共通する特徴に加えて，自己視
線恐怖，自己臭恐怖，醜形恐怖のように，自分の身体的欠点（と確信されている
部位）が他者に嫌な思いをさせるのではないか，悪い印象を与えるのではない
かとの悩みをも包含するより広い構成概念である．DSM-IV の時点では，対
人恐怖症は文化依存症候群（culture-bound syndrome）として日本および東アジ
ア文化圏に特有の症候であると記載されていたが，いくつかの文化比較研究に
おいて，日本や韓国といった東アジア文化圏と米国で対人恐怖症状の尺度評定
値や出現率に差異は見出されなかったとの報告がなされている（Choy *et al.*,

2008 ; Kleinknechat *et al.*, 1997). 先に述べたように，DSM-5 ではこのような他者主体性の不安も診断基準となっており，SAD と対人恐怖症の概念はますます接近してきたと言える．ただし，DSM-5 では自己視線恐怖，自己臭恐怖，醜形恐怖などの身体的欠点への（妄想的）確信を帯びた症状については，妄想性障害（delusional disorder）の身体型，あるいは醜形恐怖症／身体醜形障害（body dysmorphic disorder：BDD）といったカテゴリーに散逸してしまうと考えられ，これらを BDD のような強迫症として検討すべきか，あるいは SAD に関連した症状として検討すべきかの診断学的な議論もある（朝倉，2015）が，これらの症状については他の資料を参照されたい（例えば，Kelly *et al.*, 2013）．

　以下では，まず SAD の症状の発生や維持を説明するいくつかの認知行動モデルを取り上げ，次いで SAD の認知行動病理の理解に重要な心理学的諸要因を検討した実証研究について概観する．

2　社交不安症の認知行動療法的治療モデル

　SAD に対する認知行動療法（cognitive behavioral therapy：CBT）は当初，ベック（Beck, A. T.）とエメリー（Emery, G.）の不安障害に対する認知療法（Beck & Emery, 1985）に基づいて開発が進められた．これとハイムバーグ（Heimberg, R. G.）の SAD への介入技法（Heimberg & Becker, 2002）には類似点が多く見られたため，"Beck-Heimberg CBT" とも総称される（Feske & Chambless, 1995）．技法としての特徴は，クライエント自身によるネガティブな「自動思考」の特定とそれに対する認知再構成法（cognitive restructuring technique）の習得であり，その後の実生活では行動実験（behavioral experiments）により実体験を積み重ねるというプロトコルである．この "Beck-Heimberg" 型プロトコルについての治療効果研究では，偽薬群や支持的療法群，曝露療法群と比べての効果量（コーエンの *d*）は概ね 0.1 ～ 0.3 の範囲に止まっており（Hofmann, 2007），SAD の CBT モデルはさらなる再考の必要があった．

クラークとウェルズの認知行動モデル
　SAD の認知行動病理に関する疾患特異的なモデルは，不安の発症と維持に

第 I 部　不安とストレス障害

関わる認知プロセスがより明確化された形で，1995 年にクラーク（Clark, D. M.）とウェルズ（Wells, A）により提唱された（Clark & Wells, 1995）．このモデルでは SAD の症状が維持される要因として，認知や感情，身体反応などの内的情報に注意がシフトすること，観察者視点の自己注目が生じる（他者から見た自己像を内的な情報に基づいて推測するため，その時の不安感や身体反応が他者の目にも明らかであると知覚する）こと，および脅威状況への対処方略としての「（不適応的な）安全行動」が取られることの 3 点が重視される（佐々木他，2010; 佐々木，2015; 丹野，2001）．また，もう一つの主要な認知プロセスとして「事後的な反すう（post-event rumination）」が置かれている．

ラペとハイムバーグの認知行動モデル

クラークとウェルズの前述のモデルをさらに精緻化したものとして，1997 年にラペ（Rapee, R. M.）とハイムバーグが SAD の認知行動モデルを提唱している（Rapee & Heimberg, 1997）．クラークらのモデルと共通して，社会的状況における「他者から見られる自己のイメージ」や「評価者としての他者」についての否定的認知の役割を重視する．一方，両者の大きな違いは，クラークらのモデルでは社会的状況において選択的に自己注目が高まり，外的情報の影響は考慮されないのに対して，このモデルでは，SAD を持つ人は，その場にいる人の様子や表情や振る舞いなどの中にある自分を否定的に評価していることを示す手がかりに対して，自動的に注意を向けるという認知過程が働く点が挙げられる（佐々木ら，2010; 佐々木，2015）．

ホフマンの認知行動モデル

三つ目の認知行動モデルとして，2007 年に発表されたホフマン（Hofmann, S. G.）の認知行動モデルを取り上げる（Hofmann, 2007; Hofmann & Otto, 2008）．このモデルでは，自己注目を起点として生起する否定的認知バイアスの性質について詳細な記述がなされており，ネガティブな自己イメージの知覚，社会的コストの過大視，感情の統制感の過小評価，自己のソーシャルスキルの不足感といった認知を経て対人的な脅威を予期してしまい，回避行動や安全行動といった（不適応な）対処をした後に事後的な反すうを行って不安を維持してしまう

18

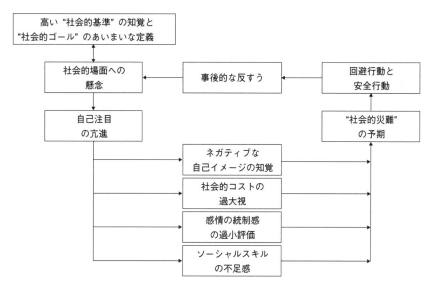

図2-1 ホフマンの社交不安症維持の認知行動モデル（Hofmann, 2007, Figure1 より作成）

という枠組みが提供された（図2-1）．SADに関連する否定的認知の整理，具体化とともに，近年はそれらの認知的な変数のCBTにおける有用性についても検討が進められている．

3 社交不安症に関連する心理学的諸要因の実証研究

見てきたように，SADの認知行動モデルは，不安感情を中心とした症状の発生と維持に関わっていることが実証された心理学的変数を取り入れながら発展し，現象の詳細な説明と治療的示唆を提供している．ここでは，まず三つのモデルに通底する心理学的変数として「自己注目の亢進」と「ネガティブな自己イメージの知覚」「事後的な反すう」について触れ，次いでラペとハイムバーグのモデルに組み込まれた「外的な（脅威）情報への注意配分」を取り上げる．さらに，ホフマンのモデルで同定された否定的認知バイアスとして「社会的コストの過大視」「感情の統制感の過小評価」および「ソーシャルスキルの不足感」に関する研究をそれぞれ紹介しつつ，SADの認知行動モデルの展開

第Ⅰ部　不安とストレス障害

を追う.

「自己注目の亢進」と「ネガティブな自己イメージの知覚」「事後的な反すう」

　社会場面における不安感情の研究は，社会心理学領域でも行われていた. リアリー (Leary, M. R.) によると，社交不安は他者によい印象を与えたい自己呈示の欲求を持ちながら，そうできる自信（効力感）が低い場合に生じるとされる (Leary, 2001). また，現実自己が理想自己や義務自己から解離すると不安を生じると説明する self-discrepancy 理論 (Higgins, 1987) に基づいた研究では，SAD を持つ人はこの乖離の程度が大きく，「他者から期待されているであろう自分」と現実自己が合致しないことが報告されている (Weilage & Hope, 1999).

　SAD の認知行動モデルでは，脅威となる対人場面において，SAD を持つ人は注意を自己に向けることによって自己の状態のモニタリングと観察を入念に行うとされる (Hirsh *et al.*, 2003). また，自己注目の結果として知覚される自己像はネガティブに歪んだものとなる. これらのプロセスについて検証したいくつかの研究では半構造化面接法を用いた検証が行われ，SAD を持つ人はそうでない人に比べて，より自発的，反復的にネガティブな自己イメージを思い浮かべやすく，その像は時間の経過によって変化しにくいことが確かめられている (Hackmann *et al.*, 2000; Hackmann *et al.*, 1998). このような経験により，SAD を持つ人は自己に対するネガティブに歪んだ評価や信念（「自分は愚かだ」「自分は魅力的でない」など）の体系を持ちやすくなることも示唆されている (Bögels & Mansell, 2004; Clark & McManus, 2002; Heinrichs & Hofmann, 2001; Hirsch & Clark, 2004).

　事後的な反すうとは，社交的なイベントやスピーチなどのパフォーマンス場面が済んだ後に，頭の中で反復的かつ事細かにその出来事について思い返すことであり，SAD を持つ人はその際に不安感情とネガティブな自己イメージを中心に思考を進めてしまうことによって，その出来事を必要以上にネガティブなものとして受け取ってしまう (Clark & Wells, 1995). 実際に，SAD を持つ人と大学生，地域住人の対照群において，即興スピーチの出来ばえと，その後の1週間に生じた事後的な反すうの頻度を測定したところ．SAD 群ではパフォーマンス直後の自己評価が低く，その傾向は1週間後も維持されていた一方，

20

対照群では評価がポジティブな方向に変容していることが示されている（Abbott & Rapee, 2004）．さらに，SAD 群では 1 週間の間に生じたネガティブな反すうの生起頻度が高かった．SAD 群はその後，12 週間の CBT を実施して同様の測定を行ったところ，パフォーマンスの評価が改善しており，反すうの頻度も減少した．同様の結果が他の研究でも報告されており（Gavric *et al.*, 2017），事後的な反すうは CBT のような介入に感受性を持つ変数であり，臨床的意義の大きいコンポーネントと言える．

「外的な（脅威）情報への注意配分」

ラペとハイムバーグのモデルに取り入れられた認知的変数であり，SAD を持つ人は対人場面で自分が他者から否定的評価を受けていることを示すような手がかりに注意が向いてしまうとされている（Rapee & Heimberg, 1997; 佐々木他, 2010）．SAD におけるこのような注意バイアスを測定する実験課題としてよく用いられる修正ドットプローブ課題では，脅威刺激（ネガティブ語・怒り表情など）と中立刺激（中性語・無表情など）がペアでパソコン画面の左右に同時呈示され，その先行刺激の消失後にターゲット刺激が左右どちらかの位置に呈示される．このターゲットの検出に要する反応時間によって脅威刺激に対する注意の偏りが生じるかどうかが検討できる．SAD を持つ人は社会的脅威（ここでは，他者からの否定的評価）を示す単語に対して注意を向けることにより，その位置に呈示されたターゲットを素早く検出した（Asmundson & Stein, 1994）．また，この効果は中性語や身体的な脅威語では生じなかったことから，疾患特異的な脅威刺激に対して注意が自動的，非意識的に配分されたと考えられる．修正ドットプローブ課題を用いた同様の結果が他にも多く報告されている（Bantin *et al.*, 2016; Bögels & Mansell, 2004; Staugaard, 2010）．

一方で，SAD を持つ人は顔刺激から注意を逸らすという知見も蓄積されている（Chen *et al.*, 2020）．アイ・トラッキングを用いた視線位置の計測においても，SAD を持つ人は，健常対照群に比べてポジティブな表情の顔画像に対してもネガティブな表情の顔画像に対しても視線の定位を回避しやすいことが確かめられている（Günther *et al.*, 2021）．SAD における安全行動の一つと考えることができるが，現在のところ，これらの脅威への過敏な定位（hypervigilance）

第 I 部　不安とストレス障害

と回避（avoidance）がどのようなプロセスで生じているかについて明確に解明されるには至っていない（Chen *et al.*, 2020）．高不安傾向の健常者を含む社交不安における注意バイアス研究の現在地については守谷（2019）に詳しい．

「社会的コストの過大視」

　ここで言う社会的コストとは，他者から拒絶や嫌悪や怒りや軽蔑などの悪感情と否定的評価を向けられることである．社交不安の強い人は，対人場面においてよい出来事よりもこのようなコストが生じる可能性が高いと過大に見積もっている（Lucock & Salkovskis, 1988）．さらに，SAD を持つ人では，対人関係において「競争的な面」を過大視し，逆に「協力的・支持的な面」は過小評価するような信念体系を有していることも示されている（Trower & Gilbert, 1989）．
　CBT のように認知をターゲットとする心理療法の効果を媒介する変数として，このような不合理な（不適応的な）思考内容の変容，修正が肝要となる．実際に，介入の前と後で測定された「社会的コストが生じる可能性の見積もり」と，「社会的コストの大きさの見積もり」は，どちらも CBT によって減少することが確かめられており，これらの変数は介入後の症状の強さと関連を示していた（Foa *et al.*, 1996; Hofmann, 2004; McManus *et al.*, 2000）．つまり，社会的コストの生起可能性や大きさについての認知は，事後的な反すうと同様にCBT に感受性を持ち，治療効果を予測する有効な変数であると言える．

「感情の統制感の過小評価」

　感情の統制感（emotional control）とは，自分の感情を自律的にコントロールできている程度についての主観的認知のことである（Rapee *et al.*, 1996; Rotter, 1966）．統制の所在（locus of control）理論における内的統制感は「問題状況を自分の能力やスキルで解決できるという知覚」のことであり，バーロウ（Barlow, D. H.）は，不安症においては疾患横断的に否定的な感情反応や身体反応に対する統制感の乏しさが存在するとの予測を示している（Barlow, 2002）．SAD を持つ人においては，出来事に関する内的統制感が弱く（Leung & Heimberg, 1996），スピーチの際に生じる極度の不安は自分ではどうにもならない"パニック発作"であるとの認識を持つ（Hofmann *et al.*, 1995）など，感情の

統制感の乏しさを示す間接的な証拠が得られている．また，城月ら（2013）では，「不安のコントロール感尺度」を作成してSADを持つ人と一般大学生を比較し，SAD群のほうが一般大学生群よりも不安のコントロール感が低いことをより直接的に示している．

「ソーシャルスキルの不足感」

ソーシャルスキルは一般的に，様々な対人場面で適切に振る舞うための言語的・非言語的な行動レパートリーであるが，SADを持つ人がこのようなスキルの習得に不足があるとする明確な知見は得られていない（Angélico *et al.*, 2013）．ここでは，そのようなソーシャルスキルの多寡というよりも，SADを持つ人が対人場面でうまく対処できるか（できたか）という主観的な効力感が論点とされる．実際に，スピーチや討論，あるいは初対面の相手との雑談といった社会的状況での自己のパフォーマンスや振る舞いに対して，SADを持つ人は必要以上に過小評価することが繰り返し確かめられており（Alden & Wallace, 1995; Rapee & Lim, 1992; Stopa & Clark, 1993），治療の効果に伴って不安が減少すると，パフォーマンスの自己評価も改善することが示されている（Stopa & Clark, 1993）．

社会的コストの認知と同様に，治療の効果に応じて変動する変数であることから，介入ターゲットとしての有用性とともに治療効果の予測因としての有効性にもさらなる検討が期待される．

4　認知神経科学からのアプローチ

ここまで，認知行動モデルの展開に沿って，SADの認知行動病理に関する実証研究を概観した．以下ではfMRI（functional magnetic resonance imaging：磁気共鳴画像）を用いたSADへの認知神経科学的アプローチによる知見を簡単に紹介する．

SADの認知行動病理は，いくつかの"広域ネットワーク"との関連からとらえることができるとされる（Cremers & Roelofs, 2016）．まず，「感情ネットワーク（emotion network）」における主要部位である扁桃体では，怒り顔のよう

な社会的脅威刺激の処理においては多くの研究で一貫して過剰な賦活が報告されており，SADにおける外的脅威刺激への優先的な注意配分の基盤である可能性がある．一方，持続的な社会的ストレスへの曝露（スピーチの順番を待つ間など）においては扁桃体の活動が低下するとの報告もある（Pruessner *et al.*, 2008）．これらの脳活動がSADにおける脅威情報への過剰な定位と回避行動の入り組んだ関係を説明するかどうか，さらなる進展を待ちたい．また，顔刺激の処理に関連して，感情ネットワークに含まれる島皮質や紡錘状回の活動も検討されており，SADでは両部位ともに賦活の亢進が見られるが，CBTなどの心理療法や薬物療法の進展によって正常化する（Doehrmann *et al.*, 2012）．

次に，「モチベーション・ネットワーク（motivation network）」は，脳幹，線条体，前頭前野内側面と，中脳辺縁系のドーパミン作動性神経が関与しており，報酬や罰への感受性によって学習プロセスの中心的な役割を担う．SADでは，これらの部位において，金銭報酬を阻害された時や罰を受ける時などに，特に腹側線条体に過剰な賦活が生じると報告されており，苦痛によって誘発された（おそらくは回避の）モチベーションが，SADを持たない人に比べて高い（Levita *et al.*, 2012）．また，SADでは，社会的報酬（称賛など）に対して線条体の一部である被殻の活動が高まらないことが見出されており，社会的報酬への期待が減退してしまっている可能性がある（Cremers *et al.*, 2015）．これらのことと，前述したSADの「ネガティブな自己イメージ」や「社会的コスト」の知覚がどのように関わっているのか，詳細な検討が待たれる．

3番目に，「認知制御ネットワーク（cognitive control network）」では，主として前頭前野が担う高次認知機能が注目される．SADとの関連では，感情制御プロセスにおける前頭前野と頭頂領域の関与がいくつかのメタ分析から明らかになっており（Buhle *et al.*, 2014; Diekhof *et al.*, 2011），認知的再評価を行う際の当該領域の賦活レベル，および他領域とのコネクションが低下している可能性がある．さらに，このような機能低下はスピーチ予期により最も明確に現れ，CBTにより改善することも示されていることから，治療効果の予測因ともなる（Goldin *et al.*, 2013）．

最後に，安静状態の際に活動が見られる広域ネットワークである「デフォルトモード・ネットワーク（default mode network：DMN）」について取り上げる．

第2章　社交不安症

DMN の主座は後部帯状皮質と前頭前野内側面であり，SAD との関連では，特に自己参照的な情報処理を担っている（Snyder & Raichle, 2012）．このことから，SAD における「ネガティブな自己イメージの知覚」ととりわけ強い関連があることが窺われるが，実際に，「自己に向けられた他者からの否定的なコメント」を読んでいる際に，SAD を持つ人では前頭前野内側面に強い賦活が認められる（Blair *et al.*, 2008）．

　近年では，認知神経科学的アプローチによって，心理学的な構成概念で構成される認知行動モデルの神経基盤への知見も急速に蓄積されつつある．これらを行動指標と統合することにより，モデル内に存在するいくつかの疑問点がすっきりと解明され，よりよい治療や予防へとつながることを期待したい．

引用文献

Abbott, M. J., & Rapee, R. M.（2004）. Post-event rumination of negative self-appraisal of social phobia before and after treatment. *Journal of Abnormal Psychology, 113*, 136-144.

Alden, L. E., & Wallace, S. T.（1995）. Social phobia and social appraisal in successful and unsuccessful social interactions. *Behaviour Research and Therapy, 33*, 497-505.

American Psychiatric Association（2013）. *Diagnostic and statistical manual of mental disorders（5th ed.）*. American Psychiatric Press.

Angélico, A. P., Alexandre, J., Crippa, S., & Loureiro, S. R.（2013）. Social anxiety disorder and social skills: A critical review of the literature. *International Journal of Behavioral Consultation and Therapy, 7*, 16-23.

朝倉聡（2015）．社交不安障害の診断と治療　精神神経学雑誌, *117*, 413-430.

Asmundson, G. J. G., & Stein, M. B.（1994）. Selective processing of social threat in patients with generalized social phobia: Evaluation using a dot-probe paradigm. *Journal of Anxiety Disorders, 8*, 107-117.

Bantin, T., Stevens, S., Gerlach, A. L., & Hermann, C.（2016）. What does the facial dot-probe task tell us about attentional processes in social anxiety? A systematic review. *Journal of Behavior Therapy and Experimental Psychiatry, 50*, 40-51.

Barlow, D. H.（2002）. *Anxiety and its disorders. 2*. Guilford Press.

Beck, A. T., & Emery, G.（1985）. *Anxiety disorders and phobias: A cognitive perspective*. Basic Books.

Blair, K. *et al.*（2008）. Neural response to self- and other referential praise and criticism in generalized social phobia. *Archives of General Psychiatry, 65*, 1176-1184.

Bögels, S. M. *et al.*（2010）. Social anxiety disorder: Questions and answers for the DSM-V. *Depression and Anxiety, 27*, 168-189.

Bögels, S. M., & Mansell, W.（2004）. Attention processes in the maintenance and treatment of social phobia: Hypervigilance, avoidance, and self-focused attention. *Clinical Psychology*

第Ⅰ部　不安とストレス障害

Review, 24, 827-856.

Buhle, J. T. *et al.* (2014). Cognitive reappraisal of emotion: A meta-analysis of human neuro-imaging studies. *Cerebral Cortex, 24,* 2981-2990.

Chen. J., van den Bos. E., & Westenberg. P. M. (2020). A systematic review of visual avoidance of faces in socially anxious individuals: Influence of severity, type of social situation, and development. *Journal of Anxiety Disorders, 70,* 102193.

Choy, Y., Schneier, F. R., Heimberg, R. G., Oh, K. S., & Liebowitz, M. R. (2008). Features of the offensive subtype of Taijin-Kyofu-Sho in US and Korean patients with DSM-IV social anxiety disorder. *Depression and Anxiety, 25(3),* 230-240.

Clark, D. M., & McManus, F. (2002). Information processing in social phobia. *Biological Psychiatry, 51,* 92-100.

Clark, D. M., & Wells, A. (1995). A cognitive model of social phobia. In R. G. Heimberg, M. R. Liebowitz, D. A. Hope, & F. R. Schneier (Eds.), *Social phobia: Diagnosis, assessment, and treatment* (pp. 69-93). Guilford Press.

Cremers, H. R., & Roelofs, K. (2016). Social anxiety disorder: A critical overview of neurocognitive research. *Wiley Interdisciplinary Reviews: Cognitive Science, 7(4),* 218-232.

Cremers, H. R., Veer, I. M., Spinhoven, P., Rombouts, S. A. R. B., & Roelofs, K. (2015). Neural sensitivity to social reward and punishment anticipation in social anxiety disorder. *Frontiers in Behavioral Neuroscience, 8,* 77.

Diekhof, E. K., Geier, K., Falkai, P., & Gruber, O. (2011). Fear is only as deep as the mind allows: a coordinate-based meta-analysis of neuroimaging studies on the regulation of negative affect. *Neuroimage, 58,* 275-285.

Doehrmann, O. *et al.* (2012). Predicting treatment response in social anxiety disorder from functional magnetic resonance imaging. *Archives of General Psychiatry, 70,* 1-11.

Feske, U., & Chambless, D. L. (1995). Cognitive behavioral versus exposure only treatment for social phobia: A meta-analysis. *Behavior Therapy, 26,* 695-720.

Foa, E. B., Franklin, M. E., Perry, K. J., & Herbert, J. D. (1996). Cognitive biases in generalized social phobia. *Journal of Abnormal Psychology, 105,* 433-439.

Gavric, D., Moscovitch, D. A., Rowa, K., & McCabe, R. E. (2017). Post-event processing in social anxiety disorder: Examining the mediating roles of positive metacognitive beliefs and perceptions of performance. *Behaviour Research and Therapy, 91,* 1-12.

Goldin, P. R. *et al.* (2013). Impact of cognitive behavioral therapy for social anxiety disorder on the neural dynamics of cognitive reappraisal of negative self-beliefs: randomized clinical trial. *JAMA Psychiatry, 70,* 1048-1056.

Günther, V. *et al.* (2021). Attentional processes during emotional face perception in social anxiety disorder: A systematic review and meta-analysis of eye-tracking findings. *Progress in Neuro-Psychopharmacology and Biological Psychiatry, 111,* 110353.

Hackmann, A., Clark, D. M., & McManus, F. (2000). Recurrent images and early memories in social phobia. *Behaviour Research and Therapy, 38,* 601-610.

Hackmann, A., Surawy, C., & Clark, D. M. (1998). Seeing yourself through others' eyes: A study of spontaneously occurring images in social phobia. *Behavioural and Cognitive*

Psychotherapy, 26, 3-12.

Heimberg, R. G., & Becker, R. E. (2002). *Cognitive-behavioral group therapy for social phobia: Basic mechanisms and clinical strategies.* Guilford Press.

Heinrichs, N., & Hofmann, S. G. (2001). Information processing in social phobia: A critical review. *Clinical Psychology Review, 21*, 751-770.

Higgins, E. T. (1987). Self-discrepancy: A theory relating self and affect. *Psychological Review, 94*, 319-340.

Hirsch, C. R., & Clark, D. M. (2004). Information-processing bias in social phobia. *Clinical Psychology Review, 24*, 799-825.

Hirsch, C. R., Clark, D. M., Mathews, A., & Williams, R. (2003). Self-images play a causal role in social phobia. *Behaviour Research and Therapy, 41(8)*, 909-921.

Hofmann, S. G. (2004). Cognitive mediation of treatment change in social phobia. *Journal of Consulting and Clinical Psychology, 72*, 392-399.

Hofmann, S. G. (2007). Cognitive factors that maintain social anxiety disorder: A comprehensive model and its treatment implications. *Cognitive Behaviour Therapy, 36*, 193-209.

Hofmann, S. G., Ehlers, A., & Roth, W. T. (1995). Conditioning theory: A model for the etiology of public speaking anxiety? *Behaviour Research and Therapy, 33*, 567-571.

Hofmann, S. G., & Otto, M. W. (2008). *Cognitive behavior therapy for social anxiety disorder: Evidence-based and disorder-specific treatment techniques (practical guidebooks series).* Routledge, Taylor & Francis Group.

Kelly, M. M., Darymple, K., Zimmerman, M. A., & Phillips, K. A. (2013). A comparison study of body dysmorphic disorder versus social phobia. *Psychiatry Research, 205*, 109-116.

Kessler, R. C., McGonagle, K. A., Zhao, S., Nelson, C. B., Hughes, M., Eshleman, S., Wittchen, H., & Kendler, K. S. (1994). Lifetime and 12-month prevalence of DSM-III-R psychiatric disorders in the United States: Results from the National Comorbidity Survey. *Archives of General Psychiatry, 51*, 8-19.

Kleinknechat, R. A., Dinnel, D. L., & Kleinknechat, E. E. (1997). Cultural factors in social anxiety: A comparison of social phobia symptoms and Taijin Kyofusho. *Journal of Anxiety Disorders, 11*, 157-177.

Leary, M. R. (2001). Social anxiety as an early warning system: A refinement and extension of the self-presentation theory. In S. G. Hofmann, & P. M. DiBartolo (Eds.), *Social anxiety to social phobia: Multiple perspectives* (pp. 321-334). Allyn & Bacon.

Leung, A. W., & Heimberg, R. H. (1996). Homework compliance, perceptions of control, and outcome of cognitive-behavioral treatment of social phobia. *Behaviour Research and Therapy, 34*, 423-432.

Levita, L., Hoskin, R., & Champi, S. (2012). Avoidance of harm and anxiety: A role for the nucleus accumbens. *Neuroimage, 62*, 189-198.

Lucock, M. P., & Salkovskis, P. M. (1988). Cognitive factors in social anxiety and its treatment. *Behaviour Research and Therapy, 26(4)*, 297-302.

McManus, F., Clark, D. M., & Hackmann, A. (2000). Specificity of cognitive biases in social phobia and their role in recovery. *Behavioural and Cognitive Psychotherapy, 28*, 201-209.

第Ⅰ部　不安とストレス障害

守谷順（2019）．社交不安の注意バイアス　心理学評論, *62*(*1*), 66-87.

音羽健司・森田正哉（2015）．社交不安症の疫学――その概念の変遷と歴史　不安症研究, *7*, 18-28.

Pruessner, J. C. *et al.* (2008). Deactivation of the limbic system during acute psychosocial stress: Evidence from positron emission tomography and functional magnetic resonance imaging studies. *Biological Psychiatry, 63*, 234-240.

Rapee, R. M., Craske, M. G., Brown, T. A., & Barlow, D. H. (1996). Measurement of perceived control over anxiety-related events. *Behavior Therapy, 27*(*2*), 279-293.

Rapee, R. M., & Heimberg, R. G. (1997). A cognitive-behavioral model of anxiety in social phobia. *Behaviour Research and Therapy, 35*, 741-756.

Rapee, R. M., & Lim, L. (1992). Discrepancy between self- and observer ratings of performance in social phobics. *Journal of Abnormal Psychology, 101*, 728-731.

Rotter, J. B. (1966). Generalized expectancies for internal versus external control of reinforcement. *Psychological Monographs, 80*, 1-28.

佐々木淳（2015）．社交不安症の理解と支援　丹野義彦・石垣琢麿・毛利伊吹・佐々木淳・杉山明子（編），臨床心理学（pp. 449-466）　有斐閣

佐々木淳・有光興記・金井嘉宏・守谷順（2010）．社会不安障害の異常心理学と認知行動療法　感情心理学研究, *18*, 33-41.

Schneier, F. R., Johnson, J., Hornig, C. D., Liebowitz, M. R., & Weissman, M. M. (1992). Social phobia. Comorbidity and morbidity in an epidemiologic sample. *Archives of General Psychiatry, 49*, 282-288.

城月健太郎・児玉芳夫・野村忍・足立總一郎（2013）．不安のコントロール感に関する基礎的検討――社交不安障害の観点から　心身医学, *53*, 408-415.

Snyder, A. Z., & Raichle, M. E. (2012). A brief history of the resting state: The Washington University perspective. *NeuroImage, 62*, 902-910.

Spence, S. H., & Rapee, R. M. (2016). The etiology of social anxiety disorder: An evidence-based model. *Behaviour Research and Therapy, 86*, 50-67.

Staugaard, S. R. (2010). Threatening faces and social anxiety: A literature review. *Clinical Psychology Review, 30*, 669-690.

Stopa, L., & Clark, D. M. (1993). Cognitive processes in social phobia. *Behaviour Research and Therapy, 31*, 255-267.

丹野義彦（2001）．エビデンス臨床心理学　日本評論社

Trower, P., & Gilbert, P. (1989). New theoretical conceptions of social anxiety and social phobia. *Clinical Psychology Review, 9*(*1*), 19-35.

Weilage, M., & Hope, D. A. (1999). Self-discrepancy in social phobia and dysthymia. *Cognitive Theory and Research, 23*, 637-650.

Wittchen, H. U., Essau, C. A., von Zerssen, D., Krieg, J. C., & Zaudig, M. (1992). Lifetime and six-month prevalence of mental disorders in the Munich Follow-Up Study. *European Archives of Psychiatry and Clinical Neuroscience, 241*, 247-258.

第3章 ● 睡眠と不安

高野慶輔

1 診断的定義と測定

分 類

不眠（insomnia）は，入眠困難，中途覚醒・早朝覚醒，熟眠感の低下などを特徴とした問題とされる．不眠症状は，様々な要因によって引き起こされる複合的な問題であり，生活習慣や食習慣，身体疾患，うつや不安などの心理的問題との関係が広く知られている．トラウマやストレスとの関連も多く議論されており，悪夢や眠ることへの恐怖もしばしば問題となる（Werner *et al.*, 2021）．

不眠に関する現行の診断基準には，International Classification of Sleep Disorders 第3版（ICSD-3）（American Academy of Sleep Medicine, 2014），DSM-5（American Psychiatric Association, 2013），ICD-11（World Health Organization, 2019）がある．長らく疾病分類が診断基準間で一致しないという問題があったが，2013年以降の大幅な改訂によって分類の対応関係が明確になった．例えば，ICSD-3 では，不眠症，睡眠関連呼吸障害，中枢性過眠症群，概日リズム睡眠・覚醒障害群，睡眠時随伴症群，睡眠関連運動障害群，その他の睡眠障害の七つの疾患群に基づいた分類がなされる．この中でも特に，不眠症（呼吸，運動，リズムやその他の障害では説明できない睡眠・覚醒困難の訴え）において認知の問題が広く研究されている．

測 定

睡眠の質を評価する方法は，自己報告によるものと身体的・生理的な計測によるものに分類される．自己報告による睡眠の測定には，いつ眠ったか，眠るのにどれくらい時間がかかったか，眠りの質はどうだったか，などを毎日記録

第 I 部　不安とストレス障害

する方法（睡眠日誌）と，過去 1 週間や 1 カ月を振り返って，平均的な睡眠について回答を求める方法とがある．睡眠日誌の構成については国際的な標準化がなされ（Carney *et al.*, 2012），このコンセンサスに基づいた実施が推奨される．回想的なアセスメントでは，一般的な睡眠の質を問うもの，不眠症状の有無・程度を問うもの，眠気を問うものなどがあり，いずれも日本語を含む各言語への翻訳と標準化がなされている（堀，2008; 江戸川大学睡眠研究所，2022）．

　以上のような主観的な眠りに対し，生理学的な眠りは，脳波や眼球・顎の運動，呼吸，心拍血圧などの生理指標によって測定を行うことができる．これらの指標は睡眠ポリグラフ検査（polysomnography : PSG）の検査項目となっており，一般的には病院や研究施設において，終夜の測定が行われる．精確な検査を行うことができる一方，普段とは異なった環境で睡眠をとることになるため，測定環境による影響が少なくない．このような欠点を補い，自由行動化・実生活環境下での客観的な睡眠の測定を行うため，活動量計（actigraph）が発達してきた．活動量計の多くは腕時計型の装置であり，加速度を検知するセンサー（accelerometer）を内蔵する．一般的には非利き手に装着され，体動をモニターすることで，睡眠と覚醒の判定を行うことができる．侵襲性が低いため，24 時間にわたって装着することができ，自宅での測定に適している．

2　これまでの研究の経緯と現在地

　不眠の認知を扱ったモデルのほとんどはスピールマン（Spielman, A. J.）の 3P を踏襲している（Spielman *et al.*, 1987）．3P は，素因（predisposing factor），促進要因（precipitating factor），持続要因（perpetuating factor）の三つの要因を指し，不眠に特徴的な認知は持続要因として整理できることが多い．素因とは，不眠への脆弱性となる心理的・社会的・生物学的要因であり，年齢や性別，家族の病歴・遺伝的要因，自律神経および皮質活動の過覚醒状態などが含まれる．促進要因とは不眠を引き起こす出来事であり，具体的には環境の変化や離別・死別体験などの強いストレスの経験などを含む．こうした出来事の経験によって，急性的な睡眠の問題が形成されうるが，多くの場合は時間の経過や環境への適応とともに元の正常な睡眠パターンへと戻っていく．しかし一部の人において

第3章　睡眠と不安

は，もともとの不眠の原因（病気やストレスなど）が解消された後でも不眠の問
題が維持されることから，慢性化の背景にはいくつかの持続要因を仮定する必
要があると考えられており，この持続要因の一つとして認知の問題が研究され
てきた．

モリンの認知モデルと不合理な信念

　モリン（Morin, C. M.）らは，ベック（Beck, A. T.）のうつの認知理論（Beck,
1976）をもとに，不眠症における不合理な信念の問題（Morin *et al.*, 1993）に着
目した．この信念には，不眠の原因に関する誤解（不眠は加齢によるものだ），
不眠の結果に関する誤った帰属と拡大解釈（元気が出ないのは常によく眠れていな
いせいだ），睡眠に関するコントロールの失敗と予測不可能性の知覚（睡眠の問
題は絶望的でコントロールができない），などが含まれる．こうした信念によって，
不眠に特有のネガティブな自動思考が生じ，感情的・身体的覚醒を伴って睡眠
の問題を引き起こすとされている．認知的再構成や思考の制止による介入は，
入眠潜時や中途覚醒，睡眠の質を改善させるという報告がある（Sanavio *et al.*,
1990）．また認知行動療法（cognitive behavioral therapy：CBT）と薬物療法を実
施した研究では，不合理な信念は CBT によって改善すること，また不合理な
信念の改善は睡眠効率の改善と相関することを示している（Morin *et al.*, 2002）．

ルンドの睡眠阻害・解釈プロセス

　ルンド（Lundh, L. G.）らは不眠の問題を考える際に，「睡眠を阻害するプロ
セス」と「睡眠の解釈プロセス」の重要性を指摘した（Lundh & Broman, 2000）．
前者には，プランニングや心配・反すうといった認知的覚醒，不安や怒りなど
の感情的覚醒，自律神経覚醒や筋緊張など身体的覚醒などの諸問題が含まれる．
後者の解釈に関わるプロセスには，睡眠に関する信念（どれくらいの睡眠が必要
か）をはじめ，睡眠の質や量に関する誤知覚や認知的評価の歪み（十分な長さの
睡眠が取れなかった），日中の機能性に関する帰属の誤り（眠気や疲れはよく眠れ
なかったせいだ）が含まれる．このような睡眠の評価に関する誤りには，完全
主義的パーソナリティが関与しているとされている．完全主義の傾向が強い人
は，高すぎる目標を設定する傾向があるため，寝不足の結果生じたちょっとし

31

第Ⅰ部　不安とストレス障害

たミスも許容できず，「失敗した」と感じやすい．こうした失敗への不耐性ゆえに，不眠症の人は日中の機能障害の原因として不眠を訴えやすいとされる (Lundh *et al.*, 1994)．

ハーヴェイの認知モデルと誤知覚

　睡眠の知覚・評価の問題を中心的に取り上げているのがハーヴェイ (Harvey, A.) のモデルである (Harvey, 2002; Harvey & Tang, 2012)．不眠においては，客観的な測定（PSGや活動量計による）で身体的に眠っているとされる状態を，主観的報告では覚醒していたと評価する傾向があり，同様に入眠潜時を実際よりも長く見積もる，あるいは総睡眠時間を短く見積もるという傾向がある．本当は眠れているにもかかわらず，「眠れていない」と思い込むことで，眠れないことへの不安感が喚起され，身体感覚や睡眠を阻害する脅威（例：頭痛や腰痛）のモニタリング，不合理な安全行動（例：十分に眠るために夜の予定をキャンセルする）の頻度が増すとされている．またある研究では，不眠症の患者を対象に，どれほど入眠潜時や総睡眠時間の見積もりが客観的測定と食い違っているかをフィードバックした．その結果，フィードバックを受けた実験参加者は，これらの睡眠の指標に関して正確に報告できるようになっただけではなく，眠れないことへの不安や心配が低減されたとしている (Tang & Harvey, 2004)．こうした睡眠に関する誤知覚 (misperception) の問題は，身体的症状を伴うより深刻な睡眠障害へと発展する可能性を示す前駆的なサインであり，慢性的な不眠を引き起こすリスクとなっていると考えられている．これらの睡眠や日中の機能に関する誤知覚は，心配などのネガティブな認知活動，外部環境のモニタリング（特に時計），自己モニタリングなどの観点から検討が行われている（表3-1）．

エスピーの Attention-Intention-Effort モデル

　不眠に特徴的な認知の根底には，睡眠関連情報（寝室や寝具，疲れなど）に対する選択的な処理バイアスの問題が存在しているとする見方もある．不眠における認知バイアスの問題は様々に検討されており，注意および解釈のレベルで睡眠関連刺激へのバイアスが報告されている (Akram *et al.*, 2023; Ha-rris *et al.*, 2015)（表3-2）．エスピー (Espie, C.) のモデルにおいては，これらの睡眠関連情

第 3 章　睡眠と不安

表 3-1　睡眠の知覚に影響を与える代表的な認知的要因

認知的要因	説　明	研究例
入眠前の心配 (pre-sleep worry)	入眠前の過剰な認知活動（眠れないことへの心配，翌日の予定に関する不安）	(Gross & Borkovec, 1982; Guastella & Moulds, 2007; Takano *et al.*, 2016)
時計モニタリング (clock monitoring)	時計を頻繁に確認する（どれくらい眠るのに時間がかかったか，どれくらいの時間眠れたかを確認）	(Tang & Harvey, 2005; Tang *et al.*, 2007)
自己モニタリング （self-monitoring）	自己への内的な注意（感情や身体感覚）	(Semler & Harvey, 2004; Takano *et al.*, 2014)

表 3-2　代表的な認知バイアス

認知バイアス のモダリティ	測定例	研究例
思　考	入眠前の思考を記述的に調査：よく眠るための方法や眠れなかった時の結果，身体感覚や感情状態，環境からの刺激（聞こえてくるノイズ，時計の秒針の音）などに関する思考内容が見られる	(Watts *et al.*, 1994; Wicklow & Espie, 2000)
注　意	実験室での行動実験： ・ドットプローブ課題・ポズナー課題：左右（あるいは上下）に睡眠関連刺激（と無関連刺激）が提示され，一定時間後にターゲットとなるドット（点）に置き換わる．ターゲットへの反応をキー押しによって求められるが，ターゲットが睡眠関連刺激と同じ領域に提示された場合，反応が早くなる（あるいは逆側に提示された場合反応が遅くなる）． ・情動ストループ課題：様々な単語が色付きで表示される．単語が睡眠関連であった場合に反応が遅れる． ・チェンジブラインドネス課題：一定の時間間隔で二つの画像刺激が切り替わり，二つの画像の違いを検出する．二つの画像の違いが睡眠関連の刺激であった場合に検出が早くなる．	(MacMahon *et al.*, 2006; Marchetti *et al.*, 2006; Spiegelhalder *et al.*, 2008; Spiegelhalder *et al.*, 2010)
解　釈	実験室での行動実験：あいまいで多義的な文章を読んだ時に，不眠に関連づけた解釈をしやすい（例：「明日どうやって仕事に行くかを悩んでる」と言われた時に，「夜よく眠れなかったせいだ」と解釈する）	(Gerlach *et al.*, 2020; Ree *et al.*, 2006)

33

第Ⅰ部　不安とストレス障害

報における特異的な情報処理が，睡眠に関連する意図や行動に影響を及ぼし，不眠を持続・慢性化させるとされている．注意・意図・行動に関わる一連のプロセスは Attention–Intension–Effort pathway と呼ばれ，持続的な不眠は，「睡眠に対する選択的な注意（Attention）」が「眠ろうとする顕在的な意図（Intention）」を引き起こし，「眠るための行動的努力（Effort）」を強化するという一連のプロセスによって維持・発展されると考えられている（Espie *et al.*, 2006）．

　一般に，健康な状態においては眠ろうという明確な意図はなく，眠りは自然に訪れるものである．ところが不眠を経験すると，睡眠関連情報が選択的に処理されてしまうため，眠ろうとする意図が形成されやすくなっている．こうした意図の形成は逆接的効果を生じるとされ，眠ろうと明確に意識することによって，眠れなかったらどうしようなどといった不安が生じ，かえって眠れなくなるという（Ansfield *et al.*, 1996）．また，普段生じる入眠前の思考を抑制する（考えない）よう教示を行うと入眠潜時の見積もりが長くなり，睡眠の質が悪化するとした研究もある（Harvey, 2003）．このことから，睡眠への意図を抑制することもまた睡眠の問題に関与しているものと考えられる．

リーマンの包括的不眠モデル

　ここまでに見てきた認知的な要因を内包しつつ，神経科学的な知見を組み込んだ包括的なモデルがある（Riemann *et al.*, 2022）．リーマン（Riemann, D.）は不眠の持続要因の中核として，過覚醒（hyperarousal）の問題に焦点を当てており，覚醒を促進するシステムの過剰な活性により，睡眠を誘導するシステムとのバランスが崩れることによって不眠が生じるとしている．不眠における自律・中枢神経系の過活性は広く知られている他，睡眠中の大脳皮質覚醒によって知覚情報処理が促進され，睡眠と覚醒の状態の違いがあいまいになり睡眠の誤知覚や長期記憶化の際のバイアスを生じるとしている（Perlis *et al.*, 2011）．また，レム睡眠中の微小覚醒（micro-arousal）や覚醒（awakening）も不眠においては頻繁に見られ，レム睡眠の不安定さが不眠（の知覚）に影響を与えていると考えられている（Feige *et al.*, 2013）．

3 心理社会的支援との関わり

多くのガイドラインでは，CBT-I（Cognitive Behavior Therapy for Insomnia）がファーストラインの治療法として定められている（Riemann *et al.*, 2022）．エディンガーとカーニィ（2009）や大川ら（2010）も参照されたい．CBT-I は概ね行動的な方略と認知的な方略で構成されており，睡眠制限や刺激統制など，睡眠行動を変容させるもの，認知的再評価や心配・意図のコントロールなど，認知への働きかけを行うものなどがあるが，基本的には 3P のうち持続要因に働きかけを行うものである（Baglioni *et al.*, 2020）（表3-3）．睡眠に関する誤った信念を取り去ること（衛生教育・再構成），入眠前の覚醒を低減させること（リラクセーション），就寝後の心配や予期不安・認知的覚醒をコントロールすること（心配時間・逆説的意図）など，第 2 節で述べた認知モデルの各要素に作用するように作られている．

米国睡眠医学会のタスクフォースによれば，睡眠制限と刺激統制は不眠への介入においてほぼもれなく使用されるが，認知的な介入については使用されるアプローチにばらつきがあるとされ（Edinger *et al.*, 2021），不眠症状の表現型によって最適な認知的アプローチを選択することが重要であるとする見方もある．

前述のように，不眠の認知モデルでは，認知バイアスが不眠の問題を維持・悪化させる主要な要因の一つと考えられている．こうした背景から，認知バイアスを取り除くことを主眼に置いた（実験的）介入研究も行われている．このようなアプローチは認知バイアス修正法と呼ばれ，もとはうつや不安の認知的脆弱性を取り除くために開発されてきた．例えば注意バイアス修正法（attention bias modification：ABM）であれば，ドットプローブ課題の枠組みを用い，反応ターゲットを必ず睡眠関連刺激とは逆の位置に表示することで，注意を睡眠関連刺激からそらすよう訓練を行う．不眠に限らず一般に，ABM の有効性については議論が分かれており（Cristea *et al.*, 2015），不眠の領域においても同様に，ABM の効果を支持する研究（Clarke *et al.*, 2016）と支持しない研究（Lancee *et al.*, 2017）が混在する．

第Ⅰ部　不安とストレス障害

表 3-3　CBT-I の代表的な要素

方　略	説　明
睡眠制限	ベッドで過ごす時間を制限し睡眠圧（sleep pressure）を高め，睡眠覚醒の日内サイクルのコントロールを行う．
刺激統制	寝室を眠りのキューとして連合を強化すると同時に，ベッドと眠りを妨げるものとの連合を弱める．眠い時にだけ寝室に行く，眠り以外の活動に使用しない，など．
睡眠衛生教育	健康や睡眠に関する一般的な情報・知識を得る（例：睡眠に影響するものとして，スポーツ，光，温度など）．
リラクセーション	身体的・認知的過覚醒を和らげる（漸近的筋弛緩，イメージトレーニング，瞑想）．
認知的再評価	睡眠や不眠の原因に関する誤った信念や態度を変える．
認知的コントロール・心配時間	心配事や翌日に行うことなどを書き出す．就寝時に心配が起こらないように，あらかじめ「処理」しておく．
逆説的意図	就寝時の予期不安を減少させる．目を閉じたまま，できるだけ長く起きているように教示する．むしろ（逆説的に）早く眠りに落ちることができる．

4　今後の展望

COVID-19 パンデミック以降，ヘルスケアや睡眠への関心の高まりを背景に，モバイルヘルス（mHealth）がトレンドの一つとなっている．加速度計やその他のセンサーを内蔵したスマートウォッチ，スマートリングが多く市場に投入されており，高価な医療用の活動量計がなくとも，比較的容易かつ安価に睡眠を定量的に（精度はともかく）評価できるようになった．一方で，単にセルフモニタリングにとどまらない，支援アプリケーションも開発・運用されている．例えば，Sleepio（https://www.sleepio.com/）は CBT-I をベースに作られたアプリであり，睡眠衛生教育・リラクセーション・睡眠制限をはじめ，認知的再構成やマインドフルネスなどの各種認知的技法を提供している．不眠症状を有する成人を対象とした試験では，Sleepio はプラセボ・従来治療法と比較して優れた治療効果を持つことが確認されている（Espie *et al.*, 2012）．

このようなモバイルなツールの発展を背景に，不眠に関するケアを広く届けるための実装スキームとして，stepped care の考え方が提案されている（Espie, 2009）．ボリューム層の患者（多くの場合，比較的軽度の症状あるいは典型的な症状

を有する）については低強度の治療で管理し，より深刻，複雑，あるいはめずらしい症状・病態については，アセスメントと治療におけるより高度な専門知識・技術を集中させる，というアプローチである．デジタルCBTはこのstepped careの階層の中で，ボリューム層となる「エントリーレベル」の患者群へのケアとしての役割が期待される他，あらゆるレベルの（専門家による）ケアにおいてサポート・拡張ツールとして治療の中に取り込むことが可能である（Riemann *et al.*, 2022）．患者の病態やニーズに応じて，グループCBT，個人ごとのCBT，不眠のスペシャリストによるCBT，といったように，異なるレベルの専門性を適切に配置することで，不眠のケア全体の最適化・効率化を達成することができると期待されている．

引用文献

Akram, U., Barclay, N., Milkins, B., Stevenson, J., & Gardani, M. (2023). Sleep-related attentional and interpretive-bias in insomnia: A systematic review and meta-analysis. *Sleep Medicine Reviews, 67*, 101713.

American Academy of Sleep Medicine (2014). *International classification of sleep disorders (3 rd ed.)*. American Academy of Sleep Medicine.

American Psychiatric Association (2013). *Diagnostic and statistical manual of mental disorders (5th ed.)*. American Psychiatric Association.

Ansfield, M. E., Wegner, D. M., & Bowser, R. (1996). Ironic effects of sleep urgency. *Behaviour Research and Therapy, 34*(7), 523-531.

Baglioni, C. *et al.* (2020). The European academy for cognitive behavioural therapy for insomnia: An initiative of the European Insomnia Network to promote implementation and dissemination of treatment. *Journal of Sleep Research, 29*(2), e12967. doi: 10.1111/jsr. 12967

Beck, A. T. (1976). *Cognitive therapy and emotional disorders*. Meridian.

Carney, C. E. *et al.* (2012). The consensus sleep diary: Standardizing prospective sleep self-monitoring. *Sleep, 35*(2), 287-302.

Clarke, P. J. F. *et al.* (2016). Assessing the therapeutic potential of targeted attentional bias modification for insomnia using smartphone delivery. *Psychotherapy and Psychosomatics, 85*(3), 187-189.

Cristea, I. A., Kok, R. N., & Cuijpers, P. (2015). Efficacy of cognitive bias modification interventions in anxiety and depression: Meta-analysis. *British Journal of Psychiatry, 206*(1), 7-16.

Edinger, J. D. *et al.* (2021). Behavioral and psychological treatments for chronic insomnia disorder in adults: An American Academy of Sleep Medicine clinical practice guideline. *Journal of Clinical Sleep Medicine, 17*(2), 255-262.

第Ⅰ部　不安とストレス障害

エディンガー，J. D., カーニィ，C. E. ／北村俊則（監訳）（2009）．不眠症の認知行動療法——
　治療者向けマニュアル　日本評論社

江戸川大学睡眠研究所（2022）．心理学と睡眠——「睡眠研究」へのいざない　金子書房

Espie, C. A. (2009). "Stepped care": A health technology solution for delivering cognitive be-havioral therapy as a first line insomnia treatment. *Sleep, 32(12)*, 1549-1558.

Espie, C. A., Broomfield, N. M., Macmahon, K. M. A., Macphee, L. M., & Taylor, L. M. (2006). The attention-intention-effort pathway in the development of psychophysiologic insomnia: A theoretical review. *Sleep Medicine Reviews, 10(4)*, 215-245.

Espie, C. A. *et al.* (2012). A randomized, placebo-controlled trial of online cognitive behavioral therapy for chronic insomnia disorder delivered via an automated media-rich web appli-cation. *Sleep, 35(6)*, 769-781.

Feige, B. *et al.* (2013). The microstructure of sleep in primary insomnia: An overview and extension. *International Journal of Psychophysiology, 89(2)*, 171-180.

Gerlach, F., Ehring, T., Werner, G. G., & Takano, K. (2020). Insomnia-related interpretational bias is associated with pre-sleep worry. *Journal of Sleep Research, 29(1)*, 1-10.

Gross, R. T., & Borkovec, T. D. (1982). Effects of a cognitive intrusion manipulation on the sleep-onset latency of good sleepers. *Behavior Therapy, 13(1)*, 112-116.

Guastella, A. J., & Moulds, M. L. (2007). The impact of rumination on sleep quality following a stressful life event. *Personality and Individual Differences, 42(6)*, 1151-1162.

Harris, K. *et al.* (2015). Sleep-related attentional bias in insomnia: A state-of-the-science re-view. *Clinical Psychology Review, 42*, 16-27.

Harvey, A. G. (2002). A cognitive model of insomnia. *Behavior Research and Therapy, 40(8)*, 869-893.

Harvey, A. G. (2003). The attempted suppression of presleep cognitive activity in insomnia. *Cognitive Therapy and Research, 27*, 593-602.

Harvey, A. G., & Tang, N. K. Y. (2012). (Mis) Perception of sleep in insomnia: A puzzle and a resolution. *Psychological Bulletin, 138(1)*, 77-101.

堀忠雄（編著）（2008）．睡眠心理学　北大路書房

Lancee, J. *et al.* (2017). Attentional bias modification training for insomnia: A double-blind placebo controlled randomized trial. *Public Library of Science ONE, 12*, e0174531. doi: 10.1371/journal.pone.0174531

Lundh, L.-G., & Broman, J.-E. (2000). Insomnia as an interaction between sleep-interfering and sleep-interpreting processes. *Journal of Psychosomatic Research, 49(5)*, 299-310.

Lundh, L.-G., Broman, J.-E., Hetta, J., & Saboonchi, F. (1994). Perfectionism and insomnia. *Scandinavian Journal of Behaviour Therapy, 23(1)*, 3-18.

MacMahon, K. M. A., Broomfield, N. M., & Espie, C. A. (2006). Attention bias for sleep-relat-ed stimuli in primary insomnia and delayed sleep phase syndrome using the dot-probe task. *Sleep, 29(11)*, 1420-1427.

Marchetti, L. M., Biello, S. M., Broomfield, N. M., Macmahon, K. M. A., & Espie, C. A. (2006). Who is pre-occupied with sleep? A comparison of attention bias in people with psycho-physiological insomnia, delayed sleep phase syndrome and good sleepers using the in-

第3章　睡眠と不安

duced change blindness paradigm. *Journal of Sleep Research, 15*(2), 212-221.

Morin, C. M., Blais, F., & Savard, J. (2002). Are changes in beliefs and attitudes about sleep related to sleep improvements in the treatment of insomnia? *Behaviour Research and Therapy, 40*(7), 741-752.

Morin, C. M., Stone, J., Trinkle, D., Mercer, J., & Remsberg, S. (1993). Dysfunctional beliefs and attitudes about sleep among older adults with and without insomnia complaints. *Psychology and Aging, 8*(3), 463-467.

大川匡子・三島和夫・宗澤岳史 (2010). 不眠の医療と心理援助——認知行動療法の理論と実践　金剛出版

Perlis, M., Shaw, P. J., Cano, G., & Espie, C. A. (2011). Models of Insomnia. In M. H. Kryger, T. Roth, & W. C. Dement (Eds.), *Principles and practice of sleep medicine (5 th ed.)* (pp. 850-865). Elsevier.

Ree, M. J., Pollitt, A., & Harvey, A. G. (2006). An investigation of interpretive bias in insomnia: An analog study comparing normal and poor sleepers. *Sleep, 29*(10), 1359-1362.

Riemann, D. *et al.* (2022). Insomnia disorder: State of the science and challenges for the future. *Journal of Sleep Research, 31*(4), e13604. doi: 10.1111/jsr.13604

Sanavio, E., Vidotto, G., Bettinardi, O., Rolletto, T., & Zorzi, M. (1990). Behaviour therapy for DIMS: Comparison of three treatment procedures with follow-up. *Behavioural and Cognitive Psychotherapy, 18*(3), 151-167.

Semler, C. N., & Harvey, A. G. (2004). An investigation of monitoring for sleep-related threat in primary insomnia. *Behaviour Research and Therapy, 42*(12), 1403-1420.

Spiegelhalder, K., Espie, C., & Nissen, C. (2008). Sleep-related attentional bias in patients with primary insomnia compared with sleep experts and healthy controls. *Journal of Sleep Research, 17*(2), 191-196.

Spiegelhalder, K. *et al.* (2010). The impact of sleep-related attentional bias on polysomnographically measured sleep in primary insomnia. *Sleep, 33*(1), 107-112.

Spielman, A. J., Caruso, L. S., & Glovinsky, P. B. (1987). A behavioral perspective on insomnia treatment. *Psychiatric Clinics of North America, 10*(4), 541-553.

Takano, K., Boddez, Y., & Raes, F. (2016). I sleep with my mind's eye open: Cognitive arousal and overgeneralization underpin the misperception of sleep. *Journal of Behavior Therapy and Experimental Psychiatry, 52*, 157-165.

Takano, K., Sakamoto, S., & Tanno, Y. (2014). Repetitive thought impairs sleep quality: An experience sampling study. *Behavior Therapy, 45*(1), 67-82.

Tang, N. K. Y., & Harvey, A. G. (2004). Correcting distorted perception of sleep in insomnia: A novel behavioural experiment? *Behaviour Research and Therapy, 42*(1), 27-39.

Tang, N. K. Y., & Harvey, A. G. (2005). Time estimation ability and distorted perception of sleep in insomnia. *Behavioral Sleep Medicine, 3*(3), 134-150.

Tang, N. K. Y., Schmidt, D. A., & Harvey, A. G. (2007). Sleeping with the enemy: Clock monitoring in the maintenance of insomnia. *Journal of Behavior Therapy and Experimental Psychiatry, 38*(1), 40-55.

Watts, F. N., Coyle, K., & East, M. P. (1994). The contribution of worry to insomnia. *British*

第Ⅰ部　不安とストレス障害

Journal of Clinical Psychology, 33(2), 211-220.

Werner, G. G., Riemann, D., & Ehring, T. (2021). Fear of sleep and trauma-induced insomnia: A review and conceptual model. *Sleep Medicine Reviews, 55*, 101383. doi: 10.1016/j.smrv.2020.101383.

Wicklow, A., & Espie, C. A. (2000). Intrusive thoughts and their relationship to actigraphic measurement of sleep: Towards a cognitive model of insomnia. *Behaviour Research and Therapy, 38*(7), 679-693.

World Health Organization (2019). *International statistical classification of diseases and related health problems* (*11 th ed.*). World Health Organization.

第4章● ストレス・不安と認知機能

林　明明

「ストレス」という言葉は，現代社会では一般的に使われている．ほとんどの人は日常生活の中で「ストレス」だと感じる出来事を経験したことがあるだろう．ストレスは，心身の健康だけでなく，認知能力や行動能力にも悪影響を及ぼす可能性がある．しかし，ストレスは私たちに悪影響しか及ぼさないのだろうか．

これまでの研究から，状況によっては，もしくは特定の認知機能を用いる課題では，ストレスはパフォーマンスを向上させるのに役立つ可能性が示唆されている．本章では記憶の機能を中心に，私たちがものごとを認識，思考，判断するために必要な認知機能へストレスが与える影響についての研究を紹介する．

1　ストレスと認知機能

ストレスとは

一般的に私たちが「ストレス」という言葉を使用する場合，精神的に不快と感じるようなネガティブな体験を指すことが多い．WHO（世界保健機関）によると，ストレスとは，困難な出来事によって引き起こされた心配や精神的緊張の状態である（World Health Organization, 2023）．心配は，未来に対するネガティブな侵入思考であり，不安や緊張をもたらす（Borkovec *et al.*, 1983）．すなわち，この場合のストレスとは，出来事によって引き起こされた不安や緊張感のある精神状態であると解釈できる．

セリエ（Selye, H.）の定義によると，ストレスとは心身への外的な要求に対する生体の非特異的な反応である（Selye, 1976）．この時のストレスは必ずしもよくないものとは限らない．ストレスは，よいストレス（eustress）と悪いス

41

第 I 部　不安とストレス障害

トレス（distress）に分けることができる．実際には快刺激に対しても不快刺激
に対しても同様の非特異的な応答をするが，よいストレスのほうが悪いストレ
スよりも害が少なく，よいストレスは変化にうまく適応できるものであるとさ
れる．また，セリエはストレスを引き起こす原因となるものを「ストレッサ
ー」と呼んだ．今日ではストレスのうち，特にストレッサーによって引き起こ
された反応に限定する場合には，「ストレス反応」と区別することがあるが，
両者の意味を含めて「ストレス」の用語を用いることも多い．
　さらに，ストレスは慢性ストレスと急性ストレス（一過性ストレスとも呼ぶ）
に分けることができる．急性ストレスは短期的，一時的なストレスの一種であ
り，慢性ストレスは長期間にわたって解消されなかったストレスの多い状況，
もしくはその結果である（Wheaton, 1997）．例えば，プレッシャーの多い仕事・
勉学の環境が長期間続くことやその結果としての心身の不調は慢性ストレスで
あり，ステージ発表の前に非常に緊張するが発表が終わると落ち着くというよ
うな出来事やそれに伴う緊張感・不安や心拍の上昇などは急性ストレスである．
厳密に区別すれば，環境や出来事はストレッサー，ストレッサーによって引き
起こされた心身の不調，緊張感・不安や心拍の上昇などはストレス反応に含ま
れる．

ストレスと認知機能

　慢性ストレスは認知機能を低下させることが報告されている．慢性ストレス，
認知機能，および精神健康の関係に関するレビュー研究（Marin *et al.,* 2011）に
よると，長期にわたるストレスへの曝露は海馬の萎縮や機能低下を生じさせる
ために，特に慢性ストレスは海馬に依存する認知機能に対して障害を引き起こ
す．また，ストレスは精神病理を発症する脆弱性を高めるが，例えばうつ病や
燃え尽き症候群の症状として認知機能の低下が報告される．ストレスによる認
知能力が低下することにより，状況の認識や評価の仕方が影響されるために，
さらにストレスのある状況から抜け出すことが困難な慢性的なループに陥る．
　一方で，一過的なストレスである急性ストレスの場合，認知機能の向上が報
告されることがある．ヤーキーズ（Yerkes, R. M.）とドットソン（Dodson, J. D.）
はマウスに簡単な明るさ弁別課題を与えた際，罰として課した電気ショックの

強度と弁別課題の学習率は線形の関係を示し，比較的困難な弁別課題を与えた場合には，ショックの強度と学習率は逆U字曲線の関係を示すことを発見した（Yerkes & Dodson, 1908）．これらの発見は，今日では「ヤーキーズ・ドットソンの法則」として知られている．特に図4-1で示された実線の逆U字曲線が有名である．

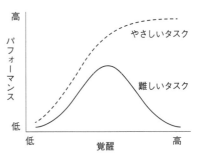

図4-1 ヤーキーズ・ドットソンの法則（Diamond et al., 2007, Figure2（b）を一部改変）

図4-1ではグラフの横軸が生理的覚醒の程度として示されているが，ストレッサーの強度やストレス反応の程度とも置き換えることができる．例えば，ストレスホルモンであるコルチゾールの上昇など，他のストレス反応でも課題のパフォーマンスとの間に逆U字曲線の関係が示されている（Andreano & Cahill, 2006）．ただし，コルチゾールと生理的覚醒の間にもさらに逆U字型の関係が指摘されており（Baldi & Bucherelli, 2005），ストレス反応の間でも様々な交互作用があることを考慮しなければならない．

破線で示すやさしいタスクは，シンプルな機能を必要とする，もしくは難易度の低い課題，実線で示す逆U字の難しいタスクは，複雑な機能を必要とする，もしくは難易度の高い課題のパフォーマンスと考えられる．客観的な区別は難しいが，前者には焦点的注意，フラッシュバルブ記憶，限定された手がかりに注意を向ける恐怖条件づけ，後者には分割的注意，ワーキングメモリ，意思決定，マルチタスクなどが含まれるとされる（Diamond et al., 2007）．

ストレスによる認知機能の向上は，日常生活での作業や勉学・仕事のパフォーマンスを向上させ，有益であると思われるが，しかし過度な認知機能の向上は必ずしも有益なものだけとは限らず，不適応につながる可能性もある．

心的外傷後ストレス障害

心的外傷後ストレス障害（または，心的外傷後ストレス症：PTSD）とは，DSM-5-TRによると，心的外傷（トラウマ）を体験し，不快・苦痛な症状や社会生

第 I 部　不安とストレス障害

活・日常生活の機能に支障をきたす症状を呈するストレス因関連症である．実
際に，危うく死ぬ，重傷を負う，性的暴力を受ける出来事を，直接体験・目
撃・間接的に耳にする・細部に繰り返し曝露されるなどがトラウマ的出来事の
基準である（American Psychiatric Association, 2022 高橋・大野監訳，2023）．

　PTSD は DSM-5 より心的外傷およびストレス因関連障害群（関連症群）と
して診断が独立したが，前の版である DSM-IV-TR までは不安障害の下位カ
テゴリに位置づけられており，不安障害／不安症の一つとして扱われていた．

　DSM-5-TR（APA, 2022　高橋・大野監訳，2023）によると PTSD の主な症状
は①侵入，②回避，③認知と気分の陰性変化，④覚醒と反応性の著しい変化で
ある．

　①侵入とは，主に不随意的な記憶の想起であり，トラウマ的出来事に関連す
る苦痛な記憶が繰り返し思い出される，悪夢として見るなど，再体験される．
またその際に心理的苦痛や動悸や発汗などの生理的反応を伴う．

　②回避は，トラウマ的出来事についての，苦痛な記憶・思考・感情を回避す
る，もしくは回避しようとしてしまうことである．またはこのような記憶・思
考・感情を呼び起こすことに結びつくもの（人，場所，会話，行動，物，状況）
を回避する，もしくは回避しようとしてしまうことである．

　③認知と気分の陰性変化としては，自身や他者，世界に対する否定的な認知，
重要な活動への関心・参加の著しい減退，恐怖や罪悪感など陰性の感情状態が
続いてしまう，幸福や愛情などの陽性感情を体験することができない，などが
挙げられる．

　④覚醒度と反応性の著しい変化には，いらだたしさや激しい怒り，過度の警
戒心や過剰な驚愕反応があることや，集中困難や睡眠障害などの症状，また無
謀で自己破壊的な行動をとること，などがある．

　このように，PTSD の症状はトラウマ的出来事に起因し，症状にはトラウマ
的出来事の記憶によって引き起こされる苦痛やその記憶を避けるための回避が
あることがわかる．また，このような非意図的な記憶の侵入は，記憶が過度に
思い出されてしまうことによるものである．急性ストレスと記憶に関する研究
から，ストレスに伴う極度の覚醒が記憶を過剰に強化することによって，この
ような PTSD の病理につながる可能性が指摘されている（Diamond *et al.*, 2007;

44

Schwabe *et al.*, 2010).

2 急性ストレスが記憶に与える影響

急性ストレスの実験

急性ストレスと記憶の研究を解説する前に，まずは急性ストレスを負荷する実験課題やストレス反応の測定方法をいくつか例示する．急性ストレスを体験した場合，ストレス反応は一時的なものであり，安静やリラクゼーションなどによって軽減することができる．また慢性ストレスは長期間にわたるものであるため，実験環境にて評価することは困難であるが，急性ストレスは人為的に操作することが可能である．急性ストレスを課すような課題はストレスを検討するための実験研究でよく用いられる．

心理社会的ストレス課題としてマニュアル化されたものとして，trier social stress test（TSST）（Kirschbaum *et al.*, 1993）がある．オリジナルの課題では，3人の評価者，ビデオカメラ，録音マイクの前で，スピーチおよび難易度の高い暗算を求められる．また10分の準備時間が与えられるが，この間も不安や緊張を覚えるため，準備時間もストレス負荷に含まれる．

寒冷昇圧ストレス（cold pressor stress）は，冷水の中に腕を浸けることによって身体的な負荷をかけ，血圧やストレスホルモンの上昇を目的とする課題である．0～3℃程度の冷水を用いて最大3分間実施し，途中で耐えられない場合はその時点で中止してもよいと参加者に教示する（Cahill *et al.*, 2003; Smeets *et al.*, 2008）．

また，ストレスはネガティブなものには限定されないため，スカイダイビングをストレス負荷課題とした研究もある（Yonelinas *et al.*, 2011）．その他，ノイズ音を使用した騒音ストレス（Carter & Beh, 1989），直接的にストレス反応をもたらすためのコルチゾールの投与（Kirschbaum *et al.*, 1996）など，様々な急性ストレス負荷課題が用いられる．

急性ストレス反応の測定には，不安気分などを測定する主観的なストレススケール，コルチゾール，心拍数，血圧などの他の生理学的変化の測定などが用いられる（Buchanan & Tranel, 2008; Carter & Beh, 1989; Schwabe & Wolf 2010;

第 I 部 不安とストレス障害

Smeets *et al.*, 2006). 急性ストレスの負荷課題は心身に負担をかける実験手続きであるため，実験参加者に対して心身の安全に配慮をする必要がある．寒冷昇圧ストレス課題では，冷水によるストレス後に手や腕を温めるといった手続きが行われる (Cahill *et al.*, 2003; Smeets *et al.*, 2008). このように，目的とするストレスを課した後は，実験参加者の心身の負荷が軽減するように，回復にも気を配る必要がある．

急性ストレスと記憶

急性ストレスが記憶に与える効果は，ストレスを課すタイミングによって異なる．

検索前 学習した内容を思い出す記憶テストの前に急性ストレス負荷を課された場合には記憶能力が低下することが多くの研究で報告されている (Wolf, 2009). ニュートラルな刺激と感情的な刺激を用いた場合に両方で低下する (Buchanan & Tranel, 2008) 他，ポジティブおよびネガティブな感情刺激とニュートラルな刺激を学習した時に，感情刺激の記憶のみが低下することが観測されている (Kuhlmann *et al.*, 2005).

学習前／学習中 学習前もしくは学習中にストレスを課す実験では結果はあまり一貫していない．学習前のストレスもしくは学習中のストレスが記憶を低下させる報告 (Kirschbaum *et al.*, 1996; Schwabe & Wolf, 2010) がある一方で，学習前のストレスはニュートラルな記憶力を低下させるがポジティブおよびネガティブな感情的記憶を向上させる，もしくは影響を及ぼさないとの結果も得られている (Jelicic *et al.*, 2004; Smeets *et al.*, 2006).

学習後 学習後に急性ストレスを課す手続きでは概ね記憶の向上が観測されている．単語 (Smeets *et al.*, 2008), 写真 (Cahill *et al.*, 2003; Yonelinas *et al.*, 2011; Preuss & Wolf, 2009), 短い動画や物語文 (Andreano & Cahill, 2006; Beckner *et al.*, 2006) などを用いた学習で確認されている．

ただし向上する記憶の種類は異なっており，ニュートラルな刺激とともにネガティブな刺激を用いた研究では，ストレスはニュートラルな刺激の記憶には影響せずにネガティブな刺激の記憶を向上させることが報告される (Cahill *et al.*, 2003; Smeets *et al.*, 2008). 一方で，同様にニュートラルおよびネガティブな

刺激を用いた研究（Yonelinas *et al.*, 2011），ニュートラル・ネガティブ・ポジティブの3種類の刺激を用いた研究（Preuss & Wolf, 2009），ニュートラルな刺激のみを使用した研究（Andreano & Cahill, 2006; Beckner *et al.*, 2006）においては，逆にニュートラルな刺激の記憶向上が確認されている．

学習後ストレスによる記憶向上効果

急性ストレスは記憶の符号化，貯蔵，検索段階のうち，貯蔵段階へ作用し，記憶を向上させると考えられる．急性ストレスは一時的に海馬の活動を促進し（Diamond *et al.*, 2007），記憶の固定を強化することが指摘される（Wolf, 2009）．記憶の固定（consolidation）とは，新規獲得された情報が長期記憶へ移行する時間依存的なプロセスである（McGaugh, 2000）．

記憶の固定は時間依存的に進行するため，学習前，学習中の急性ストレスも記憶の固定に影響すると考えられる．しかし，情報の入力段階である符号化と記憶固定に対するストレスの影響が混合することにより，効果が一貫しない可能性がある（Schwabe *et al.*, 2010）．したがって，急性ストレスによる記憶の向上効果を検討するためには，学習後ストレスの手続きを用いるのが望ましいと考えられる．

急性ストレスによって強化された記憶の固定は，動物が変化する環境に適応するための重要な適応プロセスであると考えられる（Wolf, 2003）．適応を成功させる上で重要な特徴の一つは，ストレスの多い状況から得た情報を記憶し，将来の利用に役立てることである（Joëls *et al.*, 2011）．急性ストレスによる記憶向上も逆U字曲線に従うことが指摘される（Andreano & Cahill, 2006）．ただし，適応的なプロセスも程度が過剰であると非適応的になると考えられる．例えば，PTSDのトラウマ的出来事のようなストレッサーに伴う極度の覚醒が記憶の「過剰固定」をもたらすのではないかとの指摘がある（Schwabe *et al.*, 2010）．極度の覚醒によって非常に強力で持続的な侵入記憶が生成され，PTSDやうつ病，不安や気分障害の根底にある長引く病理へとつながる可能性がある（Diamond *et al.*, 2007）．

第Ⅰ部　不安とストレス障害

感情記憶に対する選択的効果の検討

　PTSD のトラウマ記憶やその他精神病理の症状としての侵入記憶は，ネガティブな感情記憶と想定される．しかし急性ストレスの実験では，学習後ストレス手続きによる先行研究のみに限定した場合でも，感情記憶とニュートラルな記憶の間で効果の一貫性がなく，必ずしもネガティブな記憶や，ポジティブな記憶も含めた感情記憶に対して，ストレスが選択的に記憶成績を向上させているわけではない．

　しかし，これまでの研究では，学習刺激の感情価および覚醒度について統制された検討がほとんど行われていない．感情価および覚醒度は感情記憶のプロセスを調整する二つの独立した次元であり，感情価はポジティブ・ニュートラル・ネガティブまでの感情の範囲を示し，覚醒度はおだやかから興奮までの刺激によって喚起される覚醒の範囲を示す（Lang *et al.*, 1996）．急性ストレスの感情刺激記憶に対する効果は，感情価よりも感情記憶の覚醒度に依存している可能性が指摘されており（Wolf, 2009），さらにストレッサーによる生理的覚醒と学習刺激から誘導される覚醒の相互作用が記憶に影響する可能性が指摘される（Preuss & Wolf, 2009）．そのため，急性ストレスがポジティブやネガティブの感情記憶・ニュートラルな記憶へ及ぼす影響を検討する際には，感情価および覚醒度を区別し，統制あるいは操作した実験条件を設ける必要がある．

　そこで林・丹野（2013）は，漢字二字熟語を学習刺激とし，刺激より喚起される覚醒の度合いである覚醒度を操作して実験を行った．学習刺激の語の長さ，呈示方法を統制し，また学習後から検索までを統制された実験室環境で観測するために，学習後 15 分の短い遅延時間での記憶成績を検討した．急性ストレスはホワイトノイズをストレス負荷として課した．学習刺激間の覚醒度を揃えても，学習後ストレスにより特定の感情価の記憶成績が変化した場合，学習後ストレスは感情価に依存して記憶に影響を及ぼすと考えられる．一方で，学習後ストレスが感情価よりも覚醒度に依存して記憶向上効果を及ぼすなら，高覚醒感情刺激を用いた場合の記憶がより影響されると予想される．図 4-2ab はそれぞれの刺激を用いた実験での遅延再認テストの結果である．どちらの実験においてもストレス条件ではコントロール条件より記憶成績は高まったが，感情価の効果や交互作用は認められなかった．

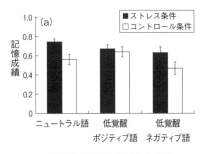 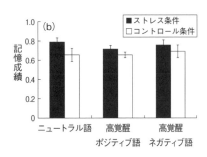

a 低覚醒感情語を使用した実験　　　　b 高覚醒感情語を使用した実験

図 4-2　ストレス条件とコントロール条件における再認テストの記憶成績
（林・丹野，2013，図1・図2を一部改変）

　感情価および覚醒度を統制した研究（林・丹野，2013）からは，他の先行研究で得られた急性ストレスによるネガティブな記憶の選択的な向上は確認することができなかった．記憶固定段階では急性ストレスによる選択的な処理はなく，学習時に符号化された記憶全体の固定を強化する可能性が示唆された．この場合，トラウマ記憶や侵入記憶がネガティブなものであるのは，ストレッサーとなる出来事自体の記憶がほとんどネガティブなものであることに起因していると考えられる．現実の生活の中では実現されにくい状況ではあるが，もしもポジティブな出来事やニュートラルな出来事の際にも，ネガティブなストレッサーと同程度の高い覚醒を得ることができるのであれば，同じように記憶が強化されるかもしれない．ただし，実験室で課す急性ストレス負荷は，現実のトラウマ的出来事などと比較するとはるかにストレスの強度が小さいものであるため，より強いストレスの場合にはまた効果が異なる可能性があり，急性ストレスによる記憶向上のメカニズム解明にはさらなる検討が必要である．

3　心理社会的支援との関わり

　支援を要するクライエントのストレス要因を分析し，ストレスを軽減・緩和するための心理教育や環境調整などが相談支援業務の中では行われる．同じようなストレッサーを体験したクライエントでも，ストレス反応には個人差があることはよく知られている．ストレス反応の個人差に影響を与え得るものとし

第Ⅰ部　不安とストレス障害

ては，例えばストレッサーに対する認知的評価や，ストレス対処（コーピング）方略（Lazarus & Folkman, 1984）などがある．また，クライエント自身の特性や，利用できる資源，周囲から受けられるサポートの程度によるところも大きい．従来よく知られている「ストレス」の用語は心身の健康を損なうなどネガティブな意味で使用されることが多いが，本章では外的な刺激としてのより広義のストレスの定義を紹介した．ストレスは必ずしも有害なものではなく，有益な結果をもたらすこともある．

　二木（2007）は，よいストレスの例として入浴，シャワー，熟睡，快眠，いい食事など，悪いストレスの例として厳寒酷暑，不眠，過食，飢餓などを挙げた．また，どちらにもなり得るストレスとしては，運動，仕事，ノルマなどがあると述べた（二木, 2007）．そのため，例えば相談支援の中で「食事や睡眠をよく摂り，軽い運動をする」ことを助言した場合は，「よいストレスを体験する」ことを意味するとも考えることができる．クライアントだけではなく，ストレスは支援者も常に体験しているものである．心理社会的支援を行うため，また支援者自身もウェルビーイングを実現するためにも，ストレスについて理解し，さらにストレスを上手に活用することは重要である．

4　今後の課題

　本章ではヤーキーズ・ドットソンの法則を紹介したが，ある認知機能を必要とするタスクのパフォーマンスと急性ストレスの間に逆U字曲線の関係が成立する場合，弱いストレスや中程度のストレスではパフォーマンスが上昇するが，ストレスが強くなり逆U字の右側になるとパフォーマンスが低下することになる．逆U字曲線の関係が成立する場合に最もパフォーマンスを高くする適切なストレスの強度，さらにどのような認知機能やタスクの場合にそれぞれ逆U字曲線や直線的な関係が成立するのかについては，エビデンスが不足している．また，記憶の過剰固定のように，認知機能の向上は不適応につながる可能性もある．急性ストレスによる効果のメカニズムを解明するとともに，いかにして不適応な効果を防ぐのかについて検討していく必要がある．

第4章　ストレス・不安と認知機能

引用文献

American Psychiatric Association (2022). *Diagnostic and statistical manual of mental disorders, text revision.* American Psychiatric Press. (高橋三郎・大野裕 (監訳) (2023). DSM-5-TR　精神疾患の診断・統計マニュアル　医学書院)

Andreano, J. M., & Cahill, L. (2006). Glucocorticoid release and memory consolidation in men and women. *Psychological Science, 17(6)*, 466-470.

Baldi, E., & Bucherelli, C. (2005). The inverted "U-shaped" dose–effect relationships in learning and memory: Modulation of arousal and consolidation. *Nonlinearity in Biology, Toxicology, and Medicine, 3*, 9-25.

Beckner, V. E., Tucker, D. M., Delville, Y., & Mohr, D. C. (2006). Stress facilitates consolidation of verbal memory for a film but does not affect retrieval. *Behavioral Neuroscience, 120(3)*, 518-527.

Borkovec, T. D., Robinson, E., Pruzinsky, T., & DePree, J. A. (1983). Preliminary exploration of worry: Some characteristics and processes. *Behaviour Research and Therapy, 21(1)*, 9-16.

Buchanan, T. W., & Tranel, D. (2008). Stress and emotional memory retrieval: Effects of sex and cortisol response. *Neurobiology of Learning and Memory, 89(2)*, 134-141.

Cahill, L., Gorski, L., & Le, K. (2003). Enhanced human memory consolidation with post-learning stress: Interaction with the degree of arousal at encoding. *Learning & Memory, 10(4)*, 270-274.

Carter, N. L., & Beh, H. C. (1989). The effect of intermittent noise on cardiovascular functioning during vigilance task performance. *Psychophysiology, 26(5)*, 548-559.

Coluccia, D. *et al.* (2008). Glucocorticoid therapy-induced memory deficits: Acute versus chronic effects. *Journal of Neuroscience: Official Journal of the Society for Neuroscience, 28(13)*, 3474-3478.

Diamond, D. M. *et al.* (2006). Influence of predator stress on the consolidation versus retrieval of the long-term spatial memory and hippocampal spinogenesis. *Hippocampus, 16(7)*, 571-576.

Diamond, D. M., Campbell, A. M, Park, C. R., Halonen, J., & Zoladz, P. R. (2007). The temporal dynamics model of emotional memory processing: A synthesis on the neurobiological basis of stress-induced amnesia, flashbulb and traumatic memories, and the Yerkes-Dodson law. *Neural Plasticity, 2007*, 60803. doi: 10.1155/2007/60803

Jelicic, M., Geraerts, E., Merckelbach, H., & Guerrieri, R. (2004). Acute stress enhances memory for emotional words, but impairs memory for neutral words. *International Journal of Neuroscience, 114(10)*, 1343-1351.

Joëls, M., Fernandez, G., & Roozendaal, B. (2011). Stress and emotional memory: A matter of timing. *Trends in Cognitive Sciences, 15(6)*, 280-288.

Kirschbaum, C., Pirke, K.-M., & Hellhammer, D. H. (1993). The 'trier social stress test' a tool for investigating psychobiological stress responses in a laboratory setting. *Neuropsychobiology, 28(1-2)*, 76-81.

Kirschbaum, C., Wolf, O. T., May, M., Wippich, W., & Hellhammer, D. H. (1996). Stress- and

51

第Ⅰ部　不安とストレス障害

treatment-induced elevations of cortisol levels associated with impaired declarative memory in healthy adults. *Life Sciences, 58*(*17*), 1475-1483.

Kuhlmann, S., Piel, M., & Wolf, O. T. (2005). Impaired memory retrieval after psychosocial stress in healthy young men. *Journal of Neuroscience, 25*(*11*), 2977-2982.

Lang, A., Newhagen, J., & Reeves, B. (1996). Negative video as structure: Emotion, attention, capacity, and memory. *Journal of Broadcasting & Electronic Media, 40*(*4*), 460-477.

Lazarus, R. S., & Folkman, S. (1984). *Stress, appraisal, and coping*. Springer.

林明明・丹野義彦（2013）．学習後ストレスが記憶に及ぼす影響　ストレス科学, *28*(*2*), 50-56.

Marin, M. F. *et al.* (2011). Chronic stress, cognitive functioning and mental health. *Neurobiology of learning and memory, 96*(*4*), 583-595.

McGaugh, J. L. (2000). Memory: A century of consolidation. *Science, 287*, 248-251.

二木鋭雄（2007）．良いストレスと悪いストレス　日本薬理学雑誌, *129*(*2*), 76-79.

Preuss, D., & Wolf, O. T. (2009). Post-learning psychosocial stress enhances consolidation of neutral stimuli. *Neurobiology of Learning and Memory, 92*(*3*), 318-326.

Selye, H. (1976). *Stress in health and disease*. Butterworths.

Schwabe, L., & Wolf, O. T. (2010). Learning under stress impairs memory formation. *Neurobiology of Learning and Memory, 93*(*2*), 183-188.

Schwabe, L., Wolf, O. T., & Oitzl, M. S. (2010). Memory formation under stress: Quantity and quality. *Neuroscience and Biobehavioral Reviews, 34*(*4*), 584-591.

Smeets, T., Jelicic, M., & Merckelbach, H. (2006). The effect of acute stress on memory depends on word valence. *International Journal of Psychophysiology, 62*(*1*), 30-37.

Smeets, T., Otgaar, H., Candel, I., & Wolf, O. T. (2008). True or false? Memory is differentially affected by stress-induced cortisol elevations and sympathetic activity at consolidation and retrieval. *Psychoneuroendocrinology, 33*(*10*), 1378-1386.

Wheaton, B. (1997). The nature of chronic stress. In B. J. Gottlieb (Ed.), *Coping with chronic stress* (pp. 43-73). Plenum Press.

Wolf, O. T. (2003). HPA axis and memory. *Best Practice & Research Clinical Endocrinology & Metabolism, 17*(*2*), 287-299.

Wolf, O. T. (2009). Stress and memory in humans: Twelve years of progress? *Brain Research, 1293*, 142-154.

World Health Organization (2023 February 21). *Stress*. Retrieved from https://www.who.int/news-room/questions-and-answers/item/stress

Yerkes, R. M., & Dodson, J. D. (1908). The relation of strength of stimulus to rapidity of habit-formation. *Journal of Comparative Neurology and Psychology, 18*(*5*), 459-482.

Yonelinas, A. P., Parks, C. M., Koen, J. D., Jorgenson, J., & Mendoza, S. P. (2011). The effects of post-encoding stress on recognition memory: Examining the impact of skydiving in young men and women. *Stress, 14*(*2*), 136-144.

第 II 部

●

反復思考

第Ⅱ部のタイトルは，「反復思考」である．心配や反すうなどの不安症やうつ病で広く見られる認知的症状のことである．症状に焦点を当てているという意味では，きわめて臨床的なトピックである．同時に，直接に「反復思考」と題された第6章を挟む形で配置された，第5章の「不安と認知バイアス」，第7章の「マインドワンダリング」を読んでいただければ，認知が高次の統制的な過程と低次の自動的な過程の相互作用からなっていることがわかる．また，ワーキングメモリのような情報処理を支える構造（アーキテクチャ）も見えてくる．認知科学の中でも認知心理学は実験研究の比重が大きく，個々の実験では要因を絞り込む必要がある．しかし，そもそもそのような実験をする問題意識を導くためには，システムをなす認知のアーキテクチャに関する理論が不可欠である．

　そのアーキテクチャには，進化を経て形成された構造がある．さらに，個人が特性として，あるいは発達の中で身につけた「デフォルト値」もある．アーキテクチャのパラメタは，ある環境では有利な結果につながるが，環境が変化すると不適応になる．つまり，進化や発達といった時間軸や，環境との相互作用という空間的な広がりも見えてくる．不安症などに苦しむ当事者は，脅威に対処したり，不安を何とかしたりしようと必死に戦いながらもがいている．そのような時に，少し視点を変えることで楽になることがある．とはいえ，この少し視点を変えることが難しいのである．認知臨床心理学の知見の背後にある広がりのある理論モデルは，視点を変えることに役立つだろう．

　第5章では，不安と認知バイアス，特に注意バイアス研究の流れがレビューされている．このテーマは膨大な実験研究の知見がある．機会があれば，第5章でも引用されている初期のレビューである，マーク・ウィリアムズらの浩瀚な *Cognitive psychology and emotional disorders*（1998年）を手に取ってみてほしい．そのような分野のレビューに敬意を表したい．第5章では，理論を軸に研究史をまとめており，自動的な過程と統制的な過程の相互作用によって，理論自体が弁証法的に発展している様子が読み取れる．実験心理学の特徴の一つが，操作によって変化を生じさせることである．これは，治療にも直結する．コンピュータ上での注意の実験パラダイムを翻訳した注意バイアス修正法が紹介されている．

　第6章では，反復思考そのものがテーマになる．とりわけその機能への着目が一貫している．人は，ある時は誤解ながらも，いろいろな事象の共変動を読み取って，行動を維持したり，変化させたりしている．行動分析であれ認知療法であれ，機能を重視することには変わりない．第6章ではまず「考えるのをやめると悪いことが起きる」といった反復思考の機能の認知（メタ認知）に注目したモデルと治療を紹介する．反復思考の機能としては，問題解決につながるというものが多い．一方，対比の回避という新しい理論では，ネガティブな反復思考を続けることで，嫌なことが起きた時の感情の対比

（急激な上昇）が避けられるという新しい機能を見出している．この対比の回避機能は必ずしも「誤解」ではなく，実証データでも示されている．新しい治療が産声を上げるのも間近であろう．最後に，反復思考もマインドワンダリングの一種であることから，反復思考に鎮痛効果があるのではと考えた研究を紹介した．その結果，反復思考は短期的には頭痛を緩和するが，長期的に増強することが見出された．

　第7章は，マインドワンダリングが主題である．マインドワンダリングは内容の複雑性という意味では統制的であるが，あまり自覚なく生じていたりもする．必ずしも病理的なものではないが，反復思考をも含むものである．創造性を支えたり，未来のプランニングにつながったりするという適応的な機能もある．治療では「考えすぎ」の低減が目指されることが多いが，考えごとをよい方向につなげるという方向も今後重要となろう．マインドワンダリングも，認知科学ならではの実験研究が多い．負荷の低い課題（よそごとを考える余裕がある）を続けてもらう最中に，時折プローブ質問を入れて，思考サンプリングを行うといった測定法が紹介されている．回顧的な自己報告の限界はしばしば言及されるが，自分の心がそれたことを，きちんとそのたびに自覚できているとしたら，それは（皮肉だが）マインドフルネスの傾向が高いということであろう．思考サンプリング実験は重要な意義を持つ．この実験パラダイムの連続上にある，課題の設定を通じて授業中のマインドワンダリングを低減させる方法も紹介されている．

　第Ⅱ部では，自動的な処理と統制的な処理という二つの認知的なサブシステムの相互作用が軸になっている．自動的な注意と，その人の目標と，認知資源を注ぎ込む努力のせめぎ合うはざまに，反復思考やマインドワンダリングが生じる．人間は，言語や思考の能力を持つゆえに，それをどう活かすかはまさに倫理的な課題とも言える．

第5章 ● 不安と認知バイアス

守谷　順

1　注意バイアスのモデルの発展

　不安の認知バイアスとは，不安症患者や特性不安，状態不安が高い人に見られる注意，記憶，解釈の偏りを指す．注意・記憶バイアスは，ネガティブな情報や自己関連情報への注意や記憶の促進を指す一方，解釈バイアスはあいまいな状況をネガティブに解釈する傾向を指す．多くの研究で現象が示されるとともに，メカニズムに関して様々なモデルが提唱されてきた．

　中でも注意バイアスのモデルの発展には，三つの流れがある．第一にベック（Beck, A. T.）の認知理論をもとにした流れ，第二に不安を進化の上で適応的な感情として見る流れ，第三に認知的な処理資源から不安をとらえた流れ，である．まずはモデルの遷移について見ていく．

認知モデル

　ベックのスキーマ理論によれば，不安症患者はうつ病と同様，深層にあるスキーマ，すなわち独特の認知体系・信念体系に基づいて情報処理を行っている（Beck, 1985）．スキーマが活性化すると，その認知・信念と一致する情報に注意が向かい，解釈され，記憶される．まさに認知バイアスである．不安を感じやすい人は，スキーマの活性化により，自身に危害を与える可能性のある脅威や危険，それらの手がかりとなる情報へ注意を向ける．自分が置かれた状況に潜在的な脅威が潜んでいると解釈し，危険な体験を記憶する傾向が強まると考えられた．

　ベックの理論は，不安症や特性不安の高い人に見られる認知バイアスを説明できる．一方で，不安は状況次第で誰にでも生じる感情である．不安スキーマ

57

第Ⅱ部　反復思考

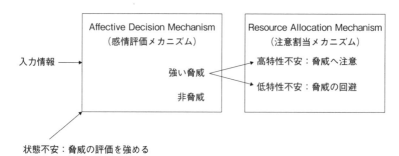

図 5-1　ウィリアムズの 2 段階理論（Williams *et al*., 1988）

を持ち合わせていなくても，状態不安が高まれば認知バイアスを確認されることに，さらなる説明が必要である．

　バウアー（Bower, G. H.）の感情ネットワークモデルによれば，感情状態も認知に影響を及ぼす（Bower, 1981）．不安な気分が高まると，危険に関する記憶が活性化される．ストレス経験などネガティブな感情がネガティブな記憶を強める．ネガティブな記憶が脅威を選択的に処理し，それがまたネガティブ感情を強める．感情状態と認知の相互作用が，不安に影響を及ぼすと考えた．

　ベックの認知理論とバウアーの感情ネットワークモデルの影響から，不安の認知バイアス，特に注意バイアスをモデル化したのがウィリアムズ（Williams, J. M. G.）で，2 段階理論（two-stage theory）を提唱した（Williams *et al*., 1988）（図 5-1）．彼らは前提として，無意識で自動的に向かう脅威刺激への注意（前注意過程：preattentive process）が，不安症の認知的脆弱要因と考えた．その上で，注意の流れを 2 段階に分けた．第一段階（感情評価メカニズム：affective decision mechanism）では，入力された情報がその人にとって脅威か否か，脅威の程度が決定される．ここで状態不安が高いほど，脅威と見なされる傾向にある．強い脅威と評価された場合，第二段階（注意割当メカニズム：resource allocation mechanism）では，注意が脅威刺激に向くか否か決定される．ここでは，特性不安が高い人は脅威刺激に注意を向ける一方，特性不安が低い人は回避する．脅威刺激への自動的な注意が不安状態を促進させるが，刺激を回避することで脅威を弱め，不安も弱めると考えた．

進化モデル

基本的な感情は，生物学的・社会的に重要な機能を果たすために進化してきたと考えられる（Oatley & Johnson-Laird, 1987）．不安や恐怖は生存と安全の確保が破られた時に生じる．不安や恐怖の主な機能は，環境における危険の検出を容易にし，脅威的な状況に対して迅速かつ効果的に反応するのを助けることである．したがって，効果的に脅威に注意を向け検出する必要がある．不安が低かろうが高かろうが，ある基準を超えた重大な脅威には注意を向け，他の作業をしていても目の前の危険に注意を切り替えることが必要になる．脅威が潜んでいるかもしれない，不確かであいまいな状況において，脅威が存在した時に注意し損ねることは非常に危険である．たとえ脅威がなかったとしても潜在的な脅威が存在するとして状況を解釈し，認知することが適応的であろう．

エーマン（Öhman, A.）は，セリグマン（Seligman, M. E. P.）による恐怖の準備性仮説（preparedness theory）（Seligman, 1971）に基づきながら，不安による注意バイアスは，もともと進化の上で獲得した生得的な機能で，自動的かつ無意識的な反応だと考えた（Öhman, 1996）．生き物はある出来事や状況と感情を結びつける．例えば，ある場所で怪我した場合，その場所と恐怖感情が結びつく．このような連合学習がすばやく生じるケースもあれば，何度も同じ経験をしてやっと学習されるケースもある．恐怖の準備性仮説では，ある出来事と感情の連合学習が他の出来事に比べてすばやく進むのは，進化の上で適応的であったからと考えた．エーマンらは条件づけ実験を数多く行い，ヘビやクモ，怒り表情など，脅威刺激と恐怖との条件づけはすばやく生じ，消去には時間がかかることを示した．危険のない刺激に対して防御反応を示すよりも，生命を脅かす脅威刺激に対して防御反応しないコストのほうが致命的であるため，潜在的な脅威に対して敏感になり，すばやく知覚し，無意識のうちに脅威に注意を向けることが適応的であると唱えた．

しかし，適応的な機能も，あるケースにおいては不適応的な不安につながる．脅威への注意はさらなる不安を導き，さらなる脅威の存在を予期させる．その恐怖がまた脅威へ注意を促すことで，負のサイクルが生じる．これが慢性的かつ自動的になり，それほど脅威ではない対象であるにもかかわらず，それに気づかず，いつまでも恐怖を感じ，このサイクルから抜け出せず，行動を変えら

第II部　反復思考

れないとしたら，不適応的な不安状態と言える．

注意資源モデル

　カーネマン（Kahneman, D.）によれば，課題の遂行には意識的な認知的処理が必要なケースがあり，その際に必要な心的エネルギーが注意資源（もしくは処理資源）である（Kahneman, 1973）．しかし，その量には限りがあるため，各課題の重要性や難しさに応じて注意資源は配分される．課題の要求が高く，遂行が困難だと見なされれば，心的努力（努力を要する意図的な動機づけ）を費やすことで遂行を可能にさせると考えた．

　注意資源の考えに基づき，アイゼンク（Eysenck, M. W.）は不安が注意資源の配分やパフォーマンスに影響を及ぼすと考え，処理効率性理論（processing efficiency theory）を提唱した（Eysenck & Calvo, 1992）．この理論では，課題を遂行する際に生じる不安や心配は，課題の目的からは逸脱した（課題無関連な）要素ととらえられた．つまり，不安や心配が課題の遂行に必要な注意資源を奪うため，本来の課題に費やすべき注意資源が少なくなり，パフォーマンスが低下すると考えた．この理論はワーキングメモリの導入によりさらに発展する．課題に関する情報処理を優先し，課題無関連の情報を抑制する際に関与する機能がワーキングメモリの中央実行系と考えられる（Baddeley, 1986）．中央実行系が，音韻情報の保持（音韻ループ）や視空間情報の保持（視空間スケッチパッド）の制御を担い，どの情報を保持し，課題を遂行するか決定する．しかし，不安／心配な状況では中央実行系がうまく働かず，課題に対してどの情報を保持すべきか，適切な注意資源の割当ができなくなる．課題無関連な不安や心配に囚われてしまうと考えた．

　ただし，不安は負の影響をもたらすだけではない．不安の強い人は心的努力により，通常よりも多くの注意資源を課題に費やそうとし，一定程度のパフォーマンスの質（processing effectiveness）を維持することを可能としている．例えば課題に対する正答率など，不安の高低によらないのはそのためである．しかし，多くの心的努力を費やす分，課題遂行に要する効率性（processing efficiency），すなわち課題に要する時間（反応時間）は低下すると考えた．

　処理効率性理論では，不安とは課題に対する注意資源を蝕む要因であるとと

第5章　不安と認知バイアス

もに，パフォーマンスを維持させようとモチベーションを高め心的努力を促す状態である．したがって，不安が信念と一致する情報の処理を促すとした認知モデルとは異なる．また，進化モデルで見られたような，生得的で自動的な処理というよりは，より高次の意識的な制御との関連を強調している．

認知モデルと進化モデルの発展・統合

　モデルの三つの流れはその後，各々の発展とともに必然的に統合されていく．ベックは認知モデルにおいて，各個人の有する異なる認知が処理を決定づけると考えていたが，後に誰にでも見られる生得的で自動的な注意をモデルに加えている（Beck & Clark, 1997）．3段階モデル（three-stage model）では，情報処理を時系列に沿って三つの段階に分けている．第一段階（orienting mode）では，自動的で無意識にすばやく脅威刺激に注意を向ける．生命を脅かす刺激や自己と関連する否定的な情報を優先的に処理するモードである．第二段階（primal mode）では，生存のチャンスを最大化するため，脅威を最小化するために機能する認知や感情，行動反応が活性化される．例えば，脅威へ注意が向き，覚醒状態が高まることで闘争・逃走反応を促したり，また恐怖感情が生じることで回避行動を取ってリスクを低くしたり，認知処理の対象を脅威刺激に絞り込んだりする．第三段階（metacognitive mode）では，認識された脅威をスキーマ主導でゆっくりと詳細に処理していく．現在の状況や，自分が可能な対処行動について考え，知覚された脅威に対する対処行動が可能か，有効か評価する．第三段階がベックの従来の認知モデルと合致しており，不安症の治療には第三段階の強化が必要と説いた．一方で，第一段階や第二段階では，生存を最大化するために生得的に身についた適応的な注意機能を想定しており，進化的視点が窺える．

　エーマンは，特徴検出モデル（feature detection model）にて潜在的な脅威に対する自動的な注意を想定したが，最終的に置かれた状況を脅威と見なすか，何に注意を向けるかは，様々な経験によって獲得された認知の影響も受けると考えた（Öhman, 1996）（図5-2）．入力された情報は，最初，特徴検出システム（feature detector）により進化的に脅威か否か判断される．脅威と見なされれば次の感情評価システム（significance evaluator）に進み，自動的でボトムアップ

61

第Ⅱ部　反復思考

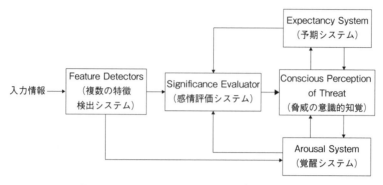

図5-2　エーマンの特徴検出モデル（Öhman, 1996）

に刺激の感情価が評価される．また，脅威が検出されると自動的に覚醒システム（arousal system）が活性化され，過覚醒な状態になり，注意を促すとともに感情評価システムに影響を及ぼし，脅威に対し，より過敏になる．感情評価システムはさらに予期システム（expectancy system）によるトップダウンの影響も受ける．これは過去の経験などから形成された脅威に対する印象である．ボトムアップ，トップダウンな評価の影響を受け，最終的にゆっくりと意識的な再評価がなされる（conscious perception of threat）．ここで，入力情報が脅威で，しかも回避することができないと判断されると，不安になる．このように，モデル内でも過去の経験により獲得された認知（予期・記憶）が情報の評価や注意の決定に影響を及ぼすことを想定している．

　注意の認知モデルの発端となったウィリアムズのモデルを発展させたのはモグ（Mogg, K.）である（Mogg & Bradley, 1998）．ウィリアムズのモデルに対し，いくつかの問題点が指摘された．例えば，注意の割当に関して特性不安が高ければ脅威へ注意を向け，低ければ脅威を回避すると想定したが，進化的視点に立てば生命を脅かすある基準を超えた脅威に対しては，特性不安が低かろうが注意を向け，次の行動を促すことが適応的である．そこでモグは二つのシステム，感情評価システム（valence evaluation system：VES）と目標関連システム（goal engagement system：GES）を想定した認知—動機づけモデル（cognitive-motivational model）を提唱した（図5-3）．VESは無意識的に脅威刺激の感情価を評価する役割を担っている．感情価を評価する際には，刺激の特徴を自動的

62

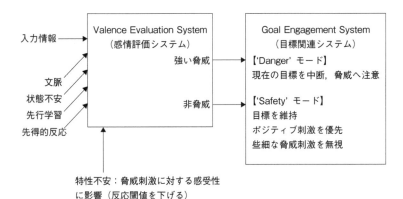

図 5-3　モグの認知―動機づけモデル（Mogg & Bradley, 1998）

かつ迅速に分析するだけではなく，文脈，その時の覚醒度や以前の学習経験，進化的に準備された生得的反応，さらに状態不安も影響を与えると考えた．状態不安が高ければ，VES にてより情報が脅威と評価される．この点はウィリアムズのモデルと同じである．一方で特性不安は脅威刺激に対する感受性に影響を与えると考えた．つまり，他の人にとって些細な脅威であっても，特性不安が強いほど感受性が高いため，主観的には脅威と感じられやすい．GES では認知処理と行動のための処理資源の割り当てが決定される．VES にて刺激が強い脅威と評価されれば，誰であれ自動的に進行中の活動は中断され，その刺激に対して注意が割り当てられる．これは適応的な機能であろう．そこまで脅威ではない刺激に対しては無視し，現在の目標へ注意を維持することが重要であろう．不安が影響を与えるのは感情価の評価（VES）であり，状態不安により情報がネガティブに評価され，また特性不安により刺激に過敏に反応すると，自然と脅威へ注意が促されると考えた．彼らのモデルは後にバーハイム（Bar-Haim, Y.）によって精緻化される（Bar-Haim et al., 2007）.

　多くのモデルで自動的なボトムアップ処理と能動的なトップダウン処理を想定しているが，それを明確に図式化したのはマシューズ（Mathews, A.）である（Mathews & Mackintosh, 1998）（図 5-4）．彼らはボトムアップな脅威評価システム（threat evaluation system：TES）と，トップダウンな課題要求に対する努力（effortful task demand）を想定した．潜在的に危険な情報が入力されると，たと

第Ⅱ部　反復思考

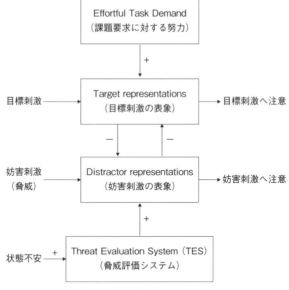

図 5-4　マシューズのモデル（Mathews & Mackintosh, 1998）

えその情報が現在進行中の目標とは関連のない情報（妨害刺激）であったとしても，TESによって自動的に活性化される．また，過去に脅威と学習された刺激や，進化的に脅威と見なされた刺激も，TESを通して自動的に処理される．TESは状態不安の影響を受け，不安が高まると脅威に対する評価の閾値が下がるため，過去には脅威と評価されなかった情報であっても脅威と見なされる可能性がある．一方で，トップダウンな制御により，課題の要求に対して意識的に努力し，目標刺激の処理を優先し，活性化するよう働く．目標刺激と脅威刺激の両者の表象が競合し，最終的により強い刺激に優先的に注意が向けられる．些細な脅威であればトップダウン制御のほうがより強く働き，目標刺激へと注意が向くが，非常に強い脅威であればボトムアップな処理のほうが強く，脅威刺激に注意が向く．

　マシューズのモデルは，後にビショップ（Bishop, S. J.）の認知神経科学モデルに発展する（Bishop, 2007）．TESにあたるのが扁桃体で，無意識的な脅威の評価がボトムアップになされ，妨害刺激である脅威刺激の表象を強める．一方

で課題要求に対する努力にあたるのが前頭前皮質（prefrontal cortex：PFC）領域で，注意の制御に影響を与えており，目的に応じた刺激へと注意を促すよう働くトップダウンな制御システムを担う．ボトムアップ処理とトップダウン制御の両者が競合し，最終的にどちらに注意が向くか出力が決定される．このうち，状態不安は扁桃体の反応性を高めて脅威刺激に対する顕著性を高める一方，特性不安はPFCの制御系に負の影響を与え，目標刺激への注意のコントロールが難しくなる．そのため特性不安の強い人，状態不安の強い人は妨害刺激である脅威情報へと注意が促されると考えた．特性不安が感情価の評価ではなく，注意の制御に影響を与えるとした点は，モグのモデルとは異なる．

モデルごとで違いこそあれ，どれも進化の過程で獲得した，無意識的で自動的なボトムアップ処理と，注意制御を担うトップダウン処理が脅威刺激への注意に影響を与えること，そして不安ではボトムアップ処理が促進されている一方で，トップダウン処理が機能していないことを想定している．そのため，不安の高い人は脅威刺激へと注意が促されると説明している．

処理資源モデルの発展

以上の流れとは異なり，処理資源モデルは認知心理学，特にワーキングメモリを包含する実行機能の研究の進展とともに発展した．三宅らにより，実行機能は抑制（inhibition），切り替え（shifting），更新（updating）の要素に分けられた（Miyake *et al.*, 2000）．抑制は課題の目的から逸脱した課題無関連刺激によってパフォーマンスが妨害された時に目標を維持するよう働く機能，切り替えは注意を目的に関わる課題関連刺激へと移動する機能，更新は情報を一時的に保持し，新しい情報と置き換える機能である．

これを踏まえて，アイゼンクらは注意制御理論（attentional control theory：ACT）を発表した（Eysenck *et al.*, 2007）．そこでは，不安によって抑制と切り替え機能がうまく働かなくなると考えた．不安が高まると抑制機能を損ない，目標を維持することが困難となり，課題無関連な刺激へと注意を向けてしまう．また切り替え機能が低下すると，目標に合った情報へと注意を切り替えることが難しくなり，課題無関連な刺激から注意をそらすことが困難になる．これらトップダウン制御の機能低下により，不安は刺激主導のボトムアップな処理を

第Ⅱ部　反復思考

強める．すると，脅威刺激など他よりも目立つ刺激（顕著性の強い刺激）が容易に検出され，たとえ課題無関連刺激であっても抑制できずに注意が向き，そこから注意をそらすことができなくなると考えた．

　ただし，このこと自体が必ずしも不適応的とは限らない．そもそも不安は現在の目標が脅かされた時に経験される．その際，その原因となる脅威を探し，どのように対応するかを決定することが重要となる．脅威下にあると認識し，不安を経験した際，今の目標に固執し続け，特定の刺激または場所へ注意を維持することは，かえって危険な可能性がある．最適な戦略は，現在進行している目標や課題に対する注意制御を一時中断し，代わりに目標や課題にかかわらず注意資源を広く配分し，潜在的な脅威を探し当てることであろう．したがって，不安によって課題無関連刺激へと注意を向けることは，状況に応じて一時的には有効な機能であると考えられる．

モデルの統合

　不安の注意バイアスについて，これまでは視覚的注意による説明と，実行機能（もしくはワーキングメモリ）による説明に二分されていた．モグやマシューズのモデルは視覚的注意の考えに基づき，目的志向的なトップダウン制御と刺激駆動型のボトムアップ処理が相互に不安の注意バイアスに影響を及ぼすと考えた．つまり，トップダウンな注意制御が難しく，一方でボトムアップの促進による顕著性の強い脅威刺激への注意が，不安の特徴だとする．一方で，アイゼンクは実行機能の考えに基づいており，抑制機能の低下に伴う妨害刺激の処理が不安に顕著であると指摘している．

　どちらにも共通する部分は，目的に見合った注意制御が困難であること，そのために目立ちやすい脅威情報に注意を向けてしまうこと，それによって本来の目的を達成することが困難であること，である．これら共通部分を統合した新たなモデルが考えられつつある．モグは前述の視覚的注意と実行機能のモデルを統合したフレームワークを提示し（Mogg & Bradley, 2018），守谷も両者を合わせた注意バイアスモデルを提唱している（守谷, 2019）．しかし両者を統合したモデルの検討は十分なされておらず，互いの特徴がどう影響を及ぼし合っているか，不安症の発症や維持にどう影響を与えているのか，明確なルートの

第5章　不安と認知バイアス

解明は今後の研究によって示されることだろう．

2　注意バイアスの発達

発達的側面

　不安は誰もが生じる感情であるが，不安症は誰もが生じるわけではない．不安症の発達的側面を理解することは重要視されているが，それに付随して注意バイアスの発達的側面についても検討されている．興味深いことに，幼児期には脅威刺激（怒っている顔など）への注意バイアスは一般的に見られる（Burris et al., 2019）．ただし，この頃は脅威だけではなく，笑顔などポジティブな刺激に対しても選択的に注意が向く．社会的に重要な刺激に注意を向けることで，子どもは社会的状況に対する期待や行動を学習すると考えられる．

　初期の注意バイアスはその後，気質と相互作用することにより，不安へと影響を及ぼす．注目されている気質は行動抑制性（behavioral inhibition：BI）である．BI とは，見知らぬ人や慣れない場面において恥ずかしがったり，怖がったり，臆病になったりする慎重さを持ち，そのような状況で否定的な反応または回避を伴う幼児期の気質スタイルである（Kagan et al., 1984）．新奇な，顕著な，または脅威的な情報に対する検出の高さと関連している．青年期において，BI の子どものほうがそうでない子どもに比べて社交不安症の特徴が多く見られる，すなわち他者からの否定的評価を恐れる．一方で，BI の子どもの約60% は不安症を発症しないことから，BI が直接不安症を導くわけではない．BI と不安をつなぐ重要な要素として注意バイアスが注目され，実際に BI の子どもに脅威刺激への注意が伴う場合に，高い不安得点を予測したり，引きこもりなど社交不安に見られる行動を示したりする傾向が見られた（Fox et al., 2022）．

　一連の結果を受け，フォックス（Fox, N. A.）は Detection & Dual Control（DDC）model を提唱した（Fox et al., 2022）（図5-5）．BI の子どもは新奇な情報や脅威的な情報など顕著な情報を検出するため，現在進行中の目標に対する行動（例えば，仲間との会話）から注意が一度引き離され，再度目標行動へと注意が引き戻される．一連の行為には二つの認知制御方略が関与している．一つが

67

第Ⅱ部　反復思考

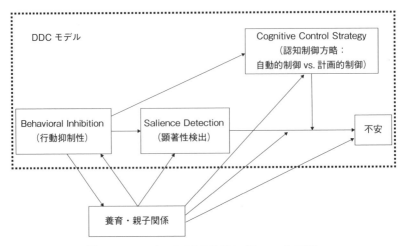

図 5-5　フォックスの DDC モデル（Fox et al., 2022）

自動的制御（automatic control），すなわち今まさに起こった出来事への対処であり，例えば注意が向いた脅威情報を処理する機能などを担う．もう一つが計画的制御（planful control）で，将来起こるであろう出来事への対処であり，前もって課題無関連刺激の提示を知ることで注意を目標へ維持する機能を担う．例えば仲間との会話中，ネガティブな情報があると BI の子どもはすばやく検出し，注意が仲間との会話という目標から一時的にネガティブな情報へと引き離される．計画的制御が高ければすばやく注意を目標に引き戻すことができるが，自動的制御が高いと顕著な刺激の処理に追われ，目標へと注意を戻すことが遅れる．そのため，仲間との会話など社会的交流にも支障をきたし，不安を高めると考えた．BI の子どもは基本的に顕著な脅威刺激へ注意を向けやすいため，不安を高める傾向にある．加えて，自動的制御が強ければ不安をさらに強める．一方で，計画的制御が強ければ不安は弱まる．注意バイアスが媒介作用として働き，注意制御が調整変数として働くモデルである．

　フォックスはさらに，どのような子どもが計画的制御より自動的制御を発達させるか，親子関係を中心に仮説を立てている．例えば親の養育が高圧的で厳しければ，子どもは自身のミスに敏感に気づき，自動的制御を強める．親が過保護であっても，子どもの問題解決スキルが育たないため，計画的制御が促進

第5章　不安と認知バイアス

されない．さらに，子どもが潜在的な危険を強く意識してすばやく脅威を検出するよう自動的制御を強めると考えた．ただし，子どもの気質もまた親の養育に影響を与えることから，親と子の双方向の影響を考える必要がある．

認知バイアスの治療への応用

認知バイアスの発展として，最もホットなトピックは認知バイアス修正法（cognitive bias modification：CBM）であろう．認知バイアスが不安症の発症・維持に寄与することから，逆に，認知バイアスを修正することで不安症を予防・改善させようとする考え方である．注意・記憶・解釈それぞれに対してCBMが考案されているが，ここでは注意バイアス修正法（attention bias modification：ABM）を紹介する．

初期のABMの手法は，参加者に対して2種類の刺激（脅威刺激と非脅威刺激）を提示後，非意図的に非脅威刺激へと注意を向けさせるものだった．非脅威刺激が提示された場所に反応すべき目標刺激が提示されるため，参加者は何度も訓練するうちに自然と非脅威刺激へ注意を向け，脅威刺激から注意をそらすようになった．その結果，訓練後に不安得点の低下が報告された（MacLeod *et al.*, 2002）．

ABMは瞬く間に研究者に広まり，世界中で検討された．そこには，多くの期待があった．ABMによる介入は，パソコンを利用した簡単で短いセッションで構成され，オンラインでも実施できるため，その利用しやすさと拡張性が魅力的であった．また非侵襲的であること，注意バイアスは認知神経科学との結びつきが強く，ABMの発展性が見込めることなどもポジティブな点であった．検討の結果，実際に多くのポジティブな結果が示され，メタ分析でも，ABMを受けた群は何も受けていない統制群に比べて，不安症の症状低減に中程度の効果量が示された（Hakamata *et al.*, 2010）．注意バイアスがもともと顕著な不安者ほど，ABMによって注意バイアスが軽減され，不安も低下することも示唆された（Price *et al.*, 2016）．

しかし，研究が広がるほどに，ABMを支持しない結果や，不安低減に見られる効果がごくわずか，もしくはほとんどないとの結果が報告され始めた．例えば，ABMを受けた群と偽治療条件群（脅威刺激と非脅威刺激のどちらにも同程

69

第II部　反復思考

度に注意が向くよう設定した訓練を受けた群）では，どちらの群においても同程度の不安の低下が見られた（Enock *et al.*, 2014）．また認知行動療法（cognitive behavioral therapy：CBT）とともに ABM を実施した群では，確かに不安症状の改善が認められたが，CBT と ABM の偽治療条件を施した群でも同程度に不安症状が改善されたとの報告もある（Salum *et al.*, 2018）．つまり，治療期待または脅威刺激への単なる曝露が不安を軽減させた可能性を示唆しており，必ずしも脅威刺激から注意がそれた効果とは言えない．

　ABM は転換期を迎えている．ABM に十分な信頼性がないことに対して，ABM のプロトコルが複数提案され，統一されていない点や，ABM が効果的に働く条件が整理されていない点など，様々な指摘がなされている．第1節で紹介した注意バイアスのモデルを考えれば，ワーキングメモリもまた訓練の対象として組み込む意義はあると考えられるが，その検討はまだごくわずかである．そもそも脅威に対する注意バイアスは，不安の初期症状に寄与するものであり，不安の維持にはもっと別の要因が影響を与えているとの考えもあるため，注意バイアスさえ除外すれば不安は改善されるとの考えに対しても，未だ疑問が残されている．

3　注意バイアスと介入との関係

介入技法の根拠としての注意バイアス

　第2節で見た通り，ABM は不安の治療法として未だ確立されてはいない．一方で，注意バイアス自体は不安症に見られる信頼性のある特徴だろう．この注意バイアスが様々な介入技法に影響を与えている可能性は考えられる．そもそもベックの認知理論では，スキーマが活性化することでスキーマと一致する情報に注意が向かうと考えられた．認知が変われば注意も変わり，また注意が変われば認知も変わるだろう．したがって認知理論の根底には，注意バイアスが関わっているとも言える．

　例えば，不安喚起刺激に繰り返し曝露することによって不安症状を和らげる介入技法として，エクスポージャー療法が知られている．この技法と関わる仕組みとして，レスポンデント条件づけがある．中でも恐怖条件づけでは，もと

第5章 不安と認知バイアス

もと不安を感じていない対象（条件刺激）において，恐怖を喚起させる出来事（無条件刺激）を体験することで，条件刺激でも不安を感じるようになる（条件反応）．しかし，条件刺激だけを繰り返し提示し，曝露することで消去が生じ，条件反応も見られなくなる．この条件刺激と無条件刺激との結びつきを強化するのに注意が関わってくる（Waters & Craske, 2016）．注意バイアスが働き，条件刺激提示時に恐怖を喚起させる無条件刺激にも注意が向くことで，より強い結びつきが生じる．注意が無条件刺激に向かなければ，条件刺激に対して恐怖を学習することも避けられるだろう．つまり，エクスポージャー療法の根拠となる恐怖条件づけによる不安の獲得の背後には，注意バイアスの影響があると考えられる．

アセスメントとしての注意バイアス

注意バイアスを，どの介入技法が適切か判断する際のアセスメントの一つとして使える可能性も考えられる．例えば，CBT の治療効果は治療を受けた不安症患者の約半数に見られるとの報告があるが，この効果の程度に注意バイアスが影響を及ぼしている．不安症患者に対して CBT を実施した場合，もともと脅威刺激への注意バイアスが見られない人よりも注意バイアスが見られた人のほうがよりよい反応性を示した（Waters & Craske, 2016）．その人にとってより効果的な介入技法を選択する指針の一つとして，治療前の認知バイアスが利用できる可能性がある．

そもそも"不安"とは何か．不安症の定義を見ても，落ち着きのなさ，集中困難，怒りっぽさ，筋肉の緊張，睡眠障害など様々で，全員にその症状すべてが当てはまるわけではない．異なる症状の集合体として個々の不安症がある．このような異質（heterogeneity）な不安症に対し，異質性を認め，症状ベースで見ていくことが必要となるだろう．認知バイアスはその症状の一つであり，この症状が顕著な人に対して適切にアプローチしていく手段として扱うことが重要であろう．

71

第 II 部　反復思考

4　今後の展望

複数の認知バイアスの統合

　本章では注意バイアスについて取り上げたが，冒頭にも述べた通り，認知バイアスには他にも記憶バイアスや解釈バイアスが存在する．これらのバイアスが独立して働いているとは考えにくい．例えば，脅威刺激に注意が向けば，その情報が記憶として保持されるだろう．あいまいな状況に置かれたら，長期記憶や自伝的記憶など，自ら持ち得る事前情報をもとに状況を解釈するだろう．状況を脅威ととらえると，その認知と関連する記憶を想起させ，脅威情報に注意が促されるかもしれない．

　注意バイアスのウィリアムズのモデルでは，当初，注意は不安と関連が強く，記憶はうつと関連が強いだろうと切り分けていたため，各認知バイアスの相互作用を前提とした発展が遅れた．一方，うつ病では発症や維持要因として，注意・記憶・解釈バイアスの相互作用，もしくは順に影響を及ぼすループが注目されている．注意が向いた情報をもとに状況を解釈し，それが記憶としてとどまり，またネガティブな長期記憶が注意を促すと考えられている（Everaert *et al.,* 2020）．

　不安でも，注意バイアスと記憶・解釈バイアスの相互作用が一部検討され始めている（Leung *et al.,* 2022）．具体的には，CBM を用いてある認知バイアスを改善させると，他の認知バイアスへの波及効果が見られるか検討されている．例えば，解釈バイアス修正法が注意バイアスに，注意バイアス修正法が解釈バイアスに影響を与え，改善させることが一部報告されている．各々の認知バイアスの相互作用を検討する場合，それらが媒介モデルとして働くのか，調整モデルとして働くのか，共通する高次の認知として働くのか，詳細な検討も必要になってくるだろう．今後は多認知バイアスアプローチ（multicognitive bias approach）の展開が期待される．

認知バイアスの適応的意義

　そもそもなぜ不安という感情は生じるのか．不安が不適応的なものであれば，

淘汰され，消えてもおかしくない．そうでないのは，状況に応じて有用な感情であるからであろう．感情は，ある状況において適切に対処するための認知的，生理的反応を導く検出器の役割を担う（Nettle & Bateson, 2012）．不安であれば，危機が迫る前兆として感情が生じることで，危険を回避することができるため，生存率を高めることで進化の上で適応的意義があったと考えられる．不安症を適応的と言っているわけではない（Nesse, 2019）．不安症に見られる一部の特徴，今回であれば認知バイアスもまた，ある状況においては適応的な反応と考えられるだろう．

　何かが起きる確率がある程度一定である状況（expected uncertainty）では，その出来事の都度，認知バイアスに修正を加えるよりは，一定の認知バイアスを固持したほうが安定的な反応を示すであろう（Pulcu & Browning, 2019）．例えば，ある程度まとまったコミュニティの中で生活していた場合，構成員も環境も変化がなければ，似たような出来事が繰り返し起こることが想像できる．そのような状況の中，常に自身に対して否定的な反応を示す相手をすばやく検知し，例えば回避することは，自身にとって有益な判断となるだろう．このような環境では，認知バイアスはむしろ適応的に作用するだろう．一方で，同じ状況であるにもかかわらず，予期せぬ反応が生じる可能性が高い状況（unexpected uncertainty）であるならば，まさに今目の前で起きている状況から様々に情報を獲得し，判断し，考えを修正する必要があろう．このように予期せぬことが起きる状況であるにもかかわらず，目の前の状況から学習せず，バイアスを変化させずに固持し続ける非柔軟性が，不安の認知バイアスの問題であろう．常に同じ認知バイアスを用いるため，環境に応じた対応ができず，不適応的になる．

　したがって，単純に認知バイアスを修正する方向で考えるのではなく，どの状況において適応的に働くのか考える必要があるだろう．不適応的に働く場合も，そのバイアスを修正する方向性と，環境を変える方向性など，選択肢はいくつかあるだろう．それらを総合的にとらえながら，不安の認知バイアスについて取り扱うことが今後は必要になってくるのではないか．

第 II 部　反復思考

引用文献

Baddeley, A. D. (1986). *Working memory*. Clarendon Press.

Bar-Haim, Y., Lamy, D., Pergamin, L., Bakermans-Kranenburg, M. J., & van IJzendoorn, M. H. (2007). Threat-related attentional bias in anxious and nonanxious individuals: A meta-analytic study. *Psychological Bulletin, 133(1)*, 1-24.

Beck, A. T. (1985). Theoretical perspectives on clinical anxiety. In A. H. Tuma, & J. D. Maser (Eds.), *Anxiety and the anxiety disorders* (pp. 183-196). Lawrence Erlbaum Associates.

Beck, A. T., & Clark, D. A. (1997). An information processing model of anxiety: Automatic and strategic processes. *Behaviour Research and Therapy, 35(1)*, 49-58.

Bishop, S. J. (2007). Neurocognitive mechanisms of anxiety: An integrative account. *Trends in Cognitive Sciences, 11(7)*, 307-316.

Bower, G. H. (1981). Mood and memory. *American Psychologist, 36(2)*, 129-148.

Burris, J. L., Buss, K., LoBue, V., Pérez-Edgar, K., & Field, A. P. (2019). Biased attention to threat and anxiety: On taking a developmental approach. *Journal of Experimental Psychopathology, 10(3)*, 1-21.

Enock, P. M., Hofmann, S. G., & McNally, R. J. (2014). Attention bias modification training via smartphone to reduce social anxiety: A randomized, controlled multi-session experiment. *Cognitive Therapy and Research, 38(2)*, 200-216.

Everaert, J., Bernstein, A., Joormann, J., & Koster, E. H. W. (2020). Mapping dynamic interactions among cognitive biases in depression. *Emotion Review, 12(2)*, 93-110.

Eysenck, M. W., & Calvo, M. G. (1992). Anxiety and performance: The processing efficiency theory. *Cognition & Emotion, 6(6)*, 409-434.

Eysenck, M. W., Derakshan, N., Santos, R., & Calvo, M. G. (2007). Anxiety and cognitive performance: Attentional control theory. *Emotion, 7(2)*, 336-353.

Fox, N. A. *et al.* (2022). Annual research review: Developmental pathways linking early behavioral inhibition to later anxiety. *Journal of Child Psychology and Psychiatry, 64(4)*, 537-561.

Hakamata, Y. *et al.* (2010). Attention bias modification treatment: A meta-analysis toward the establishment of novel treatment for anxiety. *Biological Psychiatry, 68(11)*, 982-990.

Kagan, J., Reznick, J. S., Clarke, C., Snidman, N., & Garcia-Coll, C. (1984). Behavioral Inhibition to the Unfamiliar. *Child Development, 55(6)*, 2212-2225.

Kahneman, D. (1973). *Attention and Effort*. Prentice Hall.

Leung, C. J., Yiend, J., Trotta, A., & Lee, T. M. C. (2022). The combined cognitive bias hypothesis in anxiety: A systematic review and meta-analysis. *Journal of Anxiety Disorders, 89*. doi: 10.1016/j.janxdis.2022.102575

MacLeod, C., Rutherford, E., Campbell, L., Ebsworthy, G., & Holker, L. (2002). Selective attention and emotional vulnerability: Assessing the causal basis of their association through the experimental manipulation of attentional bias. *Journal of Abnormal Psychology, 111(1)*, 107-123.

Mathews, A., & Mackintosh, B. (1998). A cognitive model of selective processing in anxiety.

Cognitive Therapy and Research, 22(*6*), 539-560.

Miyake, A. *et al.* (2000). The unity and diversity of executive functions and their contributions to complex "Frontal Lobe" tasks: A latent variable analysis. *Cognitive Psychology, 41*(*1*), 49-100.

Mogg, K., & Bradley, B. P. (1998). A cognitive-motivational analysis of anxiety. *Behaviour Research and Therapy, 36*(*9*), 809-848.

Mogg, K., & Bradley, B. P. (2018). Anxiety and threat-related attention: Cognitive-motivational framework and treatment. *Trends in Cognitive Sciences, 22*(*3*), 225-240.

守谷順 (2019). 社交不安の注意バイアス　心理学評論, *62*(*1*), 66-87.

Nesse, R. M. (2019). *Good reasons for bad feelings: Insights from the frontier of evolutionary psychiatry.* Dutton.

Nettle, D., & Bateson, M. (2012). The evolutionary origins of mood and its disorders. *Current Biology, 22*(*17*), R712-R721.

Oatley, K., & Johnson-Laird, P. N. (1987). Towards a cognitive theory of emotions. *Cognition and Emotion, 1*(*1*), 29-50.

Öhman, A. (1996). Preferential preattentive processing of threat in anxiety: Preparedness and attentional biases. In R. M. Rapee (Ed.), *Current controversies in the anxiety disorders* (pp. 253-290). Guilford Press.

Price, R. B. *et al.* (2016). Pooled patient-level meta-analysis of children and adults completing a computer-based anxiety intervention targeting attentional bias. *Clinical Psychology Review, 50*, 37-49.

Pulcu, E., & Browning, M. (2019). The misestimation of uncertainty in affective disorders. *Trends in Cognitive Sciences, 23*, 865-875.

Salum, G. A. *et al.* (2018). Group cognitive behavioral therapy and attention bias modification for childhood anxiety disorders: A factorial randomized trial of efficacy. *Journal of Child and Adolescent Psychopharmacology, 28*(*9*), 620-630.

Seligman, M. E. P. (1971). Phobias and preparedness. *Behavior Therapy, 2*(*3*), 307-320.

Waters, A. M., & Craske, M. G. (2016). Towards a cognitive-learning formulation of youth anxiety: A narrative review of theory and evidence and implications for treatment. *Clinical Psychology Review, 50*, 50-66.

Williams, J. M. G., Watts, F. N., MacLeod, C., & Mathews, A. (1988). *Cognitive psychology and emotional disorders.* Wiley.

第6章 • 反復思考

杉浦義典

　不安，抑うつを問わず，幅広い心理的問題で，ネガティブな内容の思考が繰り返し生じ，さらに持続するという症状が見られる．例えば全般性不安症で見られる心配や，抑うつの特徴である心配などである．本章で扱うのは，それらの上位概念である反復思考という現象である．

　まず，認知臨床心理学という本書全体のテーマにとって，反復思考の研究がどのような意義を持つのかに簡単に触れたい．認知科学や認知心理学と臨床心理学とが接点を持つことでもたらされたものの一つが，診断横断性であろう．臨床心理学には古くから，教育場面や産業・組織の場面など実践の場による領域区分がある．また，パニック症，うつ病のような診断による区分がある．診断別に研究や実践を行うのは，実証的なアプローチが臨床心理学の領域で普及したのと車の両輪であり，むしろニューウェイブと言ってよいだろう．しかし，音楽のニューウェイブが現在では1980年代初頭のパンクロックから派生した音形態を指すのと同じように，臨床心理学でもニューウェイブのさらに次がある．その一端は，プロセスに基づいた心理療法（process-based therapy：PBT）(Hofmann & Hayes, 2019) といったものであろう．

　精神疾患の診断は，操作的診断基準（DSMやICD）の登場によって信頼性が向上し，さらに診断基準自体も最新の研究知見を取り入れて改訂されている．しかし，それぞれの診断名と固有のメカニズムが対応するという知見が得られているわけでもなく，それは今後もあまり期待できない．なぜならば，多くの精神病理の分布が，多数の要因が介在していることを示唆する連続的なものであるためである．さらに，一人の人が複数の診断に該当する併存症（comorbidity）という状態も例外ではなく，むしろ通常である．すると，個々の診断のみでなく，その共通要因に注目するのがよいと期待するのは自然である．この時，心を構成するメカニズムを軸に理論と研究を発展させてきた認知科学や認知心

第Ⅱ部　反復思考

理学が役に立つことになる．例えば，記憶は認知心理学の中でも特に歴史の長い研究対象であるが，研究対象を非臨床群のみでなく，脳損傷やうつ病の患者へと拡大することで，理論の拡大・充実が図られた．メカニズムを軸に，臨床群から非臨床群へと拡大したという好例である．

　反復思考は，その研究の源流である心配の研究の最初期から，問題解決のための思考と位置づけられていた（Borkovec *et al.*, 1983）．そのような制御的処理のメカニズムとしてメタ認知に着目したモデルも広く普及した（Wells, 1995）．2010年前後からは，非臨床群の方向へ拡張したマインドワンダリングという反復思考の上位概念も登場し，適応と不適応を横断する視点がさらに強化された．

1　反復思考の理論モデル

　反復思考は多くの精神病理に共通する問題として注目されている．認知行動モデルが広範に適用される中で，疾患の種類によって体験される認知の内容は異なることもわかってきた．一方，いずれの場合でも苦痛をもたらすような内容の思考が，制御できない形で繰り返し体験されるという特徴は共通している．とりわけ全般不安症／全般性不安障害の主症状である心配や，うつ病を維持する要因である反すうといった思考は，長時間持続することが特徴であり，それだけ心身への負担も大きくなる．心配や反すうといった思考の尺度項目を因子分析すると，ネガティブな反復思考（repetitive negative thinking）という共通因子が得られることが明らかになった（McEvoy & Mahoney, 2013; Segerstrom *et al.*, 2000）．つまり，心配や反すうなどの上位概念としての反復思考である．

　では改めて，反復思考という変数が多数の精神病理に共通の予測要因になるのであろうか．向井ら（2018）は，全般性不安，抑うつ，社交不安，強迫という4種類の代表的な内在化問題を取り上げた．まず，これらの4種類の症状が内在化という1因子を形成することが確認された．このように複数の疾患の症状が高次の因子としてまとまるという測定的な知見も，また診断横断性という視点を後押ししてきた．ここでの主題に戻ると「反復思考が複数の疾患（症状）に共通の予測要因である」ということを表現するためには，反復思考がそれぞ

れの症状と相関があるということだけでなく，それが各症状の「共通する部分」と相関することを示す必要がある．そのために，内在化因子と反復思考との関連を検討する必要がある．結果として，予想通り，反復思考は内在化因子を予測していた．

メタ認知に着目した心配のモデル

認知療法のケースフォーミュレーションも，行動分析も，苦痛で困難な問題を維持する様々な事象の結びつきに注目する．認知が感情に影響するという部分が強調されがちであるが，ある認知が別の認知の先行事象になることもある．特に，反復思考のような長時間にわたるネガティブな思考の先行事象としては，メタ認知が有力な候補となる．長時間持続する現象には，反応時間の微小な差異から推定されるような高速な自動的処理とは異なるメカニズムが働いていると考えるのが自然である．では苦痛な思考が長時間にわたり持続するようになるメカニズムは何だろうか．その候補がメタ認知である．何か気になることがあった時に，「それについて考え続けなくてはならない」という考えが頭に浮かんだり，つらくなり，もう考えるのをやめてしまいたいと思った時に，「やめるのは無責任だ」「やめたら大変なことになる」というように考えたりすると，反復思考は続いてしまう（Sugiura & Fisak, 2019; 向井他, 2018）．これらは，すべて「自分が考えていること」についての「考え」である．外界にある刺激などとは異なって，自分の思考についての思考であるため，メタ認知はいつでもどこでもついて回る．問題が慢性化しやすいことも説明できる．

メタ認知は，「メタ認知が生じ，それが終わって，反復思考が続く」というよりは，反復思考と並行してその持続を方向づけるものである．しかし，反復思考そのものとは区別される．心配を例に取れば，とりわけ全般不安症の人であれば，その名称からもわかるように，考えている内容は刻一刻と変化する．試験のことで心配し，それが終わればアルバイトのこと，対人関係のこと，と心配は絶えず内容を変えていく．しかし，そのたびに「考えている途中でやめてはいけない」というように自分に言い聞かせていることで，常に何か心配しているという状態になり，結果的に全般不安症は維持される．さらに，全般不安症の人は，心配を続けていることで心身の健康が害されることも心配してい

第Ⅱ部　反復思考

る．心配が悪影響をもたらすのは確かであるが，「心配のせいで病気になった
らどうしよう」と考えることで，心配の有害性にことさらに注意が向く結果，
さらなる心配が始まってしまう．このことによって，心配はさらに悪化する．
メタ認知は，このように心配という症状と時間的に並行しながら，さながらラ
ンナーを追い込む鬼コーチのように心配を持続させている．

　Wells（1995）の全般不安症のメタ認知モデルは，メタ認知が心配を持続させ，
苦痛をさらに増大させ，全般不安症という状態になるというモデルである．特
に，心配が問題解決の役に立つと考えるポジティブなメタ認知と，心配は制御
ができず，有害であるというネガティブなメタ認知が，共存していると考える．
メタ認知モデルは，メタ認知療法（Wells, 2009）という治療法につながってい
る．

メタ認知モデルを反復思考に拡張する

　そもそも，共通要因に注目するのは，それが介入の対象として適していると
いう期待があるためである．様々な疾患に対して共通の方法で介入できるかも
しれないし，複数の疾患が併存する人の治療もうまく行くかもしれない．全般
不安症の心配についてのモデルを，反復思考というもう少し広いものに拡張で
きるだろうか．メタ認知が反復思考を予測し，さらに反復思考が内在化因子を
予測するということが明らかになれば，メタ認知療法によって，内在化に属す
る問題群（つまり，様々な不安症やうつ病など）に共通した診断横断的な介入が可
能であるという期待ができる．

　実際，このような発想を支持するように，メタ認知への働きかけが診断横断
的な介入として有効であることを示唆する知見がいくつかある．Newby *et
al.*（2014）は，全般不安症，大うつ病性障害，両者の併発例の人を対象に，イ
ンターネット経由で認知行動療法を実施して，ポジティブなメタ認知の増加と
反復思考の減少が抑うつ症状の改善を，ポジティブなメタ認知の減少が全般性
不安症状の低下を媒介することを見出した．一方，McEvoy *et al.*（2015）は合
併症のある人も含めた全般不安症の人に，グループでのメタ認知療法を行った．
その結果，ネガティブなメタ認知が減少することで，反復思考が減少し，不安，
抑うつの諸症状が低減することが見出された．一方，ポジティブなメタ認知に

第6章　反復思考

はそのような症状低減を媒介するような効果は認められなかった.

　このように，メタ認知に働きかけて反復思考を減少させることは，不安や抑うつの双方を改善すると期待される．ただし，ポジティブなメタ認知の役割については，それを支持する結果と支持しない結果が混在している．反復思考は制御困難と感じられる一方，困った問題を解決しようとする努力に由来する側面もある（Borkovec *et al.*, 1983; 杉浦, 2003）．心配をやめられないということは，心配が手に負えないという気持ちと同時に，心配をせざるを得ないという気持ちの双方があるということだ．心配をするように駆り立てる要因は，そのメカニズムの理解にとって不可欠である．一般に不安症は，嫌なことや不安感から逃れようとする行動（安全行動）によって維持される．ポジティブなメタ認知は，心配の安全行動としての側面を捉えていると期待されたのだが，予測力はあまり強くない．そこで，心配を駆り立てるようなポジティブなメタ認知——それも旧来のポジティブなメタ認知よりも反復思考や症状へのより強い予測力を持つ——として提唱されたのが，考え続ける義務感である（Sugiura, 2007）.

　考え続ける義務感は，心配との関連が示されていた（Sugiura, 2007）．それも，心配を予測することが知られている他の変数を統計的に統制してもなお，心配に対する予測力を保っていた（増分妥当性）．では，心配以外ではどうだろうか．Sugiura & Fisak（2019）は，考え続ける義務感が，強迫症状と全般性不安症状の双方を予測することを見出している．加えて，反復思考と内在化因子との関連を見出した向井ら（2018）は，反復思考の予測因子としての考え続ける義務感の役割も検討している．その結果は，予想を支持するものであった．ネガティブなメタ認知と考え続ける義務感という二つのメタ認知が反復思考に媒介され，内在化因子を予測するという媒介効果が示された.

反復思考の新しい治療法

　この結果を踏まえて，向井・杉浦（2022）では，メタ認知療法を考え続ける義務感に焦点を当てるように修正し，予備的な治療効果を検討し，様々な心理的症状の低下につながることを報告している（表6-1）.

　メタ認知療法は確かに有望である．しかし，それ以外の治療方法はないのだろうか．Sugiura & Sugiura（2016）では，全般性不安，抑うつ，社交不安，強

第II部　反復思考

表 6-1　考え続ける義務感を低減させるメタ認知療法（向井・杉浦，2022）

構造　週1回，1時間程度を計5回

セッションの内容
1　様々な心理的苦痛と物事の考え方の関係について知ろう
　　考え続ける義務感と症状との関連を知る．
2　メタ認知療法って何だろう
　　メタ認知療法が，考え続ける義務感を低減させ，ひいては症状も低減させることを知る．
3　実際にやってみよう：その1
4　実際にやってみよう：その2
　　注意訓練．ケースフォーミュレーション．考え続ける義務感の利点と欠点を列挙してみる．
　　心配を決められた時間まで延期してみる実験．
5　まとめ

迫に恐怖の症状を加えた五つの問題を対象に，反復思考の予測力を検討した．
この場合，内在化因子は苦痛と恐怖という二つの下位因子に分かれた．内在化
がこの二つの下位因子に分かれることも広く知られている．苦痛因子は，長時
間続くネガティブ感情が特徴であり，抑うつと全般性不安症状が因子負荷を持
った．一方，恐怖因子は，特定の状況で喚起されるネガティブ感情とその状況
の回避が特徴であり，社交不安，恐怖症状，強迫症状が因子負荷を持った．反
復思考は双方の因子を予測していた．

　さらに，ネガティブな思考が浮かんだ時にそこから距離を置くスキル（脱中
心化）は，反復思考を低減させることを通じて，苦痛因子と恐怖因子の低減に
寄与していた．脱中心化は「そのような状態から引き起こされると考えられる
悪い結果が頭に浮かんでも，それは自分の想像によるものだと思う」「よい気
分はしないけど，破局的には考えない」といった項目からなる．ネガティブな
考えをなくすというのとは異なる．ネガティブな考えは生じ得るものであるが，
それを必要以上に持続させたり，過剰に反応したりしないというスキルである．
脱中心化は，認知療法やマインドフルネスによる介入などに共通する要因とさ
れているため（Sugiura & Sugiura, 2015），ここからはマインドフルネスによる診
断横断的な介入の可能性も開かれる．

　その他に，心配がもっぱら言語的な認知であることに着目し，将来に関する
鮮明なイメージをトレーニングする方法も試みられている．言語的な予想を行

第 6 章　反復思考

わせる場合との相違は見られなかったが，トレーニングによって心配傾向の高い参加者の心配は緩和されていた（Skodzik *et al.*, 2018）.

2　反復思考の新たなモデル——対比の回避理論

　ここまで述べた反復思考のメタ認知モデルとメタ認知療法は，反復思考が持続し，制御困難になる「直近」にある要因としてのメタ認知，とりわけ，「考え続ける義務感」に焦点を当てたものである．症状が悪化し，苦痛をもたらすようになる「直近」の要因に注目するのは，行動療法における機能分析や，認知療法におけるケースフォーミュレーションが共通で重視することである．マインドフルネス瞑想における体験の詳細な観察も，苦痛な症状の生起確率を上げる先行事象に気づくことを助けると考えられる.

　しかし，このような臨床的問題を分析するコツというのは，因果連鎖のより早い段階に注目することの意義を排除するわけではない．反復思考という現象の場合，なぜネガティブなことについて考え始めるのか，ということになるだろう．この問いはとりわけ「心配」の場合，困難なものであった．心配の強い人は，一つの心配事が終わると，すぐさま次のことを考え始める．例えば，定期試験前には試験のことで頭がいっぱいだった学生が，試験が終了したと思うとすぐさまアルバイト先の対人関係の心配が始まり……というように，悩む対象も次々と入れ替わる．すると，どのような出来事や環境が心配につながるのかという傾向を見出そうという試みは，ほぼ失敗に終わらざるを得ない.

異なるモデルを結びつける

　そこで登場した新しいモデルが，Newman & Llera（2011）による対比の回避（contrast avoidance）というものである．全般不安症に対する認知行動療法では，心配したことを記録しておいて，そこで「心配」された事象が本当に生じたかどうかをモニタリングするというのがよく用いられる技法である．このような方法を試してみると，心配の強い人は，ネガティブな結果を予期したものの悪い予期の通りにはならなかった，という経験を繰り返しているということが見えてくる．また，全般不安症の人は，感情を体験することをネガティブ

83

第II部　反復思考

に捉える傾向がある．つまり，不安などの感情を避けようとしている．さらに，全般不安症や心配に対する強い予測力の示された変数は複数あるが，その一つに，不確実さへの不耐性というものがある．

　これらの一見矛盾するようにも見える心配あるいは全般不安症の病理の特徴を結びつけるモデルとして提唱されたものが，対比の回避理論である．不安や恐怖という感情の本来の機能を考えた時に，それは予期せぬ脅威に対して敏速に反応することを促すものであると言ってよいだろう．それゆえ，それは予期せぬ時に，強烈な形で体験されることになる．心配の強い人ひいては全般不安症の人が避けたいと思っているのは，そのような予期せぬ突発的な感情なのではないだろうか．言い換えれば，それまでの状態と鋭い対比をなす不安や恐怖の感情に対する恐れではないだろうか．これは，全般不安症の人が，不確実な事象を耐え難く感じ，恐怖などの感情を体験することを恐れているということと符合する．いつも心配をしていたとしても，ネガティブな出来事は防げないかもしれない．しかし，心配をしていれば，していない時よりも，たとえ悪い出来事が生じた時でも，予期していたことと出来事に感じることとの「落差」は低減できるだろう．もちろん心配が続くことで様々な弊害は生じるし，それこそが全般不安症というものの本体である．つまり，心配の強い人にとっては，最も恐れているのは不確実な出来事から生じる感情の対比あるいは落差である．恐れているものの性質が不確実なものであることから，心配の内容が次々に新しい対象に移り変わることも説明可能である．不確実という属性を帯びているという条件なら，日々のあらゆる経験がそれを満たすであろう．

　Llera & Newman（2023）は，大学生を対象としたアナログ研究で，不確実さ不耐性と問題解決へのネガティブな志向性という，すでに全般不安症との関連の明らかな変数と，対比の回避の測定尺度との比較を行った．その結果，対比の回避が，不確実さ不耐性と問題解決へのネガティブな志向性では説明できない全般不安症状の分散を説明していた（増分妥当性）．つまり，対比の回避理論は全般不安症の理解を向上させるモデルであると期待できる．

対比の回避モデルを反復思考に拡張する

　心配や反すうの研究が反復思考の研究に引き継がれ，その時に心配や反すう

に関する理論的な知見は継承されている．メタ認知モデルが心配から反復思考へと拡張され，それに伴って治療の対象も，全般不安症から診断横断的なものへと拡大したことは本章の前半で述べた通りである．対比の回避モデルでも同様の拡張・拡大が成り立つのだろうか．対比の回避モデルの仮定は，心配がネガティブな情動を回避するのではなく，初期状態の感情とネガティブな事象に対した時の感情反応との落差を回避する方略であると考える．そのため，反復思考がネガティブな感情を維持するというよく知られた影響と，反復思考が回避方略であるということが矛盾なく結びつく．つまり，反復思考ののちにネガティブな感情が低下するのではなく，反復思考ののちにネガティブな出来事に出会った時に，ネガティブな感情が生じたとしても，それ以前のネガティブな感情からの急激な増加は抑制されるという考えである．

Baik & Newman（2023）は，1日8回×8日間の日誌調査（ecological momentary assessment）を行った．対象者は，大うつ病，全般不安症，非臨床群を含んでいた．そして，心配のみならず反すうも測定対象とした．その結果，いずれの対象者群でも，ネガティブな出来事の前に反復思考（心配あるいは反すう）が生じていると，ネガティブな出来事の起きる「前」から「後」にかけてのネガティブな感情の増加が緩やかであった．反復思考が生じている場合，全般にネガティブな感情は高めであった．そのため，ネガティブな出来事が生じても，さほど劇的に感情の変化が生じなかったのである．慢性的にネガティブな感情状態であるというコストを払っても，感情が急激にネガティブになるという対比を避けているのがよくわかる．心配でも反すうでも成り立つということは，反復思考というより広い現象においても対比の回避モデルは有効であるという可能性を示唆する．

3　反復思考の言語的な特徴

行動分析でも認知療法でも，症状のモニタリングが重要な手続きとなる．それによって，例えば「その人の」気分状態の悪化する直前に見られる事象（きっかけとなる出来事や自動思考など）が明らかになることで，介入方針が立てられると同時に，当事者が，自分のコントロールできない症状が様々な事象に条

第 II 部　反復思考

件づけられたものであることを見て取ることで，そこに働きかけることができ
そうだという自己効力感を回復する契機にもなる．この考え方を推し進めれば，
マインドフルネス瞑想のような方法にもつながる．反復思考はそれ自体が非常
に目立つ（注意を占拠する）現象である．それに巻き込まれないためには練習が
必要ではあるが，自分が心配をしていることをつかむのはたやすいため，セル
フモニタリングの時に目印としてもよいものである（例：心配に気づいたら，そ
の時の状況などを記録してみるなど）．しかしながら，セルフモニタリングをしよ
うと思うのは，治療への導入がうまく行った段階のことである．むしろ，うつ
病が悪化しつつある時は，自分をケアする行動や休養は後回しになる傾向があ
る．反復思考は，言語的な思考である．ならば，その人の発話や書いたものか
ら，症状を読み取ることはできないだろうか．

　自己報告によらない反復思考の測定の新しい試みとしては，Stade *et al.*
(2023) による発話の言語的な特徴の分析がある．これは，診断面接（初回面接）
中の発話に登場する単語の種類を分析したものである．反復思考は言語的な思
考であるとされていることから，言語の特徴に注目するのは理にかなっている．
大うつ病，全般不安症，非臨床群を含む人を対象に，面接中の発話の特徴と，
反復思考との尺度との相関を解析した．その結果，反復思考の傾向の高い人は，
一人称の代名詞をよく使う，ネガティブな感情語の使用が多い，という特徴が
明らかになった．付記すると，診断別の比較よりも反復思考との相関を見ると
いう分析は，診断横断的アプローチらしいものである．

　心配は未来のこと，反すうは過去のことに焦点があるという特徴があるが，
時制を表す言葉の使い方に明白な違いは見られなかった．また，反復思考の内
容は具体的でないとされるが，具体的な言葉の使い方と反復思考の傾向にも明
白な関連は見られなかった．これは，情報収集を目的とした臨床面接という場
の特徴に由来する可能性がある．参加者が体験したエピソードについて具体的
に話してもらうことを求める場では，個人差の影響が出にくい可能性がある．
その他，反復思考の傾向の高い人は前置詞の使用が多いという特徴が見られた．

　Eichstaedt *et al.* (2018) は，SNS (social networking service) (Facebook) の書
き込みの言語内容から，うつ病の診断を予測できることを示した．具体的には，
うつ病の診断のなされる半年前からの書き込みの内容に，症状への言及が見ら

れるという傾向が明らかになった．SNSと日常会話と心理療法などは異なる場面ではあるが，そこで使われる言語の特徴に，症状が反映されることがわかる．反復思考が言語的な活動であるがゆえに，とりわけ発話内容や書き込みに反映されやすいのであろう．これは，早期予防，早期介入につなげることができる．

4　マインドワンダリング——反復思考の上位概念

全般不安症の心配やうつ病の反すうのような個別的な症状が，反復思考という上位概念にまとめられることで，診断横断的な治療につながった．また，ネガティブな内容であるということにとどまらず，問題解決を目指した複雑で持続的な認知活動であることから，認知そのものをモニターしてコントロールする過程であるメタ認知への注目も促進されたと言える．さらに，嫌なことを回避しようとしながら，嫌なことを繰り返し意識するという一見矛盾した特徴も，対比の回避モデルによってうまく説明できることもわかってきた．

2010年代には，反復思考も含むさらに上位概念であるマインドワンダリングという概念が注目されるようになった．この概念の源流はKlinger（1978-79）にさかのぼる．Klinger（1978-79）は，人が日常生活で体験する思考を満遍なく収集する，思考サンプリング／経験サンプリング（の走りとなる）研究を行った．これは参加者（学生）にタイマーを持ち歩いてもらい，それが鳴るたびにその時の思考を記録してもらうというものである．29人の学生が7日間の思考サンプリングを行った．得られた思考サンプルは，1425個であった．そのうち31％がほとんど，あるいは完全に，目標が不明と評定された．つまり，意識内容が勝手にさまようがごとき現象は，われわれの日常生活でも比較的高頻度で浮かんでいることが示されたのである．

それから約30年後，Killingsworth & Gilbert（2010）は，スマートフォンという発達した機器を用いてさらに大規模に調査を行い（2250人），人は起きている時間の約半分は実際に目の前にあることとは別のことを考えていることを明らかにした．このような心ここにあらずの状態は，マインドワンダリングと呼ばれるようになった．「目の前のことでないこと」には非常に広範な内容が

第 II 部 反復思考

含まれ得るが，白昼夢，プランニング，自伝的記憶（の再生）などが主である．反復思考もその中に含まれている．このように，マインドワンダリングは，反復思考の上位概念であるとともに，自伝的記憶やプランニングなどの様々な認知心理学的な現象の合流点とも言える．反復思考もまた問題解決を志向するという性質を持っていたことが想起されるかもしれない．

　加えて，マインドワンダリングの神経基盤は，この概念がさらなる広がりを持つことを示唆する．脳画像研究では，特定の課題をさせていない安静時の自発的な脳活動は必ずしも無秩序ではなく，内側前頭前野などを含む脳のネットワークが共応して活性化していることが知られるようになった．特にこれという課題や刺激のない時に活動する部位という意味で，デフォルトモード・ネットワーク（default mode network：DMN）と呼ぶようになった．このネットワークは自己概念や自伝的記憶の処理に用いられる部位である．また，自己に関する知識を用いて，将来のシミュレーションを行ったり，他者の気持ちを察したりする際にも用いられる（Uddin *et al.*, 2007）．つまり，自己意識や共感性といった現象の合流する場と言える．さらに，臨床心理学や社会心理学が興味を持つ「認知」のかなりの部分を支えていると言ってもよいだろう．

　マインドワンダリングは，ネガティブな反復思考をも含むさらに上位の概念と言ってよい．この概念が注目されたきっかけとなったKillingsworth & Gilbert（2010）の研究では，マインドワンダリングの状態にあると幸福感が低下することが示された．このように当初は，マインドワンダリングは不適応と関連するものとして捉えられていた．しかし，Killingsworth & Gilbert（2010）のもう一つの重要知見である，人は起きている時間の約半分はマインドワンダリングの状態にあるということを見逃してはならない．それほどの時間を費やす心の働きが，全く非機能的であるというのも考えにくい．マインドワンダリングが重要な機能を持つことは，DMNという神経基盤からも示唆される．そのようなマインドワンダリングの持つ機能について考えることで，新たな仮説は生まれないだろうか．

反復思考の頭痛への影響——マインドワンダリング研究から導かれる仮説
　ここでは，マインドワンダリングの機能の一つである知覚の切り離し

88

第 6 章　反復思考

考え続ける義務感 → 問題が解決できないという不全感 → 反復思考

図 6-1　反復思考につながるメタ認知

(perceptual decoupling) という現象から導かれた，反復思考に関する研究を取り上げる．反復思考そのものから，一度マインドワンダリングという上位概念に目を向けて，その研究から逆に，反復思考という下位概念に関する着想を得ることを試みた．

　マインドワンダリングは，今，目の前にあることではないことを考えることである．その素材は主に自伝的記憶などから引き出されるものである．そのため，外界からの感覚情報よりも記憶などの内的な起源のある情報に注意が向く．これを知覚の切り離しという．その結果，外界の重要な情報に注意をし損ねることによる失敗なども起きやすくなる．心理学での知覚研究は視覚に関するものが多いが，人は常に多くの感覚情報を受け入れている．知覚の切り離しというメカニズムの研究が進む中で，マインドワンダリングには痛みを緩和するという効果もあることがわかってきた (Kucyi *et al.*, 2013)．

　そこで，Sugiura (2023) は，反復思考および関連するメタ認知が，1 カ月後の頭痛の症状を予測するかどうかを検討した．頭痛は抑うつや不安などのネガティブな感情や，反すうのような認知と正の相関を示すことがすでにわかっている．しかし，知覚の切り離しというメカニズムが働いているならば，反復思考も頭痛からの「気晴らし」になる可能性もある．器質的な病変のない日常的な頭痛は，一次性頭痛と呼ばれる．その中でも片頭痛は痛みもひどく，反復性があり，生活への支障も大きい．片頭痛以外の一次性頭痛は主として緊張型の頭痛である．大学生 426 人（女性 220 人，男性 204 人，無回答 2 人）を対象に，質問紙調査を行った．

　スクリーニング尺度を用いて，大学生を片頭痛群とそうでない群に分けたところ，それぞれ反復思考およびメタ認知と異なったパターンの関連を示した．前提として，メタ認知と反復思考には図 6-1 のようなプロセスを想定している

89

第Ⅱ部　反復思考

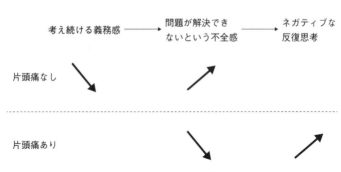

図6-2　反復思考が重度化・慢性化するプロセスと頭痛との関連

(Sugiura, 2004). 矢印はすべて正の関連である.

右側に行くほど，より反復思考が悪化していると考えている．この調査の初回にこの3変数を測定し，初回の頭痛症状を統制した上で，1カ月後の頭痛症状との関連を見た．結果は次のようになった（図6-2）．

- 片頭痛なしの場合：「考え続ける義務感」が高いと，1カ月後の頭痛の重症度が低く，「問題が解決できないという不全感」が高い場合には，1カ月後の頭痛の重症度が高かった．
- 片頭痛ありの場合：「問題が解決できないという不全感」が高い人ほど，1カ月後の頭痛による日常生活への支障が低かった．一方，ネガティブな反復思考の程度が強いと，1カ月後に頭痛が日常生活に支障をきたすほどになることがわかった．

このように，片頭痛でない人の場合は，反復思考が重度化・慢性化するプロセスにおいて「考え続ける義務感」と「問題が解決できないという不全感」の間で，片頭痛の人の場合は「問題が解決できないという不全感」と「反復思考」の間で，認知的な変数の1カ月後の頭痛への影響が，負の相関から正の相関に転じていると言える．つまり，反復思考は一概に頭痛を悪化させるわけではないことがわかる．1回目に測定した反復思考の傾向の高い人は，1回目には片頭痛ではなくても，1カ月後に片頭痛と判定されるリスクが2.48倍高いこともわかったため，片頭痛の人ほど反復思考が慢性的に強いことがわかる．そ

のため，認知的な変数が頭痛の抑制から増強に代わるポイントが，反復思考の
プロセスのより後のほう（右側）に移行したと考えられる．

　この研究では，新たに92人（女性69人，男性22人，無回答1人）を対象に，1
週間の期間で同じ内容の調査も行った．その結果，片頭痛の人の中では，ネガ
ティブな反復思考の傾向の高い人ほど1週間後の頭痛の程度が弱まっていた．
1カ月後のデータと照らし合わせて考えると，反復思考は短期的には頭痛を低
減するが，長期的には増悪させることが示唆される．反復思考は，実際に有効
な解決策を生むかどうかとは別に，当事者にとっては問題解決のために有益で
必要なことだと認識されている（Wells, 1995）．そして，知覚の切り離しという
概念からすると，痛みという不快な感覚を低減させる機能もあるかもしれない．
反復思考は比較的複雑な内容の制御的処理であるため，本人の意図が影響する
と考えるのが自然である．痛みの低減や問題解決のような好ましい効果が期待
されれば，それだけ反復思考は持続するだろう．しかし，そのことがかえって
心身への負担も引き起こすことになる．それは全般不安症にとどまらず，頭痛
のような身体疾患にも及ぶ．反復思考はもともと「回避」の機能も持っていた
（安全行動）．痛みもまたその対象であったことが皮肉にも，それを持続させて
しまうのだろう．

引用文献

Baik, S. Y., & Newman, M. G.（2023）. The transdiagnostic use of worry and rumination to
　avoid negative emotional contrasts following negative events: A momentary assessment
　study. *Journal of Anxiety Disorders, 95*, 102679. doi: 10.1016/j.janxdis.2023.102679

Borkovec, T. D., Robinson, E., Pruzinsky, T., & DePree, J. A.（1983）. Preliminary exploration
　of worry: Some characteristics and processes. *Behaviour Research and Therapy, 21(1)*,
　9-16.

Eichstaedt, J. C. *et al.*（2018）. Facebook language predicts depression in medical records.
　Proceedings of the National Academy of Sciences, 115(44), 11203-11208.

Hofmann, S. G., & Hayes, S. C.（2019）. The future of intervention science: Process-based ther-
　apy. *Clinical Psychological Science, 7(1)*, 37-50.

Killingsworth, M. A., & Gilbert, D. T.（2010）. A wandering mind is an unhappy mind. *Science,
　330*, 932.

Klinger, E.（1978-79）. Dimensions of thought and imagery in normal waking states. *Journal
　of altered States of Consciousness, 4(2)*, 97-113.

第Ⅱ部　反復思考

Kucyi, A., Salomons, T. V., & Davis, K. D. (2013). Mind wandering away from pain dynamically engages antinociceptive and default mode brain networks. *Proceedings of the National Academy of Sciences of the United States of America, 110(46)*, 18692-18697.

Llera, S. J., & Newman, M. G. (2023). Incremental validity of the contrast avoidance model: A comparison with intolerance of uncertainty and negative problem orientation. *Journal of Anxiety Disorders, 95*, 102699. doi: 10.1016/j.janxdis.2023.102699

McEvoy, P. M., & Mahoney, A. E. (2013). Intolerance of uncertainty and negative metacognitive beliefs as transdiagnostic mediators of repetitive negative thinking in a clinical sample with anxiety disorders. *Journal of Anxiety Disorders, 27(2)*, 216-224.

McEvoy, P. M. *et al.* (2015). Group metacognitive therapy for repetitive negative thinking in primary and non-primary generalized anxiety disorder: An effectiveness trial. *Journal of Affective Disorders, 175*, 124-132.

向井秀文・杉浦義典（2022）．考え続ける義務感の低減をターゲットとしたメタ認知療法の効果検証　パーソナリティ研究, *31*, 137-147.

向井秀文・高岸幸弘・杉浦義典（2018）．考え続ける義務感と様々な心理的症状の関連の検討――反復思考を媒介変数と捉えて　パーソナリティ研究, *26*, 263-272.

Newby, J. M., Mewton, L., Williams, A. D., & Andrews, G. (2014). Effectiveness of transdiagnostic internet cognitive behavioural treatment for mixed anxiety and depression in primary care. *Journal of Affective Disorders, 165*, 45-52.

Newman, M. G., & Llera, S. J. (2011). A novel theory of experiential avoidance in generalized anxiety disorder: A review and synthesis of research supporting a contrast avoidance model of worry. *Clinical Psychology Review, 31(3)*, 371-382.

Segerstrom, S. C., Tsao, J. C., Alden, L. E., & Craske, M. G. (2000). Worry and rumination: Repetitive thought as a concomitant and predictor of negative mood. *Cognitive therapy and Research, 24(6)*, 671-688.

Skodzik, T., Adelt, M. H., Nossek, V. A., Kuck, S. T., & Ehring, T. (2018). Does a novel training in mental imagery reduce pathological worry? *Behaviour Research and Therapy, 109*, 56-67.

Stade, E. C., Ungar, L., Havaldar, S., & Ruscio, A. M. (2023). Perseverative thinking is associated with features of spoken language. *Behaviour Research and Therapy, 165*, 104307. doi: 10.1016/j.brat.2023.104307

Sugiura, T., & Sugiura, Y. (2015). Common factors of meditation, focusing, and cognitive behavioral therapy: Longitudinal relation of self-report measures to worry, depressive, and obsessive-compulsive symptoms among nonclinical students. *Mindfulness, 6(3)*, 610-623.

Sugiura, T., & Sugiura, Y. (2016). Relationships between refraining from catastrophic thinking, repetitive negative thinking, and psychological distress. *Psychological Reports, 119(2)*, 374-394.

杉浦義典（2003）．ストレス対処から見た心配の認知的メカニズム　風間書房

Sugiura, Y. (2004). Detached mindfulness and worry: A meta-cognitive analysis. *Personality and Individual Differences, 37(1)*, 169-179.

Sugiura, Y. (2007). Responsibility to continue thinking and worrying: Evidence of incremental validity. *Behaviour Research and Therapy, 45*(7), 1619-1628.

Sugiura, Y. (2023). Longitudinal relationships between anxiety, depression, repetitive negative thinking and headache among non-clinical students after one week and one month. *International Journal of Cognitive Therapy, 16*(2), 237-265.

Sugiura, Y., & Fisak, B. (2019). Inflated responsibility in worry and obsessive thinking. *International Journal of Cognitive Therapy, 12*(2), 97-108.

Uddin, L. Q., Iacoboni, M., Lange, C., & Keenan, J. P. (2007). The self and social cognition: The role of cortical midline structures and mirror neurons. *Trends in Cognitive Sciences, 11*(4), 153-157.

Wells, A. (1995). Meta-cognition and worry: A cognitive model of generalized anxiety disorder. *Behavioural and cognitive psychotherapy, 23*(3), 301-320.

Wells, A. (2009). *Metacognitive therapy for anxiety and depression.* Guilford Press. (熊野宏昭・今井正司・境泉洋 (監訳) (2012). メタ認知療法——うつと不安の新しいケースフォーミュレーション 日本評論社)

第7章 • マインドワンダリング

飯島雄大

1 マインドワンダリングとは

　例えば退屈な授業を受けている最中に，週末の予定や昨日見たテレビ番組のことがふと頭に思い浮かび，しばらくの間そのことに思いをめぐらせるといったようなことは誰しもが経験のあることだろう．このような，その時の活動とは関係ないことについて思いふけることをマインドワンダリング（mind-wandering）といい，私たちは起きている間の 15 ～ 62% の時間をこのような認知活動に費やしている（Kawashima *et al.*, 2023; Killingsworth & Gilbert, 2010）．マインドワンダリングは「行っている課題や外的な環境における出来事から，自己生成された思考や感情への思考内容の変化」と定義される（Smallwood & Schooler, 2015）．マインドワンダリングと同様の，もしくは類似した認知過程は，古くは白昼夢（daydreaming）（Singer, 1966），近年では課題無関連思考（task un-related thought）（Smallwood *et al.*, 2003）や，刺激独立思考（stimulus independent thought）（Mason *et al.*, 2007）など，様々な概念により研究が行われてきたが，共通している特徴は実行中の課題から内的な表象へと注意が逸れてしまうということである（Smallwood & Schooler, 2006）．マインドワンダリングは本人が意図しない，自発的であるという性質を持つため，反すうや心配などの反復思考と同様もしくは類似の認知過程であると推察される．つまり，ストレスなどによりネガティブな情動を帯びたマインドワンダリングがネガティブな反復思考であり，これらは自発的思考（spontaneous thought）の一つの形態であると考えられる（Marchetti *et al.*, 2016）．

第II部 反復思考

2 マインドワンダリングの測定

　マインドワンダリングは，主に経験サンプリング法と質問紙尺度を用いて測定が行われる．経験サンプリング法とは，調査者が合図を出した際に行っていたことや感情などを，参加者が日常生活を送る中で記録する手法である（Csik-szentmihalyi & Larson, 1987）．経験サンプリング法を用いたマインドワンダリングの代表的な研究として，キリングスワース（Killingsworth, M. A.）とギルバート（Gilbert, D. T.）の大規模調査研究（Killingsworth & Gilbert, 2010）がある．彼らは，世界83カ国の18〜88歳の2250人を対象に，スマートフォンアプリを使用して経験サンプリングを実施した．参加者には毎日1〜3回，ランダムなタイミングで調査の通知がスマートフォンに送信される．参加者はこの通知を受信したら直ちに，その時にマインドワンダリングをしていたか（「あなたは，現在あなたが行っていること以外のことについて考えていましたか？」），気分（「今現在，あなたはどのような気分ですか？」），行っていた活動（「今現在，あなたは何をしていますか？」）などについて回答した．調査の結果，全回答中の46.9%でマインドワンダリングが発生し，参加者のほとんどすべての活動中にマインドワンダリングが発生していた．また，どのような活動をしている最中であっても，マインドワンダリングをしていると，していない時と比べて幸福感が低く報告された．興味深いことに，その時何をしていたかよりも，マインドワンダリングをしていたかどうかのほうがより強く幸福感と関連しているということが明らかになった．これらの結果から，私たちの日常生活においてマインドワンダリングがどれほどの影響を及ぼしているかを窺うことができるだろう．

　マインドワンダリングにおける研究では，日常生活だけでなく，実験室における課題遂行中においても経験サンプリング法を適用する．つまり，実験室で認知課題や読書課題などを実施している最中に，経験サンプリングによって参加者のマインドワンダリングを測定するのである．マインドワンダリングを測定する際の認知課題として最もよく使用されているのが，持続的注意課題（sustained attention to response task）（Robertson *et al.*, 1997）である．この課題は簡単なGo/No-Go課題であり，参加者は1桁の数字が連続して提示される中で，タ

第7章 マインドワンダリング

ーゲットとなる特定の数字（例：3）が提示された場合にのみボタンを押して反応することが求められる．ターゲットとなる数字は全試行中の10%程度しか提示されないため，課題中のほとんどの時間，参加者は画面に提示されたターゲットではない数字を眺めているだけの状態となる．持続的注意課題はきわめて単純であるため，参加者が課題を遂行するために努力したり，認知資源を割いたりする必要がない．そのため課題から注意が逸れやすく，マインドワンダリングが生じやすくなるのである．持続的注意課題中のマインドワンダリングを経験サンプリング法によって測定することにより，マインドワンダリングと認知機能や感情の関連を実験的に検討することが可能となる．ケーン（Kane, M. J.）らは，持続的注意課題，ワーキングメモリ課題，注意課題を用いた実験により，マインドワンダリングにはワーキングメモリ容量の少なさと注意制御機能の弱さが関連していることを明らかにしている（Kane *et al.*, 2007; Kane *et al.*, 2017）．このように実験場面において持続的注意課題を用いて測定されたマインドワンダリングは，日常生活において経験サンプリング法によって測定されたマインドワンダリングを予測することが示されている（Kane *et al.*, 2007; Kane *et al.*, 2017; McVay *et al.*, 2009）．この結果は，マインドワンダリングが個人内で安定した性質であることを示唆している．

3 マインドワンダリングの適応的な機能

冒頭の退屈な授業の例のように，マインドワンダリングは現在の活動から自発的な思考に注意が逸れ，活動に集中できていない状態であるため，私たちが生活する上で適応的ではないように思えるであろう．実際，大学生を対象とした研究では，講義中のマインドワンダリングが多い学生は講義に関するテスト成績が悪いことが報告されている（Risko *et al.*, 2012; Wammes *et al.*, 2016）．しかし，マインドワンダリングには適応的な機能があることも示唆されている．マインドワンダリングが生じるような単調な課題に長時間従事すると，退屈感からポジティブな気分は低下する．しかし，マインドワンダリングをすることによってポジティブな気分は向上する（Ruby *et al.*, 2013）．つまり，退屈な授業を受け続けることで学生のポジティブ気分は低下するが，学生はマインドワンダ

リングをすることによって気分を調節しているということが考えられる.

マインドワンダリングの適応的な機能として,創造性と未来の展望が先行研究において注目されている.新しいアイディアが求められるような創造的な課題に取り組む場合,考えが煮詰まっている状態ではなかなか問題解決には至らない.そのような場合,一度その問題から離れることでひらめきが促進されることが報告されている(Sio & Ormerod, 2009).マインドワンダリングにはこのような創造的な問題解決を促進させる働きがある.創造的な問題解決が要求される課題に取り組んだ後に,マインドワンダリングが生じるような簡単な課題を実施すると,その後に取り組んだ創造的な問題解決の課題成績が向上することが示されている(Baird *et al.*, 2012).また山岡と湯川は,創造的な問題解決の課題から離れた際のマインドワンダリングが多い人ほど,後の同様の課題成績が向上することを明らかにしている(山岡・湯川, 2016).このように創造性という観点では,マインドワンダリングはアイディアを熟成させ,問題解決を促進させるという適応的な側面があると考えられる.

マインドワンダリングによるもう一つの適応的な機能として,未来に関する展望としての役割がある.認知資源に制約がない状態でのマインドワンダリングは,未来の出来事に関係した内容であることが多い(Smallwood *et al.*, 2009; 飯島・丹野, 2012).ベアード(Baird, B.)らは,認知課題を行っている最中に発生したマインドワンダリングがどのような内容であるのか,検討を行った(Baird *et al.*, 2011).その結果,マインドワンダリングは過去よりも未来に関する内容が多く,未来に関するマインドワンダリングは自己に関係し,目標志向の内容であることが多かった.これらの結果からベアードらは,マインドワンダリングには未来を予期し,まだ達成されていない個人の目標に対して計画を立てるという展望的な機能があると結論づけている.

また自己に関連したものだけでなく,他者に関連したマインドワンダリングにもまた適応的な機能があると考えられる.ポエリオ(Poerio, G. L.)らは,日常生活における他者に関するマインドワンダリングが幸福感やその相手に対する愛情,親密性に与える影響について検討した(Poerio *et al.*, 2015).その結果,親密な関係の他者が含まれるマインドワンダリングは,幸福感を増加させるだけでなく,その相手に対する愛情や親密性も高めていた.またポエリオらは,

入学して間もない大学1年生を対象に，他者に関するマインドワンダリングが
社会的な適応に及ぼす影響について検討を行った（Poerio *et al.*, 2016）．新入生
に1日2回の経験サンプリングを4週間実施し，新生活を送る中でのマインド
ワンダリングの生起とその内容，感情を測定した．調査の結果，前半の2週間
ではマインドワンダリングの内容に特徴はなかったが，後半の2週間では親密
な人間関係に関するマインドワンダリングが増加した．またこの期間において，
マインドワンダリングによるポジティブな感情と他者とつながっている感覚が
高いと，4週間の調査終了後の孤独感が下がり，大学への適応感が向上してい
た．つまり，新しくできた友人など良好な人間関係に関するマインドワンダリ
ングをすることで，他者との結びつきを実感し，新生活への適応感が増すこと
が示唆された．このようにマインドワンダリングには，自己の感情調節の機能
だけでなく，重要な他者との関係を維持し，適応的な社会生活を送るための役
割があると考えられる．

4 マインドワンダリングの不適応的側面

マインドワンダリングには適応的な側面もあるが，これまでの研究において
は不適応的な精神状態との関連により多くの関心が寄せられてきた．つまり，
マインドワンダリングの多さは，抑うつ（Chaieb *et al.*, 2022），不安（Seli *et al.*,
2019），強迫症（Seli *et al.*, 2017），注意欠如（Lanier *et al.*, 2017）など様々な疾患
および症状と関連している．マインドワンダリングと不安の関連を検討した研
究では，認知課題中の状態不安が高い人は心配事など自身の脅威と関連するマ
インドワンダリングが多いことが示されている（Hartano & Yan, 2022）．またグ
リヨン（Grillon, C.）らは，参加者が持続的注意課題を行っている最中に，驚愕
刺激（ホワイトノイズ）によって不安を喚起し，課題成績とマインドワンダリン
グに及ぼす影響について検討した（Grillon *et al.*, 2016）．実験の結果，驚愕刺激
によって喚起された不安と，脅威に関するマインドワンダリングの関連が示さ
れた．不安の注意制御理論（Eysenck *et al.*, 2007）によると，高不安者は外的な
脅威刺激や脅威に関連した内的な思考，つまり心配事に注意資源を割いてしま
うため，認知機能に支障をきたすと考えられている．これらの結果は，高不安

第 II 部　反復思考

者が課題の最中に脅威に関連したマインドワンダリングを行う，つまり心配してしまっているということを示す結果である．しかし，脅威に関連したマインドワンダリングによって認知機能に影響をきたしているという点については示されておらず（Hartano & Yan, 2022），今後さらなる研究が必要である．

　マインドワンダリングとの関連で，最も多く注目されてきた不適応的な精神状態は抑うつであり，その研究の歴史は古い．ワッツ（Watts, F. N.）とシャーロック（Sharrock, R.）は，うつ病患者を対象として半構造化面接を実施し，読書課題によってマインドワンダリングを測定した（Watts & Sharrock, 1985）．その結果，マインドワンダリングはうつ病における集中の困難と関連が見られ，マインドワンダリングはうつ病の内生性とも関連していた．つまりマインドワンダリングが多いうつ病患者ほど，ネガティブな出来事などの外発的要因がない抑うつ症状を経験していた．また，マインドワンダリングをすることによってネガティブな気分が誘発される（Killingsworth & Gilbert, 2010）．これは，マインドワンダリングによってネガティブな情報処理が活性化されたためであると推測される．マルケッティ（Marchetti, I.）らは持続的注意課題の前後にネガティブな文章完成課題を実施することにより，マインドワンダリングがネガティブな情報処理に影響を与えるかどうかを検討した（Marchetti *et al.*, 2012）．実験の結果，抑うつ傾向が高い人は課題中のマインドワンダリングが多いほど文章完成課題の成績が向上しており，マインドワンダリングによってネガティブな情報処理が活性化されたことを示している．

　またホフマン（Hoffmann, F.）らは，うつ病の臨床群は認知課題中のマインドワンダリングが健常な統制群と比べて多いことを報告している（Hoffmann *et al.*, 2016）．スモールウッド（Smallwood, J.）らは，健常な非臨床群を対象として気分誘導を行った実験により，ネガティブな気分はポジティブな気分よりもマインドワンダリングを誘発することを明らかにしている（Smallwood *et al.*, 2009）．つまり，マインドワンダリングは抑うつ症状を導く要因であると同時に，抑うつ気分によって引き起こされる認知的な状態であると考えられる．

第7章　マインドワンダリング

5　マインドワンダリングと反復思考

　マインドワンダリングと精神疾患の関連について記述してきたが，このような関連の背景として，マインドワンダリングと精神疾患に見られる反復思考，つまりうつ病における抑うつ的反すう，不安症における心配や強迫症における強迫観念などとの概念的な重複が関係している可能性が考えられる．マインドワンダリングは，行っている課題や外的な環境とは関係ない内的な思考に注意が逸脱している状態である（Smallwood & Schooler, 2015）．一方，反復思考は「自己や世界に関する，入念な，繰り返した，もしくは頻繁な思考過程」と定義される（Segerstrom *et al.*, 2003）．よって，繰り返し発生するネガティブな自発的思考が，その時の活動や自身を含めた周囲の環境とは無関係に生じていれば，それは反復思考であり，かつマインドワンダリングでもある．

　実際に，マインドワンダリングと抑うつの関連を検討した研究では，これらの重複を示唆するような結果が示されている．スモールウッドら（Smallwood & O'Connor 2011）は，ネガティブな気分を導入すると，抑うつ傾向が高い人は過去の出来事に関するマインドワンダリングをする頻度が高くなることを示している．またポエリオら（Poerio *et al.*, 2013）は日常生活における経験サンプリングによって，悲しい気分は自己の現在の関心事や過去の内容に関するマインドワンダリングを，不安な気分は現在の関心事に関するマインドワンダリングを促進することを示している．また，ホフマンら（Hoffmann *et al.*, 2016）のうつ病患者を対象とした実験でも，うつ病患者のマインドワンダリングは，健常な統制群と比べてネガティブで，過去と自己に関連した内容であることを報告している．抑うつの脆弱性要因として考えられる抑うつ的反すうは過去の出来事に関連している（Nolen-Hoeksema *et al.*, 2008）．ホフマンらも，実験によって明らかになったうつ病患者のマインドワンダリングの内容は，抑うつ的反すうを反映したものであると結論づけている（Hoffmann *et al.*, 2016）．

　このように，マインドワンダリングと精神疾患に見られる反復思考の関連は，概念的な重複によるものである可能性がある．つまり，先行研究で測定されたマインドワンダリングが抑うつ的反すうや心配などの反復思考そのものである

101

第II部　反復思考

ならば，精神疾患との関連が示されるのは当然のことであるとも考えられる．

それでは，マインドワンダリングそのものは精神疾患とは関連がないのであろうか．オッタヴィアーニ（Ottaviani, C.）らは，マインドワンダリングそのものに不適応的な影響があるのか，抑うつ的な反すうや心配のような形態となった時にのみそのような結果をもたらすのかを，抑うつ患者を対象とした日常生活における経験サンプリングによって検討した（Ottaviani *et al.*, 2015）．経験サンプリングによる測定では，アラームが鳴った際の思考の種類，感情価，時間方向，反復するかどうかや，制御できるかどうかなどの思考の性質と気分などについて回答させた．調査の結果，反復思考は健常な統制群よりもうつ病の臨床群のほうが多かったが，マインドワンダリングは臨床群のほうが少なかった．また臨床群と統制群どちらにおいても，マインドワンダリングよりも反復思考のほうが妨害感や制御困難感が強かった．さらに，どちらの群においても，マインドワンダリングよりも反復思考のほうがよりネガティブな気分を伴っていた．つまり，マインドワンダリング自体は不適応的な認知過程ではなく，それが反すうや心配などの反復思考であった時に，精神衛生上の危険因子となることが示された．

また質問紙を用いた研究では，マインドワンダリングの不適応性について別の可能性も示唆されている．イップ（Yip, J. M.）らはマインドワンダリング，白昼夢，反すうや心配などの，注意が外的な事象から内部表象に逸れてしまっている諸現象を測定する九つの尺度を用いて，因子分析を行った（Yip *et al.*, 2023）．その結果，これらの諸現象からは「マインドワンダリング／不注意の結果」「ネガティブな反復思考」と，「省察的／内省的思考」の3因子が抽出された．またマインドワンダリングと抑うつ・不安の症状の関係は，ネガティブな反復思考が媒介していることを示した．同様の結果は，強迫症の臨床群を対象とした研究でも示されており，マインドワンダリングが抑うつ，不安や強迫症状に及ぼす影響は，ネガティブな反復思考が媒介していた（Wang *et al.*, 2021）．つまり，マインドワンダリングをしやすいとネガティブな反復思考が浮かびやすく，結果として精神的健康を損なってしまうと考えられる．

第7章　マインドワンダリング

6　マインドワンダリングを低減させる方法

マインドワンダリングは，それ自体がネガティブな感情を伴う（Killingsworth & Gilbert, 2010）だけではなく，ネガティブな反復思考を誘発させることにより病理症状へとつながってしまう（Wang *et al.*, 2021）．よって，マインドワンダリングを制御することで，精神的健康を維持する一助となることが考えられる．マインドワンダリングを制御するために有効な方法として，注意を逸脱させずに行っている課題に向けるということがまず考えられる．マインドワンダリングは個人の目標や関心事に関する内容が多く（Kane *et al.*, 2007; Baird *et al.*, 2011），個人にとって優先度が高いために，認知資源が優先的に割り当てられると考えられている（Smallwood, 2013）．よって，注意を向けるべき外的な課題の重要度を増し，課題に対して動機づけられることによってマインドワンダリングを抑えることができると考えられる．実際，金銭的な報酬によって課題への動機づけを高めると，マインドワンダリングが減少することが示されている（Mrazek *et al.*, 2012）．また，オンライン講義の最後に講義に関するテストを課すことによって，講義中のマインドワンダリングが減ることが示されている（Szpunar *et al.*, 2013）．これは，テストで解答できるようにマインドワンダリングをやめてノートを取るなど，授業に関連した行動が促されたためであると考えられる．

マインドワンダリングを制御するための有効な方法として，マインドフルネストレーニングが考えられる．ムラゼク（Mrazek, M. D.）らは，2週間のマインドフルネストレーニングによってマインドワンダリングが減少し，それによりワーキングメモリ容量や文章理解などの認知機能が向上することを示している（Mrazek *et al.*, 2013）．また梅田ら（2020）は，2週間のマインドフルネストレーニングによって，持続的注意課題中のマインドワンダリングに起因する注意の逸脱を抑える可能性について示唆している．マインドフルネストレーニングのこのような効果は，アウェアネスによってメタ認知機能が向上するためであると考えられている．マインドワンダリングに対する気づき（アウェアネス）は，マインドワンダリングを減少させる（Franklin *et al.*, 2017）．つまり，マインドフルネストレーニングによってメタ認知機能が向上し，自分がマインドワ

103

第II部　反復思考

ンダリングしていることに気づくことができるようになると考えられる.

7　今後の展望

　マインドワンダリングに関する研究は，脳画像研究による神経科学的な知見やスマートフォンの普及による測定技術の進歩によって，この20年で飛躍的に発展してきた．特に，ワーキングメモリや注意機能といった関連する認知機能や，マインドワンダリングの内容，伴う感情などの性質については，多くの関心が寄せられてきた．また近年では，不適応的な反復思考などの類似した概念との体系化や臨床群を対象とした研究も増えてきており，臨床領域における知見も徐々に蓄えられてきている．こうした知見を踏まえて，今後はマインドワンダリングを制御する，つまり，その性質や頻度を把握し修正することによってどのような効果があるのかといった，より実践的な研究が望まれる．マインドワンダリングの頻度を減らす試みはこれまでの研究で検討されているが，それによって実際に不適応的状態が改善したかどうかを検討した研究はまだ少ない．また，マインドワンダリングには，未来の展望や創造的な問題解決，社会的感情の促進といった適応的な側面もある．マインドワンダリングの不適応的な側面は制御しつつ，このような適応的な機能を促進させるといった研究も今後は期待される.

引用文献

Baird, B. *et al.* (2012). Inspired by distraction: Mind-wandering facilitates creative incubation. *Psychological Science, 23*, 1117-1122.

Baird, B., Smallwood, J., & Schooler, J. W. (2011). Back to the future: Autobiographical planning and the functionality of mind-wandering. *Consciousness and Cognition, 20*, 1604-1611.

Chaieb, L, Hoppe, C., & Fell, J. (2022). Mind wandering and depression: A status report. *Neuroscience and Biobehavioral Review, 133*, 104505. doi: 10.1016/j.neubiorev.2021.12.028

Csikszentmihalyi, M., & Larson, R. (1987). Validity and reliability of the experience sampling method. *Journal of Nervous and Mental Disease, 175*, 526-536.

Eysenck, M. W., Derakshan, N., Santos, R., & Calvo, M. G. (2007). Anxiety and cognitive performance: Attentional control theory. *Emotion, 7*, 336-353.

Franklin, M. S. *et al.* (2017). Tracking Distraction: The Relationship Between Mind-Wandering, Meta-Awareness, and ADHD Symptomatology. *Journal of Attention Disorders, 21,* 475-486.

Grillon, C., Robinson, O. J., Mathur, A., & Ernst, M. (2016). Effect of attention control on sustained attention during induced anxiety. *Cognition and Emotion, 30,* 700-712.

Hartanto, A., & Yang, H. (2022). Testing theoretical assumptions underlying the relation between anxiety, mind wandering, and task-switching: A diffusion model analysis. *Emotion, 22,* 493-510.

Hoffmann, F., Banzhaf, C., Kanske, P., Bermpohl, F., & Singer, T. (2016). Where the depressed mind wanders: Self-generated thought patterns as assessed through experience sampling as a state marker of depression. *Journal of Affective Disorders, 198,* 127-134.

飯島雄大・丹野義彦 (2012). 認知的負荷がマインドワンダリングの時間方向に及ぼす影響 心理学研究, *83,* 232-236.

Kane, M. J. *et al.* (2007). For whom the mind wanders, and when: An experience-sampling study of working memory and executive control in daily life. *Psychological Science, 18* (*7*), 614-621.

Kane, M. J. *et al.* (2017). For whom the mind wanders, and when, varies across laboratory and daily-life settings. *Psychological Science, 28,* 1271-1289.

Kawashima, I., Hinuma, T., & Tanaka, S. C. (2023). Ecological momentary assessment of mind-wandering: meta-analysis and systematic review. *Scientific Reports, 13*(*1*), 2873. doi: 10.1038/s41598-023-29854-9

Killingsworth, M. A., & Gilbert, D. T. (2010). A wandering mind is an unhappy mind. *Science, 330,* 932.

Lanier, J., Noyes, E., & Biederman, J. (2021). Mind wandering (internal distractibility) in ADHD: a literature review. *Journal of Attention Disorders, 25,* 885-890.

Marchetti, I., Koster, E. H. W., & De Raedt, R. (2012). Mindwandering heightens the accessibility of negative relative to positive thought. *Conscious and Cognition, 21,* 1517-1525.

Marchetti, I., Koster, E. H. W., Klinger, E., & Alloy, L. B., (2016). Spontaneous thought and vulnerability to mood disorders: The dark side of the wandering mind. *Clinical Psychological Science, 4,* 835-857.

Mason, M. F. *et al.* (2007). Wandering minds: The default network and stimulus-independent thought. *Science, 315,* 393-395.

McVay, J. C., Kane, M. J., & Kwapil, T. R. (2009). Tracking the train of thought from the laboratory into everyday life: An experience sampling study of mind wandering across controlled and ecological contexts. *Psychonomic Bulletin and Review, 16,* 857-863.

Mrazek, M. D., Franklin, M. S., Phillips, D. T., Baird, B., & Schooler, J. W. (2013). Mindfulness training improves working memory capacity and GRE performance while reducing mind wandering. *Psychological Science, 24,* 776-781.

Mrazek, M. D. *et al.* (2012). The role of mind-wandering in measurements of general aptitude. *Journal of Experimental Psychology: General, 141,* 788-798.

Nolen-Hoeksema, S., Wisco, B. E., & Lyubomirsky, S. (2008). Rethinking rumination. *Perspectives on Psychological Science, 3,* 400-424.

第II部　反復思考

Ottaviani, C. *et al.* (2015). Cognitive, behavioral, and autonomic correlates of mind wandering and perseverative cognition in major depression. *Frontiers in Neuroscience, 8,* 433. doi: 10.3389/fnins.2014.00433

Poerio, G. L., Totterdell, P., Emerson, L. M., & Miles, E. (2013). Mind-wandering and negative mood: Does one thing really lead to another? *Conscious and Cognition, 22,* 1413-1421.

Poerio, G. L., Totterdell, P., Emerson, L. M., & Miles, E. (2015). Love is the triumph of the imagination: Daydreams about significant others are associated with increased happiness, love and connection. *Conscious and Cognition, 33,* 135-144.

Poerio, G. L., Totterdell, P., Emerson, L. M., & Miles, E. (2016). Social daydreaming and adjustment: An experience-sampling study of socio-esmotional adaptation during a life transition. *Frontiers in Psychology, 7,* 174. doi: 10.3389/fpsyg.2016.00174

Risko, E. F., Anderson, N., Sarwal, A., Engelhardt, M., & Kingstone, A. (2012). Everyday attention: Variation in mind wandering and memory in a lecture. *Applied Cognitive Psychology, 26,* 234-242.

Robertson, I. H., Manly, T., Andrade, J., Baddeley, B. T., & Yiend, J. (1997). Oops: Performance correlates of everyday attentional failures in traumatic brain injured and normal subjects. *Neurospsychologia, 35,* 747-758.

Ruby, F. J. M., Smallwood, J., Engen, H., & Singer, T. (2013). How self-generated thought shapes mood: The relation between mind-wandering and mood depends on the socio-temporal content of thoughts. *PLoS One, 8(10),* e77554. doi: 10.1371/journal.pone.0077554

Segerstrom, S. C., Stanton, A. L., Alden, L. E., & Shortridge, B. E. (2003). A multidimensional structure for repetitive thought: What's on your mind, and how, and how much? *Journal of Personality and Social Psychology, 85,* 909-921.

Seli, P., Beaty, R. E., Marty-Dugas, J., & Smilek, D. (2019). Depression, anxiety, and stress and the distinction between intentional and unintentional mind wandering. *Psychology of Consciousness: Theory, Research, and Practice, 6,* 163-170.

Seli, P., Risko, E. F., Purdon, C., & Smilek, D. (2017). Intrusive thoughts: linking spontaneous mind wandering and OCD symptomatology. *Psychological Research, 81,* 392-398.

Singer, J. L. (1966). *Daydreaming.* Random House.

Sio, U. N., & Ormerod, T. C. (2009). Does incubation enhance problem solving? A meta-analytic review. *Psychological Bulletin, 135,* 94-120.

Smallwood, J. (2013). Distinguishing how from why the mind wanders: A process-occurrence framework for self-generated mental activity. *Psychological Bulletin, 139,* 519-535.

Smallwood, J., Baracaia, S. F., Lowe, M., & Obonsawin, M. C. (2003). Task-unrelated-thought whilst encoding information. *Consciousness and Cognition, 12,* 452-484.

Smallwood, J., Fitzgerald, A., Miles, L., & Phillips, L. (2009). Shifting moods and wandering minds: Negative moods lead the mind to wander. *Emotion, 9,* 271-276.

Smallwood, J., Nind, L., & O'Connor, R. C. (2009). When is your head at? An exploration of the factors associated with the temporal focus of the wandering mind. *Consciousness and Cognition, 18,* 118-125.

Smallwood, J., & O'Connor, R. C. (2011). Imprisoned by the past: Unhappy moods lead to a retrospective bias to mind wandering. *Cognition and Emotion, 25,* 1481-1490.

Smallwood, J., & Schooler, J. W. (2006). The restless mind. *Psychological Bulletin, 132,* 946-958.

Smallwood, J., & Schooler, J. W. (2015). The science of mind wandering: Empirically navigating the stream of consciousness. *Annual Review of Psychology, 66,* 487-518.

Szpunar, K. K., Khan, N. Y., & Schacter, D. L. (2013). Interpolated memory tests reduce mind wandering and improve learning of online lectures. *Proceedings of the National Academy of Sciences of the United States of America, 110,* 6313-6317.

梅田亜友美・高橋恵理子・池田寛人・根建金男 (2020). マインドフルネス, 注意制御機能, マインドワンダリングおよび感情の関連 行動医学研究, *25,* 14-22.

Wammes, J. D., Seli, P., Cheyne, J. A., Boucher, P. O., & Smilek, D. (2016). Mind wandering during lectures II: Relation to academic performance. *Scholarship of Teaching and Learning in Psychology, 2,* 33-48.

Wang, P. *et al.* (2021). Mediating role of rumination and negative affect in the effect of mind-wandering on symptoms in patients with obsessive-compulsive disorder. *Frontiers in Psychiatry, 12,* 755159. doi: 10.3389/fpsyt.2021.755159

Watts, F. N., & Sharrock, R. (1985). Description and measurement of concentration problems in depressed patients. *Psychological Medicine, 15,* 317-326.

山岡明奈・湯川進太郎 (2016). マインドワンダリングが創造的な問題解決を増進する 心理学研究, *87,* 506-512.

Yip, J. M., Jodoin, N. M., & Handy, T. C. (2023). Dimensions of inattention: Cognitive, behavioral, and affective consequences. *Frontiers in Psychology, 14,* 1075953. doi: 10.3389/fpsyg.2023.1075953

第 III 部
●
抑うつに関連した問題

第III部では，抑うつなど，精神的苦悩を抱える状態について，認知心理学的，対人的側面からの理解を含め，複数の側面から見ていきたい．近年，抑うつなど，臨床的なレベルの対象者を直接的に研究対象とするだけではなく，健常範囲内である軽い症状を呈する人を対象とした研究も行われるようになってきている．臨床群にあたる人を対象とするだけではなく，大学生や一般の人を対象として量的データを取得し知見が蓄積していく中で，予防や早期介入への糸口をつかむことにもつながるだろう．例えば，アセスメントにつながったり，心理援助，心理教育などへの橋渡しとなったりするという点を挙げることができる．ここでは，実証に基づく研究という視点も含め，抑うつなど，精神的な苦悩感に関わる側面について，以下のような章立てで見ていく．第8章では抑うつと対人関係，第9章ではエピソード記憶と精神疾患，第10章では実行機能と抑うつの関係，第11章では抑うつと自己注目，第12章では抑うつと自己洞察，第13章では自殺予防と援助希求行動を構成内容とする．

　第8章では，他者から得られる有形・無形の援助であるソーシャルサポートや，関連要因であるソーシャルスキルに関わる知見など，対人関係を中心に，抑うつの心理社会的な側面について取り上げている．

　第9章では，記憶の側面からうつや不安を中心に検討が試みられている．抑うつでは，ポジティブな未来思考の鮮明さ・詳細さの低下が見られることに加え，過去の経験に裏づけされた側面から，自伝的記憶との関連も指摘・報告されるなど，過去から現在，未来にかけての記憶の中長期的関連性が窺える点も示唆されている．また，忘却は，一見ネガティブな印象を持つものと言えるが，記憶研究においては利点もあるとされており，この章ではさらに，忘却・抑制という点からも記憶をとらえ，動機づけを背景とした積極的な忘却と，動機づけに基づかない忘却という側面に着目をしながら，意図的な忘却を未来に関わる思考に結びつける形での応用にも議論が進められている．

　第10章で取り上げる認知のバイアスの側面については，例えば，抑うつと注意機能に関わる研究では，抑うつに特徴的な注意バイアスのメカニズムに踏み込んだ検討や，臨床応用を目指した介入研究なども試みられている．

　第11章では，悩むことを，ネガティブな側面とポジティブな側面の両面から検討することを試みている．適応的でない自己注目（自己反すう），適応的な自己注目（自己内省）という面，問題解決など他の側面とどのように関与して，抑うつなど心理的適応に関わってくるのかという問いに挑んだ研究が試みられている．

　第12章では，自己洞察について取り上げられている．ここでは，自己の理解に関わる概念である自己洞察について，自分理解の感覚の明確さである主観的自己洞察と，真の姿との比較の面を取り入れた自己洞察の正確性という側面から検討されている．自己洞察の有無が抑うつなど心理的適応に関与するという単純なものではなく，その内容に

踏み込んだ検討が求められる点なども示唆されてきている.

第13章では,抑うつが関与する可能性の高い自殺をどう予防していくのか,リスクファクターや,対人関係など自殺を抑制する作用を持ち得る援助希求行動という視点から論じられ,示唆が得られている.

2015年に成立した「公認心理師法」(2017年度施行)に基づき創設された,心理分野で初の国家資格である公認心理師は,心理学の知識・技術を用い,医療,教育,福祉,司法,産業など幅広い分野で心理的な支援を必要とする人々の問題解決のための援助を行う.公認心理師法に基づく業務内容では,心理学に関する専門的知識と技術をもって,①心理に関する支援を要する者(要支援者)の心理状態を観察し,その結果をすること,②心理に関する支援を要する者(要支援者)に対し,その心理に関する相談に応じ,助言,指導その他の援助を行うこと,③心理に関する支援を要する者(要支援者)の関係者に対し,その相談に応じ,助言,指導その他の援助を行うこと,④心の健康に関する知識の普及を図るための教育及び情報の提供を行うこと,となっている.まず,①は心理アセスメントのことであり,②は要支援者自身への支援,③は関係者への援助である.④は予防的観点からの心理教育を含めた活動が含まれており,広く日本の国民を対象としたものとなっている.公認心理師が働く現場においては,悪化・増幅を防ぐための援助を求めることもあるであろうし,心理教育等の形で関わることも出てくるであろう.今後は,さらに,個人内の特徴と言える,認知の次元どうしの関連性,環境的な心理社会的側面等の相互作用を,空間的軸・時間的軸の両側面からとらえ,理解や支援に結びつけていく試みがより増えていくことで,様々な形での支援に役立つ知見が増えていくのではないかと期待する.

第8章 ● 抑うつと心理社会的側面

森脇愛子

1 抑うつとは

抑うつとは

抑うつ（depression）は，悲しみ，落ち込みなどの抑うつ気分，抑うつ気分に加えて興味喪失，易疲労性などの抑うつ症候群，およびうつ病を言う言葉である（坂本，2015）．抑うつ気分がより短期間で回復し，日常生活への影響も小さい場合，生活面では支障が出にくい可能性があるが，長期化したり，いくつもの状態が複合的に認められたり増悪する場合には，日常生活への影響も大きくなり，支援の対象となってくるであろう．例えば，DSM-5（American Psychiatric Association, 2013）によると，抑うつ気分，あるいは，興味・喜びに加え，その他の五つ以上が2週間続くことや，抑うつ症状が機能障害を引き起こしていること，物質の生理学的作用または他の医学的疾患によるものではないこと，統合失調症感情障害，統合失調症，統合失調症様障害，妄想性障害，または他の特定および特定不能の統合失調症スペクトラム障害および他の精神病性障害群によってうまく説明されないこと，躁病エピソードまたは軽躁病エピソードが存在したことがないこと，といった基準を満たすことにより，うつ病となることが示されている．

2013年から2015年に実施された大規模な疫学的研究（WMKJ2）（川上，2014）によると，DSM-IV診断による大うつ病性障害の有病率は，生涯有病率では5.7%（男性4.7%，女性6.5%），12カ月有病率では2.7%（男性2.3%，女性2.9%）であった．厚生労働省が2017年に実施した患者調査では，うつ病をはじめとする気分（感情）障害の総患者数は約128万人と報告されている（厚生労働省，2019）．厚生労働省による患者調査は，病院や診療所を受診した患者数

第 III 部　抑うつに関連した問題

から推計した数であるという限界はあるものの，躁うつ病を含む気分（感情）障害の患者数は，2020 年度の推計では，年間 119 万人を超え，1999 年に比べると 2 倍以上の値となっている（厚生労働省，2022）．医療機関を受診していない潜在的な数を考慮すると，より多くの人が苦しんでいる可能性がある．

　受診を抑制する背景の一つとして，精神科医療に対する偏見やイメージもある．こうした点をより払拭するためのうつ病啓発がどのように進んでいくのかも，注視していく必要があるだろう．英国の Defeat Depression Campaign のような啓発活動（Paykel *et al.*, 1997）や，日本における啓発活動では，一般の人たちの理解が促進されたり，早期発見と早期治療にもつながったりすることに寄与してきている側面もある．アセスメントに基づき，啓発を進めることは有益と言えよう．

うつ病と自殺

　警察庁（2023）の報告によると，日本の自殺者数は，1998 年に前年から 8000 人以上増加して 3 万人を超え，2003 年に 1978 年の統計開始以来最多の 3 万 4427 人となった後は 3 万人台で推移．2010 年に減少に転じ，2019 年に最少の 2 万 169 人となった．2021 年の自殺者数は 2 万 1007 人であり，男性の自殺者数は，女性の約 2 倍であったことが報告されている．2022 年の自殺者数は 2 万 1881 人で，前年に比べ 874 人（4.2%）増加し，男女別に見ると，男性は 13 年ぶりの増加，女性は 3 年連続の増加となっている．「経済・生活問題」や「家庭問題」など，他の問題が深刻化する中で，これらと連鎖して，うつ病などの健康問題が関与しているとも指摘されている．一方で，例えば，山本（2013）では，自殺の危険因子として，自傷行為や自殺企図，精神疾患の既往，身体疾患（進行性疾患や慢性疾患への罹患），喪失体験や職業的，経済的，生活的問題，苦痛な体験などの他，ソーシャルサポートの不足，孤立感などが，複合的に関わってくることが指摘されている．また，WHO による自殺やその予防に関わる研究報告では，自殺は，生物・遺伝・心理・社会・環境要因が複雑に関与して生じるもの，多様かつ複合的な原因および背景を有しており，それが連鎖する中で起きていると考えられている．

抑うつの連続性の議論

ところで近年，うつ病を諸側面から明らかにするアプローチは，うつ病に罹患している人を研究対象とするだけではなく，健常範囲ながら軽い抑うつ症状を呈している青年や成人における抑うつも対象に実施されてきた（坂本他，2005）．以前の「うつ病か否か」の二分法的な考え方から，近年はより連続的，段階的な評価をする志向が高まっている．うつ症状は，うつ病の人と抑うつ的な人との間で質的に全く異なるのではなく，その表れ方や強さが連続しているという連続性の議論（奥村他，2008）もこれに関与する．臨床で行われている事例研究の意義は，もちろん高いものと考えられる．しかし，一方で，一事例にとどまるのではなく，事例研究を蓄積することで，その中から見出される一定の共通性，法則性も少なくないだろう．このような蓄積されたものの中から，治療や予防への糸口がつかめる可能性も高いと予測される．

2 抑うつとストレッサーと認知，対処

抑うつの発生の背後には，喪失体験を始めとしたストレッサーと呼ばれるものが関わっている場合がある．このような出来事，ストレッサーは，すべての人に同一に影響を与えるのではなく，認知や対処のような側面との相互作用によって，抑うつの程度が変わってきたり，維持・改善に違いが出てきたりするという側面があり，その点について，次に触れていきたい．

様々なストレスとの関連

現代社会では，働く人たちに限らず，子どもたちや高齢者まで，何らかの日常的，非日常的なストレスを経験しながら生活を営んでいるのが現状と言える．統計数理研究所（2014）による「日本人の国民性第13次全国調査」は，各年代でのイライラを感じている人の増加を指摘している．ストレスと無縁の世界で生活していくことは難しい時代になっていると言えるだろう．心理社会的ストレスは，大きくは，①日常生活に大きな衝撃や変化を与える出来事（ライフイベント）と②日常生活の小さなストレスやいら立ちごとすなわち，日常生活ストレス（デイリー・ハッスルズ）に分けられる．前者は急性ストレス，後者は

慢性ストレスと呼ばれることもある．前者には，交通事故や事件，災害などの出来事，配偶者の死，離婚，解雇，転勤・転校などの非日常的な出来事が挙げられる．後者は，友人・知人とのトラブル，上司との対立，過重な仕事や課題，毎日の残業，長時間通勤，周囲の騒音など，日常生活で生じるいら立ちごとや負担である．

　Holmes & Rahe（1967）の「社会的再適応評価尺度」によると，生活を変化させるような重大な事件や出来事（ライフイベント）が起きた場合，元の生活に戻るにはどのくらいの時間や努力が必要かが，結婚を50として評定される．直近の1年間のLife Change Unit Score（LCU得点）の合計が300点以上になると80％の人が，150～300点未満だと50％近い人が，近い将来，何らかの病気（うつや身体疾患）にかかるとされている．米国の原版と日本版は幾分異なるものの，米国の場合でも日本の場合でも，配偶者や近親者・親友の死，離婚，別居など，愛情や依存の対象である重要な他者を失うという人間関係の喪失体験がストレスフルな出来事であることが示されてきている．八尋他（1993）でも，社会的再適応評価尺度について日本人を対象に調べ，配偶者や近親者，親友の死といった死別体験が，より強度の高いストレッサーであると示されている．

　一方，Lazarus & Cohen（1977）は，めったに起こらない急性の重大事件よりも，慢性的でしかも個人的意味や個人の対処法を重視した日常生活ストレスの概念をストレス理論に取り入れ，尺度化を試みている．

心理社会的ストレスの影響はすべての人に同一なのか

　それでは，ストレッサーとなるような出来事は，すべての人に対して同一の影響をもたらすのであろうか．この点については，個人内の様々な要因によって，その影響が大きく出る場合もあれば，そうでない場合もある．認知の介在を指摘した理論や，認知に着眼点を持った理論からも説明ができるだろう．また，抑うつの素因ストレスモデルという視点からのアプローチでは，抑うつのなりやすさ（脆弱性）をより幅広くとらえ，こうした個人特性を持っていることと，ストレス経験との関連が論じられている（Metalsky *et al.*, 1987; Metalsky & Joiner, 1992）．日本においても，同様の視点から，健常の大学生を対象とし

た研究が行われている．例えば，高比良（1998）は，日常生活におけるストレスフルなライフイベントについて，対人・達成領域別ライフイベント尺度（大学生用）を用いて調べている．

　同じストレッサーを受けても，影響が異なる個人差を説明するモデルとして，認知と対処に着目して展開したものもある．例えば，Lazarus & Folkman（1984）の相互作用モデルがその例である．このモデルでは，ストレッサーとなることについて，その心理的・身体的状態への影響は，ストレッサーに対する個人の認知的評価と対処（コーピング）によって異なるとされている．環境からの刺激や要求が個人の持つ対処能力や対処資源を超えていると認知される時，その個人はストレス状態にあるという．ストレッサーが自身にとって脅威であるか否か（1次的評価），また自分の有する資源で対処可能かどうか（2次的評価）という認知的評価，つまりストレッサーの受け止め方である認知とそれに対する対処の仕方によって，ストレス反応や健康状態が大きく左右されるというものである．対処という点では，内田・山崎（2008）や竹島・松見（2015）によると，情動焦点型の対処のうち，感情表出の対処や，撤退型の対処といった対処の仕方が，抑うつに関連することも示されてきている．また，Nolen-Hoeksema（2000）によると，気晴らし型スタイルと考え込みスタイルという二つの反応スタイルのうち，考え込みスタイルは抑うつ気分を高め，抑うつの発生や持続につながりやすいが，気晴らし型スタイルは，抑うつ気分を弱めたり抑うつからの回復につながりやすくなったりする可能性が示唆されている．加藤（2001）によると，特定の対処の仕方に固執するのではなく，状況などの変化で柔軟に対処の仕方を変更するかどうかといった点での柔軟性が大切であり，具体的には青年期の学生を対象に，このような柔軟性が高いほど抑うつが低いという．日頃から，自らの認知の特徴や対処の仕方の特徴のセルフモニタリングに心がけ，引き出しを増やすことなども有効な試みと言える．島（1997）は，さらに，幼少期から培われてきた考え方やパーソナリティ，ソーシャルサポートを含めた対人関係の持ち方が，ストレス体験時のこうした認知，対処の仕方の各プロセスに影響を与えることを指摘している．ストレッサーをどう受け止め，どう感じ取るかという認知の側面，それに関連して，自分の有する資源などを踏まえてどのように対処するのかという対処の側面は，その他の関連要因の影響を

第 III 部　抑うつに関連した問題

受けながらストレス反応の違いを生じさせると理解することができる．出来事自体をどのように受け止めるのかといった認知的な側面や，対人的な側面を含めて検討を試みていくことは，臨床的な視座にもつながるであろう．

3　抑うつと対人的諸側面

抑うつと対人的諸側面

対人関係に関わる側面には，抑うつの発症や増悪，もしくは抑制につながる，という両面がある．また，体験としてネガティブな影響を与えるもの，例えば，心理社会的ストレッサーとしての対人関係の破綻や葛藤，喪失体験が，個人要因と相互に影響しながら抑うつの発症につながるという面もあれば，一方で，ソーシャルサポートやソーシャルスキルの程度など，対人関係のあり方やスキルがストレスの影響を緩和することに寄与したり，逆に，ソーシャルスキルの拙さが，さらなる悪循環を生んでしまったりなど，対人的な要素が抑うつの程度と関連することも少なくないだろう．さらには，抑うつの高い人における対人関係での特徴に着目した報告もある．

心理社会的ストレスの中で，対人関係におけるストレス（interpersonal stress）（対人関係上のネガティブな出来事や相互作用）は，抑うつや否定的気分との関連が深いことが国内外の研究により指摘されてきている．日本においては，例えば，高比良（1998）では，大学生を対象にした調査研究において，ライフイベントを対人領域と達成領域とに分類し，それぞれの領域のポジティブ・ネガティブ両方のイベントと抑うつおよび自尊心との関連を，重回帰分析により男女別に検討した．その結果，対人領域におけるネガティブなライフイベントには，男女共通して抑うつとの関連が認められ，その関連は他の性質のイベントと比べて大きいものであることが示されている．Raffaelli *et al.*（2013）なども，環境要因，中でも対人的要因は，青年期の抑うつなどが高くなることにつながることを示唆しているが，個人の特性と，周囲の環境とも言える対人関係は，相互に作用し合いながら抑うつと関連していると考えてもよいだろう．

118

第 8 章　抑うつと心理社会的側面

抑うつとソーシャルスキル

　対人的，対人関係という言葉は，2 人あるいはそれ以上の人との間の伝達・相互作用における過程を意味する．対人場面において相手に適切に反応し，自分の目的を効果的に達するために用いられる言語的，非言語的な対人行動を総称して，ソーシャルスキル（social skill）といい，対人的・社会的場面で円滑な人間関係の結びつきを可能にするソーシャルスキルは，精神的健康に寄与し得る（相川，2009）．しかし，発達の過程で特定のスキルを学習しないままに成長したり，学習が不十分だったり，あるいは不適切なスキルを誤って学習してしまっていたりなどの諸背景からソーシャルスキルが不足していると，対人関係に起因する様々な心理的問題につながることがある．ソーシャルスキル不足は，対人的な行動・対人反応となって現れ，これが相手からの拒否や反発を招き得る．相手からの拒否や反発は，自らやその他者にとどまらず，より広く他者と関わること全般に対する対人不適応感（孤独感，抑うつ感，対人不安感，怒りなど），また，よりネガティブに歪んだ認知にもつながり，以降の対人関係の回避につながる．対人接触が減少し，実践機会も少なくなる．実践の機会が減ることで，ソーシャルスキルを磨く機会も減り，不足の度合いも増してしまう．相川（2009）は，大学生を対象として調べ，ソーシャルスキルの不足が抑うつにつながりやすく，抑うつがソーシャルスキルのスキルの低さを予測するという双方向での関連性があることを見出している．悪循環を断つために，心理教育などの方法やスキルの獲得もしくは再学習のための方法を用いるソーシャルスキルトレーニングは，精神保健福祉や医療分野を中心に発展を遂げ，現在では学校教育現場などでも応用されるようになっている．

抑うつとソーシャルサポート

　一方，抑うつを抑制する要因としてのソーシャルサポートを見てみることにする．様々な観点からの定義があるが，ソーシャルサポートは，特定個人が特定時点で，彼／彼女と関係を有している他者から得ている，有形／無形の諸種の援助と定義することができる（南他，1987）．ソーシャルサポートは，必要な時にどのくらい必要なサポートが得られるかといった知覚されたソーシャルサポートと，実際に過去の一定期間に得られたサポート行動の量を見る実行され

119

第 III 部　抑うつに関連した問題

たサポートに分けられる．抑うつ的な人のソーシャルサポートの研究としては，幅広い検討が試みられてきている．例えば，福岡（2018）は，大学生を対象とした縦断的研究により，親友や両親からサポートを受けたと知覚することは実行されたサポートと関連し，親しい他者からソーシャルサポートを受けることが抑うつの低減につながることを示している．小松ら（2010）の研究では，職場でのソーシャルサポートと抑うつとの関連を調べ，上司や同僚からのソーシャルサポートが高い人は低い人よりも抑うつが低く，さらに，仕事のコントロールが行いにくい場合には，上司からのサポートが抑うつの低減に関与することを見出している．竹島・松見（2015）は，児童を対象として検討した結果，母親からのサポートを得られるという知覚が高いほど，その後の抑うつの程度が低くなることなどを示している．

　ソーシャルサポートが抑うつの低減につながるような認知的統制とどのような関連があるのか，という点から調べた研究もある（神原他，2016）．認知的統制とは，ストレスを感じる状況においてネガティブな思考を低減するスキルであり，状況を客観的に分析し，積極的に解決に取り組むスキルである論理的分析と，破局的思考から距離を置き，思考の暴走を止めるスキルである破局的思考の緩和，といった二つの側面を想定したものである（杉浦，2007）．こうした認知的統制に対して，情緒的サポートや道具的サポートがどのように関与しているのかや，抑うつとの関連を，神原ら（2016）が調べたところ，認知的統制の中でも破局的思考の緩和と抑うつの低下との関連が認められたことに加え，問題解決に向けた具体的な情報や支援に関するサポート（道具的サポート）（浦，1992）が，認知的統制を高めるなどのことが示唆されている．

　ストレス状況で，ソーシャルサポートを実際に得たり，得られるだろうと見込んだりすることができるようになるためには，援助希求行動のあり方や，日頃の対人関係の持ち方が無関係ではない．例えば，永井（2010）によると，抑うつ的な人は悩みごとなどがある際に援助希求が抑制される傾向があることなどが示されている．このような場合には，他者から適時に適切なソーシャルサポートを得ることにつながりにくくなると考えられる．

第8章　抑うつと心理社会的側面

抑うつの対人関係モデル

　抑うつの悪循環を指摘した議論としては，例えば，社会的文脈が，精神病理の理解に役立つことを示した知見や，ソーシャルスキルの欠如が抑うつの原因であることを示唆した Lewinsohn (1974) がその一つであろう．また，Coyne (1976) などのように，抑うつにおける対人的な悪循環のプロセスに焦点を当てた議論からも見ていくことが可能であろう．

　コイン (Coyne, J. C.) の抑うつの相互作用モデル (interactional model of depression) によると，抑うつ的な場合，相互作用の相手に不快な感情を引き起こし，結果として本人に対する敵対的・拒否的な行動を引き出すと考えている (Coyne, 1976)．コインのモデルは，臨床経験や，他者（家族，そして家族以外）と抑うつ患者との相互作用の検討，夫婦療法や家族療法，抑うつ患者に対する治療効果研究の結果のレビューによって，考案・作成されたものである．抑うつ的な人の社会的関係（対人関係）における時間的変化をとらえる試みと言える．この抑うつの相互作用モデルでは，抑うつに関連する言動が，他者の反応におけるパターンと連結していることを前提としており，またモデルの中核にもなっている (Coyne, 1976)．その言動の特徴としては，嫌悪的で，他者に困惑や敵意を生じさせる可能性があることが述べられている．周囲の社会環境の成員は，偽りの安心感やサポートなどによって，このような抑うつ的な人の嫌悪的な言動を減らすよう試みる．そしてそれと同時に，このような抑うつ的な人を拒絶したり避けたりする．こうした拒絶を知覚することによって，抑うつは高まり，苦悩感を示すようになるという．対人関係と抑うつは，このように循環的であり，抑うつ的な人が周囲の人のネガティブな反応を引き出し，それが本人の抑うつをまた強めてしまうという循環モデルを提唱したのが，コインである．このように，抑うつ的な人は，（その特徴的な言動によって）他者に不快な感情を与えやすく，相手から嫌われて拒絶的な反応を受けやすく，周囲の環境から拒否される経験が少なくないと言えるだろう．社会行動の拙さも関連している可能性がある．このような点につき，自己開示の点から検討した研究もある．

　自己開示 (self-disclosure) とは，Jourard (1971) によると，自己を他者に知ってもらうために自分自身をあらわにすることを指す．日本においても，例え

121

第 III 部　抑うつに関連した問題

ば，安藤（1990）や榎本（1997）が定義づけを試みており，（本人の意図を前提に）他者に対して，自分自身の情報を，言語を介して伝えることを自己開示としている．自己開示は，その定義を踏まえると，他者を介在した営みと言える．日常的な周囲の他者とのやりとりにおける自己開示後に，気分がよくなるような経験をしたことがある人は少なくないだろう．一方，心理専門家への相談と比較して，日頃関わりのある周囲の人に対する自己開示においては，時には開示相手からのネガティブな反応を受けるなどして，逆効果になってしまう可能性も有している．

　対面での自己開示における相手からの反応と抑うつとの関連について，例えば，筆者らが検討したところ，抑うつ的な傾向を持つ人においては，自己開示において相手から拒絶的な反応を受けやすく，それが抑うつの増大につながりやすいことが示唆されており，こうした抑うつ的な自己開示には，認知傾向を含めた側面が関与している可能性がある（森脇他, 2002）．20 代以上の年齢層を対象とした 2 段階確率比例抽出法に基づく郵送調査研究では，特に友人との間において，内面を開示し合ったり，内面に踏み込み合ったりするような人間関係を築くことが，低ソーシャルサポートにつながり，心身の健康の低さにつながる可能性が示されている（森脇, 2000）．こうした知見は，早期介入につながる心理教育などに応用していくことができるだろう．

　近年は，SNS などインターネットを介したコミュニケーションについても積極的に行われており，対面にはない長所・短所があると考えられる．こうしたコミュニケーションについても，抑うつとの関連で見ていくことが可能であろう．自己開示について調べた研究として，例えば，大学生における友人間での否定的内容の自己開示に着目し，SNS などインターネットでの自己開示での相手の反応と被受容感，被拒絶感，抑うつとの関連について検討を試みたものがある（Moriwaki, 2016）．この研究では，特に友人間での否定的な内容の自己開示を行った際の相手からの反応に着目して，検討を試みている．SNS での否定的な自己開示を行った際に，相手からの共感的な理解を示すような言葉や，自分を心配してくれるような反応によって被受容感が高まり，抑うつの低減にもつながる可能性があることが示唆された．総務省（2022）によると，国内の SNS 利用者は，2005 年 3 月末には約 111 万人だったのに対し，2006 年 3

月末には約716万人となり，全世界では2013年度には9億人を超えている．また，世界の主要SNSの月間アクティブユーザー数は，最大のFacebookで29億人以上に達しており（2022年1月現在），日本での年齢階層別SNS利用状況では，2020年，2021年において，20〜29歳の利用が最も多く，それぞれの年度で，90.4%，93.2%となっている．コミュニケーションツールとしての活用方法も多様化してきている．抑うつと対人的側面をとらえていく上でも，こういった変化を踏まえた検討をしていくことで，より包括的なモデルや，臨床に役立つ知見へとつながっていく可能性が高くなるだろう．

4 今後に向けて

　公認心理師法においては，心理援助の仕事には，要支援者に限らず，すべての人を対象とした，予防的観点からの心理教育などの活動が含まれている．抑うつについて，生物—心理—社会の生物学的な側面の諸側面から研究を行っていくことは，アセスメントなど見立てに役立つのみならず，予防における心理教育などに役立つ可能性もあるだろう．対人関係という視点からは，近年，SNSなどインターネットを活用した対人関係も認められるようになっており，こうしたコミュニケーションとの関連も調べていくことが，現代の対人関係と抑うつを理解していく上で大切であろう．2019年以降，世界的に経験された新型コロナウイルス感染症（COVID-19）の感染拡大の中での生活，いわゆるコロナ禍での生活，経験は，日本においても様々な形で影響をもたらしたと考えられる．全国大学生活協同組合連合会広報調査部（2022）は大学生などが対象のオンライン調査結果に基づき，コロナ禍を経験したことによる変化を指摘している．また，小橋ら（2023）による新型コロナウイルス感染拡大時における大学生のメンタルヘルスの検討や，津田ら（2023）によるコロナ禍での職場における成人の抑うつについての検討なども行われている．コロナ禍における様々な体験が短期・中期・長期にどのように影響を与えていくのか，その中でも変わらないものはどのようなことなのか，考えていくことが必要と考える．

　近年，新しいタイプの抑うつ症候群の存在に着目をした研究も報告されてきている．例えば，うつ病の診断書で罹患を示し，休みながら，その間に趣味に

第 III 部　抑うつに関連した問題

興じるなど，新しいタイプの抑うつ症候群であり，対人過敏傾向や自己優先志
向などが関わっているのではと指摘されている（村中他，2023）．こうした，新
しいタイプの抑うつについても，従前のものとの異同や，促進・抑制要因など，
メカニズムに踏み込んだ検討が進められることによって，臨床現場にも役立て
られていくであろう．

引用文献

相川充（2009）．新版　人づきあいの技術――ソーシャルスキルの心理学　サイエンス社

American Psychiatric Association (2013). *Diagnostic and statistical manual of mental disorders (5th ed.).* American Psychiatric Association. （高橋三郎・大野裕（監訳）(2014). DSM-5　精神疾患の診断・統計マニュアル　医学書院）

安藤清志（1990）．「自己の姿の表出」の段階　中村陽吉（編），「自己過程」の社会心理学（pp. 143-198）　東京大学出版会

長広美・登丸あすか（2012）．大学生を対象とした SNS の利用状況および学業成績との関連性――mixi, Facebook, Twitter の接触状況調査から　文京学院大学国学部文京学院短期大学紀要, *12*, 213-227.

Coyne, J. C. (1976). Toward an interactional description of depression. *Psychiatry: Journal for the Study of Interpersonal Processes, 39*(1), 28-40.

榎本博明（1997）．自己開示の心理学的研究　北大路書房

福岡欣治（2018）．ソーシャルスキルと知覚されたサポート，実行されたサポートが大学生の孤独感と抑うつに及ぼす影響――短期縦断的研究　川崎医療福祉学会誌, *27*(2-1), 303-312.

Holmes, T. H., & Rahe, R. H. (1967). The social readjustment scale. *Journal of Psychosomatic Research, 11*(2), 213-218.

Jourard, S. M. (1971). *Self-disclosure: An experimental analysis of the transparent self.* Eilley-Interscience.

神原広平・出口友絵・尾形明子（2016）．抑うつを低減する認知的統制に対するソーシャルサポートの効果　パーソナリティ研究

加藤司（2001）．コーピングの柔軟性と抑うつ傾向との関係　心理学研究, *72*(1), 57-63.

川上憲人（2014）．精神疾患の有病率等に関する大規模疫学調査研究：世界精神保健日本調査セカンド　平成 25 年度総括・分担研究報告書　厚生労働省厚生労働科学研究費補助金障害者対策総合研究事業（https://mhlw-grants.niph.go.jp/system/files/2013/133081/201317070A/201317070A0001.pdf）

警察庁（2023）．令和 4 年中における自殺の状況（https://www.npa.go.jp/safetylife/seianki/jisatsu/R05/R4jisatsunojyoukyou2.pdf）

小橋亮介他（2023）．新型コロナウイルス感染拡大時における学部 2 年生以上の学生のメンタルヘルス　学生相談研究, *43*, 265-271.

小松優紀他（2010）．職業性ストレスと抑うつの関係における職場のソーシャルサポートの緩衝効果の検討　産業衛生学雑誌, *52*(3), 140-148.

厚生労働省（2019）．平成 29 年（2017）患者調査の概況　調査の概要（https://www.mhlw.go.jp/toukei/saikin/hw/kanja/17/dl/gaiyou.pdf）

厚生労働省（2022）．令和 2 年（2020）患者調査の概況　調査の概要（https://www.mhlw.go.jp/toukei/saikin/hw/kanja/20/dl/gaiyou.pdf）

Lazarus, R. S., & Cohen, J. B. (1977). Environmental stress. In I. Attman & J. F. Eohlwill (Eds.), *Human behavior and the environment: Current theory and research* (*Vol. 2*). Plenum.

Lazarus, R. S., & Folkman, S. (1984). *Stress, appraisal, and coping.* Springer.（本明寛・春木豊・織田正美（監訳）（1991）．ストレスの心理学——認知的評価と対処の研究　実務教育出版）

Lewinsohn, P. M. (1974). A behavioral approach to depression. In R. J. Friedman & M. M. Katz (Eds.), *The psychology of depression: Contemporary theory and research.* John Wiley & Sons.

Metalsky, G. I., Halberstadt, L. J., & Abramson, L. Y. (1987). Vulnerability to depressive mood reactions: Toward a more powerful test of the diathesis-stress and causal mediation components of the reformulated theory of depression. *Journal of Personality and Social Psychology, 52*(2), 386-393.

Metalsky, G. I., & Joiner, T. E. (1992). Vulnerability to depressive symptomatology: A prospective test of the diathesis-stress and causal mediation components of the hopelessness theory of depression. *Journal of Personality and Social Psychology, 63*(4), 667-675.

南隆男・稲葉昭英・浦光博（1987）．「ソーシャル・サポート」研究の活性化に向けて——若干の資料　哲學, *85*, 151-184.

森脇愛子（2000）．心理的健康を規定する信頼とリスク回避コミュニケーションの検討——安心関係と信頼関係の対比　日本社会心理学会第 38 回大会発表論文集，pp. 394-395.

Moriwaki, A. (2016). The relationship between the responses of the recipients of self-disclosure when undergraduates self-disclose negative information about themselves on social networking services, and psychological stress responses of self-disclosers. *International Journal of Psychology, 51*, 231.

森脇愛子・坂本真士・丹野義彦（2002）．大学生における自己開示の適切性，聞き手の反応の受容性が開示者の抑うつ反応に及ぼす影響——モデルの縦断的検討　カウンセリング研究, *35*(3), 229-236.

村中昌紀・山川樹・亀山晶子・坂本真士（2023）．対人過敏傾向・自己優先志向が職業性ストレッサーを媒介として抑うつに与える影響についての縦断的検討　キャリア・カウンセリング研究, *25*(1), 1-8.

永井智（2010）．大学生における援助要請意図——主要な要因間の関連から見た援助要請意図の規定因　教育心理学研究, *58*(1), 46-56.

Nolen-Hoeksema, S. (2000). The role of rumination in depressive disorders and mixed anxiety/ depressive symptoms. *Journal of Abnormal Psychology, 109*(3), 504-511.

奥村泰之・亀山晶子・勝谷紀子・坂本真士（2008）．1990 年から 2006 年の日本における抑うつ研究の方法に関する検討　パーソナリティ研究, *16*(2), 238-246.

Paykel, E. S. *et al.* (1997). The Defeat Depression Campaign: Psychiatry in the public arena.

American Journal of Psychiatry, 154, 59-65.

Raffaelli, M. *et al.* (2013). Perceived stress, social support, and depression: A test of the stress-buffering hypothesis in a Mexican sample. *Journal of Research on Adolescence, 23*, 283-289.

坂本真士 (2015). コラム2 抑うつとうつ病 森脇愛子・坂本真士 (編), 対人的関わりからみた心の健康 (p. 30) 北樹出版

坂本真士・丹野義彦・大野裕 (2005). 抑うつの臨床心理学 東京大学出版会

島悟 (編) (1997). ストレスとこころの健康 ナカニシヤ出版

総務省 (2022). 令和4年版情報通信白書ICT白書 データ集 (第3章第8節) (https://www.soumu.go.jp/johotsusintokei/whitepaper/ja/r04/html/nf308000.html)

杉浦知子 (2007). ストレスを低減する認知的スキルの研究 風間書房

高比良美詠子 (1998). 対人・達成領域別ライフイベント尺度 (大学生用) の作成と妥当性の検討 社会心理学研究, *14(1)*, 12-24.

竹島克典・松見淳子 (2015). 児童期の抑うつと対人関係要因との関連——コーピング, ソーシャルサポート, 仲間関係, 対人ストレッサーに焦点をあてた前向き研究 発達心理学研究, *26(2)*, 158-167.

統計数理研究所 (2014). 「日本人の国民性第13次全国調査」の結果のポイント (https://www.ism.ac.jp/kokuminsei/resources/KS13print.pdf)

津田大希・長見まき子・岩根幹能・喜多岡蓮美 (2023). コロナ禍での労働者の抑うつに影響を与える心理的要因の検討——2020年秋の調査から 関西福祉科学大学EAP研究所紀要, *16*, 29-37.

内田香奈子・山崎勝之 (2008). 大学生の感情表出によるストレス・コーピングが抑うつに及ぼす影響の予測的研究 パーソナリティ研究, *16(3)*, 378-387.

浦光博 (1992). 支えあう人と人——ソーシャル・サポートの社会心理 サイエンス社

八尋華那雄・井上眞人・野沢由美佳 (1993). ホームズらの社会的再適応評価尺度 (SRRS) の日本人における検討 健康心理学研究, *6(1)*, 18-32.

山本賢司 (2013). 「精神科的評価および対応」のポイント——精神科医の立場から 救急・集中治療, *25(7)*, 804.

全国大学生活協同組合連合会広報調査部 (2022). 「届けよう! コロナ禍の大学生活アンケート」集計結果報告 (https://www.univcoop.or.jp/covid19/survey/pdf/pdf_report2208.pdf)

第9章●抑うつと記憶

小林正法

うつ病は,「環境」「自己」「未来」に関する思考をネガティブに変化させる
(Beck, 1974). このうち,「自己」には人生の経験である自伝的記憶(autobi-
ographical memory)が,「未来」には将来起こり得る出来事の想像が対応する
ため,抑うつは記憶システムと密接に関わっている.

　抑うつは記憶想起や想像を含む心的イメージ(mental imagery)と関連する
(Weßlau & Steil, 2014 など). 心的イメージは「現在知覚されている感覚情報に
基づかない認知的な出来事」と定義され,過去の経験の想起やその改変(反実
仮想),将来の出来事の想像,そして空想から生じる(Weßlau & Steil, 2014). う
つ病群の 96% がネガティブ記憶の意図に反した想起を経験するという報告
(Newby & Moulds, 2010)が示すように,抑うつはネガティブ記憶といったネガ
ティブな心的イメージの侵入と関連する(Mihailova & Jobson, 2018). ネガティ
ブな心的イメージは抑うつの持続要因だと考えられている(Weßlau & Steil,
2014 など). なぜなら,ネガティブな記憶の侵入は,悲しみや無力感といった
ネガティブ気分を導き(Williams & Moulds, 2007),気分一致効果(Bower, 1981)
を介し,ネガティブ気分を持続させるためである(Teasdale, 1988 など). 抑う
つは,ネガティブな心的イメージだけでなく,将来のポジティブな出来事の想
像に代表されるポジティブな心的イメージの低下とも関連する(Dalgleish &
Hitchcock, 2023 など). さらに,抑うつにおいてネガティブな記憶の侵入が問題
になるのであれば,抑うつが望まない記憶を制御する能力とどのように関わる
のかという疑問も生じるだろう. これらの背景から,本章では,自伝的記憶,
未来の想像,記憶の制御を取り上げ,それぞれの基礎的理解と抑うつとの関連
について紹介する. その後,記憶面に焦点を当てた抑うつに対する心理社会的
支援を紹介した上で,まとめと今後の展望を述べる.

第 III 部　抑うつに関連した問題

1　自伝的記憶と抑うつ

自伝的記憶とは

　自伝的記憶とは自身が経験した人生の出来事の記憶を指し，自己，感情，個人的経験において非常に重要な役割を持つ（Conway & Pleydell-Pearce, 2000）．様々な精神疾患に共通して見られる自伝的記憶の問題として，①感情バイアス，②望まない記憶の侵入，③記憶の具体性の減少という三つが存在するとされるが，抑うつでは三つすべての問題が見られる（Dalgleish & Hitchcock, 2023 など）．

感情バイアスと抑うつ

　抑うつは，ネガティブな記憶を思い出しやすく，ポジティブな記憶を思い出しにくいという二つの感情バイアスを特徴とする（Everaert *et al.*, 2022）．これらのバイアスはうつ病の脆弱性だととらえられている（Dalgleish & Hitchcock, 2023; Everaert *et al.*, 2022）．抑うつ傾向群やうつ病群はネガティブ気分になりやすく，気分と一致するネガティブ記憶を想起しやすい．このようなネガティブ記憶の想起は，ネガティブ気分を持続させる（Teasdale, 1988 など）．ネガティブ気分の改善にはポジティブ記憶の想起が有効であるものの（Josephson, 1996），うつ病群などでは具体的なポジティブ記憶の想起が困難であるため，ポジティブ記憶の想起を試みてもネガティブ気分が改善されにくい（Joormann *et al.*, 2007 など）．このように，ネガティブ記憶の思い出しやすさとポジティブ記憶の思い出しにくさという双方向のバイアスが抑うつを持続させる可能性がある．

望まない記憶の侵入と抑うつ

　過去の出来事の意図に反した侵入や無意図的な想起は「侵入記憶」と呼ばれる．うつ病では，幼少期のトラウマ記憶などの侵入が見られ，このような侵入記憶の頻度がうつ病の症状の重さと関連するだけでなく（Kuyken & Brewin, 1994），後のうつ病の発症を予測する（Brewin *et al.*, 1999）．健常群と比較してうつ病群のほうが，侵入記憶がより鮮明で，侵入に伴う苦痛，虚無感，悲しみがより強く，（侵入記憶頻度に群間差がないにもかかわらず）侵入記憶の回避欲求が

より大きい（Newby & Moulds, 2011）．侵入記憶が生じる一因として，望まない記憶が意識に上がることを抑える能力である記憶の抑制能力が，精神疾患などに伴って低下していることが想定されている（Dalgleish & Hitchcock, 2023）．

自伝的記憶の具体性の減少と抑うつ

　抑うつの記憶における三つ目の問題は，過去の出来事を具体的に思い出しにくいことである．このような現象は，自伝的記憶の具体性の減少（reduced autobiographical memory specificity：rAMS）または概括化した自伝的記憶（overgeneral autobiographical memory：OGM）と呼ばれる（Barry *et al.*, 2021b; Williams *et al.*, 2007; 松本・望月，2018）．自伝的記憶の具体性の減少と抑うつの関連を調べたメタ分析（Barry *et al.*, 2021b）によると，健常群と比較して気分障害群には，自伝的記憶の具体性の減少が見られ，その程度は中程度の効果量（*Hedges'g* = 0.61; 95% *CI* = [0.34, 0.89]）であった．過去の経験を具体的に思い出すことは，問題解決，プランニング・意思決定，社会的関係の維持，社会的交流といった適応的機能においてきわめて重要である（Dalgleish & Hitchcock, 2023; Hallford *et al.*, 2022a; Williams *et al.*, 2007）．自伝的記憶の具体性の減少はこれらの機能を低下させるため，うつ病のリスク要因や持続要因だと考えられている（Hallford *et al.*, 2021; Hallford *et al.*, 2022b; Sumner *et al.*, 2010）．

2　エピソード的未来思考と抑うつ

エピソード的未来思考とは

　実際に経験した過去の出来事に関する記憶は，エピソード記憶と呼ばれる．エピソード記憶を思い出す際，われわれは過去に生じた客観的事実を思い出しているのではなく，過去の出来事を心的に再構成しているとされる．タルヴィング（Tulving, E.）がエピソード記憶の想起を心的時間旅行（メンタルタイムトラベル）と呼ぶ（Tulving, 2002）ように，エピソード記憶の想起は，現在の自分が過去に飛び，過去の出来事をもう一度経験するかのように，思い出した出来事を再び体験するような感覚（再体験感）を伴う．記憶システムは，過去の経験の想起だけでなく，将来起こり得る出来事の想像も担っていることが近年明ら

第 III 部　抑うつに関連した問題

かにされている．このような，未来に起こり得る出来事を詳細に想像すること
は，エピソード的未来思考（episodic future thinking）または未来思考と呼ばれ
る（Atance & O'Neill, 2001）．エピソード記憶とエピソード的未来思考には想像
（想起）した出来事を体験する感覚を伴うといった類似点が多いだけでなく
（Atance & O'Neill, 2001），エピソード記憶の想起時とエピソード的未来思考の想
像時は活動する脳部位の大部分が共通していることも知られている（Benoit &
Schacter, 2015）．

エピソード的未来思考と抑うつ

　自伝的記憶と同様に，抑うつが未来思考（将来の想像）の具体性の低下と関
わるかどうかが調べられている（Addis *et al.*, 2016; MacLeod *et al.*, 1997 など）．例
えば，抑うつ傾向は，将来のネガティブな出来事の想像のしやすさとは関連し
ないものの，将来のポジティブな出来事の想像のしにくさと正に相関すること
が示されている（MacLeod *et al.*, 1997）．このように，自伝的記憶とは異なり，
抑うつはポジティブな出来事の想像の具体性の低さと関わる．また，抑うつは，
ポジティブな出来事を想像した際に，その出来事によって生じると予期される
予期喜び（anticipatory pleasure）の低さなどとも関連することが明らかにされ
ている（Hallford *et al.*, 2020a）．

　抑うつと未来思考の具体性の低下に関しては，二つのメタ分析（Gamble *et
al.*, 2019; Hallford *et al.*, 2018）が行われている．（うつ病を含む）精神疾患と未来思
考の具体性の関連に着目し，未来思考の評価に客観指標を用いた研究のみを対
象としたメタ分析（Hallford *et al.*, 2018）では，健常群と比較して，精神疾患群
は未来思考の具体性が低かった（*Hedges'g* = −0.84; 95% *CI* = [−1.06, −0.62]）．こ
の傾向はうつ病群のみに絞った場合でも同様であった（*Hedges'g* = −0.79; 95%
CI = [−1.02, −0.56]）．未来思考の評価として客観指標と主観指標の両方も含め
たメタ分析（Gamble *et al.*, 2019）においても，抑うつは未来思考の具体性の低
下と関わっており（*r* = −13, 95% *CI* = [−.20, −.05]），関連の程度にアナログ群
（抑うつ傾向群）とうつ病群の差はなかった．また，主観指標と客観指標の間で
未来思考の具体性の減少と抑うつの関連の程度に差はなかったが，客観指標に
限定した場合，抑うつと未来思考の具体性の低下の関連は有意だが（*r* = −17,

95% $CI = [-.26, -.08]$），主観指標に限定した場合はその関連は有意ではなかった（$r = -.07$, 95% $CI = [-.17, .02]$）。また，抑うつはニュートラルな未来思考やネガティブな未来思考の具体性の低下とは関わらず，ポジティブな未来思考の具体性の低下にのみ関わっていた（$r = -.34$, 95% $CI = [-.43, -.25]$）。これらの知見を総合すると，抑うつに伴う未来思考の具体性の低下はある程度一貫して観察されており，その中でも，特にポジティブな未来思考の具体性の低下が顕著だと言える。構築的エピソードシミュレーション仮説（Schacter & Addis, 2007）に従えば，過去の経験を土台として未来思考が行われると想定されるため，抑うつに伴う未来思考の具体性の低下と自伝的記憶の具体性の低下は相互に関連すると考えられる。実際に，うつ病群において，自伝的記憶の具体性と未来思考の具体性が正に相関するという知見（Addis *et al.*, 2016 など）はこの可能性を支持している。また，抑うつが特にポジティブな未来思考の具体性の低下と関わるのは，抑うつ傾向群やうつ病群がポジティブな過去の経験を具体的に思い出しにくいため，それらの経験を利用したポジティブな出来事の想像が困難なためだと考えられている（Roepke & Seligman, 2016）。

3 記憶の制御と抑うつ

記憶の制御とは

一般的に，一度覚えたことを忘れること，すなわち忘却は望ましくない現象だととらえられている。しかしながら，引っ越し後に旧居の住所を忘れ，新居の住所だけを覚えておくことが新居の住所を思い出しやすくするように，不要な情報の忘却にも利点がある。前述したように，ネガティブな記憶に代表されるネガティブな心的イメージの侵入が抑うつにおける問題の一つだとすれば（Mihailova & Jobson, 2018; Newby & Moulds, 2010），そのような心的イメージの忘却は抑うつの軽減につながる可能性がある。このような背景から，記憶の制御，特に記憶の抑制において，ネガティブな記憶を抑制できるのか，抑制の成否に個人差はあるのかについてこれまで検討されてきた。

記憶の抑制は抑制意図の有無を基準に，抑制意図がない非意図的忘却（incidental forgetting）と，抑制意図がある動機づけられた忘却（motivated forget-

第 III 部　抑うつに関連した問題

ting）に分けられる（Anderson, 2020）．この節では，非意図的忘却の代表的な現象として検索誘導性忘却（retrieval-induced forgetting），動機づけられた忘却の代表的な現象として指示忘却（directed forgetting）と検索抑制（retrieval suppression）を取り上げ，それらと抑うつとの関連を紹介する．そして，思考抑制（thought suppression）と比較しながら，望まない記憶の抑制が適応的なのかどうかについて述べる．

検索誘導性忘却と抑うつ

検索誘導性忘却とは，ある記憶の想起（検索）が他の関連する記憶の忘却を導く現象である（Anderson *et al.*, 1994）．検索誘導性忘却はネガティブ単語（Kobayashi & Tanno, 2015）などの様々な抑制対象で生じる．ポジティブな自伝的記憶の思い出しやすさやポジティブな未来の出来事の想像しやすさといったポジティブバイアスと検索誘導性忘却には関連があることが知られている（Storm & Jobe, 2012 など）．ポジティブな自伝的記憶の想起に伴って関連する他のネガティブな自伝的記憶が抑制されることで，このようなポジティブバイアスが形成・維持されると考えられている．

検索誘導性忘却は非意図的忘却であるため，抑うつ傾向群やうつ病群が非意識的にネガティブ記憶を抑制できるかどうかを調べるための検討材料となる．しかしながら，検索誘導性忘却と抑うつの関連を扱った研究は少ないのが現状である．例えば，ニュートラル語とネガティブ語を抑制対象とした研究では，ニュートラル語でのみ検索誘導性忘却が見られたが，抑うつは忘却の程度に影響していなかった（Moulds & Kandris, 2006）．同様に，ネガティブな自伝的記憶の検索誘導性忘却と抑うつの間に関連は見られていない（Harris *et al.*, 2010）．一方で，カテゴリ事例（例：果物－りんご）といった非感情刺激に対する検索誘導性忘却をうつ病群と健常群で比較した場合は，うつ病群でのみ検索誘導性忘却が生じなかった（Groome & Sterkaj, 2010）．この知見は，実行機能が記憶の制御を担うため，うつ病群などの実行機能が低下している個人では記憶の制御が困難だと想定する実行機能不全仮説（executive deficit hypothesis）（Levy & Anderson, 2008）と一致している．しかし，抑うつと検索誘導性忘却の関連を調べた研究は少ないため，明確な結論を現時点で出すことは難しい．抑うつと検索

132

第9章　抑うつと記憶

誘導性忘却の関連を調べた研究の充実が今後期待される．

指示忘却と抑うつ

　指示忘却とは，項目を学習した直後にその項目の忘却を求めることで，忘却が生じる現象である．指示忘却にはリスト法（list method）と項目法（item method）の二つが存在するが，本章ではより能動的な忘却方法である項目法による指示忘却（item-method directed forgetting：IMDF）のみを扱う．IMDF（Basden & Basden, 1996）とは，ある情報を覚えた直後（符号化直後）にその情報を忘れるように指示された場合に，その情報が忘却される現象である．ネガティブ語などのネガティブ記憶に対してもIMDFは生じる（Hall *et al.*, 2021）．

　これまで，いくつかの研究が抑うつとIMDFの関連について調べている．例えば，うつ病群（Kuehl *et al.*, 2017）では，ニュートラル語，ネガティブ語，ポジティブ語のそれぞれに対するIMDFが見られ，健常群と差がないことが報告されている．さらに，精神疾患（傾向）とIMDFの関連を調べた二つのメタ分析（Corenblum & Goernert, 2023；Pevie *et al.*, 2023）も行われている．（抑うつ傾向群とうつ病群を含む）抑うつクラスタにおいて，ニュートラル刺激やネガティブ刺激に対するIMDFが生じたという点は二つのメタ分析で一致していた．一方で，すべての刺激で統制クラスタと抑うつクラスタ間の指示忘却効果の程度に差がないという分析結果（Corenblum & Goernert, 2023）は，統制クラスタよりも抑うつクラスタのほうがニュートラル刺激とネガティブ刺激の両方でIMDFが小さいという分析結果（Pevie *et al.*, 2023）と不一致であった．このように，忘却の程度に関しては不一致ではあるものの，少なくとも，抑うつの程度によらず，符号化直後であれば，ネガティブな情報を意図的に忘却できると考えられる．

検索抑制と抑うつ

　指示忘却が符号化時の抑制であるのに対し，記憶を思い出す時，すなわち，検索時の抑制は検索抑制や抑制誘導性忘却（suppression-induced forgetting）と呼ばれる（Anderson & Green, 2001；Anderson & Hulbert, 2020）．検索抑制は，抑制対象の記憶を思い出させる手がかりに直面した際に，抑制対象の記憶を意図的

第 III 部　抑うつに関連した問題

に思い出さないようにすることで，抑制対象の忘却が生じる現象である．これまでの研究から，ネガティブ語やネガティブな自伝的記憶といったネガティブな記憶に対して，検索抑制が生じることが報告されている（レビューとして，Stramaccia *et al.*, 2020；西山・齊藤，2022 など）．

　抑うつと検索抑制の関連については，うつ病群でネガティブ語（Joormann *et al.*, 2009）などのネガティブ記憶の検索抑制が可能かどうかが調べられている．なお，ここで考慮すべき点として，検索抑制には二つの抑制方略が代表的に用いられていることがある．二つの方略とは，（別のことを考えずに）抑制対象を頭から追い出すように試みるという直接抑制（direct suppression）と，抑制対象とは別のことを考えるという間接抑制（indirect suppression）である（Benoit & Anderson, 2012）．どちらの方略も抑制対象の忘却を導くという点は共通しているが，そのメカニズムや神経基盤は異なっている（Benoit & Anderson, 2012）．初期の検索抑制研究では，二つの方略を厳密に区別していなかったため，直接抑制と間接抑制それぞれに分け，抑うつと検索抑制の関連を調べた研究は少ない．直接抑制を用いた研究では，統制群と比較して抑うつ傾向群はネガティブ画像の検索抑制が生じないという報告（Zhang *et al.*, 2016）や反すう傾向群ではニュートラル語の検索抑制が生じないという報告（Fawcett *et al.*, 2015）がある．一方で，間接抑制を用いた研究では，抑制中に抑制対象とは異なるネガティブ語またはポジティブ語を考えるという方略を用いた場合に，うつ病群でネガティブ語の抑制が生じたという報告があり（Joormann *et al.*, 2009），直接抑制と間接抑制では抑うつとの関連が異なっている．検索抑制と精神疾患（傾向）の関連に関するメタ分析（Stramaccia *et al.*, 2020）も行われており，健常群では検索抑制は弱めの効果量であったが（SMD = 0.28, 95% *CI* = [0.14, 0.43]），抑うつ傾向群やうつ病群を含む抑うつクラスタでは効果量が非常に小さく（SMD = 0.05, 95% *CI* = [−0.19, 0.29]），抑うつが検索抑制の困難と関わることが示された．さらに抑制方略による調整効果を見てみても，（研究数が少ないため，抑うつクラスタと不安クラスタをまとめた）感情障害クラスタでは，直接抑制と間接抑制の両方で検索抑制による忘却は見られなかった．

　一方で，近年，検索抑制を未来思考に適用した研究（Mamat & Anderson, 2023）によって抑うつが軽減することも明らかにされている．この研究では，

134

第 9 章　抑うつと記憶

まず，参加者に手がかりを与え，そこから将来起こり得るネガティブな出来事やポジティブな出来事を想像してもらった．例えば，「病院」という手がかりから「コロナウイルス感染」というネガティブな想像，「結婚」という手がかりから「妹の結婚」というポジティブな想像を行ってもらった．その後，ネガティブな想像の手がかりが何度か提示され，ネガティブな想像を抑制することを繰り返した．同様に，ポジティブな想像の手がかりが何度か提示され，先ほどのポジティブな想像を再び行うことを繰り返した．このような訓練を 3 日間行った後，ネガティブな想像の抑制を訓練した群はネガティブな想像は思い出しにくくなり，ネガティブな想像の鮮明さも低下した．さらに，ニュートラルな想像の抑制を訓練した統制群と比較して，ネガティブな想像の抑制を訓練した群は，訓練後の抑うつや不安が低く，幸福感が高かった．すなわち，将来に起こり得るネガティブな出来事の想像を繰り返し抑制するという訓練に 3 日間取り組むことで，ネガティブな想像が抑制されるだけでなく，精神的健康が改善することが示唆された．この研究は精神疾患（傾向）群を対象にした研究ではないため，精神疾患の改善にこの手法が有効かどうかは今後の研究によって検討されていくことが期待される．

抑制は不適応的なのか，適応的なのか

　本節で扱った望まない記憶の制御と関連する現象として，望まない思考の抑制である思考抑制（Wegner *et al.*, 1987）が広く知られている．思考抑制研究では，望まない思考を抑制することが逆に抑制対象の侵入を増加させることが示されており，抑うつ傾向群やうつ病群において，ネガティブな記憶や思考の回避や抑制を試みることが，かえってそれらの侵入を増加してしまうととらえられている（Wenzlaff & Wegner, 2000）．このように思考抑制研究からは，望まない思考や記憶の抑制は不適応的な対処方略だと見なされている．この事実は，これまで述べてきた記憶の制御研究の知見と必ずしも一致していない．果たして望まない思考や記憶を抑制するという行為は適応的なのだろうか，それとも不適応的なのだろうか．

　思考の抑制に伴う抑制対象の増加として二つの効果がある．それは，思考の抑制中に生じる抑制対象の侵入である即時増強効果（immediate enhancement

135

第 III 部　抑うつに関連した問題

effect）と，思考の抑制後（自由な内容を考えてよい段階）に抑制対象を考えやすいというリバウンド効果（rebound effect）である．この二つの効果から，望まない思考の抑制は不適応だととらえられている．しかし，思考抑制のメタ分析（Wang *et al.*, 2020 など）によって，この二つの効果が常に生じるものではないことが明らかにされている．二つのメタ分析に基づけば，思考抑制に伴う即時増強効果は生じず，むしろ，抑制中は抑制対象に関する思考が減少するという抑制の成功が見られることがわかっている（$d = -1.10$, 95% $CI = [-1.53, -0.67]$：Wang *et al.*, 2020）．一方で，リバウンド効果は，効果量は小さいものの，抑制に伴って生じる効果であることが明らかにされている（$d = 0.19$, 95% $CI = [0.02, 0.19]$：Wang *et al.*, 2020）．また，思考抑制と（うつ病や不安症などを含む）精神疾患との関連を調べたメタ分析（Magee *et al.*, 2012）においても，精神疾患群と非精神疾患群の間に二つの効果の大きさにほとんど差がないことも示されている．これらの知見に基づけば，思考の抑制は，抑制中に限っては適応であるものの，抑制後に抑制対象の思考を増加させるという点では不適応的だと解釈できる．

　これまで述べたように，記憶の制御研究に従えば，望まない記憶の抑制は抑制対象の忘却を導く．特に検索抑制は望まない記憶を意図的に思い出さないようにするという抑制手法であり，望まない思考の意図的抑制である思考抑制と非常に類似している．類似点が多い両者であるが，その間に存在するいくつかの違いが抑制によって生じる結果の違いを生んでいる可能性はある（Levy & Anderson, 2008）．例えば，思考抑制では，「抑制対象を数分間，抑制し続けること」が目標であるが，検索抑制では「抑制対象の手がかりに直面した後に思い出さないこと」が目標であり，思考抑制と検索抑制では目標が異なっている．このような相違点だけでなく，望まない思考や記憶の制御能力に関する自己評価の高さが思考や検索の抑制量と正に相関するという点（Catarino *et al.*, 2015；服部他，2023 など）は思考抑制と検索抑制で共通している．望まない思考や記憶に対する抑制が不適応的方略なのか適応的方略なのかの議論（Mihailova & Jobson, 2018; Wismeijer, 2012）の答えは現時点では明確ではない．この答えを得るためには，検索抑制が精神的健康の改善につながるという研究（Mamat & Anderson, 2023）を踏まえながら，両者をつなげるさらなる研究の蓄積が必要で

あろう.

4 抑うつに対する記憶面からの心理社会的支援

抑うつに対する記憶面に焦点を当てた心理社会的支援として, いくつかのアプローチが提案され, その効果が検証されている (Dalgleish & Hitchcock, 2023). その中から, ネガティブな自伝的記憶の修正を目指したアプローチ, 自伝的記憶や未来思考の具体性の向上を目指したアプローチを紹介する.

ネガティブ記憶の修正を目指したアプローチ

ネガティブ記憶の修正を試みるというアプローチとして, imagery rescripting (IR) がある (Arntz, 2012). IR は, ネガティブな心的イメージを, より適応的なイメージ (多くの場合はポジティブな心的イメージ) にとらえ直そうと試みる手法である. IR の背景には, 修正対象であるネガティブな心的イメージと関連するポジティブな心的イメージを反復して思い出すことで, ネガティブな心的イメージが抑制されるという想定がある (Brewin *et al.*, 2009). この想定は検索誘導性忘却のメカニズムをもとにしている. うつ病群を対象に平均8回程度のセッションで IR を適用した研究によって, うつ病の程度を反映する BDI 得点や反すう傾向が IR の前後で低下することが示されている (Brewin *et al.*, 2009). さらに, この低下は12カ月後のフォローアップ時点でも維持されていた. ランダム化比較試験を用いたうつ病群に対する介入研究によって, (自助版の) IR が抑うつを軽減することも明らかにされている (Morina *et al.*, 2017). 加えて, 認知的再構成法と比較して IR は, 抑うつの低減効果が大きいことや侵入記憶の低減がより持続することも示されている (Ma & Lo, 2022). このように, IR はトラウマ記憶の侵入と関わる心的外傷後ストレス障害 (PTSD) などに用いられることが多いが, 抑うつに対しても有効である.

記憶や未来思考の具体性の向上を目指したアプローチ

前述したように, 抑うつでは自伝的記憶の具体性の減少が問題となるため, 自伝的記憶の具体性の向上を目的とした MeST (Memory Specificity Training)

第 III 部　抑うつに関連した問題

が開発されている（Raes *et al.*, 2009）．MeST は，うつ病に関わる記憶機能についての心理教育や具体的な記憶の想起訓練などから構成されるプログラムである．MeST の効果を調べたメタ分析（Barry *et al.*, 2019）によって，統制群と比較して MeST の介入群は，介入後時点では自伝的記憶の具体性の向上が見られ，その効果量は大きいこと（$d = 1.08$, 95% $CI = [0.45, 1.71]$）が示されている．また，統制群と比較して介入群では，抑うつの減少も見られている（$d = -0.29$, 95% $CI = [-0.48, -0.10]$）．ただし，統制群を特に待機リストなどの課題を行わない受動的統制群と，介入とは別の何らかの課題を行う能動的統制群に分けて，それらの群と介入群とを比較した場合，介入群と受動的統制群の間で抑うつの減少量に差は見られたが，介入群と能動的統制群の間で抑うつの減少量に差は見られなかった．また，フォローアップ時点で介入群と統制群の間の自伝的記憶の具体性の差は，効果量は大きいものの有意ではなかった（$d = 0.98$, 95% $CI = [-0.12, 2.07]$）．この結果は研究間の異質性（heterogeneity）が高かったことに起因すると考えられる．また，抑うつ減少量に関しても介入群と統制群の差は有意ではなかった（$d = -0.17$, 95% $CI = [-0.42, 0.08]$）．このように，MeST では自伝的記憶の具体性の向上効果がある程度一貫して示されている一方で，抑うつの減少に関しては，介入後時点で能動的統制群と差がないことやフォローアップ時点まで効果が持続していないことから，効果は限定的だと考えられる．MeST は臨床で導入しやすい簡便な介入手法である一方で，その効果は短期的であるため（Barry *et al.*, 2021a），より長期的な効果を持つような改良が今後期待される．また，具体的な記憶と概括化した記憶を柔軟に切り替えるという記憶の柔軟性の向上を意図した MemFlex（Memory Flexibility Training）（Hitchcock *et al.*, 2016）のような新たな介入手法の土台となるという点でも，MeST は重要な役割を持つと考えられる．

　自伝的記憶だけでなく，未来思考の具体性を向上するアプローチも提案されている．特定の出来事の想像を繰り返すことで想像した出来事の発生可能性（plausibility），想像の容易性，詳細さなどが高まるため（Szpunar & Schacter, 2013），抑うつ傾向群やうつ病群においても，未来の出来事を繰り返し想像することで未来思考の具体性などが向上する可能性がある．このような背景から，MeST の未来思考版として Future Specificity Training（FeST）が開発された

（Hallford *et al.*, 2020b）．FeST は未来の出来事の想像の具体性を高めることを目指し，未来思考に関する心理教育とホームワークから構成されている．健常者を対象に FeST の効果が検証されており，待機リスト群と比較して FeST の介入群は，フォローアップ時点で未来思考の具体性や予期喜びなどが高いことが明らかにされている（Hallford *et al.*, 2020b）．抑うつに伴って想像時の予期喜びは低下するが（Hallford *et al.*, 2020a），予期喜びの高さは想像した出来事の実行意図の高さと関わるため（Hallford *et al.*, 2022a），予期喜びの向上は特定の行動の意図を高める上で重要な要因となる．FeST の効果は，うつ病患者を対象としたランダム化比較試験によっても検証されている（Hallford *et al.*, 2023）．統制群と比較して，介入群は未来思考の具体性などの様々な要素が向上することが示された．さらに，3 カ月後のフォローアップ時点で，統制群よりも介入群のほうがアンヘドニア（興味や喜びの消失）はより軽減していた．アンヘドニアの軽減は，想像した出来事の実行が容易であるという制御感（perceived control）の向上が媒介していることが示されている．また，3 カ月後のフォローアップ時点において，うつ病の診断基準を満たした参加者が統制群では 54 人中 35 人であったのに対し，介入群では 37 人中 14 人であり，この群間差に統計的に差が見られていた．このように，FeST はうつ病の改善に有効な介入法の一つだと考えられ，効果検証研究のさらなる充実が今後期待される．

5　まとめと今後の展望

　本章では，抑うつと記憶の関連について紹介した．自伝的記憶では，感情バイアス，望まない記憶の侵入，記憶の具体性の減少が抑うつと関連することを紹介した．エピソード的未来思考に関しては未来思考の具体性の低下やポジティブな予期感情の低さと抑うつが関連することについて述べた．続いて，指示忘却，検索誘導性忘却，検索抑制といった記憶の制御との抑うつの関連を紹介した．そして，記憶面からの抑うつへの心理社会的支援として，ネガティブ記憶の修正を目指す IR，記憶や未来思考の具体性の向上を目指す MeST と FeST を紹介した．

　このように，抑うつの維持や困難化に記憶が関わることが示されてきた．こ

第 III 部　抑うつに関連した問題

のような記憶と抑うつの関係については，その関連性の再現性や信頼性につい
ても注意を向ける必要がある．例えば，感情刺激に対する抑制を測定すると想
定されているネガティブ感情プライミングは，抑うつと感情情報の抑制の関連
研究で広く用いられてきた課題である．しかしながら，ネガティブ感情プライ
ミングの信頼性と抑うつとの関連を検証した研究（Quigley *et al.*, 2023）によって，
ネガティブ感情プライミングは内的一貫性や再検査信頼性が低く，かつ，抑う
つの程度とも関連しないことが示されている．抑うつと記憶の関連についても，
その現象を測定する課題の信頼性が十分に検証されているのか，抑うつにおけ
る記憶の特徴や問題，その改善が後続の研究によって再現できているかなどに
留意すべきであろう．これらの点を踏まえつつ，今後の研究の進展によって，
本章で紹介した様々な知見を土台にした，抑うつの低減やうつ病の予防を目的
とした記憶に焦点を当てたアプローチがより一層充実することを期待したい．

引用文献

Addis, D. R., Hach, S., & Tippett, L. J. (2016). Do strategic processes contribute to the specificity of future simulation in depression? *British Journal of Clinical Psychology, 55,* 167-186.

Anderson, M. C. (2020). Incidental forgetting. In A. Baddeley, W. M. Eysenck, & M. C. Anderson (Eds.), *Memory (3rd ed.)* (pp. 278-313). Routledge.

Anderson, M. C., Bjork, R. A., & Bjork, E. L. (1994). Remembering can cause forgetting: Retrieval dynamics in long-term memory. *Journal of Experimental Psychology: Learning, Memory, and Cognition, 20,* 1063-1087.

Anderson, M. C., & Green, C. (2001). Suppressing unwanted memories by executive control. *Nature, 410,* 366-369.

Anderson, M. C., & Hulbert, J. C. (2020). Active forgetting: Adaptation of memory by prefrontal control. *Annual Review of Psychology, 72,* 1-36.

Arntz, A. (2012). Imagery rescripting as a therapeutic technique: Review of clinical trials, basic studies, and research agenda. *Journal of Experimental Psychopathology, 3,* 189-208.

Atance, C. M., & O'Neill, D. K. (2001). Episodic future thinking. *Trends in Cognitive Sciences, 5,* 533-539.

Barry, T. J., Hallford, D. J., Hitchcock, C., Takano, K., & Raes, F. (2021a). The current state of Memory Specificity Training (MeST) for emotional disorders. *Current Opinion in Psychology, 41,* 28-33.

Barry, T. J., Hallford, D. J., & Takano, K. (2021b). Autobiographical memory impairments as a transdiagnostic feature of mental illness: A meta-analytic review of investigations into autobiographical memory specificity and overgenerality among people with psychiatric

第9章 抑うつと記憶

diagnoses. *Psychological Bulletin, 147,* 1054-1074.

Barry, T. J., Sze, W. Y., & Raes, F. (2019). A meta-analysis and systematic review of Memory Specificity Training (MeST) in the treatment of emotional disorders. *Behaviour Research and Therapy, 116,* 36-51.

Basden, B., & Basden, D. (1996). Directed forgetting: Further comparisons of the item and list methods. *Memory, 4,* 633-654.

Beck, A. T. (1974). The development of depression: A cognitive model. In R. J. Friedman, & M. M. Kartz (Eds.), *The psychology of depression: Contemporary theory and research* (pp. 3-27). John Wiley & Sons.

Benoit, R. G., & Anderson, M. C. (2012). Opposing mechanisms support the voluntary forgetting of unwanted memories. *Neuron, 76,* 450-460.

Benoit, R. G., & Schacter, D. L. (2015). Specifying the core network supporting episodic simulation and episodic memory by activation likelihood estimation. *Neuropsychologia, 75,* 450-457.

Bower, G. H. (1981). Mood and memory. *American Psychologist, 36,* 129-148.

Brewin, C. R., Reynolds, M., & Tata, P. (1999). Autobiographical memory processes and the course of depression. *Journal of Abnormal Psychology, 108,* 511-517.

Brewin, C. R. *et al.* (2009). Imagery rescripting as a brief stand-alone treatment for depressed patients with intrusive memories. *Behaviour Research and Therapy, 47,* 569-576.

Catarino, A., Kupper, C., Werner-Seidler, A., Dalgleish, T., & Anderson, M. (2015). Failing to forget: Inhibitory-control deficits compromise memory suppression in posttraumatic stress disorder. *Psychological Science, 26,* 604-616.

Conway, M. A., & Pleydell-Pearce, C. W. (2000). The construction of autobiographical memories in the self-memory system. *Psychological Review, 107,* 261-288.

Corenblum, B., & Goernert, P. N. (2023). Directed forgetting of emotionally toned items and mental health: A meta-analytic review. *Memory, 31,* 1-30.

Dalgleish, T., & Hitchcock, C. (2023). Transdiagnostic distortions in autobiographical memory recollection. *Nature Reviews Psychology, 2,* 166-182.

Everaert, J., Vrijsen, J. N., Martin-Willett, R., Kraats, L. van de, & Joormann, J. (2022). A meta-analytic review of the relationship between explicit memory bias and depression: Depression features an explicit memory bias that persists beyond a depressive episode. *Psychological Bulletin, 148,* 435-463.

Fawcett, J. M. *et al.* (2015). The origins of repetitive thought in rumination: Separating cognitive style from deficits in inhibitory control over memory. *Journal of Behavior Therapy and Experimental Psychiatry, 47,* 1-8.

Gamble, B., Moreau, D., Tippett, L. J., & Addis, D. R. (2019). Specificity of future thinking in depression: A meta-analysis. *Perspectives on Psychological Science, 14,* 816-834.

Groome, D., & Sterkaj, F. (2010). Retrieval-induced forgetting and clinical depression. *Cognition & Emotion, 24,* 63-70.

Hall, K. J., Fawcett, E. J., Hourihan, K. L., & Fawcett, J. M. (2021). Emotional memories are (usually) harder to forget: A meta-analysis of the item-method directed forgetting litera-

141

第 III 部　抑うつに関連した問題

ture. *Psychonomic Bulletin & Review, 28*, 1-14.

Hallford, D. J., Austin, D. W., Takano, K., & Raes, F. (2018). Psychopathology and episodic future thinking: A systematic review and meta-analysis of specificity and episodic detail. *Behaviour Research and Therapy, 102*, 42-51.

Hallford, D. J. et al. (2020a). Impairments in episodic future thinking for positive events and anticipatory pleasure in major depression. *Journal of Affective Disorders, 260*, 536-543.

Hallford, D. J., Farrell, H., & Lynch, E. (2022a). Increasing anticipated and anticipatory pleasure through episodic thinking. *Emotion, 22*, 690-700.

Hallford, D. J., Rusanov, D., Yeow, J. J. E., & Barry, T. J. (2021). Overgeneral and specific autobiographical memory predict the course of depression: An updated meta-analysis. *Psychological Medicine, 51*, 909-926.

Hallford, D. J. et al. (2023). Reducing anhedonia in major depressive disorder with Future Event Specificity Training (FEST): A randomized controlled trial. *Cognitive Therapy and Research, 47*, 20-37.

Hallford, D. J., Rusanov, D., Yeow, J. J. E., & Barry, T. J. (2022b). Reduced specificity and increased overgenerality of autobiographical memory persist as cognitive vulnerabilities in remitted major depression: A meta‐analysis. *Clinical Psychology & Psychotherapy, 29*, 1515-1529.

Hallford, D. J. et al. (2020b). Changing the future: An initial test of Future Specificity Training (FeST). *Behaviour Research and Therapy, 131*, 103638. doi: 10.1016/j.brat.2020.103638

Harris, C. B., Sharman, S. J., Barnier, A. J., & Moulds, M. L. (2010). Mood and retrieval‐induced forgetting of positive and negative autobiographical memories. *Applied Cognitive Psychology, 24*, 399-413.

服部陽介・小林正法・松本昇・川口潤 (2023). マインドワンダリングに関する暗黙理論尺度日本語版の作成とその信頼性・妥当性の検討　心理学研究, *94*, 423-433.

Hitchcock, C. et al. (2016). The effects of autobiographical Memory Flexibility (MemFlex) training: An uncontrolled trial in individuals in remission from depression. *Journal of Behavior Therapy and Experimental Psychiatry, 52*, 92-98.

Joormann, J., Hertel, P. T., LeMoult, J., & Gotlib, I. H. (2009). Training forgetting of negative material in depression. *Journal of Abnormal Psychology, 118*, 34.

Joormann, J., Siemer, M., & Gotlib, I. H. (2007). Mood regulation in depression: Differential effects of distraction and recall of happy memories on sad mood. *Journal of Abnormal Psychology, 116*, 484.

Josephson, B. R. (1996). Mood regulation and memory: Repairing sad moods with happy memories. *Cognition and Emotion, 10*, 437-444.

Kobayashi, M., & Tanno, Y. (2015). Remembering episodic memories is not necessary for forgetting of negative words: Semantic retrieval can cause forgetting of negative words. *Psychonomic Bulletin & Review, 22*, 766-771.

Kuehl, L. K. et al. (2017). Effects of cortisol on the memory bias for emotional words? A study in patients with depression and healthy participants using the directed forgetting task. *Journal of Psychiatric Research, 92*, 191-198.

第 9 章　抑うつと記憶

Kuyken, W., & Brewin, C. R. (1994). Intrusive memories of childhood abuse during depressive episodes. *Behaviour Research and Therapy, 32*, 525-528.

Levy, B. J., & Anderson, M. C. (2008). Individual differences in the suppression of unwanted memories: The executive deficit hypothesis. *Acta Psychologica, 127*, 623-635.

Ma, O. Y. T., & Lo, B. C. Y. (2022). Is it magic? An exploratory randomized controlled trial comparing imagery rescripting and cognitive restructuring in the treatment of depression. *Journal of Behavior Therapy and Experimental Psychiatry, 75*, 101721.

MacLeod, A. K., Tata, P., Kentish, J., & Jacobsen, H. (1997). Retrospective and prospective cognitions in anxiety and depression. *Cognition and Emotion, 11*, 467-479.

Magee, J. C., Harden, K. P., & Teachman, B. A. (2012). Psychopathology and thought suppression: A quantitative review. *Clinical Psychology Review, 32*, 189-201.

Mamat, Z., & Anderson, M. C. (2023). Improving mental health by training the suppression of unwanted thoughts. *Science Advances, 9*. doi: 10.1126/sciadv.adh5292

松本昇・望月聡 (2018). 抑うつと自伝的記憶の概括化　心理学評論, *55*, 459-483.

Mihailova, S., & Jobson, L. (2018). Association between intrusive negative autobiographical memories and depression: A meta‐analytic investigation. *Clinical Psychology & Psychotherapy, 25*, 509-524.

Morina, N., Lancee, J., & Arntz, A. (2017). Imagery rescripting as a clinical intervention for aversive memories: A meta-analysis. *Journal of Behavior Therapy and Experimental Psychiatry, 55*, 6-15.

Moulds, M. L., & Kandris, E. (2006). The effect of practice on recall of negative material in dysphoria. *Journal of Affective Disorders, 91*, 269-272.

Newby, J. M., & Moulds, M. L. (2010). Negative intrusive memories in depression: The role of maladaptive appraisals and safety behaviours. *Journal of Affective Disorders, 126*, 147-154.

Newby, J. M., & Moulds, M. L. (2011). Characteristics of intrusive memories in a community sample of depressed, recovered depressed and never-depressed individuals. *Behaviour Research and Therapy, 49*(4), 234-243.

西山慧・齊藤智 (2022). 検索の意図的な制止による能動的忘却：Think/No-Think パラダイム の 20 年　認知心理学研究, *20*, 21-41.

Pevie, N. W., Baldwin, M. M., Fawcett, E. J., Lahey, C. A., & Fawcett, J. M. (2023). Item-method directed forgetting is (usually) impaired in clinical populations: A meta-analysis. *Canadian Journal of Experimental Psychology, 77*, 271-283.

Quigley, L., Dobson, K. S., Russell, K., & Sears, C. R. (2023). Negative affective priming: Reliability and associations with depression symptoms in three samples. *Behavior Research Methods*. doi: 10.3758/s13428-023-02248-5

Raes, F., Williams, J. M. G., & Hermans, D. (2009). Reducing cognitive vulnerability to depression: A preliminary investigation of Memory Specificity Training (MEST) in inpatients with depressive symptomatology. *Journal of Behavior Therapy and Experimental Psychiatry, 40*, 24-38.

Roepke, A. M., & Seligman, M. E. P. (2016). Depression and prospection. *British Journal of*

143

第 III 部　抑うつに関連した問題

Clinical Psychology, 55, 23-48.

Schacter, D. L., & Addis, D. R. (2007). On the constructive episodic simulation of past and future events. *Behavioral and Brain Sciences, 30*(3), 331-332.

Storm, B. C., & Jobe, T. A. (2012). Retrieval-induced forgetting predicts failure to recall negative autobiographical memories. *Psychological Science, 23*, 1356-1363.

Stramaccia, D. F., Meyer, A.-K., Rischer, K. M., Fawcett, J. M., & Benoit, R. G. (2020). Memory suppression and its deficiency in psychological disorders: A focused meta-analysis. *Journal of Experimental Psychology: General, 150*, 828-850.

Sumner, J. A., Griffith, J. W., & Mineka, S. (2010). Overgeneral autobiographical memory as a predictor of the course of depression: A meta-analysis. *Behaviour Research and Therapy, 48*, 614-625.

Szpunar, K. K., & Schacter, D. L. (2013). Get real: Effects of repeated simulation and emotion on the perceived plausibility of future experiences. *Journal of Experimental Psychology: General, 142*, 323-327.

Teasdale, J. D. (1988). Cognitive vulnerability to persistent depression. *Cognition and Emotion, 2*, 247-274.

Tulving, E. (2002). Episodic memory: From mind to brain. *Annual Review of Psychology, 53*, 1-25.

Wang, D. (Adam), Hagger, M. S., & Chatzisarantis, N. L. D. (2020). Ironic effects of thought suppression: A meta-analysis. *Perspectives on Psychological Science, 15*, 778-793.

Wegner, D. M., Schneider, D. J., Carter, S. R., & White, T. L. (1987). Paradoxical effects of thought suppression. *Journal of Personality and Social Psychology, 53*, 5.

Wenzlaff, R. M., & Wegner, D. M. (2000). Thought suppression. *Annual Review of Psychology, 51*, 59-91.

Weßlau, C., & Steil, R. (2014). Visual mental imagery in psychopathology: Implications for the maintenance and treatment of depression. *Clinical Psychology Review, 34*, 273-281.

Williams, A. D., & Moulds, M. L. (2007). An investigation of the cognitive and experiential features of intrusive memories in depression. *Memory, 15*, 912-920.

Williams, J. M. G. *et al.* (2007). Autobiographical memory specificity and emotional disorder. *Psychological Bulletin, 133*, 122-148.

Wismeijer, A. A. J. (2012). Dimensionality analysis of the thought suppression inventory: Combining EFA, MSA, and CFA. *Journal of Psychopathology and Behavioral Assessment, 34*, 116-125.

Zhang, D., Xie, H., Liu, Y., & Luo, Y. (2016). Neural correlates underlying impaired memory facilitation and suppression of negative material in depression. *Scientific Reports, 6*, 37556.

第10章 ● 注意機能と抑うつの関係

西口雄基

1 非機能的認知と認知バイアス

人が日々の生活で体験する出来事はたいてい完全に白か黒かに分類できるものではなく、ネガティブな側面とポジティブな側面どちらも含まれているものである。そのようにものごとや体験にネガティブな側面とポジティブな側面の両方があった場合にもネガティブな側面ばかりに注目し、ポジティブな側面を無視してしまうのが、うつ病においてしばしば見られる選択的抽出という偏った認知である。このような認知は、結果的にネガティブなことばかりを考えることにつながり、うつ病を悪化させたり持続させたりしてしまうと考えられ、しばしば認知の歪みと呼ばれてきた。近年ではこのような認知を、認知の「歪み (distortion)」ではなく、「非機能的 (dysfunctional)」認知と呼ぶことが、より適切であると考えられるようになってきているように思われる。他にも、ごくわずかな失敗体験を様々なものごとに一般化し、「私は何をやっても失敗する」などと思い込んでしまうような過度な一般化など、非機能的認知には様々な種類があるとされている。

このような非機能的認知の他、認知心理学で使われる「認知」の意味に近い認知の偏りである抑うつ的認知バイアスも注目されてきた。認知バイアスには、ネガティブな情報に偏った注意を向けてしまう注意バイアス、ネガティブな記憶が覚えやすかったり思い出しやすかったりする記憶バイアス、中立な文章などをネガティブに解釈してしまう解釈バイアスなど、どのような認知の領域で偏った処理が見られるかによって様々な種類がある。特に、1980年代以降の研究では、認知心理学の手法、すなわち心理実験を用いてうつ病の患者や抑うつ傾向の高い個人の認知機能についての研究が行われるようになり、それによ

第 III 部　抑うつに関連した問題

って認知バイアスや抑うつが生じるメカニズムを解明しようという試みがなされてきた.

　本章では以下のような流れで，筆者が行ってきた研究を軸にしながら，抑うつと関わる注意機能の研究がどのように進められてきたかを解説する．まず，抑うつ的注意バイアスに関する認知心理学的研究について解説を行う．次に，そうした研究の成果を応用した注意への介入法の研究を紹介し，現時点で行われている介入法への批判や将来の展望を紹介する．最後に，このような研究の中ではこれまであまり行われてきていなかった，実行注意と抑うつの関係に関する研究についても紹介する．基本的には抑うつと注意に関する研究を中心に取り上げるが，こうした研究は不安における注意バイアスの研究と相補的に進められてきた部分もあるため，必要に応じて不安に関する研究の紹介も行う.

2　抑うつと注意バイアス

抑うつと注意バイアス

　注意とは，人の内外の情報の一部について，それ以外の情報よりも処理を促進するような認知機能である．ベック（Beck, A.T.）は，抑うつ的認知の中にはネガティブな情報に対する偏った注意が含まれるだろうということを想定していた（Beck, 1976）．まさしく注意バイアスの存在を想定したものであるが，その時点ではそれについての実証的な実験研究が行われていたわけではなかった.

　その後行われるようになった実証的な注意バイアス研究で，主流として使われるようになってきたのが空間的注意課題である．空間的注意とは，空間のある位置に注意を向け，優先的に処理する機能である．心理実験では提示された画面上のどの部分，もしくは範囲に注意が向けられているか，ということを意味する場合が多い．空間的注意を観察するための課題は様々なものがあるが，抑うつに関する研究では，MacLeod *et al.*（1986）が不安と注意の関係について研究することを主な目的として最初に使用した，ドットプローブ課題が最も広く用いられていると言えるだろう.

　空間的注意課題についてのイメージをつかんでもらうため，典型的なドットプローブ課題の例を示す（図10-1）．まず，画面上に十字の注視点が表示され，

146

第10章　注意機能と抑うつの関係

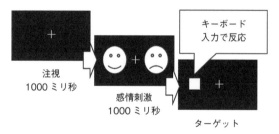

図10-1　典型的なドットプローブ課題の試行の例

　しばらくすると注視点の左右に感情刺激が表示される．この感情刺激は片方がポジティブ刺激で片方がネガティブ刺激だったり，両方とも中立刺激だったり，試行によってランダムに組み合わせが変わる．その後，しばらくすると感情刺激が消え，代わりに，先ほど感情刺激が提示されていたどちらかの場所にターゲットが表示される．参加者はこのターゲットの位置をキーボードの入力によって回答する．この時，ターゲットが提示されてから回答までにかかった反応時間や反応の正誤が記録される．この課題では，ネガティブ刺激と同じ場所にターゲットが出てきた試行の反応時間を，ネガティブ刺激と別の場所にターゲットが出てきた試行の反応時間から引いた際の差分（バイアス得点と呼ばれる）の大きさによって，ネガティブ刺激にどれだけ注意が向けられていたかを観察できると考える．ネガティブ刺激に注意が向けられていれば，同じ場所にターゲットが出てきた時には反応が早くなり，別の刺激の場所にターゲットが出てきてしまうと注意を向け直さなければならないため反応が遅れる，と考えられるためである．ドットプローブ課題以外の空間的注意課題も，たいていはこのようにネガティブ刺激が提示された際の反応時間とそれ以外の刺激が提示された際の反応時間について，差分をとったり比較したりすることで注意バイアスの観察を試みている．

　ドットプローブ課題は抑うつ的注意バイアスを計測するのに最も基本的な空間的注意課題として広く用いられてきている．Peckham et al. (2010) でも，この課題を使用した研究についてメタ分析を行ったところ，抑うつ的注意バイアスについて中程度の効果量が示されている．ドットプローブ課題はシンプルな課題なので改変がしやすく，刺激を文字刺激や風景の刺激などに変えたりす

第 III 部　抑うつに関連した問題

ることで注意バイアスの生じる条件やメカニズムの研究に広く用いられてきた.
後述する注意課題を用いた介入法についても,このドットプローブ課題を改変
したものが原型になっている.

注意バイアス研究と臨床のつながり

　これらの抑うつ的注意バイアス研究によって,抑うつについてのどのような
ことがわかるのだろうか.Koster *et al.* (2011) のモデルでは,ネガティブなこ
とについて繰り返し考えてしまう抑うつ的反すうの原因として,注意バイアス
が主要な役割を果たしていると考えられている.ネガティブな出来事を体験し
たりネガティブな思考が生じたりした時に,一度それに注意を向けてしまうと
注意を引き離せなくなってしまうため,繰り返しネガティブなことを考え,そ
れがさらなる抑うつの重症化や長期化につながってしまうという説である.実
際に,縦断的な研究により,認知課題で計測された注意バイアスが抑うつやネ
ガティブ感情を予測することが示された例もある (Beevers & Carver, 2003).コ
ンピュータで行う空間的注意課題で計測されるような注意バイアスと,抑うつ
状態におけるネガティブなものの見方やとらえ方の間には一見大きなギャップ
があるようだが,実は相互に関連していると考えられる.また,こうした知見
は,後述するように,注意バイアスを減らす介入法を開発すれば抑うつを治
療・予防することができるのではないかという発想にもつながっている.

抑うつ的注意バイアス研究の問題点と今後の展望

　しかしながら,注意バイアスの研究にはいくつか問題点がある.特に,幅広
く使われているドットプローブ課題を用いた研究については,様々な批判があ
る.ここではそれらの問題点について説明する.

　まず,ドットプローブ課題に関しては,非常にシンプルな課題であるために,
注意のどのようなプロセスで注意バイアスが生じているのか詳細に調べること
が難しいという問題点がある.こうした問題点を解決するために,ドットプロ
ーブ課題以外の様々な空間的注意課題が用いられるようになった.例えば,コ
スター (Koster, E. H. W.) らは,ポズナー (Posner, M. I.) の外発的手がかり課題
に感情刺激を導入した認知課題を用いた.この課題では空間的注意の中でも刺

激に注意を向ける捕捉（engagement）というプロセスと，注意を向けた場所から注意を引き離す解放（disengagement）と呼ばれるプロセスを個別の指標で観測することができる．この課題を用いたことにより，抑うつ的な注意バイアスにおいてはネガティブ刺激から注意の解放の過程で問題が生じている可能性を示すことができた（Koster *et al.*, 2005）．また，筆者が抑うつ的注意バイアス研究に導入した digit-parity 課題では，画面中央に感情刺激を示し，ターゲットを感情刺激から近い場所に提示したり遠い場所に提示したりすることで，どれくらいの範囲に注意が向けられているかを観察できるが，これもドットプローブ課題では測れない部分を測定するための課題である（Nishiguchi & Tanno, 2023）．このように，ドットプローブ課題の不十分な点を他の様々な注意課題を用いることでカバーするような研究は，現在でも数多く行われている．

次に，ドットプローブ課題の信頼性がしばしば疑われていることも問題点として挙げられる（Schmukle, 2005）．内的一貫性や再検査信頼性，基準関連妥当性などが低いという結果が提出されているのである．ドットプローブ課題を改良した空間的注意課題を開発する研究（Grafton *et al.*, 2021）や，解析法を変えることで信頼性を高める試み（Nishiguchi *et al.*, 2019 など）も行われている．後者の方法では，drift diffusion model や linear ballistic accumulator と呼ばれる計算論的モデリング法を用いることで，認知課題の試行における反応時間と正誤からなるデータを，いくつかの情報処理プロセスに分けて分析することができる．このような方法を用いれば，これまでに行われてきた研究についても再解析と再検討が可能になる．心理学においても再現性の問題について非常に注目が高まっている今，信頼性の高い方法を用いたり以前の研究について再検討することはとても重要である．今後の研究ではこのような方法が積極的に用いられることが期待される．

最後に，実は抑うつ的注意バイアスが生じる原因については様々な議論があるものの，研究者の間で共有された統一的な見解はまだ得られていない．注意バイアス研究で得られた知見を効果的な臨床実践につなげていくためにも，より精緻なモデルを作って実証を進め，研究者間の共通理解を作っていくことが必要ではないだろうか．

第 III 部　抑うつに関連した問題

3　認知バイアス修正法──認知バイアス研究を実践につなぐ

認知バイアス修正法

　これまで扱ってきた抑うつ的認知バイアスは，注意課題であるドットプローブ課題などの認知課題を用いて計測されてきた．これらの認知課題を改変することで，認知バイアスを計測するだけでなく，変化させることもできないだろうか．このような発想で作られた認知トレーニングが，認知バイアス修正法（cognitive bias modification：CBM）である．注意バイアスに対する CBM の萌芽的な研究としては，MacLeod *et al.*（2002）が挙げられる．この研究では，参加者に特殊なドットプローブ課題を実施した．まず，脅威顔（ネガティブ刺激）と中立顔（中立刺激）が対になって提示される．その後，これらの顔が消えてターゲットが現れるのだが，この特殊なドットプローブ課題では，必ず中立顔が表示されていた場所にターゲットが現れる（普通，このようなドットプローブ課題であれば，脅威顔と中立顔の表示されていた場所のどちらかに半々の確率でターゲットが表示される：図 10-2）．こうした試行を繰り返すことで，参加者は次第に脅威顔より中立顔のほうに注意を向けるようになっていくことが期待される．実際にこの研究では，このトレーニングによって脅威顔への注意バイアスが低減し，ストレスに対する反応も低下することが示された．CBM の中でも，このように注意課題を用いて注意バイアスを修正する方法を特に注意バイアス修正法（attention bias modification：ABM）という．

　MacLeod *et al.*（2002）の先行研究を下敷きにした ABM 研究が盛んに行われ（Amir *et al.*, 2008 他），ABM によってネガティブな刺激への注意バイアスが低減するだけではなく，ストレス反応性や不安などを低下させることもできることが知られるようになった．ドットプローブ課題と同様 ABM のトレーニング課題も様々なバリエーションが作られ，抑うつや不安に対する効果が検証されてきている．例えば，Nishiguchi *et al.*（2015）では，明示的教示という方法をトレーニング課題に導入することで ABM の注意バイアス修正効果を高められることを示した．実は，通常の ABM では参加者に対して「ネガティブな刺激が出てきたら必ずそれとは別の場所にターゲットが現れる」ことは説明しな

150

第10章 注意機能と抑うつの関係

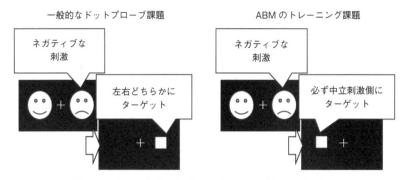

図10-2 典型的なドットプローブ課題とABMの課題の違い

い．これをあえてあらかじめ参加者に明確に説明しておくのが明示的教示である．明示的教示によって注意バイアス修正効果が高まった原因ははっきりとはわかっていないが，筆者の研究グループで行った再分析では，ネガティブ刺激からの注意解放が促進されてネガティブ刺激の処理が抑制されるようになっている可能性が示唆されている（Nishiguchi *et al.*, 2019）．

CBMの有効性と将来の展望

このように，将来的に有効な抑うつや不安の治療法として期待が持たれているABM含むCBMだが，近年ではメタ分析を用いたレビュー論文で，CBMの効果の不安定さを示す結果が提出されるようになってきた．例えば，Cristea *et al.* (2015) はABMなどのCBMの研究についてメタ分析を行い，不安や抑うつに対する治療効果は低いとする結果を示している．実際に，ABM研究では，注意バイアスを低減させる効果が観察されても抑うつや不安への効果は見られないというケースもある．ABMを抑うつや不安を効果的に治療できる方法と見なすことについては，期待はできるものの，今のところはまだ難しいかもしれない．今後の研究では，ABMを即座に臨床応用することを目指すのではなく，認知バイアスが生じる仕組みやABMが認知バイアスに働きかける仕組みなどを精査することによって，どうすれば有効なトレーニングを開発できるのか，メカニズムを検証し直していくことが必要になるのではないか．このようなメカニズム研究の一環としてCBMを用いた研究が行われていくこ

第 III 部　抑うつに関連した問題

とを期待する議論もあり（Grafton *et al.*, 2017），筆者自身も同様の目的で ABM
研究を進めている.

4　抑うつと実行注意

エフォートフル・コントロール

　以上に述べたように，これまでに抑うつと注意バイアスに関する研究が多数
行われ，その注意バイアスを修正するための方法も開発されてきている．しか
し，これまで紹介してきた抑うつと注意に関する研究は，ほとんどがネガティ
ブな情報が現れた時にそこに注意を向けやすいかどうかという現象を対象にし
ている．実は，注意機能は他にも人の認知の様々な部分に関係している．例え
ば，複数の中から今最もやらなければならないことだけに集中したり，今やる
必要はないことを我慢して，やりたくないが今やらなければならないことをや
ったりすることにも注意が関係している．このような場面で働く注意を実行注
意と呼び，実行注意の個人差をエフォートフル・コントロールと呼ぶ．エフォ
ートフル・コントロールが高い人は，注意を制御したり行動を抑制したりする
能力が高いと考えられているため，ものごとに適切な優先順位をつけて処理し，
先延ばしをせずに片づけたりすることが得意だろう．一方でエフォートフル・
コントロールが低い人は，落ち込むことがあった時に気持ちを切り替えたり，
必要な作業だけに集中したりすることが苦手であると考えられる（山形他,
2005）.

　エフォートフル・コントロールの高さは心理的適応と関係があると考えられ,
実際にそのような結果が多数報告されてきている．例えば，成人の抑うつや不
安とエフォートフル・コントロールが負の相関を持つことが示されている（山
形他, 2005）．これは，エフォートフル・コントロールが高い人は注意の切り替
えがうまく，ネガティブな思考から別のことに注意を切り替えられるため，抑
うつ的反すうを抑えられたり，不適切な行動を抑制することで適応的な行動が
とりやすくなったりすることによるものと考えられる．このように，エフォー
トフル・コントロールの低さが抑うつなどの心理的不適応のリスク要因になる,
という因果関係を想定した研究は数多く行われてきている.

第 10 章　注意機能と抑うつの関係

抑うつとエフォートフル・コントロールの関係

　一方で，エフォートフル・コントロールの低さは心理的不適応の原因である
だけではなく，結果かもしれない．つまり，抑うつなどの心理的不適応が高ま
った結果，注意機能が低下してエフォートフル・コントロールの低下が生じる
ということもあり得るかもしれない．認知実験を用いた研究では，抑うつによ
って実行注意が低下することが示されており（Wang *et al.*, 2020），うつ病患者
や寛解後のうつ病患者でストループ課題や実行機能の課題成績が低下すること
も示されている（Paelecke-Habermann *et al.*, 2005）．こうした研究が存在するこ
とから，抑うつが高まることによってエフォートフル・コントロールが低下す
るという関係が存在していてもおかしくない．

　そうだとしたら，それはどのようなメカニズムによるものだろうか．実は，
抑うつが高まると動機づけが低下してしまうことが多くの研究で知られている
（Layne *et al.*, 1982）．特に，Fleischhauer *et al.* (2010) などの研究では，抑うつ
と認知欲求が負の相関を示すことが明らかにされている．認知欲求は認知的努
力を要する活動に従事することへの動機づけである（Cacioppo & Petty, 1982）．
エフォートフル・コントロールには認知的努力を要する注意制御が含まれるこ
とから，認知欲求とエフォートフル・コントロールには関係があることが予測
される．

　そこで筆者は，高い抑うつに伴って認知欲求が低下し，それがエフォートフ
ル・コントロールを低下させるという媒介モデルを仮定した．このモデルを，
1 カ月の間隔を空けた 2 時点の質問紙調査を行って検証したところ，実際に 1
時点めの抑うつが認知欲求の低下につながり，さらに低下した認知欲求がエフ
ォートフル・コントロールも低下させている可能性があることが示された
（Nishiguchi *et al.*, 2016）．前述した通り，エフォートフル・コントロールが高け
れば抑うつ的反すうなどの不適応的な認知を抑制することができるため，抑う
つがこのようなエフォートフル・コントロールの低下を起こすことは，抑うつ
的反すうをする傾向が高まってしまうなど，心理的に不適応な傾向がさらに高
まることにつながってしまうかもしれない．

　筆者はこれについても質問紙調査によって検証した（Nishiguchi *et al.*, 2018）．
調査の結果から，やはり認知欲求の低下によるエフォートフル・コントロール

第III部 抑うつに関連した問題

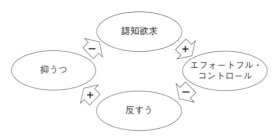

図 10-3　エフォートフル・コントロールと抑うつの関係

の低下が反すう傾向を強めることにつながる可能性が示唆された．これらの研究結果を総合すると，抑うつがエフォートフル・コントロールを低下させ，これがさらに不適応的な認知につながり，さらに抑うつを悪化させるというネガティブなループが生じている可能性が示されたと言える（図10-3）．また，抑うつとエフォートフル・コントロールの関係は一方的ではなく，双方向的であるということを示していると言えるだろう．

実行注意研究の展望と臨床実践への関わり

　これまでの研究では，抑うつが動機づけ（認知欲求）を低下させ，さらにそれがエフォートフル・コントロールを低下させることが不適応的な認知につながることが示されている．抑うつ的注意バイアスを含む認知バイアス研究の中では動機づけはあまり注目されてこなかったが，今後は不適応的な認知を招く鍵となる概念の一つとして，動機づけに注目する必要があるのではないだろうか．何らかの方法で動機づけが低下することを防ぐことができれば，不適応的な認知が生じることも予防できるかもしれない．

　また，抑うつによって動機づけや実行注意が低下してしまうならば，高い動機づけや実行注意が必要になる介入法やトレーニングは抑うつの治療には用いにくいということにもなるかもしれない．前述した通り，ABMを含むCBMはまだ発展途中の介入法ではあるのだが，例えば1日10分未満のトレーニングであっても注意バイアス修正効果は見られている（Nishiguchi *et al.*, 2015）ため，比較的負荷が低い介入法として期待できるかもしれない．

第10章 注意機能と抑うつの関係

5　抑うつと注意機能の研究のこれから

　ここまで見てきたように，抑うつと注意機能に関わる研究は，臨床心理学における抑うつ的注意バイアスに関わるメカニズム研究や実行注意に関する研究など，抑うつの認知モデルと関連づけられながら幅広く行われてきた．特にこの20年ほどは発展が目覚ましく，ABMを用いた介入研究まで行われるようになってきた．一方で，研究の中で見落とされてきた課題が近年しばしば指摘されるようにもなっており，研究成果を効果的に臨床応用するためには，さらに研究が必要であるように思われる．

　今後は，抑うつ的注意バイアスが生じるメカニズムを洗練した方法を用いてさらに精査し，実行注意や注意以外の抑うつ的認知バイアスとの関連などにも視野を広げて研究を進めることで，より有効なトレーニング方法の開発など，臨床的に有意義な成果が得られるのではないだろうか．

引用文献

Amir, N., Weber, G., Beard, C., Bomyea, J., & Taylor, C. T. (2008). The effect of a single-session attention modification program on response to a public-speaking challenge in socially anxious individuals. *Journal of Abnormal Psychology, 117(4)*, 860-868.

Beck, A. T. (1976). *Cognitive therapy and the emotional disorders*. International Universities Press.

Beevers, C. G., & Carver, C. S. (2003). Attentional bias and mood persistence as prospective predictors of dysphoria. *Cognitive Therapy and Research, 27(6)*, 619-637.

Cacioppo, J. T., & Petty, R. E. (1982). The need for cognition. *Journal of Personality and Social Psychology, 42(1)*, 116-131.

Cristea, I. A., Kok, R. N., & Cuijpers, P. (2015). Efficacy of cognitive bias modification interventions in anxiety and depression: Meta-analysis. *British Journal of Psychiatry, 206(1)*, 7-16.

Fleischhauer, M. *et al.* (2010). Same or different? Clarifying the relationship of need for cognition to personality and intelligence. *Personality & Social Psychology Bulletin, 36(1)*, 82-96.

Grafton, B. *et al.* (2017). Confusing procedures with process when appraising the impact of cognitive bias modification on emotional vulnerability †. *British Journal of Psychiatry, 211(5)*, 266-271.

Grafton, B., Teng, S., & MacLeod, C. (2021). Two probes and better than one: Development of a psychometrically reliable variant of the attentional probe task. *Behaviour Research*

155

第 III 部　抑うつに関連した問題

and Therapy, 138, 103805.

Koster, E. H. W., de Lissnyder, E., Derakshan, N., & de Raedt, R. (2011). Understanding depressive rumination from a cognitive science perspective: The impaired disengagement hypothesis. *Clinical Psychology Review, 31*(1), 138-145.

Koster, E. H. W., de Raedt, R., Goeleven, E., Franck, E., & Crombez, G. (2005). Mood-congruent attentional bias in dysphoria: Maintained attention to and impaired disengagement from negative information. *Emotion, 5*(4), 446-455.

Layne, C., Merry, J., Christian, J., & Ginn, P. (1982). Motivational deficit in depression. *Cognitive Therapy and Research, 6*(3), 259-273.

MacLeod, C., Mathews, A., & Tata, P. (1986). Attentional bias in emotional disorders. *Journal of Abnormal Psychology, 95*(1), 15-20.

MacLeod, C., Rutherford, E., Campbell, L., Ebsworthy, G., & Holker, L. (2002). Selective attention and emotional vulnerability: Assessing the causal basis of their association through the experimental manipulation of attentional bias. *Journal of Abnormal Psychology, 111*(1), 107-123.

Nishiguchi, Y., Mori, M., & Tanno, Y. (2018). Need for cognition promotes adaptive style of self-focusing with the mediation of effortful control. *Japanese Psychological Research, 60*(1), 54-61.

Nishiguchi, Y., Sakamoto, J., Kunisato, Y., & Takano, K. (2019). Linear ballistic accumulator modeling of attentional bias modification revealed disturbed evidence accumulation of negative information by explicit instruction. *Frontiers in Psychology, 10*, 2447. doi: 10.3389/fpsyg.2019.02447

Nishiguchi, Y., Takano, K., & Tanno, Y. (2015). Explicitly guided attentional bias modification promotes attentional disengagement from negative stimuli. *Emotion, 15*(6), 731-741.

Nishiguchi, Y., Takano, K., & Tanno, Y. (2016). The need for cognition mediates and moderates the association between depressive symptoms and impaired effortful control. *Psychiatry Research, 241*, 8-13.

Nishiguchi, Y., & Tanno, Y. (2023). Decreased attentional allocation to centrally presented positive stimuli in individuals with depressive symptoms. *Current Psychology, 42*(2), 914-922.

Paelecke-Habermann, Y., Pohl, J., & Leplow, B. (2005). Attention and executive functions in remitted major depression patients. *Journal of Affective Disorders, 89*(1-3), 125-135.

Peckham, A. D., McHugh, R. K., & Otto, M. W. (2010). A meta-analysis of the magnitude of biased attention in depression. *Depression and Anxiety, 27*(12), 1135-1142.

Schmukle, S. C. (2005). Unreliability of the dot probe task. *European Journal of Personality, 19*(7), 595-605.

Wang, H., Mo, C., & Fang, F. (2020). Dissociated deficits in attentional networks in social anxiety and depression. *Science China Life Sciences, 63*(7), 1071-1078.

山形伸二・高橋雄介・繁桝算男・大野裕・木島伸彦 (2005). 成人用エフォートフル・コントロール尺度日本語版の作成とその信頼性・妥当性の検討　パーソナリティ研究, *14*(1), 30-41.

第 11 章 ● 抑うつと自己注目

森　正樹

1　悩むことの二面性

悩むことは悪いことか

うつ病の研究においては長らく，ネガティブな反復思考，すなわち，くよく
よ悩むことがうつに結びつきやすいことを示すエビデンスが蓄積されてきた．
しかし，悩んだ末に新しい自分を発見したり，問題の解決策を思いついたりと，
悩むことは適応的な機能も持っていると考えられる．

本章では「うつに結びつきにくい上手な悩み方」はあるか，あるとすればど
のようなものかを検証した筆者らの研究を紹介する．最後にそれらの研究結果
をもとに，どうすればよい悩み方を獲得できるかについても考察したい．

自己注目という概念の導入とその機能の整理

最初の手がかりとして，自己注目という概念を導入してみよう．自己注目は
自分に対して注意を向けることである．「悩むこと」を「自分の問題に注意を
向けること」ととらえれば，自己注目は「悩むこと」を包含する概念と言えよ
う．また，本章で着目する抑うつは自己の見方・とらえ方がネガティブに歪ん
でしまい，そこから抜け出せない状態と表現することもできる．自分を見ると
いう概念である自己注目は，自分の見方に異常をきたした状態である抑うつと
関わりが深いことが予想される．悩むという概念を包含し，抑うつとの関連が
推察される自己注目に着目することで，よい悩み方の手がかりを考えてみる．

さて，自己注目は実際にそれ自体が抑うつと関連すると言われている（Mor
& Winquist, 2002）．すなわち，自分に注意を向けやすい人は抑うつが亢進しや
すいことが示唆されているのである．なぜこのような関連があるかについて，

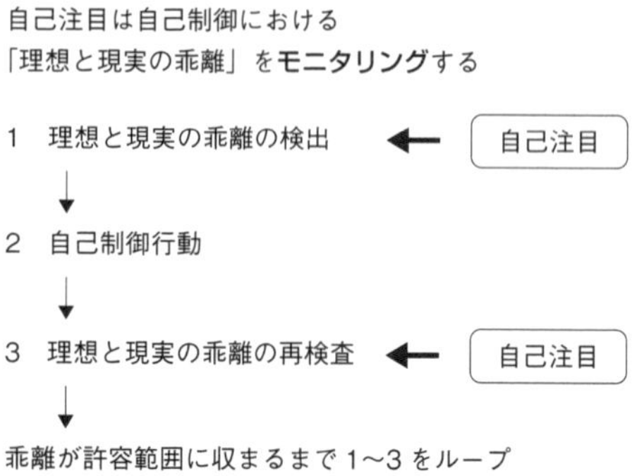

第 III 部　抑うつに関連した問題

自己注目は自己制御における
「理想と現実の乖離」をモニタリングする

1　理想と現実の乖離の検出　◀━━　| 自己注目 |

　　　　　　↓

2　自己制御行動

　　　　　　↓

3　理想と現実の乖離の再検査　◀━━　| 自己注目 |

　　　　　　↓

乖離が許容範囲に収まるまで 1〜3 をループ

図 11-1　自己制御理論による自己注目の説明

Carver & Scheier（1982, 1990）は自己制御理論による説明を試みている（図 11-1）．この理論では，自己注目は自己制御における「理想と現実の自己の乖離（self-discrepancy）」をモニタリングする機能を持つとされている．自己制御のサイクルでは，まず自己注目によって理想と現実の自己の乖離が検出される．例えば，「試合中だから緊張していてはいけないのに緊張してしまっている」というように．そして乖離が検出されると，その乖離を埋めるための何らかの自己制御行動が行われる．緊張をほぐすためなら深呼吸などが行われるかもしれない．自己制御行動ののちに再度，乖離の大きさが自己注目によって検査される．こうして self-discrepnacy の大きさが許容範囲に収まるまで自己制御サイクルが駆動する．

　この説明によれば自己注目は自己制御行動を導く適応的なものに思える．しかし，理想と現実は基本的には乖離しているため，自己注目によって self-discrepancy に持続的に注目してしまうと，ネガティブな気分が持続することになる．これが，自己注目が抑うつを亢進させる理由だと考えられる．実際に先行研究では，ネガティブかつ慢性的な自己注目である自己反すう（self-rumination）が，うつ病の強力なリスクファクターであることが示されている（Mor & Winquist, 2002; Nolen-Hoeksema *et al.*, 2008; Trapnell & Campbell, 1999）．

　では自己注目はしないほうがいいのだろうか．もちろんそのようなことはなく，前述のように自己制御行動において自己注目は必須の要素であるし（Carver & Scheier, 1990），自己理解を高めるためにも必要だと考えられている（Trapnell

158

第 11 章　抑うつと自己注目

& Campbell, 1999)．抑うつのリスクファクターとなる不適応的な自己注目があるとしても，適応的な自己注目もあるはずだ．

　このような文脈の中で，Trapnell & Campbell（1999）は不適応的な自己注目である自己反すうと対比し，適応的な自己注目として自己内省（self-reflection）という概念を提唱した．自己内省は「自己に対する知的好奇心に基づいて自己に注意を向けやすい傾向」と定義される．Trapnell & Campbell（1999）は自己内省を測定する質問紙（Rumination-Reflection Questionnaire：RRQ）を開発しており，例えば「『内的な』自己を探るのがとても好きだ」といった項目がある．適応的なものとして提唱された自己内省は，実際に抑うつの低さと関連することが確かめられている（Takano & Tanno, 2009）．しかしながら，自己内省が精神衛生に寄与するメカニズムについては不明な点が多いままとなっている．

　ここで，自己制御との関連の中で，自己反すうと対比することで自己内省の適応的機能を明確にすることを試みてみる．まず，自己反すうが自己制御にどのような影響をもたらすかを考えよう．ネガティブな反復思考に陥ると，self-discrepancy に慢性的に注目してしまう．それだけでなく，反すう傾向のある人は self-discrepancy を過大評価する可能性も示唆されている．つまり，何でもない問題であっても自身にはとても解消できないような大問題に思えてしまうのだ．よって，自己反すうによりネガティブ気分の増大，集中力の低下，自己制御への意思の低下が引き起こされている可能性がある（Lyubomirsky et al., 2003; Lyubomirsky et al., 1999; Watkins, 2008 など）．まとめると，自己反すうは self-discrepancy のモニタリングを阻害し，自己制御サイクルの機能不全を引き起こしていると考えられる．

　これと対比するならば，自己内省は self-discrepancy の適切なモニタリングに寄与し，自己制御機能を向上させるのではないだろうか．Trapnell & Campbell（1999）の主張するように，自己注目は自己理解の向上に必須の要素である．自己内省が適応的な自己注目であるならば，自己内省を身につけている人は普段から自己の能力・特性を正確に把握し，self-discrepancy も適切に検出できると考えられる．このような機能により，自己内省は適切な自己制御に寄与している可能性がある．

第 III 部　抑うつに関連した問題

本章の研究の目的

　以上の仮説から，筆者らは自己内省と自己制御の関連を検証する研究（Mori *et al.*, 2015; Mori & Tanno, 2015; 森・丹野, 2016）を行った．その際，自己制御の一つである「問題解決」に着目した．問題解決は情動制御を直接目的としたものではないが，ネガティブな気分の原因となる self-discrepancy を直接解消することで抑うつを低減すると考えられる．すなわち，自己内省は，問題解決に寄与することで，間接的に抑うつの低減と関連している可能性がある．本章の前半では，そうした関連を検証した筆者らの研究を紹介する．また，本章の後半では，脱中心化という概念に着目することで，自己内省の性質をより詳細に検討した研究も紹介する．なお，筆者らの研究では自己内省・自己反すうを，前述の RRQ を用い，自己内省・自己反すうを行いやすい性格特性として測定している．

2　自己注目の適応的機能の検証——問題解決に着目して

自己注目は問題解決に寄与するのではないか

　前節でも述べた通り，筆者らは自己内省が問題解決に寄与することを通じて抑うつの低減に寄与するという仮説を立てた．その仮説を検証するため，第一の研究として，質問紙を用いて問題解決能力の自信と自己内省の関連を検証した．次に，日記法を用いて日常生活における問題解決と自己内省の関連を検証した．第三の研究として，実験室における問題解決課題を用いて，客観的な問題解決能力と自己内省の関連を検証した．各研究について詳しく述べていこう．

第一の研究：自己注目と問題解決能力の自信・抑うつの関連

　第一の研究では質問紙を用いて，自己注目と問題解決能力，そして抑うつとの関連をモデル化することを試みた．具体的には以下のような関連があるという仮説を立てた．

　自己内省が問題解決に寄与するのであれば，自己内省特性が高い人（以下，高自己内省者と呼ぶ）は問題解決能力が高いと考えられる．さらに自己内省は自己理解を精緻にすると考えられるため，自身の問題解決能力をより正確に把握

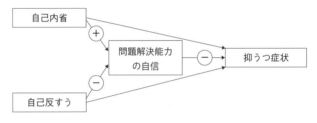

図11-2　第一の研究の仮説

していると考えられる．よって高自己内省者は問題解決能力の自信が高くなると考えられる．反対に自己反すう特性が高い人は問題解決能力が低く，さらには自身の問題解決能力を低く見積もると考えられるため，問題解決能力の自信も低くなるだろう．また問題解決能力の自信が高いと，ストレッサーに相対しても解決できるという自信からストレスが低くなり，抑うつも低くなると考えられる．したがって，自己内省は問題解決能力の自信の高さを通じて抑うつの低さと関連し，自己反すうは反対に抑うつの高さと関連するだろう．まとめると図11-2のような関連が仮説となる．なお，今回用いた分析手法では，その過程で直接的なパスも推定するため，図には自己内省・自己反すうから抑うつ症状への直接のパスも表示してある．

　以上の仮説を質問紙法による横断研究で検証した．回答者は397人の大学生・大学院生であった．今回は間接的な関連を検証する必要があるため，媒介分析（mediation analysis）を用いた．この手法では今回の仮説のような間接的な関連が有意かどうかを検定できる．ただし，その前提として等質性の検定が有意ではないという結果が必要になる．予備分析として等質性の検定を行ったところ，検定結果が有意になった．これは，独立変数（今回の場合，自己内省・自己反すう）のいずれかと媒介変数（今回は，問題解決の自信）が交互作用を持っていることを示す．交互作用があるのであれば，媒介分析で算出された間接的な関連をそのまま解釈できない．

　そこで今回は，その交互作用も含めて媒介関係を分析できる調整媒介分析（moderated mediation analysis）を用いて最終的な分析を行った．予備分析によって交互作用を持っているものが自己反すうであることがわかったため，最終的に検証したモデルは図11-3のようになる．図11-3aのように自己内省を出

第 III 部　抑うつに関連した問題

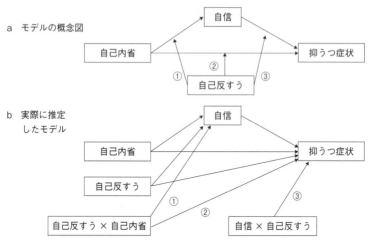

図 11-3　自己内省からの各パスを自己反すうが調整しているというモデル（a）と分析で投入した変数（b）

発点とする各パスを自己反すうが調整しているというモデルである．分析で投入した変数をより具体的に書くと，図 11-3b のようになる．

分析の結果をまとめたものが図 11-4 である．自己内省は，抑うつ症状との直接的な関連こそなかったものの，仮説通り，問題解決能力の自信を通じて抑うつ症状の低さと関連していた．しかし，その関連は自己反すうにより調整されていた（自信×自己反すうの交互作用が有意であるため）．この交互作用について有意領域を算出したところ，自己反すうが平均 −0.7 標準偏差以上であれば自己内省の間接的関連が有意となることがわかった．自己内省が自信を高め，自信が抑うつを低減するという間接的な負の関係が，自己反すうが高いほど強くなることを示唆する結果と言える．不適応的な反すう傾向が強いほど自己内省の適応的効果が強くなる，という一見して直観に反する結果に思える．これに関して，今回のモデルでは自己反すうは直接的にも間接的にも抑うつ症状と関連していた．よって自己反すうが高いと抑うつの初期値が高くなっており，そのために自己反すうが高いほど自己内省の間接的関連が顕著に現れやすいという結果になったのかもしれない．

仮説通り，自己内省と問題解決能力の自信の高さが関連していたものの，今

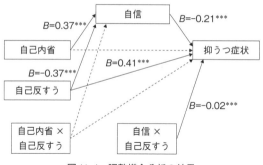

図11-4 調整媒介分析の結果
B は非標準化回帰係数.

回想定した複雑な因果関係をより精緻に検証するためには縦断調査や実験法が必要となる．また，測定したものもあくまで質問紙法による問題解決能力の自己評価であるため，日常生活における問題解決行動や客観的な問題解決能力については検証できていない．続く研究ではこの点の克服を試みる．

第二の研究：自己注目と日常生活における問題解決，抑うつの関連

第一の研究結果は，高自己内省者は問題解決能力が高いために問題解決における自信も高くなっていることを示唆する．しかし，第一の研究で測定したものはあくまでも自己評価であり，実際に生じた問題およびそれに対する問題解決行動を測定できていない．第二の研究では日常生活における問題解決と自己内省・自己反すう，および抑うつの関連を検討した（Mori *et al.*, 2015）．この際，日次で抑うつを測定したかったため，今回は抑うつ気分を測定した．高自己内省者がうまく問題を解決できるのであれば，問題解決行動後に抑うつ気分は低くなるはずである．

より具体的な手続きとしては，構造化された日記法を用いて，問題（その日最も嫌だった出来事），それに対する問題解決行動を取ったかどうか，1日の終わりの抑うつ気分を測定し，自己内省特性・自己反すう特性との関連を検証した．日記法には Daily Coping Inventory（Stone & Neale, 1984）を用いた．1日ごとに問題解決行動の有無を測定でき，また，問題がどの程度ストレスフルだったかも測定できるものである．

第 III 部　抑うつに関連した問題

　研究には 39 人の大学生・大学院生が個別に参加した．1 日目に参加者の自己内省・自己反すう特性，ベースラインの抑うつ症状を測定する質問紙を実施した．参加者は 1 日目の夜から日記を記入した．これにより，その日最も嫌だった問題，その問題のストレスの程度，問題解決行動の有無，日記記入時の抑うつ気分を測定した．

　高自己内省者は問題解決がうまくでき，抑うつ気分が低くなっている，という仮説を検証するために，「自己内省×問題解決行動有無×問題のストレスの程度」という二次の交互作用が抑うつ気分をどのように予測するかを分析した．なお，そもそもたいしたことのない問題の場合，問題解決行動の有無にかかわらず抑うつ気分は低いと考えられるため，問題のストレスの程度も交互作用に含めることで，たいしたことのない問題かそうでないかで場合分けできるようにした．この分析では自己内省特性という個人レベルの変数と，問題解決行動有無，ストレスの程度，抑うつ気分という日レベルの変数が混在している．そのため，このレベルの違いを適切に取り扱うことのできるマルチレベルモデリングという手法を用いた．実際には 1 日目に測定した性別や抑うつ症状も投入して分析を行った．また，モデルの複雑性を回避するため，自己内省変数を投入したモデルと自己反すうを投入したモデルを個別に作成し，分析を実施した．

　自己内省を用いたモデルの分析結果は表 11-1 の通りである．仮説通りに二次の交互作用が有意となったため，交互作用の形を図示したものが図 11-5 である．単純傾斜はストレスと自己内省がともに高い群でのみ有意となった（$B = -6.91, p < .01$）．

　この交互作用の形を見てみると，そもそも問題のストレスの程度が低い場合（図 11-5 の破線で表された二つの群）には自己内省の高低や問題解決行動の有無にかかわらず抑うつ気分が低いと言える．そして，ストレスが高い場合（図 11-5 の実線で表された二つの群），自己内省が低いと問題解決行動をしても抑うつ気分が高い．一方，自己内省が高いと問題解決行動後の抑うつ気分は低くなっている．これは，高自己内省者は問題解決能力が高く，うまく問題を解決できるので抑うつ気分が低くなる，という仮説を支持する結果である．

　さらに，同様の分析を自己反すうに対しても行った．表 11-1 のモデルの自己内省を自己反すうに置き換えた形となる．自己内省と同様に，自己反すうと

164

第 11 章　抑うつと自己注目

表 11-1　抑うつ気分を予測するマルチレベルモデル

	B (SE)	t 値
切片	4.98　(1.69)	2.95 **
日レベルの変数		
問題解決行動の有無	-2.00　(1.26)	-1.58
ストレスの程度	2.75　(0.75)	3.68 ***
人レベルの変数		
性別	1.94　(2.16)	0.90
ベースレベルの抑うつ症状	0.24　(0.14)	1.69
自己内省	0.03　(0.15)	0.21
一次の交互作用		
自己内省×問題解決行動の有無	-0.25　(0.16)	-1.58
自己内省×ストレスの程度	0.12　(0.09)	1.32
ストレスの程度×問題解決行動の有無	0.03　(1.00)	0.03
二次の交互作用		
自己内省×問題解決行動の有無×ストレスの程度	-0.27　(0.12)	-2.21 *
ランダム効果		z 値
切片の分散	31.12　(10.53)	2.96 **
問題解決行動の有無の分散	14.67　(11.36)	1.29
ストレスの程度の分散	2.26　(2.11)	1.07
残差の分散	54.17　(5.80)	9.34 ***

*$p < .05$, **$p < .01$, ***$p < .001$.

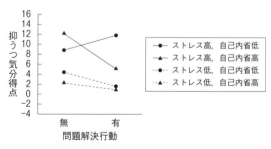

図 11-5　自己内省×問題解決行動有無×ストレスの程度という二次の交互作用が抑うつ気分をどのように予測するか

165

第 III 部　抑うつに関連した問題

ストレス，問題解決行動有無の交互作用が有意となることを予想していたが，実際にはそのような交互作用は見られなかった．ただし，自己反すうとストレスの交互作用に有意傾向が見られた（$B = 0.19$, $p = .066$）．交互作用の図は割愛するものの，自己反すうがストレスの効果を強めることを示唆する結果が得られた．ネガティブな反復思考がストレスに誘発された抑うつ気分を増幅させることは先行研究でも示唆されている（Kraaij *et al.*, 2003; Skitch & Abela, 2008）．仮説通りの交互作用は認められなかったものの，自己反すうとストレスの交互作用は先行研究と一貫したものと言える．

第三の研究：自己注目と問題解決の客観的・定量的指標

　第二の研究の結果は，高自己内省者がうまく問題を解決できたから気分がよくなったことを示唆する結果である．しかし，問題解決のアウトカムとして気分しか見ておらず，本当に問題解決が適切に機能したかは不明だ．その点を検証するためには，客観的・定量的な問題解決の指標が必要となる．

　そこで第三の研究のために，問題解決課題を開発した．その課題を用いた実験室実験を行い，高自己内省者が積極的な問題解決行動を取るか，そしてその結果として高い問題解決の成果を示せるかを検証した．

　問題解決課題として，予備実験を通じて難易度を高く調整した英単語テストを用いた．知らない英単語のテストでよい点を取るためには，英単語を調べて覚えるしかない．その状況で PC を与えれば，問題解決行動を「PC で英単語を検索して覚える」と定義できる．こうして，問題解決行動を単語の検索量，問題解決の成果を英単語テストの成績として測定可能にした．もし単語の検索量が多ければ積極的な問題解決スタイルを有していると解釈できる．第三の研究では，自己内省・自己反すうと，定量化した問題解決行動およびその成果との関連を分析した．

　実験には 39 人の大学生・大学院生が個別に参加した．質問紙で自己内省・自己反すうを測定した他，共変量として競争的達成動機，自己充実的達成動機も測定した．

　初めに前述の質問紙を実施した後，実験を図 11-6 のように進めた．まず，参加者には難易度の高い英単語テスト（30 単語）に回答させた．さらに，「あ

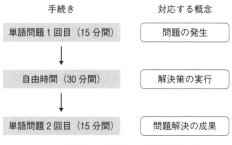
図 11-6 問題解決行動を調べる実験の流れ

なたの得点はこれまでの参加者の平均よりも低い」というネガティブフィードバックをした．ネガティブフィードバックが意図通り機能したことは，Visual Analogue Scale によってテスト前後に測定した抑うつ気分，不安気分が高まっていることにより確かめた．難しい英単語テストに挑戦させ，得点が低いことを告げたわけだが，これは問題解決の過程における問題の発生に対応する．

次に，30分後の再テストまでを自由時間とした上でPCのインターネットブラウザの利用を許可し，「単語を調べてもいいし，関係のないサイトを見てもいい．PCを使わなくても構わない」と教示した．こうして実験参加者に解決策とその実行の自由を与えた上で，ブラウザのアクセス履歴をもとに，問題解決行動の量を「単語の意味を検索した回数（検索数）」として測定した．

最後に2回目のテストを行い，その得点を問題解決の成果とした．なお，参加者には実験後にネガティブフィードバックや検索履歴の取得に関するデブリーフィングを行い，改めてデータの取得に関する説明や心理面のケアを行った．

分析内容の概要は図11-7の通りである．自己内省または自己反すうが問題解決行動を通じてテスト成績（2回目のテスト得点）にどのように関連するかを，媒介分析を用いて分析した．なお，今回は自己内省も自己反すうも単一の分析モデルに同時に投入した．共変量として1回目の得点，ネガティブフィードバック後の抑うつ気分，不安気分，達成動機を用いた．

媒介分析の結果，自己内省から検索数へのパス，検索数から成績へのパスはともに正の値で，5%水準で有意だった（図11-8）．さらに，検索数を介した自己内省から成績への間接効果も5%水準で有意だった（点推定＝0.27, 95%CI [0.08,

第Ⅲ部 抑うつに関連した問題

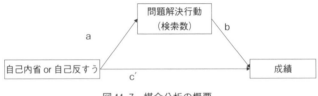

図 11-7 媒介分析の概要

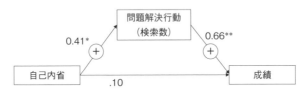

図 11-8 自己内省に関する分析結果
係数は非標準化回帰係数．自己反すう，共変量は省略している．

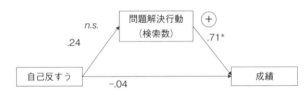

図 11-9 自己反すうに関する分析結果
係数は非標準化回帰係数．自己内省，共変量は省略している．

0.42])．これは，自己内省が積極的な問題解決スタイルを通じて，よい問題解決結果をもたらすことを示唆する結果である．

　一方，自己反すうは消極的な問題解決スタイル，すなわち検索数の少なさをもたらし，成績の低下と関連すると予想される．しかしながら，分析の結果，自己反すうは検索数と有意な関連を持たず（図 11-9），有意な間接効果も認められなかった．先行研究では自己反すうが認知資源を消費することで課題に対する集中力を低下させることが示唆されている．今回の研究における問題解決行動は「単語を調べて覚える」というシンプルなものだったため，比較的認知資源を要求する程度が低く，自己反すうの効果が現れにくかったのかもしれない．あるいは，抑うつ気分・不安気分を統制しているために自己反すうの効果が現れにくかった可能性もある．

第11章 抑うつと自己注目

　自己反すうについては仮説に反する結果が得られたものの，自己内省が問題解決のパフォーマンスの高さに寄与することを示唆する結果が得られた．第一～第三の研究を通じて，自己内省が問題解決能力の自信と結びついていること，日常生活でも効果的な問題解決を実行できていること，客観的な問題解決のパフォーマンスにも寄与することが示唆された．それぞれの研究に限界点はあるものの，自己内省が問題解決能力の高さへの寄与を通じて適応性を発揮するという仮説は，一定程度支持されたと言える．

3　適応的な自己注目を特徴づける要素──脱中心化に着目して

どのように自己に注目すると適応的なのか
　これまでの研究で自己内省の適応性が明らかになってきた．しかし，その一方で，そもそも自己内省とはどのような内容の自己注目なのかはあいまいである．Trapnell & Campbell（1999）は自己反すうと対比することで自己内省を定義したが，その定義は動機論に基づくもの（知的好奇心に基づいた自己注目）であり，自己内省の内容については定義されていない．質問紙（RRQ）にも自己内省的な思考の具体例（例えば，「なぜそうするのかを分析するのがとても好きだ」）は少ない．さらには，自己内省を誘導するための操作法が確立されておらず，「自己内省を促進した結果どうなるか」といった実験研究による詳細な検討もなされていない．そのため，自己内省の適応性が明らかになっても，自己内省を促進する方法が不明なため，治療・予防のための介入方法の開発も困難になっている．
　そこで筆者らは続く研究で自己内省の再定義を試みた．第一～第三の研究により，自己内省が問題解決に寄与する自己注目，すなわち理想と現実の乖離を適切に減少させることができる自己注目であることが示唆されている．これを敷衍すると，自己内省とはネガティブな感情にとらわれずに，すなわちネガティブな反復思考に陥らずに理想と現実の乖離に注目し，乖離を減少させることのできる傾向ではないかと考えられる．この仮説に基づき，「脱中心化」という概念を導入することで自己反すうと自己内省を対比させ，自己内省の特性を検討した．

169

第 III 部　抑うつに関連した問題

　脱中心化とは，自分の思考や感情を，判断を加えず客観的に観察する能力
(Teasdale *et al.*, 2002) と定義されている（ピアジェの提唱した発達段階における脱
中心化とは，同名ではあるが異なる概念であることに注意されたし）．脱中心化は反
すうと相反する概念であり，認知行動療法で獲得されるスキルの中核をなすも
のと言える．抑うつとも負の関連が示されており，自己制御サイクルの適切な
モニタリングに寄与し，問題解決を向上させると考えられる (Inzlicht *et al.*,
2014)．

　これらのことより，自己内省は脱中心化状態を維持したまま自己注目できる
性格特性という仮説が立てられる．脱中心化した視点で自身の問題をとらえる
ことができるため，自己反すうに陥らずに適切な問題解決行動が取れるのでは
ないか．よって続く研究では脱中心化をキーファクターとして自己内省の特徴
を探った．

第四の研究：自己注目と脱中心化・抑うつの関連

　先行研究においても自己内省と脱中心化が正の関連を持つことは報告されて
いる (Lau *et al.*, 2006)．しかし，先行研究で用いられた質問紙は瞑想後に実施
するよう設計されている．第四の研究では，高自己内省者が日常生活で自発的
に脱中心的な視点を持つことができるかどうかに焦点を当てた (Mori & Tanno,
2015)．そこで，「最近の出来事」において脱中心的な視点を持ったかどうかを
尋ねる質問紙 (Fresco *et al.*, 2007) を採用した．

　第四の研究では横断調査により自己内省・自己反すうと脱中心化，抑うつと
の関係性をモデル化することを試みた．検証する仮説の概要を図 10-10 に示し
た．自己内省は脱中心化の高さを通じて適応性を発揮し，抑うつ症状の低さと
関連していると考えられる．反対に自己反すうは脱中心化の低さを通じて抑う
つ症状の高さと関連していると考えられる．

　調査回答者は 249 人の大学生・大学院生であった．仮説モデルでは脱中心化
を介した間接的な効果を想定しているため，媒介分析を用いて分析を実施した．
分析の結果，仮説通りのパスが得られた（図 11-10）．間接効果は自己内省（点
推定 = − 0.11, 95%CI [− 0.18, − 0.06]），自己反すう（点推定 = 0.15, 95%CI [0.08, 0.24]）
ともに 5％ 水準で有意であった．これは，自己内省が脱中心化された視点に基

170

第11章　抑うつと自己注目

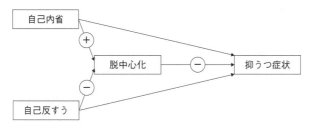

図11-10　自己内省・自己反すうと脱中心化，抑うつとの関係性のモデル

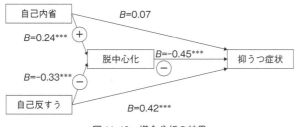

図11-10　媒介分析の結果

づいて自己注目できる傾向であることを示唆するものである．

　これらの結果により，自己内省と自己反すうという二つの自己注目が，脱中心化とそれぞれ異なる関連を持っていることが明らかになった．さらに，自己内省が脱中心化の高さを通じて抑うつ症状と負に，自己反すうは脱中心化の低さを通じて抑うつ症状と正に関連していたことから，脱中心化によって自己内省と自己反すうの機能が切り分けられることも示唆された．

第五の研究：自己注目と脱中心化の変化の関連

　第四の研究により自己内省と脱中心化が関連していることが示唆されたが，あくまでも横断調査によるものであり，時間的変化との関連は観察できていない．第五の研究では縦断調査を用い，脱中心化の変化を自己内省と自己反すうがどのように予測するかを検討した（森・丹野，2016）．

　まず，自己反すう得点が高いと「理想と現実の乖離」に頻繁に注目し，それに起因するネガティブ感情にとらわれてしまうことで脱中心化得点が低下すると予想される．一方，自己内省得点が高いと，自己反すう得点が高くてもネガ

第Ⅲ部　抑うつに関連した問題

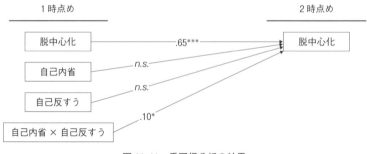

図 11-11　重回帰分析の結果
係数はすべて標準化偏回帰係数．調整済み $R^2 = .46$ ***. * $p < .05$, *** $p < .001$.

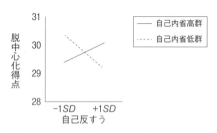

図 11-12　自己内省×自己反すうの交互作用の形

ティブ感情にとらわれず，脱中心化状態を維持できるのではという仮説を立てた．この仮説を検証するために，「自己内省×自己反すう」という交互作用を検討した．

仮説を検証するために5週間隔の2時点縦断調査を実施し，1時点めに脱中心化，自己内省，自己反すうを，2時点めに再度，脱中心化を測定した．回答者は297人の大学生・大学院生であった．

自己内省×自己反すうという交互作用を含む重回帰分析を実施したところ，分析結果は図 11-11 の通りであった．自己内省×自己反すうの交互作用の形を描画したものが図 11-12 である．自己反すうの単純傾斜は自己内省低群（図 11-12 の破線の群）でのみ有意傾向となった（$B = -.12, t = -1.91, p = .058$）．

単純傾斜の検定結果から，自己反すう得点が高く，自己内省得点が低い人は脱中心化得点が低下すると考えられる．すなわち，そのような人はネガティブな反復思考にとらわれてしまい，脱中心化状態を維持できない可能性がある．

第 11 章　抑うつと自己注目

反対に自己内省得点の高い人は自己反すう得点が高くても脱中心化得点が低下しており，そのような人はネガティブな反復思考にとらわれずに自己注目できている可能性が示唆された．第四，第五の研究結果は，自己内省が脱中心化得点の高さ，およびその維持に関わることを示唆する結果と言える．

　ただし，交互作用の形から，自己内省得点が高く，自己反すう得点が低い人（図11-12の実線左端）は，自己内省・自己反すう得点がともに低い人（同破線左端）よりも脱中心化得点が低い可能性がある．自己内省は自己注目のサブタイプであるため，自己反すう得点が低かったとしても高自己内省者は低自己内省者に比べると自己不一致に多く直面しやすいと考えられる．高自己内省者がネガティブ感情に巻き込まれる確率が低いとしても，ネガティブ感情に直面する機会が多ければ，結果的にネガティブ感情に巻き込まれる回数は多くなってしまう（発生確率が低くても試行回数が多ければ発生回数は増える）．よって自己反すう得点が低い群に限って言えば，自己内省得点が高いほうが，脱中心化得点が低くなってしまうのかもしれない．先行研究でも類似のパターンが報告されており，ストレスが低い集団においては，自己内省が低いほうが自己内省が高い群よりも抑うつ症状が低いことが報告されている（森・丹野，2013）

　このことから，常に自己内省的な思考をすればよいというわけではなく，自己内省するかしないかを場面に応じて使い分けることが重要であることが示唆される．使い分けによって自己内省の適応性がより明確になるかどうかについては，やはり自己内省を誘導する実験研究などが必要になるだろう．

　なお，自己内省・自己反すう双方の得点が低い群，すなわち自己注目をあまりしない群で，最も脱中心化得点が高くなっている．理論的には脱中心化には自己注目の要素が含まれる（例えば，「不快な感情に引き込まれることなく観察できる」）ため，一見矛盾した結果に見える．あり得る可能性としては，この研究で採用した脱中心化の尺度には，測定内容が自己注目をあまり必要としない項目も含まれている（例えば，「私は，自分自身を思いやりをもって扱うことができる」「私は，より広い視野で物事をとらえる」）ので，そのために自己注目をしない群でも脱中心化得点が高くなり得たのかもしれない．

173

第Ⅲ部　抑うつに関連した問題

4　問題解決・脱中心化に着目した研究のまとめ

自己内省の再定義

　自己内省は「知的好奇心に動機づけられた自己注目」と定義されている（Trapnell & Campbell, 1999）．そして筆者らの研究（Mori *et al.*, 2015; Mori & Tanno, 2015; 森・丹野，2016）より，自己内省が問題解決に寄与すること（第一〜第三の研究），高自己内省者は脱中心化状態を維持しながら自己注目できること（第四，第五の研究）が示唆された．

　ここから自己内省の再定義を試みたい．すなわち，自己内省とは「自己分析を目的とした，脱中心化された自己注目」と定義できるのではないだろうか．

　このような自己内省の特徴が，問題解決場面における適応的な振る舞いにつながっていると考えられる．まず問題が発生した時，高自己内省者は脱中心化状態を維持できるので，いったん問題をありのままに受け入れることができるだろう．さらにこれにより，問題の分析・プランニングにおいて，ネガティブ感情にとらわれることなく，過去の似た状況などと照らし合わせて分析や解決策の創出を行えると考えられる．解決策の実行時においても，自己不一致の減少の程度を客観的に評価することで，高自己内省者は適切に振る舞える可能性がある．問題が解決した際は，その問題解決プロセスを客観的に評価することで正確な自己理解に寄与すると考えられる．こうして養われた問題解決の知見や自己理解は，新たな問題に直面した際の問題解決にも寄与するだろう．

自己内省の獲得方法

　筆者らの研究により自己内省の適応性の検討および再定義の試みを進めることができた．次のステップとして，どのようにすればよい自己注目ができるかを考察したい．これに関しては興味深い先行研究があり，Kross *et al.* (2014) の研究では，非一人称の使用によって客観的な自己注目が促進されることが示唆されている．つまり自分自身の問題を考える時にも「なぜ君はこのような状況に陥ったのだろうか」「彼はどうすればこの問題を解決できるだろうか」と二人称や三人称，あるいは名前などを用いることで，視点を強制的に客観的な

立場に置き，自身をあたかも物語の登場人物のように客観的に観察することができるということだ．

このような先行研究やマインドフルネストレーニング，筆者らが考察した自己内省が問題解決に寄与するメカニズムなどを組み合わせた心理トレーニングや心理教育を実施すれば，「うつ状態に陥ることなく問題解決を導く上手な悩み方」が獲得できるかもしれない．ただし，筆者らの研究は自己内省の測定を質問紙に頼っているため，今後は自己内省と脳機能との関連なども検討し，自己内省の性質をより詳細に検討していくことで，より効果的な獲得方法の提案につながるだろう．さらに，獲得方法がわかれば，第五の研究で示唆されたように，自己内省の使い分けが適応性を発揮するかという点も検証可能になると考えられる．

最後に

インターネットやSNSの発展により，膨大な他者像を観察することができる世界になっている．近年ではコロナ禍によるデジタル化の推進が他者との関わり方に少なからず影響を与えたと思われ，相応に，「他者と比較した自己のとらえ方」も多様になっていると考えられる．ここで一度「自己」そのものに立ち返り，客観的に自己を観察できるようになるための方法を検討することは，汎用性の高い介入法につながる可能性を秘めているだろう．一方，その汎用性の高さは「自己」という概念の広さ，あいまいさに起因しているとも言える．心理学という長い研究の歴史の中で，「自己」にせよ「悩み方」にせよ様々な概念・理論が提唱されている．筆者らは Trapnell & Campbell（1999）の提唱した自己内省という概念を手がかりに研究を進めたが，筆者らの研究が自己内省に限らず，よりよい概念や介入法のヒントになることがあれば幸いである．

引用文献

Carver, C. S., & Scheier, M. F.（1982）. Control theory: A useful conceptual framework for personality-social, clinical, and health psychology. *Psychological Bulletin, 92(1)*, 111-135.

Carver, C. S., & Scheier, M. F.（1990）. Origins and functions of positive and negative affect: A control- process view. *Psychological Review, 97(1)*, 19-35.

Fresco, D. M. *et al.*（2007）. Initial psychometric properties of the experiences questionnaire: Validation of a self-report measure of decentering. *Behavior Therapy, 38(3)*, 234-246.

第 III 部　抑うつに関連した問題

Inzlicht, M., Legault, L., & Teper, R. (2014). Exploring the mechanisms of self-control improvement. *Current Directions in Psychological Science, 23(4)*, 302-307.

Kraaij, V., Garnefski, N., & Wilde, E. (2003). Negative life events and depressive symptoms in late adolescence: Bonding and cognitive coping as vulnerability factors? *Journal of Youth and Adolescence, 32*, 185-193.

Kross, E. *et al.* (2014). Self-talk as a regulatory mechanism: How you do it matters. *Journal of Personality and Social Psychology, 106(2)*, 304-324.

Lau, M. A. *et al.* (2006). The Toronto mindfulness scale: Development and validation. *Journal of Clinical Psychology, 62(12)*, 1445-1467.

Lyubomirsky, S., Kasri, F., & Zehm, K. (2003). Dysphoric rumination impairs concentration on academic tasks. *Cognitive Therapy and Research, 27*, 309-330.

Lyubomirsky, S., Tucker, K. L., Caldwell, N. D., & Berg, K. (1999). Why ruminators are poor problem solvers: Clues from the phenomenology of dysphoric rumination. *Journal of Personality and Social Psychology, 77(5)*, 1041-1060.

Mor, N., & Winquist, J. (2002). Self-focused attention and negative affect: A meta-analysis. *Psychological Bulletin, 128(4)*, 638-662.

Mori, M., Takano, K., & Tanno, Y. (2015). Role of self-focus in the relationship between depressed mood and problem solving. *Motivation and Emotion, 39(5)*, 827-838.

森正樹・丹野義彦（2013）．抑うつとストレッサーの関連に対する省察の調整作用　パーソナリティ研究, *22(2)*, 189-192.

Mori, M., & Tanno, Y. (2015). Mediating role of decentering in the associations between self-reflection, self-rumination, and depressive symptoms. *Psychology, 6(5)*, 613-621.

森正樹・丹野義彦（2016）．自己反芻から脱中心化への影響に対する自己内省の緩衝作用　パーソナリティ研究, *25(2)*, 158-161.

Nolen-Hoeksema, S., Wisco, B. E., & Lyubomirsky, S. (2008). Rethinking rumination. *Perspectives on Psychological Science, 3(5)*, 400-424.

Skitch, S. A., & Abela, J. R. Z. (2008). Rumination in response to stress as a common vulnerability factor to depression and substance misuse in adolescence. *Journal of Abnormal Child Psychology, 36(7)*, 1029-1045.

Stone, A. A., & Neale, J. M. (1984). New measure of daily coping: Development and preliminary results. *Journal of Personality and Social Psychology, 46(4)*, 892-906.

Takano, K., & Tanno, Y. (2009). Self-rumination, self-reflection, and depression: Self-rumination counteracts the adaptive effect of self-reflection. *Behavior Research and Therapy, 47(3)*, 260-264.

Teasdale, J. D. *et al.* (2002). Metacognitive awareness and prevention of relapse in depression: Empirical evidence. *Journal of Consulting and Clinical Psychology, 70(2)*, 275-287.

Trapnell, P. D., & Campbell, J. D. (1999). Private self-consciousness and the five-factor model of personality: Distinguishing rumination from reflection. *Journal of Personality and Social Psychology, 76(2)*, 284-304.

Watkins, E. R. (2008). Constructive and unconstructive repetitive thought. *Psychological Bulletin, 134(29)*, 163-206.

176

第 12 章 ● 自己洞察

中島実穂

　自分の心を振り返り，それを理解することは，心理的適応やストレス対処，人間関係の円滑化，向上心の維持など，現代社会を生き抜く中で欠かせないスキルの中核となっている．本章では，この自己理解の達成度を示す概念である「自己洞察」について，その研究動向と心理的実践における活用可能性について述べる（図 12-1）．

1　自己洞察とは何か

　自己洞察（self-insight）という用語は，2 通りの意味で使われている．一つは，「自分を理解している」という感覚が，本人にとってどの程度明確であるかという意味での使われ方である（Grant *et al.*, 2002）．もう一つは，本人の自己理解が，その人の真の姿と比較し，どの程度正確なものであるかという意味での使われ方である（Beer & Harris, 2019）．両者は似て非なるものであるが，ともに心理的・社会的適応のメカニズムに重要な役割を果たすことが示唆されている．ここでは便宜上，前者を「主観的自己洞察」と呼び，後者を「自己洞察の正確性」と呼んで，両者の違いを説明する．

主観的自己洞察

　主観的自己洞察は，自身の思考，感情，行動に対する理解の明確性として定義されている（Grant *et al.*, 2002）．この概念は，自己内省・洞察尺度（Self-Reflection and Insight Scale）という自記式質問紙（表 12-1）で測定することができる（Grant *et al.*, 2002）．自己内省・洞察尺度は 20 項目で構成されており，うち 8 項目が主観的自己洞察の項目となっている．当該尺度は日本語以外にも，韓国語，中国語，トルコ語などに翻訳されており，世界中で広く使用されている

177

第 III 部　抑うつに関連した問題

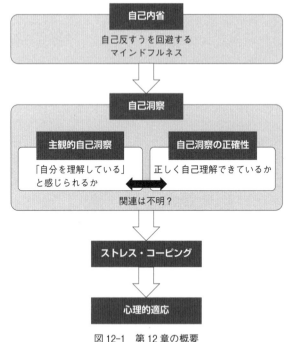

図 12-1　第 12 章の概要

(Aşkun & Cetin, 2017; Chen et al., 2016; Nakajima et al., 2017; Song & Kim, 2018). 近年では，12 項目からなる短縮版も作成されている (Silvia, 2022).

自己洞察の正確性

　自己洞察の正確性は，「自分がどのような人間であるか」という認識（自己概念）が，その人の真の姿とどの程度整合しているかを示す概念である (Beer & Harris, 2019). 自己洞察の正確性の測定方法として，Beer & Harris (2019) が挙げているものの中から三つ紹介する．

　一つめは，自己概念と客観的指標の一致度によって測定する方法である．例えば，「自分がどのくらいおしゃべりであるか」ということに関する自己評価と，一定時間内に「発した言葉の数」の相関を算出するような方法である．「自分はかなりのおしゃべりである」という自己概念がある場合は，実際に多くの言葉を発しているほど，自己洞察の正確性が高いと判定される．この方法

第 12 章　自己洞察

表 12-1　自己内省・洞察尺度（Grant *et al.*, 2002）

以下の質問文を読み，それぞれの状態についてあなたがどの程度あてはまるか，あてはまらないかを丸をつけて示してください．正確に，かつ素早く行ってください．一つの質問の回答にあまり長く時間をかけないように，お願い致します．「間違い」の回答や「正しい」回答はありません．あなた自身の個人的な見方で判断してください．すべての質問に必ず回答してください．またそれぞれの質問に対して一つだけ丸をつけて回答してください．

		1 全くあてはまらない	2 あてはまらない	3 ややあてはまらない	4 ややあてはまる	5 あてはまる	6 とてもあてはまる
1	私は自分の考えについて，頻繁には考えない[†]	1	2	3	4	5	6
2	自分の行動を分析することに，私はあまり興味がない[†]	1	2	3	4	5	6
3	私は普段，自分の考えを自覚している	1	2	3	4	5	6
4	自分が本当は物事に対してどのように感じているのか，私はしばしば分からなくなる[†]	1	2	3	4	5	6
5	自分の行いを評価する事は，私にとって重要である	1	2	3	4	5	6
6	自分がなぜある特定の方法で行動したのかに関して，私には明確な考えがある	1	2	3	4	5	6
7	私は自分が何について考えているのかを調べることに，とても興味がある	1	2	3	4	5	6
8	私は自分を省みることをほとんどしない[†]	1	2	3	4	5	6
9	自分がある感情を抱いているのに気づいても，私はそれが一体何であるかが分からないことが多い[†]	1	2	3	4	5	6
10	私は頻繁に自分の感情を吟味している	1	2	3	4	5	6
11	自分の行動は，しばしば私の頭を悩ませる[†]	1	2	3	4	5	6
12	自分の気持ちが何を意味しているかを理解しようとすることは，私にとって重要なことである	1	2	3	4	5	6
13	なぜ自分が行っているように行動するのか，私はあまり考えない[†]	1	2	3	4	5	6
14	自分の考え方について考えることは，私をより混乱させる[†]	1	2	3	4	5	6
15	自分の気持ちの動きを理解することを，明確に必要としている	1	2	3	4	5	6
16	自分の考えを省みることに，私は頻繁に時間を取っている	1	2	3	4	5	6
17	自分の物事への感じ方の意味を理解することは難しい，としばしば感じる[†]	1	2	3	4	5	6
18	自分の考えがどのようにして生まれるかを理解できるということは，私にとって重要なことである	1	2	3	4	5	6
19	私は自分の物事の感じ方について，しばしば考える	1	2	3	4	5	6
20	何かを感じるとき，通常自分がなぜそのように感じるのかを分かっている	1	2	3	4	5	6

[†] は逆転項目を示す．主観的自己洞察（self-insight）の項目は，3, 4, 6, 9, 11, 14, 17, 20 である．残りの項目は，自己内省（self-reflection）の項目である．

179

第 III 部　抑うつに関連した問題

は，自己洞察の正確性の測定方法として最も好ましいものであるとされている
(Beer & Harris, 2019)．しかしながら自己概念には，その実態を反映する客観的
指標が存在しない側面も多く，残念ながらこの方法が使える場合は限定的であ
る．

　二つめは，自己概念と他者からの評価の一致度によって測定する方法である
(自他合意：self-other agreement)．具体的には，ビッグ 5 のようなパーソナリテ
ィ特性尺度に対する自己評価と，同尺度に対する他者からの評価を測定し，両
者の一致度を算出するような方法である (Kim et al., 2019)．「外向性が高い」と
自己評価している人の場合であれば，「外向性が高い」と他者からも評価され
ていると，「自己洞察の正確性が高い」と判定される．

　自己洞察の正確性の指標として自他合意を採用する際には，一つ留意しなけ
ればならないことがある．それは，基準として用いる他者からの評価が，必ず
しも「本人の真の姿」を映す指標として妥当であるとは言えないということで
ある．先の例で挙げた「外向性」のように，特性のあり方が自己の外的側面に
強く表出されるようなものであれば，他者からの評価を「本人の真の姿」と想
定することは概ね妥当であるだろう．一方，「神経症傾向」のように，その特
性が主に表れるのが個人の内的側面であるものの場合，他者がこれらを評価す
る際は，外部に漏れ出てきた限られた根拠に基づいて推定することになる．こ
れに対して自己評価では，自身の内的側面にある情報も直接観察することがで
きるため，豊富な根拠に基づいて評価がなされることとなる．このように考え
ると，こういったタイプの特性ではむしろ，他者からの評価よりも自己評価の
妥当性のほうが高いと考えるのが論理的であろう．よって自他合意の指標が何
を意味するか（その値を自己洞察の正確性の指標とすることが適切か否か）について
は，その特性の現れ方や当事者間の関係性などを踏まえた上で，慎重に判断す
る必要がある．

　三つ目は，自己概念に生じているバイアスの程度に着目した測定方法である．
自己概念には，「こういう評価をしやすい」という一般的な傾向（バイアス）が
ある．代表的なものとしては，"ポジティブ方向の歪み" がある (Beer, 2014;
Chamber & Windschitl, 2004 など)．例えば，自分の能力やパーソナリティを "平
均的な人" を想定して比較させる実験を行った場合，人は自分の能力やパーソ

第 12 章　自己洞察

ナリティを「"平均的な人"よりも高い」と評価する傾向がある（平均以上効果）(Zell *et al.*, 2020 など）．しかしながら，マジョリティの人が平均以上であるということは統計分布的に考え難い．正規分布していれば，平均よりも優れている位置づけに真に該当する人数は少なくなるはずである．そのため，「自分は平均よりも優れている」という認識が強いほど確率的に自己洞察が正確でない可能性が高くなる．このことを応用し，この測定方法では，「自分は平均よりも大きく優れている」という信念が強い人ほど「自己洞察の正確性が低い」と判定する．

　しかしながらこの測定方法にも留意すべき点がある．それは，実際に平均よりも大きく優れている人を測る場合，その人が自分の立ち位置を正確に理解して「自分は平均よりも大きく優れている」と回答すると，「自己洞察の正確性がとても低い」という誤った判定を受けてしまうということである．そのため，このアプローチから自己洞察の正確性をとらえようとする場合には，予め対象者のパーソナリティや能力を測り，集団での位置づけを把握しておくことが望ましいだろう．その上で"平均的な人"を想定した比較をさせ，その回答と実際の位置づけとを比較すれば，集団内でどのような位置づけにいる人に対してもフェアに自己洞察の正確性が測定できると考えられる．

主観的自己洞察と自己洞察の正確性の関連

　これまでの研究では，仮説構築や考察において，主観的自己洞察と自己洞察の正確性の区別が明確になっていないことが多々あり，「主観的自己洞察得点が高い＝自己洞察が正確である」という解釈を前提に議論がなされている場合が多くある．しかしながら前述の通り，両者は概念的に別物であるため，この解釈の妥当性は実証的に検討することが必要となる．だが今のところ研究数が非常に少なく，この解釈の妥当性は十分に確認されていない．

　数少ない研究の一つとして，中島（2019）は，主観的自己洞察と自他合意の間に中程度の正の相関があることを確認している．よって主観的自己理解の高さと自己洞察の正確性の関連はまだ不明であるが，少なくとも自己概念と他者からの評価が一致している人は，主観的自己洞察得点が高い傾向にあるようである．

181

第III部　抑うつに関連した問題

　この傾向の背景にあると思われるメカニズムを述べる．自他合意得点が高い人の主観的自己洞察得点が高い傾向にあるのは，外界から自己の特性に関するフィードバックを受ける際，その内容が，既存の自己概念と一致したものである確率が高いためであると考えられる．例えば，自分を「知的である」と評価している学生がいるとする．自他合意得点が高い場合，その人物は他者からも「知的である」と評価されていることになる．するとその人物は，友達から勉強を教えてほしいと依頼されたり，授業中，教師からお手本にされたりといった「知的である自分」という認識と合致する経験をしやすいであろう．言い換えると，こうした経験は「自分の自己概念が確かに正しいものである」という外界からのメッセージとなる．そうしたメッセージを外界から繰り返し受け取ることができれば，本人は「自分は正しく自分を理解している」と感じられやすくなるだろう（主観的自己洞察得点が高まる）．この仮説を支持する知見として，既存の自己概念と合致した評価を他者から受けることは，自己受容の向上につながることが示唆されている（Harter, 2015）．反対に，他者からはそう思われていないのに自分を「知的である」と評価している場合では，教師から学業について説教を受けたり，クラスメートから馬鹿にされたりなど，「知的である」という自己概念を反証するような出来事ばかりを経験する確率が高い．このような場合は，「自分の自己概念は誤っている」というメッセージを外界から繰り返し受け取ることになるため，「自分は正しく自分を理解できていないのではないか」という疑念を抱きやすくなり，主観的自己洞察得点が低下しやすいと考えられる．

　以上のように自他合意との関連から推察すると，「主観的自己洞察得点が高い＝自己洞察が正確である」という解釈が妥当なもののように思える．しかしながら，この解釈を疑問視させるような研究知見も報告されている．次の節で詳述するが，主観的自己洞察のレベルは心理的適応度の指標として解釈することが可能であるため，もし主観的自己洞察のレベルと自己洞察の正確性がイコールであるならば，心理的適応度の高い人の自己洞察は正確であると想定される．しかしながらこの想定に反し，自尊心や抑うつ傾向を指標として測った心理的適応度と自己評価におけるバイアスの関連を調べた実証研究では，心理的適応度が高い人は自己評価がポジティブに歪みやすい傾向があることが示され

ている（Alloy & Abramson, 1979; Brown, 1986; Suls *et al.*, 2002; Tabachnik *et al.*, 1983）．つまり，この結果は，心理的適応度の高い人の自己評価はそうでない人よりも正確でないということを示唆している．よって，主観的自己洞察と自己洞察の正確性，および心理的適応がどのように関連しているのかについては，今のところ明確になっておらず，両者の関連は自己洞察の正確性をどのように測るかや，またおそらくどのような自己概念に関するものとするかによっても異なると推測される．そのため今後は，自己洞察の正確性の測定方法や自己概念の種類を変えて検討を重ね，両者の関連の全貌を明らかにしていく必要がある．

2 自己洞察と心理的適応

　自己洞察の欠如は，多くの精神病理に共通する重要な特徴として知られている（Beck *et al.*, 2004; Dimaggio *et al.*, 2009; Philippi & Koenigs, 2014; van der Meer *et al.*, 2013）．実際に，定量的な研究において主観的自己洞察のレベルは，抑うつ症状や不安症状，パラノイド思考，ネガティブ感情といった心理的不適応指標と負の関連があり，ウェルビーイングや生活満足度，ポジティブ感情，自尊心といった心理的適応指標と正の関連があると一貫して確認されている（Harrington & Loffredo, 2010; Harrington *et al.*, 2014; Heidari *et al.*, 2020; Lyke, 2009; Nakajima *et al.*, 2017; Nakajima *et al.*, 2018; 中島, 2019; Nakajima *et al.*, 2019; Silvia & Phillips, 2011）．臨床群と健常群の比較研究においても，うつ病，統合失調症患者の主観的自己洞察のレベルは，健常者に比べて有意に低いことが示されている（Liu & Liu, 2018）．自己洞察の正確性も，抑うつ症状やパーソナリティ障害傾向といった不適応指標とは負の関連があり，自尊心といった適応指標とは正の関連があることが報告されている（Luan *et al.*, 2018; 中島, 2019）．

　自己洞察と心理的適応に強い関連がある背景には，自己洞察がストレス・コーピングの基盤として機能しているということが想定されている（Crane *et al.*, 2019; Grant *et al.*, 2002; Beardslee, 1989）（図12-2）．Lazarus & Folkman（1984）のストレス理論によると，ストレッサーによる心理的状態への影響は，ストレッサーに対する個人の認知的評価と対処（コーピング）によって異なるとされ

第III部 抑うつに関連した問題

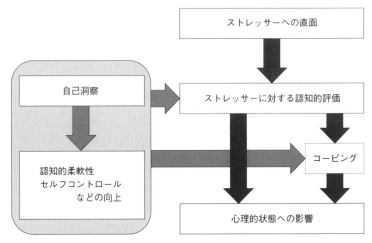

図12-2 ストレス・コーピングのメカニズムにおける自己洞察

ている．つまり，例えばある人が「失業」という経験をした場合に，それをどうとらえ，どう対処したかによって，「失業」という経験によって受ける心理的ダメージは変わってくるということである．失業を，「自分が無能であることを証明する経験」として解釈し，家にひきこもってしまえば，心理的に大きなダメージを受けることになると予測される．一方，「失業」を「もっと自分に合った楽しい仕事を探す転機」と解釈し，就職活動に取り組めば，心理的ダメージを小さく留められるだろう．

　自己洞察は，この認知的評価とコーピングによい影響を与えることで，心理的適応に寄与していると考えられている．まず，適切な認知的評価を行うためには，自身の状態を正確に把握した上で，ストレッサーが自身にどの程度の脅威を与え得るものであるのかを評価する必要がある（Crane et al., 2019）．自己洞察の正確な人は，自身の状態の認識が明確であるため，ストレッサーの脅威度を過度または過小に評価することなく，適切に解釈するのが得意であると考えられる．またコーピングにおいては，適切なコーピングを実行するためには，自身のリソースをきちんと把握し，実行可能な方法の中から最適なものを選択して実行する必要があるが，自己洞察が正確であれば，コーピングのためのリソースが網羅的に把握されているため（Crane et al., 2019），実行可能なコーピ

ング方法の選択肢が多く（Eng & Pai, 2015），ストレッサーに合った適切なコーピングを実行できやすいと考えられる．

このようなメカニズムにより，自己洞察はストレス・コーピングの質を向上させることで，心理的適応に寄与していると考えられている．実際に自己洞察は，レジリエンスやハーディネス，メンタルタフネスといったストレス耐性の指標と正の関連を持つことが確認されている（Cowden, 2017; Cowden & Meyer-Weitz, 2016; Nakajima *et al.*, 2017）．また自己洞察は，認知的柔軟性やセルフコントロール，認知的再解釈，問題解決志向といった適切なストレス・コーピングと密接に関わる要因の向上に寄与することも示唆されている（Chung *et al.*, 2012; Haga *et al.*, 2009; Selwyn & Grant., 2019）．

一方，本来心理的適応に寄与する機能を持つとされる自己洞察だが，その作用は常に適応的であるわけではなく，むしろ不適応的に作用する場合もあることが指摘されている．それは，自己概念の内容が過度にネガティブな場合である．Nakajima *et al.*（2018）は，自己洞察による抑うつ症状への効果を，自己概念の内容における個人差を考慮して検討した．その結果，自己のネガティブな側面に関する認識が過度に緻密である場合は，自己洞察がむしろ抑うつ症状の増強に関与することが確認された．Stein & Grant（2014）でもこれと合致する知見が報告されており，自己概念の内容がポジティブであることは，自己洞察の適応的機能の必要要件となっていることが示唆されている．そのため自己洞察の効果やメカニズムについて今後さらなる検討を行う際には，自己概念の個人差を考慮することが必須となるだろう．

3 自己洞察の向上方法

自己洞察は，積極的に自身を省みること（自己内省）によって深めることが可能であると考えられている（Grant *et al.*, 2002; Crane *et al.*, 2019）．しかしながら自己内省によって自己洞察を効果的に高めるためには，一つ重要な注意事項がある．それは，自己内省と同時に生じやすい自己反すうの増強を，回避する工夫が必要であるということである．自己反すうとは，自己への脅威，喪失，不正といったネガティブな動機により，受動的に自身に注意が向いてしまうこ

第 III 部　抑うつに関連した問題

とである（Trapnell & Campbell, 1999）．具体的には，「終わったことをくよくよと考えることをやめることができない」といった現象がこれに当たる．自己反すうは，心理的適応に大きな悪影響をもたらす要因として心理的治療において非常に危険視されており（Watkins & Roberts, 2020），また自己洞察に対しても悪影響をもたらすことが報告されている（Simsek, 2013）．

　自己内省は，自己洞察を高めるという利点がある一方で（Chow *et al.*, 2011; Grant, 2003; Grant, 2008; Simsek, 2013; Stein & Grant, 2014），自己反すうを増強してしまうという欠点もあることが指摘されている（Takano & Tanno, 2009）．つまり自己内省は，自己洞察を高めて心理的適応度を向上させる一方で，自己反すうの増強を介して自己洞察を阻害して心理的適応度を低下させるという相反する効果を併せ持つ．そのため意図的に自己内省を行い，自己洞察を深めようとする際には，自己反すうの増強を回避する方略が必要となる．

　自己内省による自己反すうの増強を回避する方略として有効だと思われるものに，マインドフルネスがある．マインドフルネスとは，今現在の心の状態に，非批判的な姿勢で注意を向け，受容する態度である（Kabat-Zinn, 2003, 2009）．マインドフルネスを基礎とした心理的介入の治療理論では，介入によって自己反すうのようなネガティブな思考から距離を取れるようになることが，治療的因子となると考えられている（杉浦, 2008）．これは実証研究においても支持されており，マインドフルネスは，自己反すうを低減させる効果を持つことが多くの研究で確認されている（Deyo *et al.*, 2009; Hawley *et al.*, 2014 など）．またマインドフルネスは，自己洞察の向上に寄与することも確認されている（Erden, 2015; Nakajima *et al.*, 2019）．こうした知見から，マインドフルネスのアプローチを取り入れた自己内省を行うことは，自己洞察の向上に非常に有効であると期待される．

4　公認心理師の実践における自己洞察

　前述の通り，自己洞察という概念は心理的適応と密接に関わる要因であるため，自己洞察に関する知見は，病院やクリニックのカウンセラーなどとして，公認心理師が医療領域で実践に携わる場合に，特に役立つものとなるだろう．

しかしながら自己洞察に関する知見は，教育や産業といった，公認心理師の他分野での実践においても有益であると期待される．例えば，教育分野におけるメインターゲットの一つであろう青年期の学生は，エリクソン（Erikson, E. H.）の発達理論における「アイデンティティの確立」が課題となっている年代である（Erikson, 1959　西平・中島訳　2011）．アイデンティティとは，自己の同一性，連続性の感覚およびそれに対する他者からの承認の自覚とされており（Erikson, 1959　西平・中島訳　2011），自己洞察とかなりオーバーラップする概念となっている．よってスクールカウンセラーなどの立場で学生対応にあたる際は，主訴の背景にアイデンティティや自己洞察の問題が絡んでいる可能性を想定することで，より有効な支援が可能となると期待される．また産業分野においては，公認心理師が他の専門職とともに担う重要な役割として，ストレスチェック実施者がある．ストレスチェック実施者とは，労働者に対してストレスチェックを実施し，その結果を踏まえ，面接指導の必要性を判断する者である（小沼・秋山，2018）．先に述べた通り，自己洞察は，ストレス耐性のメカニズムにおいて中核的機能を担っている．よって自己洞察に関する知識は，ストレスチェック実施者の業務においても有益な示唆を与えると期待される．

引用文献

Alloy, L. B., & Abramson, L. Y. (1979). Judgment of contingency in depressed and nondepressed students: Sadder but wiser? *Journal of Experimental Psychology: General, 108* (4), 441-485.

Aşkun, D., & Cetin, F. (2017). Turkish version of self-reflection and insight scale: A preliminary study for validity and reliability of the constructs. *Psychological Studies, 62(1)*, 21-34.

Beardslee, W. R. (1989). The role of self-understanding in resilient individuals: The development of a perspective. *American Journal of Orthopsychiatry, 59(2)*, 266-278.

Beck, A. T., Baruch, E., Balter, J. M., Steer, R. A., & Warman, D. M. (2004). A new instrument for measuring insight: The beck cognitive insight scale. *Schizophrenia Research, 68(2-39)*, 319-329.

Beer, J. S. (2014). Exaggerated positivity in self‐evaluation: A social neuroscience approach to reconciling the role of self‐esteem protection and cognitive bias. *Social and Personality Psychology Compass, 8(10)*, 583-594.

Beer, J. S., & Harris, M. A. (2019). The advantages and disadvantages of self-insight: New psychological and neural perspectives. *Advances in Experimental Social Psychology, 60*, 121-173.

第 III 部　抑うつに関連した問題

Brown, J. D. (1986). Evaluations of self and others: Self-enhancement biases in social judgments. *Social Cognition, 4(4)*, 353–376.

Chambers, J. R., & Windschitl, P. D. (2004). Biases in social comparative judgments: The role of nonmotivated factors in above-average and comparative-optimism effects. *Psychological Bulletin, 130(5)*, 813–838.

Chen, S. Y., Lai, C. C., Chang, H. M., Hsu, H. C., & Pai, H. C. (2016). Chinese version of psychometric evaluation of self-reflection and insight scale on Taiwanese nursing students. *Journal of Nursing Research, 24(4)*, 337–346.

Chow, A. Y., Lam, D. O., Leung, G. S., Wong, D. F., & Chan, B. F. (2011). Promoting reflexivity among social work students: The development and evaluation of a programme. *Social Work Education, 30(2)*, 141–156.

Chung, S. H., Su, Y. F., & Su, S. W. (2012). The impact of cognitive flexibility on resistance to organizational change. *Social Behavior and Personality: An International Journal, 40(5)*, 735–746.

Cowden, R. G. (2017). On the mental toughness of self-aware athletes: Evidence from competitive tennis players. *South African Journal of Science, 113*, 1–6.

Cowden, R. G., & Meyer-Weitz, A. (2016). Self-reflection and self-insight predict resilience and stress in competitive tennis. *Social Behavior and Personality: An International Journal, 44(7)*, 1133–1150.

Crane, M. F., Searle, B. J., Kangas, M., & Nwiran, Y. (2019). How resilience is strengthened by exposure to stressors: The systematic self-reflection model of resilience strengthening. *Anxiety, Stress, & Coping, 32(1)*, 1–17.

Deyo, M., Wilson, K. A., Ong, J., & Koopman, C. (2009). Mindfulness and rumination: Does mindfulness training lead to reductions in the ruminative thinking associated with depression? *Explore, 5(5)*, 265–271.

Dimaggio, G., Vanheule, S., Lysaker, P. H., Carcione, A., & Nicolò, G. (2009). Impaired self-reflection in psychiatric disorders among adults: A proposal for the existence of a network of semi independent functions. *Consciousness and Cognition, 18(3)*, 653–664.

Eng, C. J., & Pai, H. C. (2015). Determinants of nursing competence of nursing students in Taiwan: The role of self-reflection and insight. *Nurse Education Today, 35(3)*, 450–455.

Erden, S. (2015). Awareness: The effect of group counseling on awareness and acceptance of self and others. *Procedia-Social and Behavioral Sciences, 174*, 1465–1473.

Erikson, E. H. (1959). *Identity and the life cycle*. International Universities Press.（西平直・中島由恵（訳）(2011)．アイデンティティとライフサイクル　誠信書房）

Grant, A. M. (2003). The impact of life coaching on goal attainment, metacognition and mental health. *Social Behavior and Personality: An International Journal, 31(3)*, 253–264.

Grant, A. M. (2008). Personal life coaching for coaches-in-training enhances goal attainment, insight and learning. *Coaching: An International Journal of Theory, Research and Practice, 1(1)*, 54–70.

Grant, A. M., Franklin, J., & Langford, P. (2002). The self-reflection and insight scale: A new measure of private self-consciousness. *Social Behavior and Personality: An International*

188

Journal, 30(8), 821-835.

Haga, S. M., Kraft, P., & Corby, E. K. (2009). Emotion regulation: Antecedents and well-being outcomes of cognitive reappraisal and expressive suppression in cross-cultural samples. *Journal of Happiness Studies, 10*, 271-291.

Harrington, R., & Loffredo, D. A. (2010). Insight, rumination, and self-reflection as predictors of well-being. *Journal of psychology, 145(1)*, 39-57.

Harrington, R., Loffredo, D. A., & Perz, C. A. (2014). Dispositional mindfulness as a positive predictor of psychological well-being and the role of the private self-consciousness insight factor. *Personality and Individual Differences, 71*, 15-18.

Harter, S. (2015). *The construction of the self: Developmental and sociocultural foundations.* Guilford Publications.

Hawley, L. L. *et al.* (2014). Mindfulness practice, rumination and clinical outcome in mindfulness-based treatment. *Cognitive Therapy and Research, 38(1)*, 1-9.

Heidari, F., Basharpoor, S., & Aghajani, S. (2020). Predicting paranoid thoughts in patients with schizophrenia basing on cognitive biases and self-reflection. *Shenakht Journal of Psychology and Psychiatry, 6(6)*, 17-29.

Kabat-Zinn, J. (2003). Mindfulness based interventions in context: Past, present, and future. *Clinical Psychology: Science and Practice, 10(2)*, 144-156.

Kabat-Zinn, J. (2009). *Wherever you go, there you are: Mindfulness meditation in everyday life.* Hachette Books.

Kim, H., Di Domenico, S. I., & Connelly, B. S. (2019). Self–other agreement in personality reports: A meta-analytic comparison of self-and informant-report means. *Psychological Science, 30(1)*, 129-138.

小沼宏治・秋山篤史 (2018). 労働安全衛生規則の一部を改正する省令を公布・施行しました 厚生労働省 (https://www.mhlw.go.jp/stf/newpage_00760.html)

Lazarus, R. S., & Folkman, S. (1984). *Stress, appraisal, and coping.* Springer Publishing Company.

Liu, L., & Liu, J. (2018). The ability and characteristic of self-reflection and insight in schizophrenia and depression patients. *Chinese Journal of Behavioral Medicine and Brain Science, 12*, 31-34.

Luan, Z. *et al.* (2018). See me through my eyes: Adolescent–parent agreement in personality predicts later self-esteem development. *International Journal of Behavioral Development, 42(1)*, 17-25.

Lyke, J. A. (2009). Insight, but not self-reflection, is related to subjective well-being. *Personality and individual Differences, 46(1)*, 66-70.

中島実穂 (2019). 自己洞察——抑うつとの関連とその向上要因 東京大学大学院博士論文

Nakajima, M., Takano, K., & Tanno, Y. (2017). Adaptive functions of self-focused attention: Insight and depressive and anxiety symptoms. *Psychiatry Research, 249*, 275-280.

Nakajima, M., Takano, K., & Tanno, Y. (2018). Contradicting effects of self-insight: Self-insight can conditionally contribute to increased depressive symptoms. *Personality and Individual Differences, 120*, 127-132.

第 III 部　抑うつに関連した問題

Nakajima, M., Takano, K., & Tanno, Y. (2019). Mindfulness relates to decreased depressive symptoms via enhancement of self-insight. *Mindfulness, 10(5)*, 894-902.

Philippi, C. L., & Koenigs, M. (2014). The neuropsychology of self-reflection in psychiatric illness. *Journal of Psychiatric Research, 54*, 55-63.

Selwyn, J., & Grant, A. M. (2019). Self-regulation and solution-focused thinking mediate the relationship between self-insight and subjective well-being within a goal-focused context: An exploratory study. *Cogent Psychology, 6(1)*, 1695413.

Silvia, P. J. (2022). The self-reflection and insight scale: Applying item response theory to craft an efficient short form. *Current Psychology, 41*, 8635-8645.

Silvia, P. J., & Phillips, A. G. (2011). Evaluating self-reflection and insight as self-conscious traits. *Personality and Individual Differences, 50(2)*, 234-237.

Simsek, O. F. (2013). Self-absorption paradox is not a paradox: Illuminating the dark side of self-reflection. *International Journal of Psychology, 48(6)*, 1109-1121.

Song, M. O., & Kim, H. (2018). Validity and reliability of the self-reflection and insight scale for Korean nursing students. *Journal of Korean Academy of Fundamentals of Nursing, 25(1)*, 11-21.

Stein, D., & Grant, A. M. (2014). Disentangling the relationships among self-reflection, insight, and subjective well-being: The role of dysfunctional attitudes and core self-evaluations. *Journal of Psychology, 148(5)*, 505-522.

杉浦義典 (2008). マインドフルネスにみる情動制御と心理的治療の研究の新しい方向性　感情心理学研究, *16(2)*, 167-177.

Suls, J., Lemos, K., & Stewart, H. L. (2002). Self-esteem, construal, and comparisons with the self, friends, and peers. *Journal of Personality and Social Psychology, 82(2)*, 252-261.

Tabachnik, N., Crocker, J., & Alloy, L. B. (1983). Depression, social comparison, and the false-consensus effect. *Journal of Personality and Social Psychology, 45(3)*, 688-699.

Takano, K., & Tanno, Y. (2009). Self-rumination, self-reflection, and depression: Self-rumination counteracts the adaptive effect of self-reflection. *Behaviour Research and Therapy, 47(3)*, 260-264.

Trapnell, P. D., & Campbell, J. D., (1999). Private self-consciousness and the five-factor model of personality: Distinguishing rumination from reflection. *Journal of Personality and Social Psychology, 76(2)*, 284-304.

van der Meer, L. *et al.* (2013). Insight in schizophrenia: Involvement of self-reflection networks? *Schizophrenia Bulletin, 39(6)*, 1288-1295.

Watkins, E. R., & Roberts, H. (2020). Reflecting on rumination: Consequences, causes, mechanisms and treatment of rumination. *Behaviour Research and Therapy, 127*, 103573.

Zell, E., Strickhouser, J. E., Sedikides, C., & Alicke, M. D. (2020). The better-than-average effect in comparative self-evaluation: A comprehensive review and meta-analysis. *Psychological Bulletin, 146(2)*, 118-149.

第 13 章 ● 自殺予防と援助希求行動

山内貴史

1 人はなぜ自殺するか

自殺の対人関係理論

「人はなぜ自殺するか」は古くて新しい問いである．この問いに対し，これまで哲学，宗教学，社会学，精神医学，心理学など，様々な領域から独自の見解が示されてきた．これら諸領域における見解の概要やその歴史的経緯については，末木（2020）が簡潔にまとめている．例えば，精神分析学の祖であるフロイト（Freud, S.）は当初，大切な人の喪失体験に起因し，他者に向けられていた攻撃性が自己に向けられたものとして，自殺という事象の説明を試みた．

近年，自殺予防に携わる国内外の専門家の間でよく参照されるのが，米国のジョイナー（Joiner, T. E.）らが提唱した「自殺の対人関係理論（interpersonal theory of suicide）」である（Joiner *et al.*, 2009; 松本，2015; 末木，2020）．自殺の対人関係理論では，「獲得された自殺潜在能力（acquired capability for suicide）」「所属感の減弱（thwarted belongingness）」および「負担感の知覚（perceived burdensomeness）」の三つの要素が重なることで自殺が生じると考える（図 13-1）．自殺潜在能力とは，自らを傷つける際の恐怖や身体的な痛みへの抵抗感の低さや耐性のことである．所属感の減弱とは，周囲やコミュニティとのつながりが希薄で孤立していること，ならびに自分がどこにも所属していない，居場所がないといった孤独感が強まった状態を表す．負担感の知覚とは，自分の存在が大切な人にとっての重荷や負担になっているという認識のことである．

対人関係理論を構成する 3 要素と自殺予防戦略

自殺の対人関係理論を構成する 3 要素のうち，自殺潜在能力を高める要因と

第III部　抑うつに関連した問題

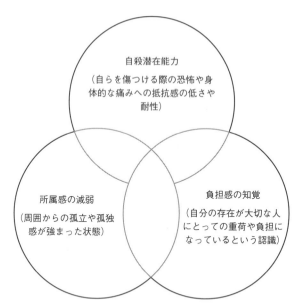

図13-1　ジョイナーらによる自殺の対人関係理論における3要素

しては，自殺企図歴，自傷行為経験，身体的虐待や，アルコールや薬物による酩酊状態で死や自殺企図への恐怖が低減し，衝動性が高まることなどが挙げられる．所属感の減弱を高める要因としては，配偶者との離別，家族関係の悪化，ひきこもり，職場でのハラスメントなどが挙げられる．負担感の知覚を高める要因としては，失業・解雇などによる無職・無収入状態，多額の借金や多重債務による経済的問題，身体・精神的障害による要介護状態になることなどが挙げられる．後述するが，例えば，精神疾患としてのアルコール依存は自殺の危険因子の一つであるが，①酩酊状態で死への恐怖感・抵抗感が低減することによる自殺潜在能力の強化，②アルコールに関連するトラブルに起因する職場での同僚・上司との不和や孤立，家族間の軋轢の発生などによる所属感の減弱，③アルコール問題絡みの解雇・失業，借金，家族が担う精神的・経済的負荷による負担感の知覚の強化といったように，これら三つの要素が互いに絡み合いながら自殺願望や自殺関連行動のリスクを高めていく．

　自殺の対人関係理論は，「自殺がなぜ起こるか」の説明とともに，「自殺を予

防するにはどうすればよいか」についても示唆を与える．切迫した自殺のリスクが高まっている人への危機介入に際して，まずは自殺企図歴や，自殺の具体的な計画や道具の準備の有無など自殺潜在能力について慎重に評価する．その上で，共感と傾聴，家族などキーパーソンへの心理的支援，自己否定的な思考に対しての認知療法，法的・経済的問題に対するソーシャルワークなどを通じて所属感の減弱および負担感の知覚に働きかけ，自殺願望を減弱させていくという優先順位での対応が推奨されている（松本，2015; 末木，2020）．

2 自殺の危険因子

WHO（世界保健機関）によるレポート

2014年にWHOは，世界各国の専門家による，それまでの自殺予防および自殺対策に関する学術的知見を総括したレポート，*Preventing suicide: A global imperative*（自殺を予防する——世界の優先課題）を公表した（World Health Organization, 2014）．筆者も作成の一端に携わったこのレポートにおいて，WHOは国内外の研究で明らかにされてきた自殺の危険因子（risk factors）を大きく五つの領域（保健医療システム，社会，地域，人間関係，個人）に分類した上で，各々の領域に該当する危険因子の具体例を提示している（表13-1）．一般地域住民におけるがんや脳卒中といった重度の身体疾患の罹患（Yamauchi *et al.*, 2014a, 2014b），民間企業の労働者や地方公務員における長時間労働や職場でのいじめ・ハラスメントなど（Yamauchi *et al.*, 2018a; Yamauchi *et al.*, 2018b; Yamauchi *et al.*, 2018c; Yamauchi *et al.*, 2017b），表13-1にリストアップされていないものも含め，様々な要因が複雑に絡み合って自殺のリスクを押し上げると考えられている．これらの危険因子をより多く有する人はそうでない人と比較して最終的に自殺に至る可能性は高いと言える．しかしながら，これら危険因子は，そのうちいくつ以上に該当すれば直ちに自殺企図に至るかを予測できるというわけではないことに留意する必要がある．

一方，表13-1に示したような危険因子の影響を軽減し，自殺に対する個人のレジリエンスや社会とのつながりを強化する保護因子（protective factors）についても提唱されている．親密な人間関係や，支援を要する際には自ら援助を

第 III 部　抑うつに関連した問題

表 13-1　主要な自殺の危険因子（World Health Organization, 2014　小高他訳　2014 を改変）

領域	危険因子	具体例
保健医療システム	ヘルスケアへのアクセスの障壁	医療資源の少なさ，複雑な保健医療システム
社会	自殺手段へのアクセス	農薬，銃器，高所，鉄道，医薬品などの入手や利用のしやすさ
	不適切なメディア報道	扇動的な報道，自殺手段や場所の詳細な報道，自殺を美化した報道，個人の SNS での扇動的な情報発信
	援助希求行動と関連するスティグマ	メンタルヘルス問題に関する援助希求への偏見や否定的態度
地域	災害，戦争，紛争	大規模自然災害の被災
	異文化への適応と強制移動のストレス	先住民グループ，難民・移民集団
	差別	性的マイノリティへの差別
	トラウマもしくは虐待	幼少期の心理的・身体的・性的虐待，ネグレクトの経験
人間関係	孤立感および社会的支援の不足	独居高齢者
	人間関係の葛藤，不和，喪失	配偶者との離別または死別，子どもの親権争い，ドメスティック・バイオレンス
個人	過去の自殺企図	自殺未遂による救急搬送歴
	精神障害	うつ病，双極性障害，統合失調症
	アルコールなどの有害な使用	アルコール依存，大麻・ヘロイン・ニコチンなどの物質使用障害
	失業もしくは経済的損失	経済不況による失業や生活困窮
	絶望	将来への悲観，期待の喪失
	慢性疼痛	痛みによる身体的機能の障害
	自殺の家族歴	家族を自殺で亡くした後の悲嘆，自責・罪悪感，怒り，不安，周囲からの差別
	遺伝学的および生物学的因子	セロトニンレベルの低さ

求めることができるなどの適切な対処スキル，信仰などは自殺の危険から人々を保護するベクトルに作用すると考えられている．

　この WHO のレポートでは，自殺の危険因子を列挙するのみならず，これらの危険因子に対応する学術的根拠に基づく予防介入についても概説している（World Health Organization, 2014）．これらの介入は大きく「全体的予防介入（universal prevention strategies）」「選択的予防介入（selective prevention strategies）」「個別的予防介入（indicated prevention strategies）」の三つに分類される．全体的予防介入は，全人口を対象として，社会全体で健康へのアプローチを最大限

にし，自殺のリスクを低減させる取り組みを指す．選択的予防介入は，特定の年齢層など，自殺に対する脆弱性が高いと判断された集団に対して実施する取り組みである．個別的予防介入は，自殺をほのめかすなどのサインを表出している人や自殺企図歴がある人など，脆弱性の高い特定の個人を対象とする取り組みのことである．医療資源の整備，自殺手段へのアクセスの制限（鉄道駅でのホームドアの設置など），責任あるメディア報道を促す取り組みなどは全体的予防介入に，ゲートキーパー・トレーニングによる地域のゲートキーパーの育成やクライシスヘルプラインの設置などは選択的予防介入に，個別の自殺企図のリスクアセスメントとマネジメント，地域のサポート資源を活用してのフォローアップなどは個別的予防介入に，それぞれ概ね該当する．

日本における「心理学的剖検」研究からの知見

　自殺の危険因子を明らかにするための研究手法の一つとして世界各国で実施されてきたのが，「心理学的剖検（psychological autopsy）」である．日本においても，筆者も参画した国立精神・神経医療研究センター内のグループが継続的に実施してきた経緯がある（松本他，2014）．心理学的剖検の展開の経緯とその意義については松本（2015）が詳細に報告しているが，以下に要点を概説する．

　心理学的剖検という概念は，米国ロサンゼルス自殺予防センターの創設者であるシュナイドマン（Shneidman, E. S.）らが提唱した（Shneidman, 1985）．当初は，例えば死因が不慮の事故なのか，故意の自殺なのかの鑑別が困難な不審死事例などについて，検死官や監察医からの依頼により，心理学者が故人の家族，友人・恋人，職場の同僚・上司，主治医などから，故人の死亡前の言動を詳細に聴取し，その意図を検証する死因究明の方法であった．このプロセスが，故人の自殺に至った経緯，原因・動機，ならびに自殺直前の心理状態を理解するのに有用であることが明らかになってきた．

　心理学的剖検では，構造化または半構造化面接により調査が行われる．研究手法の限界点として，①面接調査に協力する自死遺族の特徴の偏り，②単身者・孤立者などが調査対象から除外されてしまう選択の偏り，③遺族の記憶や印象に頼ることに起因する情報の偏り，④詳細な面接に要する心理的・物理的負担，などが挙げられる．その一方で，他の研究手法では得られない詳細な情

第 III 部　抑うつに関連した問題

報が収集可能であることから，自殺の実態解明のための手法として広く各国で適用されるようになった．1980 年代のフィンランドにおいては，国を挙げての心理学的剖検プロジェクトが実施された．また，1990 年代以降では，症例対照研究という手法を用い，症例群としての自殺事例と性・年齢をマッチングさせた対照群としての事故事例や生存事例との間で，自殺の危険因子と考えられる要因への曝露の程度を比較する研究が盛んに行われるようになった（Cavanagh *et al.*, 2003; Kodaka *et al.*, 2014; Phillips *et al.*, 2002）．これらの心理学的剖検研究を通じて，前項で触れた精神疾患などの多様な自殺の危険因子についての知見が蓄積されていった．日本における心理学的剖検の症例対照研究からも，大きく①精神医学的問題（うつ病性障害，アルコール関連障害など），②社会・経済的問題（返済困難な借金，仕事上の悩みなど），③生活歴上の問題（幼少期の被虐待歴，学校でのいじめ被害，身近な人の自殺・自殺未遂歴など）といった要因が自殺のリスクを有意に高め得ることが報告されている（松本他，2014）．

3　自殺のリスクと援助希求行動（援助要請行動）

援助希求行動はどのように自殺のリスクと関連するか

「自殺は孤立の病」と言われることからも窺えるように，自殺予防を考える上で，医療機関への受診，公的機関や専門家への相談，家族・友人・上司・同僚への日常的な相談など，「自分の置かれた困難な状況や問題を改善・解決するために他者からの援助を求める行動」である「援助希求行動（援助要請行動とも呼ばれる）（help-seeking behavior）」の促進は重要な課題である．本章ですでに触れた WHO のレポートにおいても，自殺の危険因子の一つとして，「援助希求行動に関連するスティグマ」が挙げられている（World Health Organization, 2014）．特に，自殺の最大の危険因子の一つである精神疾患などメンタルヘルスの問題に関して，専門家に援助を求める（すなわち，精神科などの専門医療機関を受診したり，公的サービスの提供を受けたりする）ことに対する社会からの根強い偏見やスティグマは，問題を抱えた当人および家族など周囲の人が，必要とする支援を求める際の大きな阻害要因になっている．このような背景から，例えば筆者らは精神疾患当事者の制作した絵画を中心とする様々な芸術作品を活

用して創造性などのポジティブ面に着目させることを意図した啓発プログラム
を実施し，精神疾患（当事者）に対する看護・福祉系学生の態度変容を試みて
いる（Yamauchi *et al.*, 2017a）．

　前節で概説したような自殺の危険因子をより多く抱えた自殺のハイリスク者
は，他者への相談といった援助希求行動を全くしないわけではないが，リスク
の低い人と比較すると援助希求行動を取らない傾向が強い（末木，2017）．ただ
し，援助希求行動がない，または少ない人が，その結果として自殺の危険因子
を多く抱え込み，ハイリスクな状態に陥りがちなのか，自殺に対してハイリス
クな状態に陥ったことによって他者への援助希求が抑制されやすくなるのかに
ついては，相補的な関連があると推察される．したがって，実際の自殺対策に
おいては，例えばゲートキーパー・トレーニングなどにより，問題を抱えてお
り，支援へのニーズはありつつも自ら援助を求めない（または援助を求めること
を躊躇しがちである）人を，実際の援助資源につなぐ役割を担える存在としての
ゲートキーパーを養成することで，他者からの援助や支援をより必要としてい
るはずの自殺のハイリスク者の援助希求能力の低さ・弱さを補おうとする取り
組みなどが有用と考えられている（Mann *et al.*, 2005; World Health Organization,
2014）．かかりつけ医，救急医療機関スタッフ，教員，警察官，消防士，福祉・
介護職，職場の管理監督者や人事労務担当者などは，自殺予防におけるゲート
キーパーとなり得る存在である．

自殺の対人関係理論と援助希求行動

　自殺のリスクと援助希求行動との関連は，すでに触れた自殺の対人関係理論
（Joiner *et al.*, 2009）をもとにとらえることも可能であろう．例えば，配偶者と
の離別，家族関係の悪化，職場でのハラスメントといった状況は，相談したり
助言を求めたりできるはずの援助資源から問題を抱えた人を遠ざけ，結果とし
て当人の孤立や孤独感が強化される所属感の減弱を惹起するであろう．また，
そのような孤立・孤独の状況に陥ったことで，より一層援助を求めることに対
し引け目や負い目を感じ，問題を抱えた自分の存在が相手にとって迷惑や重荷
であるという負担感や心理的負債を，より強く知覚するようになるであろう．
自殺の対人関係理論における所属感の減弱や負担感の知覚が高じた結果として

第 III 部　抑うつに関連した問題

援助希求行動が抑制されるとともに，援助希求行動が抑制された結果として所属感の減弱や負担感の知覚が惹起されるという，ネガティブなスパイラルに陥りやすいと考えられる．

4　援助希求行動を促進する環境要因

環境要因としての職場風土と労働者の援助希求行動

　筆者らの研究グループは，労働者を対象とした精神障害・自殺の労災認定事案に関する研究成果（Nishimura *et al.*, 2022; Yamauchi *et al.*, 2018b）を踏まえ，労働者の健康と安全を守る上での援助希求の重要性に着目し，労働者の援助希求行動の促進を見据えた一連の研究を進めてきた．まず実態把握として，厚生労働省「国民生活基礎調査」の調査票情報に基づく労働者の援助希求行動と精神的健康に関する分析を行った．分析の結果，心理的苦痛の報告のない人と比較して，強い心理的苦痛を報告した労働者では，支援へのニーズはありながらも様々な理由（「相談したいができないでいる」「相談したいがどこに相談してよいかわからない」など）により援助希求行動がない人が多いことを明らかにした（Yamauchi *et al.*, 2020）．援助希求行動は一般的に適応的なストレス対処の一つという文脈で議論されることが多いが，その一方で自分が抱えている問題や，その問題を自分の力だけで解決するのが困難であることの自己開示を伴う行動でもあり，様々な因子が援助希求行動の促進または抑制要因になり得る．

　援助希求行動を促進するためには，「助けて」と言えない人を変えようとするのでなく，援助希求をしやすい（サポート資源にアクセスしやすい）雰囲気や他者との関係性も含めた環境調整がより効果的であることを示唆する研究報告は多い．例えば，精神疾患に対する偏見やスティグマの低減は援助希求行動に対する態度は変化させ得るものの，「行動」そのものの変容には，環境調整やサービス資源へのアクセス向上といった公衆衛生学的な視点からの介入を要するとの指摘もある（Gulliver *et al.*, 2012; 中村，2017）．また，筆者らによる，業種・職種別（医療従事者（Sabbath *et al.*, 2018），軍人（Britt *et al.*, 2020），教員（Hashimoto & Maeda, 2021），警察官（Richards *et al.*, 2021）など）に見た，環境要因としての職場風土と労働者の援助希求行動との関連についての既刊文献のレビュー

第 13 章　自殺予防と援助希求行動

においても，職場風土が良好なほど援助希求行動が促進され，逆に良好でない
風土は職場における援助希求行動の阻害要因となり得ることが示唆されている
（山内他，2023a）．職場風土は多義的な概念であり，経営層や管理監督者のリー
ダーシップのあり方，企業全体としての価値観（Sauter, 1996），多様性への寛
大さ（Sabharwal, 2014）といった様々な要素が包含される．

良好な職場風土は援助希求行動を促進するか

筆者らは，労働者の援助希求行動を促進し得る要因として職場の「協働的風
土」（田村他，2012）に着目し，協働的風土と援助希求行動としての「治療と仕
事の両立支援」の申出との関連について，中小企業の労働者を対象とした一連
の研究を行ってきた（山内他，2022; 山内他，2023b; 須賀他，2020）．

厚生労働省（2024, 2014）によると，日本において働きながらがんの治療を
受けている労働者は 32 万人に上るとともに，病気を抱える労働者の 9 割以上
は就労継続を希望している．このような背景から，厚生労働省は治療を要する
労働者の就労継続を支援するための指針「事業場における治療と仕事の両立支
援のためのガイドライン」の策定をはじめとした体制整備を進めてきた．

治療と仕事の両立支援（以下，両立支援）のスキームは，事業者に対する，治
療が必要な労働者からの支援の申出という形での援助希求行動を端緒とする．
具体的には，①労働者は自身の勤務情報や業務内容を主治医に伝える，②主治
医は就業の可否や就業継続に際しての配慮を記した意見書を作成する，③労働
者は主治医意見書を事業場に提出する，④事業者は産業医などの意見聴取を踏
まえて就業上の措置を決定し，両立支援プラン（任意）を作成する，というプ
ロセスを経て，労働者に対する就業上の措置と治療への配慮が実施される．

筆者らの一連の研究（山内他，2022; 山内他，2023b; 須賀他，2020）では，中小
企業の労働者において，産業保健スタッフや勤務・休暇制度の有無などの要因
とは独立して，職場の協働的風土が両立支援の申出意図を高める可能性が示さ
れた．また，勤務先の協働的風土が良好で両立支援の先行事例がある労働者で
は，両立支援に関する情報提供後には支援を申し出ると回答が変化した人が有
意に多く，協働的風土などの職場環境要因が両立支援に関する情報提供の有用
性や両立支援の申出意図を高める可能性が示唆された．なお，調査対象者

199

第 III 部　抑うつに関連した問題

3286 人のうち，援助希求行動としての両立支援を「積極的には申し出ない」と回答した 843 人にその理由を複数回答可で尋ねたところ，「職場に居づらくなる（45.2%）」が最も多く，以下，「上司や同僚に迷惑を掛ける（39.8%）」「給料が下がる（29.6%）」「病気であることを周囲に知られてしまう（27.8%）」「人間関係がギクシャクする（22.2%）」「辞職に追い込まれる（17.6%）」の順であった．

　先行研究を概観するに，援助希求行動が促進されやすい職場風土を醸成する上で，メンタルヘルス関連も含めた援助希求行動に理解があるサポーティブな上司の存在は大きい．例えば，Zaman *et al.*（2022）は，医療専門職におけるフォーマルな援助希求行動としてのメンタルヘルス関連の受療行動の阻害要因および促進要因について明らかにするため，既刊文献のシステマティックレビューならびに英国国民保健サービス（NHS）の医師に対する面接調査を行った．最終的に分析された 16 編の論文の多くは医師を調査対象としていた．Zaman *et al.*（2022）は，秘密保持に関する懸念，多忙による時間のなさ，精神疾患に対する偏見・スティグマ，自身のキャリアへの悪影響の懸念など，九つの援助希求行動の阻害要因とともに，促進要因の一つとして職場風土（workplace culture）について指摘している．メンタルヘルス関連では，メンタルヘルスについての啓発や理解促進を意図した管理監督者研修やリーダーシップ・トレーニング（Dimoff *et al.*, 2016）などの効果測定と産業保健領域での普及が期待される．

5　COVID-19 流行下での援助希求行動と自殺関連行動

　国内外を問わず，新型コロナウイルス感染症（COVID-19）のパンデミック（WHO の緊急事態宣言は 2020 年 1 月〜 2023 年 5 月）は一般市民の日常に大きな影響を及ぼした．筆者らは COVID-19 パンデミック下で「新しい働き方」を強いられた集団の援助希求行動の変化についてスコーピングレビューを行い，公衆衛生クライシス下での援助希求行動の現状と促進・抑制要因について文献検討を行った（Yamauchi *et al.*, 2023）．医療従事者を対象とした 9 編の文献を分析した結果，医療従事者ではメンタル不調の報告が多いにもかかわらず，同業者である医療専門職への援助希求意図または行動は少なく，サービスギャップが

強いことが改めて示唆された.

このレビューに含まれた文献のうちの1編は，2020年8月から10月にかけて，豪州の医療従事者7795人を対象とした全国的なオンライン質問紙調査（the Australian COVID-19 Frontline Healthcare Workers Study）のデータを分析し，パンデミック下における医療従事者の自殺念慮の現状，ならびに自殺念慮ありの人における援助希求行動の有無を報告していた（Bismark *et al.*, 2022）．この研究ではメンタルヘルス関連の問題に対して，社会的つながりや健康関連アプリなどの「インフォーマルな」資源，ならびに精神保健の専門家や事業場内の従業員支援サービスなど「フォーマルな」資源への援助希求行動の有無を研究参加者に尋ねた．分析の結果，研究参加者の11%が自殺念慮を報告していた．一方，自殺念慮を報告した人のうち39%が医師または心理師に援助希求したと報告した．横断研究のためパンデミック以前の援助希求行動との比較はできないものの，コロナ禍で自殺念慮を抱えた医療従事者のうち，実際に援助希求行動をとった人はその半数にも満たないという状態であったことが窺える.

警察庁（2024）の自殺統計によると，日本においては，コロナ禍で小中高生の自殺者数が過去最多という危機的な状況となっている．前述の筆者らのレビュー（Yamauchi *et al.*, 2023）では，パンデミック下における学生の援助希求行動についても分析している．レビューに包含された研究論文数は3編と少ないものの，各国のソーシャルディスタンス関連施策，ステイホーム（ロックダウン），休校の影響などにより，学生のメンタル不調など，支援のニーズそのものはパンデミック前と比較して増加しているにもかかわらず，フォーマルおよびインフォーマルな援助希求行動ともに減少傾向が示唆されている．パンデミック下のような対人接触を制限される社会環境下における，フォーマルおよびインフォーマルなサポート資源へのオンラインを活用した援助希求行動の促進ツールの開発と有用性の検証などは，本領域における今後の検討課題である.

6　自殺予防と援助希求行動の促進に向けて

「自殺は孤立の病」であるならば，周囲の潜在的な援助資源に対し，必要な支援を求める援助希求行動の促進，とりわけ自ら援助を求めないまたは求める

第III部　抑うつに関連した問題

ことをためらいがちな人における援助希求行動の促進は，自殺予防を考える上で重要な課題である．援助希求行動の促進要因として職場風土のような環境要因に着目するメリットは，労働者個人レベルでの行動変容を促すことよりも，職場風土を改善，強化または維持する方が相対的に容易であることである．このような取り組みの一環として，筆者らは中小企業の経営者を対象に職場の協働的風土醸成の経営上のメリットを理解してもらい，労働者からの援助希求行動の閾値を下げ行動化を促進する試みを進めている．このような試みが，労働者が抱え得る様々な問題，例えば仕事と治療（精神疾患の治療を含む）の両立，仕事と育児の両立，仕事と介護の両立といった問題に対しての援助希求行動を促進することで，労働者の心身の過重な負荷を軽減し，ひいては過労自殺など，職場における自殺関連行動のリスク低減につながると考えるためである．このようなわれわれの試みの成果についても近々に報告の予定であることを記して，本章の結語とする．

引用文献

Bismark, M. *et al.* (2022). Thoughts of suicide or self-harm among Australian healthcare workers during the COVID-19 pandemic. *Australian & New Zealand Journal of Psychiatry, 56*(12), 1555-1565.

Britt, T. W., Wilson, C. A., Sawhney, G., & Black, K. J. (2020). Perceived unit climate of support for mental health as a predictor of stigma, beliefs about treatment, and help-seeking behaviors among military personnel. *Psychological Services, 17*(2), 141-150.

Cavanagh, J. T., Carson, A. J., Sharpe, M., & Lawrie, S. M. (2003). Psychological autopsy studies of suicide: A systematic review. *Psychological Medicine, 33*(3), 395-405.

Dimoff, J. K., Kelloway, E. K., & Burnstein, M. D. (2016). Mental health awareness training (MHAT): The development and evaluation of an intervention for workplace leaders. *International Journal of Stress Management, 23*(2), 167-189.

Gulliver, A., Griffiths, K. M., Christensen, H., & Brewer, J. L. (2012). A systematic review of help-seeking interventions for depression, anxiety and general psychological distress. *BMC Psychiatry, 12*, 81.

Hashimoto, H., & Maeda, K. (2021). Collegial organizational climate alleviates Japanese schoolteachers' risk for burnout. *Frontiers in Psychology, 12*, 737125.

Joiner, T. E., Van Orden, K. A., Witte, T. K., & Rudd, M. D. (2009). *The interpersonal theory of suicide: Guidance for working with suicidal clients.* American Psychological Association.（北村俊則（監訳）(2011). 自殺の対人関係理論——予防・治療の実践マニュアル　日本評論社）

警察庁 (2024). 令和5年中における自殺の状況（https://www.npa.go.jp/safetylife/seianki/

jisatsu/R06/R5jisatsunojoukyou.pdf）

Kodaka, M. *et al.* (2014). Suicide risk among individuals with sleep disturbances in Japan: A case-control psychological autopsy study. *Sleep Medicine, 15*(4), 430-435.

厚生労働省（2014）．治療を受けながら安心して働ける職場づくりのために（https://www.mhlw.go.jp/new-info/kobetu/roudou/gyousei/anzen/dl/140328-01.pdf）

厚生労働省（2024）．事業場における治療と仕事の両立支援のためのガイドライン（https://www.mhlw.go.jp/content/11200000/001225327.pdf）

Mann, J. J. *et al.* (2005). Suicide prevention strategies: A systematic review. *JAMA, 294*(16), 2064-2074.

松本俊彦（2015）．もしも「死にたい」と言われたら──自殺リスクの評価と対応　中外医学社

松本俊彦他（2014）．心理学的剖検研究と今後の方向　精神保健研究, *27*, 89-96.

中村菜々子（2017）．援助要請促進プログラム開発と評価　水野治久（監修），援助要請と被援助志向性の心理学──困っていても助けを求められない人の理解と援助（pp. 158-172）金子書房

Nishimura, Y., Yamauchi, T., Sasaki, T., Yoshikawa, T., & Takahashi, M. (2022). Overtime working patterns and adverse events in work-related suicide cases: Hierarchical cluster analysis of national compensation data in Japan (fiscal year 2015-2016). *International Archives of Occupational and Environmental Health, 95*(4), 887-895.

Phillips, M. R., Yang, G., Zhang, Y., Wang, L., Ji, H., & Zhou, M. (2002). Risk factors for suicide in China: A national case-control psychological autopsy study. *Lancet, 360*, 1728-1736.

Richards, N. K., Suarez, E. B., & Arocha, J. F. (2021). Law enforcement officers' barriers to seeking mental health services: A scoping review. *Journal of Police and Criminal Psychology, 36*(3), 351-359.

Sabbath, E. L. *et al.* (2018). Preventive care utilization: Association with individual- and work-group-level policy and practice perceptions. *Preventive Medicine, 111*, 235-240.

Sabharwal, M. (2014). Is diversity management sufficient? Organizational inclusion to further performance. *Public Personnel Management, 43*(2), 197-217.

Sauter, S. L. (1996). A new paradigm for occupational stress research at NIOSH: Organizational health. 産業精神保健, *4*, 248-254.

Shneidman, E. S. (1985). *Definition of suicide.* Wiley.（高橋祥友（訳）(2005)．シュナイドマンの自殺学──自己破壊行動に対する臨床的アプローチ　金剛出版）

末木新（2017）．自殺と援助要請　水野治久（監修），援助要請と被援助志向性の心理学──困っていても助けを求められない人の理解と援助（pp. 111-119）　金子書房

末木新（2020）．自殺学入門──幸せな生と死とは何か　金剛出版

須賀万智・山内貴史・柳澤裕之（2020）．治療と仕事の両立支援に関する全国労働者調査──支援制度の認知と利用申出の意識　産業衛生学雑誌, *62*(6), 261-270.

田村修一・水野治久・石隈利紀（2012）．教職志望者の被援助志向性を規定する要因──教育実習場面に焦点をあてて　カウンセリング研究, *45*(1), 29-39.

World Health Organization (2014). *Preventing suicide: A global imperative.*（https://www.who.int/publications/i/item/9789241564779）（小高真美他（訳）(2014)．自殺を予防す

第 III 部　抑うつに関連した問題

る——世界の優先課題　国立精神・神経医療研究センター精神保健研究所自殺予防総合対策センター）

Yamauchi, T. *et al.* (2014a). Death by suicide and other externally caused injuries after stroke in Japan (1990-2010): The Japan public health center-based prospective study. *Psychosomatic Medicine, 76*(6), 452-459.

Yamauchi, T. *et al.* (2014b). Death by suicide and other externally caused injuries following a cancer diagnosis: The Japan public health center-based prospective study. *Psycho-oncology, 23*(9), 1034-1041.

Yamauchi, T., Sasaki, T., Yoshikawa, T., Matsumoto, S., & Takahashi, M. (2018a). Incidence of overwork-related mental disorders and suicide in Japan. *Occupational Medicine, 68* (6), 370-377.

Yamauchi, T. *et al.* (2018b). Differences in work-related adverse events by sex and industry in cases involving compensation for mental disorders and suicide in Japan from 2010 to 2014. *Journal of Occupational and Environmental Medicine, 60*(4), e178-e182.

山内貴史・島崎崇史・須賀万智（2023a）．職場風土と労働者の援助希求行動　産業医学ジャーナル，*46*(3), 77-81.

Yamauchi, T., Shimazaki, T., Yanagisawa, H., & Suka, M. (2023). Formal and informal help-seeking intentions/behaviors among students and workers during the COVID-19 pandemic: A scoping review. *Environmental Health and Preventive Medicine, 28*, 53.

山内貴史・島崎崇史・柳澤裕之・須賀万智（2023b）．中小企業労働者への両立支援の情報提供による申出意図の変化——協働的風土に注目して　産業衛生学雑誌，*65*(2), 63-73.

Yamauchi, T., Suka, M., & Yanagisawa, H. (2020). Help-seeking behavior and psychological distress by age in a nationally representative sample of Japanese employees. *Journal of Epidemiology, 30*(6), 237-243.

山内貴史・須賀万智・柳澤裕之（2022）．中小企業における就業配慮を要する状況下での治療と仕事の両立支援を促進し得る要因——協働的風土ならびに被援助に対する態度に着目して　産業衛生学雑誌，*64*(2), 69-80.

Yamauchi, T., Takeshima, T., Hirokawa, S., Oba, Y., & Koh, E. (2017a). An educational program for nursing and social work students using artwork created by people with mental health problems. *International Journal of Mental Health and Addiction, 15*(3), 503-513.

Yamauchi, T. *et al.* (2018c). Cerebrovascular/cardiovascular diseases and mental disorders due to overwork and work-related stress among local public employees in Japan. *Industrial Health, 56*(1), 85-91.

Yamauchi, T. *et al.* (2017b). Overwork-related disorders in Japan: Recent trends and development of a national policy to promote preventive measures. *Industrial Health, 55*(3), 293-302.

Zaman, N. *et al.* (2022). What are the barriers and facilitators to seeking help for mental health in NHS doctors: A systematic review and qualitative study. *BMC Psychiatry, 22* (1), 595.

第 IV 部

•

幻覚・妄想および統合失調症

統合失調症の本質は陰性症状だとする説もあるが，幻覚や妄想のような陽性症状ほど人々の注目を集めてきた症状もない．19 世紀以来，精神科医や精神分析家だけでなく，多くの芸術家も幻覚や妄想という心理現象に引きつけられてきた．それはおそらく，心理と現実との乖離という不思議さだけでなく，診断横断的に出現し，また，薬物・アルコールなどの影響によっても生ずるという，比較的体験しやすい現象だからでもあろう．したがって，英米の精神病理学で「奇妙な妄想」と呼ばれる自我障害症状やある種の幻聴以外は，これらの症状の精神医学的な診断における価値は低く，古典的な精神病理学を除けば精神医学からの興味は減弱していたと言える．

　心理学者ももちろん興味は示していたが，行動主義ではこれらの体験を説明することはできず，また，行動療法も試みられたが，有効な治療法とは言い難い状況が長く続いた．なお，ベック（Beck, A. T.）も妄想に対する認知療法を 1950 年代に試みている．

　幻聴や妄想に対する心理学的研究を飛躍的に増加させたのは，認知心理学の発展と，連続仮説，および症状別アプローチであっただろう．ヤスパース（Jaspers, K.）が求めていたような心理学的理論・手法ではないかもしれないが，認知科学や認知心理学は情報処理のエラーとして幻覚や妄想をとらえることを可能にし，脳科学や精神医学との結節点を見出した．この方向性は，計算論的精神医学として今後さらに発展するはずだ．

　一方で，病的現象として健常者の心理体験とは何かしらの離断があり，連続しないと考えられていた幻覚や妄想も，生活に支障がない程度で多くの健常者が体験していることが大標本調査からわかってきた．つまりこれは，「診断横断的な症状」であることをさらに超えて，「病的な心理現象とは何か」をわれわれに問いかけている．この連続仮説は 1960 年代から主張されているのだが，現在も医学の領域ではまだ十分に周知されていない．医療では現在も離断説が力を持っているということだが，「自分たちと患者は異なる」という医療者の精神障害者に対する差別意識が背景にあるためになかなか変化しないのではないか，というのはうがった見方だろうか．連続仮説はあくまでも症状レベルで唱えられており，疾患の連続性を意味しない．psychotic-like experiences（PLEs）研究や at risk mental state（ARMS）概念の確立によって，少なくとも若年者を対象とする臨床家には，連続仮説はそれほど奇異には受け止められないだろう．ところが，精神医学的診断にスペクトラム概念が導入されたことにより，今後の動向は不透明になってきたようにも思われる．

　さて，この連続仮説が可能であれば，健常者の体験を「弱い」症状として調査，分析することが許されるだろう．軽症／重症間のメカニズムの異同はまだわからないが，大標本調査と統計的な分析から少なくとも健常者の体験のモデルを作成することは可能である．つまり，うつや不安の認知行動モデルと同じ方法で検討できる部分もあることになる．例としては，ピーターズ（Peters, E.）らが Peters *et al*. Delusions Inventory

（PDI）を開発して妄想的観念に関する大標本調査を行った研究を挙げることができる．この尺度によって健常者と臨床群の比較研究ができるようになり，その成果は統合失調症の認知行動療法（cognitive behavioral therapy for psychosis: CBTp）にも取り入れられている．また，Schizotypal Personality Questionnaire（SPQ）による調査研究も挙げることができよう．統合失調型パーソナリティの心理学的構造を，多変量解析を用いて詳細に分析することによって，パーソナリティ障害だけでなく，統合失調症との関連についても検討されている．

　また，前述したように，連続仮説は症状レベルで唱えられていることから，仮説検証のためには症状別にアプローチされ，それぞれ認知臨床心理学的な研究が行われている．PDIもそのためのツールである．「症状の一つひとつをいかに詳しく調べたとしても，精神疾患はそれらの総体であり，部分を加算しても全体は理解できない」という反論は当然である．しかしながら，統合失調症のような巨大な謎の全体に現在のツールで挑むのは，蟷螂之斧の感は否めない．この第Ⅳ部で紹介される認知臨床心理学的な研究の知見の多くは，CBTpに取り入れられている．CBTpは統合失調症全体を治療することはできない．しかし，困りごとを明確にして，具体的な解決策を当事者と治療者が一緒に考えるという基本的な態度は統合失調症に対しても同じであり，彼らの困りごとの中心が幻覚や妄想であるなら，それによる苦痛を減らすことにCBTpは貢献している．これまでの臨床心理学や心理療法の技法が統合失調症に対してほぼ無力だったことを考えれば，長足の進歩だと言える．一方で，統合失調症患者への支援は心理療法だけで成り立たず，薬物療法や様々な社会的な支援と協働しなければ効果を発揮しない．かつて精神分析の用語が医療者の共通言語になっていたように，認知臨床心理学の成果がわれわれの共通言語になるよう研究を進める必要がある．

第14章 ● 一般人口における精神病症状体験

山崎修道

1 思春期の精神病症状体験

　思春期の精神病症状体験（psychotic like experiences：PLEs）は，統合失調症の症状である幻覚や妄想に似た体験であり，思春期一般人口の17%（約6人に1人）が経験していることがわかっている（Kelleher *et al.,* 2012）．思春期PLEsは，思春期以降の精神疾患罹患（Fisher *et al.,* 2013）や自殺関連行動（Kelleher *et al.,* 2013）などを予測する重要な表現型である．

　筆者はこれまで，精神病症状体験について，小規模な臨床研究（山崎他，2005）や，大学生対象のアナログ研究（山崎他，2006），統合失調症患者と学生サンプルとの比較研究（山崎他，2004）からスタートし，現在では思春期一般人口を縦断的に追跡するコホート研究を中心に，その発生メカニズムやリスク要因に関する研究を続けてきた．研究をスタートした20年前には，一般人口における精神病症状体験は，統合失調症の発症頻度と比較して頻度がかなり高く，広範に体験されることや，統合失調症患者の体験と連続していること，統合失調症患者以外でも幅広く経験されていることは認識されていなかった．しかしながら，21世紀に入って20年間の疫学研究の進展により，前述のようなPLEs理解が世界の常識となってきた．さらに最近では，大規模な疫学研究から，精神疾患のカテゴリー診断分類そのものにも疑義が呈されるようになってきており，健康から精神疾患までを一つの連続的なディメンジョンでとらえる枠組みの妥当性が確認されている（Caspi & Moffit, 2018）．

　これまでに，筆者の所属する研究グループでは，①思春期PLEsを経験すると，精神的不調時の援助希求意図が抑えられてしまうこと（Ando *et al.,* 2018），②思春期PLEsにより心理的苦痛を感じているにもかかわらず，援助を求めら

第 IV 部　幻覚・妄想および統合失調症

れない場合，自傷行為のリスクが 16 倍になる（Nishida *et al.*, 2014）ことを明らかにした．しかしながら，思春期 PLEs の発生に寄与する要因や発生プロセスの詳細は，世界的にも未だに不明な点が残っている．

また，国際的なライフコース疫学の発展に伴い，PLEs の好発期である思春期が，その後の人生における心身の健康，ウェルビーイングに影響を及ぼす非常に重要なライフステージであることが数多くのエビデンスから実証されてきた（Viner *et al.*, 2012）．一方，精神疾患は思春期に好発年齢を迎えるが，その発症メカニズムは未だ不明な点が多く，様々な仮説が存在する状況である．

思春期コホート（東京ティーンコホート）研究での大規模発達縦断研究

このような背景を踏まえて，筆者が現在所属するグループでは，思春期の心身発達を支える様々な要因を明らかにするために，東京都内において出生コホート（東京ティーンコホート）研究（Ando *et al.*, 2019；安藤他，2018）を 2012 年より立ち上げ，現在まで継続している．

東京ティーンコホート研究は，第二次性徴によるダイナミックな心身の変化が起こる思春期に焦点を当て，心身の発達軌跡とそれに影響する要因を明らかにすることを目的としている．開始当初から現在まで，文部科学省科研費（新学術領域研究・学術変革領域研究）より運営資金を拠出している．東京都内 3 自治体（世田谷区，調布市，三鷹市）において，2002 年 9 月から 2004 年 8 月に出生した児童とその養育者を，児童が思春期に差しかかる 10 歳時点から追跡している．10 歳前後は，性ホルモンの分泌や，それに伴う成長スパートなどが始まる思春期のスタートの時期に当たる（Patton & Viner, 2007）．この思春期のスタートをとらえるために，東京ティーンコホート研究では 10 歳時に初回調査を行った．

地域代表サンプルを調査対象とするために，東京都内 3 自治体と連携協定を結び，手続きを経て住民基本台帳から自治体に居住する対象者を無作為に抽出した．無作為抽出された対象者のうち，接触可能だった 1 万 234 人に対して調査協力を依頼し，4478 人が初回調査に参加した．初回調査では，調査対象児童の 10 歳の誕生日前後に，各世帯に対して調査協力依頼状を送付した後，調査員が世帯を訪問し，養育者に対して文書と口頭で調査の説明を行い，文書に

よる参加同意を取得した．養育者からの代諾同意だけでなく，児童用の説明文書を用いて，児童からの同意も得た．同意取得後，自記式質問紙を留置き，次回訪問時までに回答を依頼した．2度めの訪問時に，留置いた自記式質問紙を回収した後，面接・児童の身体測定・認知機能評価を行った．また，別内容の自記式質問紙を封筒とともに渡し，回答直後に誰にも結果がわからないよう厳封してもらって回収した．養育者と児童が相互に回答を見ることができないよう，プライバシーを守る構造を作ることで，正確なデータ収集が可能となるようにした．以上のプロセスを，調査対象者とのラポールを築きつつ，滞りなく行うためにはかなりのスキルを要するため，調査員候補者に対して数日間にわたるトレーニングを行い，最終的に一定の基準を満たした調査員のみが実際の訪問調査を実施した．

　出生コホート研究において，追跡率を高く維持し続けることは非常に重要であり，追跡率の高さが研究の質のバロメーターとなる．調査協力者が長期間にわたって調査に参加し続けるモチベーションを保つためには，調査協力者との継続的な関係作りが不可欠である．東京ティーンコホート研究では，英国コホート研究グループよりノウハウを学び，年2回のニューズレター送付や，調査対象児童へのバースデーカード送付を行っている．ウェブサイト（http://ttcp. umin.jp/）に加えて，参加世帯向けの講演会の開催など，継続的な進捗報告と情報提供を行っている．

　東京ティーンコホートは，2年に1回の調査をこれまで実施しており，2023年現在までに4回（10・12・14・16歳時）の調査を完了し，現在は第5回（20歳時）の調査が進行中である．初回調査時に4478人の児童とその養育者の協力を得た上で，所得水準を調整するために再サンプリングした3171人を追跡コホートとした．3171人のうち3007人が12歳時の第2回調査に協力し，95%近い追跡率を維持することに成功した．追跡調査では，他地域に転居した対象者も可能な限り追跡し，追跡率を維持する工夫を行った．第2回（12歳時）調査では，自記式質問紙と面接・身体測定に加えて，タブレット端末を用いた認知機能測定を新たに導入した．さらに，協力可能な世帯より児童の早朝第一尿と唾液を採取し，バイオマーカー測定・解析を行っている．第3回（14歳時）調査でも，尿検体の採取を継続し，1000検体以上の縦断的な生体試料の収集

第Ⅳ部　幻覚・妄想および統合失調症

に成功した.

また, 第 4 回 (16 歳時) 調査は 2019 ～ 21 年にかけて実施されたが, 奇しくも調査期間のちょうど中間である 2020 年に新型コロナウイルス感染症 (COVID-19) によるパンデミックが発生し, 世界でも非常に稀なコロナ禍前後での比較が可能な出生コホートとなった. 現在までに, 新型コロナウイルスによる学校一斉休校などの社会変動が, 思春期の抑うつ症状や精神病症状体験に与えた影響について検証し, 国際誌に公表している (Hosozawa *et al.*, 2024, DeVylder *et al.*, 2023). 東京ティーンコホートのデータを用いて, 社会環境の激変が思春期メンタルヘルスに与える影響を実証している.

東京ティーンコホート研究では, これまでに述べた 3000 人以上を対象とした本体コホートの中から, 1 割の 300 人程度を対象として, 調査対象者に来所してもらい, 訪問調査では取得が難しい情報を集中的に取得する二つのサブサンプル研究も並行して進めている.

①脳画像サブサンプル研究 (population neuroscience Tokyo Teen Cohort：pn-TTC) (Okada *et al.*, 2019) では, 思春期の脳の形態・機能の発達的変化をとらえるために, 約 300 人の思春期児童を対象に縦断的に脳 MRI 撮像を行っている. 調査対象児童が 11 歳時から調査を開始し, MRI 撮像, 健康状態の評価, 唾液サンプルによるホルモン・DNA 測定を実施した. 養育者 (母親) の MRI 画像も併せて撮像し, 脳機能の親子間の関連についても分析が可能である. 初回調査に参加した児童を縦断的に追跡し, 13 歳時に第 2 回調査 (2016 年 4 月～ 2018 年 7 月) を完了し, 2018 年 3 月からは 15 歳時の第 3 回調査を実施, 現在は第 4 回調査までほぼ完了しており, 継続中である.

②バイオマーカーサブサンプル研究 (population-based biomarker subsample study of Tokyo Teen Cohort：pb-TTC) では, 短時間の訪問調査では把握できない生体情報および環境情報を, 健康診断形式の来所型調査により取得し, 様々な個体の生理学的要因と個体を取り巻く環境要因の詳細な情報を収集している. 調査対象児童が 13 歳時 (2017 年 3 ～ 9 月) に調査を開始し, 1 時間の間に様々な情報を取得した. 1 年後の 14 歳時 (2018 年 3 月～ 2019 年 3 月) に第 2 回調査を実施し, 縦断的な変化に基づいて因果関係を検討できる情報を収集した.

東京ティーンコホート研究によって, 精神疾患, とりわけ精神病症状の好発

時期である思春期に関する大規模かつ縦断的な一般人口データが蓄積されてきた．そのデータをもとに，これまで未解明であった精神病症状体験の発生メカニズムが明らかになりつつある．以降は，東京ティーンコホート研究の中で筆者らが明らかにしてきた知見について紹介したい．

母体の妊娠早期糖尿病と思春期の精神病症状体験の縦断的関係

妊娠出産時の産科合併症は，精神疾患の発症リスク上昇と関係することが知られている．産科合併症のうち，妊娠初期の母体の糖尿病は，胎児の神経発達に悪影響を及ぼし，思春期以降の統合失調症発症につながる可能性が示唆されている（Van Lieshout & Voruganti, 2008）．先行研究では，①母体の糖尿病は，子の統合失調症発症の最大リスク因子（メタ分析：オッズ比 = 7.76）であること（Cannon *et al.*, 2002），②妊娠 11 週までの糖尿病は，12 歳時点に精神病症状（幻覚・妄想）を体験するリスクを 3.4 倍上昇させること（Zammit *et al.*, 2009）が示されている．しかし，母体の妊娠早期糖尿病罹患が，精神病症状体験と特異的に関連しているのか，抑うつに代表される精神的不調全般に関連しているのか明らかではない．また，精神病症状体験のうち，個別症状である幻覚・妄想それぞれとの関連についても明らかではない．

Yamasaki *et al.*（2019）では，母体の妊娠早期糖尿病罹患と，10 歳時点の精神病症状体験および抑うつ症状の縦断的関連について，東京ティーンコホート研究における母子手帳記録と 10 歳児調査データを用いて，母体の妊娠早期糖尿病罹患と，子の 10 歳時点での①精神病症状体験リスクとの関連，②抑うつ症状との関連，③個々の精神病症状体験（幻覚・妄想）との関連について検証した．ロジスティック回帰分析の結果，交絡因子および抑うつ症状調整後も，①妊娠早期糖尿病罹患が 10 歳児の精神病症状体験を予測した（調整後オッズ比 = 5.29 倍，95%CI：1.26-22.28）．一方，②妊娠早期糖尿病罹患と抑うつ症状の関連はなかった．また，③妊娠早期糖尿病罹患は，精神病症状体験のうち，幻視（調整後オッズ比 = 6.58 倍，95%CI：1.69-25.66）・幻聴（調整後オッズ比 = 4.33 倍，95%CI：1.12-16.75）を有意に予測したが，妄想は有意に予測しなかった．

Yamasaki *et al.*（2019）では，母体の妊娠早期糖尿病罹患が，子の精神病症状体験に特異的に関連していること，特に幻覚体験に関連していることが示唆

213

された．この結果から，妊娠早期糖尿病罹患が，子の知覚系の神経発達に影響を与え，思春期幻覚体験につながる可能性が考えられる．高血糖への曝露は，胎児の中枢神経系における終末糖化産物（advanced glycation end products：AGEs）の蓄積につながり，神経発達に悪影響を及ぼす可能性がある．実際に，成人の統合失調症患者では，AGEs の代謝異常と体内での蓄積が報告されており（Arai et al., 2010），統合失調症やその前駆段階である思春期の精神病症状体験に糖代謝の異常が関わっている可能性が示唆されている．Yamasaki et al.（2019）の結果は，統合失調症を中心とした思春期メンタルヘルスにおける神経発達・糖化ストレス仮説を支持するものである．

思春期における終末糖化産物（指先測定値）と精神病症状

前に述べたように，終末糖化産物は慢性統合失調症の病態生理において重要な役割を果たしていることが臨床ケースコントロール研究から示唆されてきた（Arai et al., 2010）．しかし，未服薬の思春期児童における糖化産物の増加と精神病症状の縦断的関係はまだ明らかになっていない．そこで，Miyashita et al.（2021）は，東京ティーンコホートのサブサンプル研究により，未服薬の思春期児童において終末糖化産物の増加が精神病症状を予測できるかを検討した．13 歳で未服薬の思春期児童 277 人のデータが解析対象となった．体内の終末糖化産物量は，指先から非侵襲的な機器によって迅速に測定した．12 カ月間の追跡期間における精神病症状の軌跡は，精神科医による半構造化面接で評価した．277 人の参加者のうち，13 人（4.7%）は持続する精神病症状を経験しており（初回調査と追跡調査の両方で精神病症状を経験），65 人（23.5%）は一時的な精神病症状を経験していた（初回調査または追跡調査で精神病症状を経験）．199 人（71.8%）は精神病症状を経験していなかった．年齢や性別を調整したロジスティック回帰分析の結果，初回調査の指先における終末糖化産物量は持続する精神病症状を予測していた（オッズ比＝1.68，95%CI：1.05-2.69，p 値 0.03）．したがって，指先で測定される終末糖化産物量は，未服薬の思春期児童における精神病症状の軌跡を予測できる可能性がある．この結果は，終末糖化産物が早期精神病の病態生理に関与していることを示唆している．今後は，思春期における終末糖化産物を減らす介入法が研究され，ひいては精神病の発症予防につなが

第 14 章　一般人口における精神病症状体験

ることが期待される.

統制の所在と精神病理──日英比較研究

　東京ティーンコホート研究では，国際共同研究により，海外のコホート研究との国際比較研究も行っている. Sullivan *et al.* (2021) は，英国の ALSPAC (Avon Longitudinal Study of Parents and Children) コホートとの共同研究である. 個人主義的文化においては，他者依存型の「統制の所在 (locus of control)」（自分自身の行動とその結果は，外部の力や影響によって決まると考えがちなタイプ）はメンタルヘルスの不調と関係するが，他者依存型がより適応的な集団主義的文化においては，両者の関係は弱いと報告されてきた. Sullivan *et al.* (2021) では，他者依存型と精神病症状体験や抑うつ症状の縦断的関係を検討し，その関係の強さを英国（ALSPAC コホート）と日本（東京ティーンコホート）で比較した. Children's Nowicki-Strickland Internal-External Control Scale を用いて他者依存型を評価し，Short Mood and Feelings Questionnaire (SMFQ) を用いて抑うつ症状を，Psychosis-Like Experiences Questionnaire（ALSPAC コホート）や Adolescent Psychotic-Like Symptom Screener（東京ティーンコホート）を用いて精神病症状体験を評価した. 小児期，思春期のいずれにおいても，他者依存型の傾向は，意外にも東京ティーンコホートより ALSPAC コホートで高かった. 他者依存型と抑うつ症状の関係については複雑なパターンが見られたものの，他者依存型と精神病症状体験を含むメンタルヘルスの不調の関係の強さは，異なる精神病理の間やコホート間で違いはほとんど見られなかった. ALSPAC コホートでは，他者依存型とメンタルヘルス不調の関係は，思春期よりも成人期早期でより強かった. 小児期から思春期にかけての他者依存性の変化は，成人期早期の精神病症状体験や抑うつ症状の発症に関係していなかった. これらの結果から，他者依存型の統制の所在は，文化的文脈に関係なく，精神的不健康と関係すると言えるだろう.

いじめ被害と精神病症状体験を媒介する要因

　思春期のいじめ被害は，精神病症状体験を経験するリスクを増加させるが，その間にあるメカニズムは依然不明である. 成人の精神病患者では，解離症状

215

第Ⅳ部　幻覚・妄想および統合失調症

が，いじめ被害と精神病症状体験を媒介することが示されているが，思春期の一般人口では検討されていなかった．筆者らは東京ティーンコホート調査のデータを用いて，いじめ被害と幻覚体験の間を，解離症状が媒介することを確認した（Yamasaki *et al.*, 2016）．一方，抑うつ症状や前述の他者依存型の統制所在感は，両者を媒介しなかった．解離症状は視床下部・下垂体・副腎皮質系（HPA系）の調節障害から生じること（Simeon *et al.*, 2007），また HPA 系の障害は，幼少期や思春期のいじめ被害によってもたらされ（Ouellet-Morin *et al.*, 2011），精神病症状を引き起こすリスクを高めることも示唆されている（Walker *et al.*, 2008; Corcoran *et al.*, 2003）．これらを総合すると，解離症状の背景にある HPA系の障害が，いじめ被害と幻覚体験を結ぶ潜在的なメカニズムである可能性が考えられる．思春期のいじめ被害と関連する精神病症状に対しては，抗精神病薬による薬物療法よりも，トラウマを標的とした心理社会的支援や，いじめそのものをなくすための社会的な介入戦略が有効である可能性がある．

2　精神病症状体験や精神疾患の要因への注目

精神病症状体験の社会環境要因

　東京ティーンコホート研究では，思春期の大規模一般人口における追跡率の高い縦断データを用いて，精神病症状体験の発生メカニズムについて，生物・心理・社会的側面から仮説を検証し，予防や支援への示唆を得てきた．その中で現時点では，いじめ被害や虐待などに代表される，幼児期から思春期にかけての逆境体験（adverse childhood experiences：ACEs）が，最も有力な精神病症状体験の原因だと考えている．東京ティーンコホート研究だけでなく，最近の疫学研究からも，生物学的，心理学的要因よりも，社会環境要因の寄与が大きいとの報告が数多く出ている（Jester *et al.*, 2023）．

　統合失調症におけるトラウマ体験の影響は，これまでも数多く実証されており，発症間もない初回エピソード精神病の患者を対象とした研究でも，80%以上が何らかのトラウマ体験があることも明らかになっている（DeTore, 2021）．また，思春期のいじめ被害がその後も長期間にわたって心身の健康に悪影響を及ぼすことは，複数の長期追跡コホートから実証されており，特にメンタルへ

ルスへの悪影響や，自殺リスクへの影響が顕著である（Arseneault, 2017）．英国
の大規模疫学研究からも，児童思春期のいじめ被害経験がその後の精神病症状
体験の発症リスクを顕著に上昇させることが示されている（Catone, 2015）．ま
た，最近のメタアンブレラレビュー（複数のメタ分析をさらにメタ分析した研究）
では，ACEs によって，精神病性障害の発症の 38% が説明可能であり，様々
なリスク要因の中でも最も説明力が高いことが明らかになっている（Dragioti
et al., 2022）．

　児童思春期までの虐待体験やいじめ被害経験を社会の中からいかに減らして
いくかが，精神病症状体験の発生を抑え，ひいては統合失調症の予防につなが
ると考えられる．発症後の事後的なケアももちろん重要ではあるが，発症前の
上流における社会環境への介入が，精神病だけでなく，精神疾患全般の予防を
考える上できわめて重要になるだろう．実際に，児童思春期の重要な社会環境
である学校環境そのものを変える組織的な介入を行って，いじめを顕著に減少
させ，若者の抑うつ症状を大幅に減少させた研究も出てきている（Shinde et al.,
2018）．この研究では，心理職などの専門家ではなく，また学校の教員でもなく，
トレーニングを受けた一般市民の非専門家が学校の中に入り込み，生徒のニー
ズを満たすための環境（school climate）づくりを行うことで，17 カ月後のいじ
めの発生頻度が顕著に減少し（効果量：−2.22），抑うつ症状も大幅に減少した
（効果量：−1.19）．学校ベースの個別認知行動療法による抑うつの予防効果
（−0.23）（Werner-Seidler et al., 2017）と比較しても，きわめてインパクトが大きい．

カテゴリカルな精神科病名診断に基づく群間比較研究の限界と p-factor モデル

　最近のデンマークの大規模レジストリ研究によれば，一般人口のうち約
80% が，一生のうちに一度，何らかの精神疾患により受診をしていたことが
明らかになっている（Kessing et al., 2023）．だとすると，精神疾患患者と健常者
を比較するケースコントロール研究は成立し得るのかどうか，そもそも対象群
が「健常」と言えるのかどうか，疑問が出てくるだろう．また，精神疾患の治
療や支援においても，カテゴリカルな精神疾患診断に基づく治療・支援が果た
して有効なのか，疑問が出てくる．

　パテル（Patel, V.）らは，国際的な最高峰の医学雑誌である *Lancet* で，歴史

第IV部　幻覚・妄想および統合失調症

的に精神疾患の研究・治療のベースにあったカテゴリカルな精神科病名診断に
疑義を述べ，むしろ病名診断の存在により，現実を正確に把握できず，誤った
治療戦略がとられていたと，良質かつ膨大なエビデンスに基づいて主張してい
る（Patel *et al.*, 2023）．世界各国ではメンタルヘルスに関する専門的サービスへ
の投資は増大しているにもかかわらず，状況は改善していない．それは，専門
家によって提供される介入への過度の依存や，予防戦略の欠如，既存の専門サ
ービス以外の多様な資源の活用に失敗しているためであり，これまでの実線を
変革するための五つの原則――①ライフコース全体，特に出生早期の有害な社
会環境からの影響を減らすこと，②メンタルヘルスの問題を持つ人へのケアを，
定型的な診断に左右されるのではなく，発症からの時系列と重症度によるステ
ージングモデルに沿ったものとすること，③心理職など特定の専門家だけでな
く，当事者と地域生活の第一線で接する機会の多い支援者が，心理社会的支援
を提供するための後押しをすること，④ケアや治療の中で，強制力を用いず，
当事者の権利に基づいたアプローチを徹底すること，⑤システム構築や政策立
案を含めた，ケアのあらゆる側面でメンタルヘルスの問題を経験している当事
者を中心に据えること――と四つの政策アクション――①社会全体でメンタル
ヘルスの問題の予防とケアに取り組むこと，②切れ目のないケアを実現するた
めに，ケアを提供する仕組みを再設計すること，③費用対効果を高める投資を
すること，④メンタルヘルスの指標を「見える化」した上でモニタリングし，
指標の変化に基づいて行動することで説明責任を果たすこと――を提言してい
る．従来通りの精神保健・精神医学の枠組み・やり方では失敗するので変革が
必要だが，変革のための解決策は，新しく資源を作ることではなく，すでに地
域の中に存在している資源をうまく活用することだと述べている．

　また，カスピ（Caspi, A.）とモフィット（Moffitt, T. E.）も，別の側面からカ
テゴリカルな病名診断に対して疑義を提起している．彼らは膨大な疫学研究の
エビデンスから，精神疾患を一次元上にとらえ，精神疾患への罹患しやすさを
単一次元でとらえることの妥当性と有用性を主張している（Caspi & Moffitt,
2018）．現在用いられている精神疾患の診断カテゴリーは多方面から疑問視さ
れていることを踏まえて，精神疾患の症状は離散的なものではなく，連続的で
あり，異なる疾患とされるものの間でも重複が多いことを，大規模な疫学デー

タから示している．疫学データの分析からは，精神疾患の症状から3因子（内在化問題，外在化問題，精神病体験）が抽出され，しかも3因子間の相関は高く（相関係数 0.5 前後），より高次に1因子を想定するモデルのほうが当てはまりがよいことがわかった．彼らはこの1因子を知能の g 因子になぞらえ p (psycho-pathology)-factor と名づけた．現在のところ p-factor は因子分析により得られた構成概念であるが，今後，p-factor を最もよく反映する測定指標の開発が望まれる．また，p-factor を個人の発達ライフコースに沿って測定し，モデル化することや，p-factor と遺伝子変異や脳構造・機能との対応関係を検証することが今後必要である．p-factor をターゲットとすることで，従来の診断の枠を超えた治療・支援法，特に精神疾患の一次予防に有効な介入法の開発につながることも期待される．

3 心理社会的支援との関わりと今後の展望

最近の大規模発達疫学研究と縦断データの解析手法の進展により，縦断的な観察データから因果関係を推測する方法も洗練されてきている．これまで大麻使用と精神病症状の関係は，大麻使用による発症リスク増加の方向（大麻使用→精神病症状）と，精神病症状を体験している当事者が，コーピングのために大麻を使用する方向（精神病症状→大麻使用）の双方向が考えられていたが，個人内要因と個人間要因を分離する新たな統計解析法を用いると，大麻使用が精神病症状リスクを増加させる方向のみが有意であった（van Os *et al.*, 2021）．また，精神病症状と自傷行為の関係は，従来考えられていた精神病症状体験が自傷行為リスクを増加させる方向だけでなく，自傷行為が先行し，その後精神病症状体験につながる方向も確認された（Stanyon *et al.*, 2023）．このような確度の高い疫学的知見から，予防・支援のターゲットを絞り込み，介入法の開発につなげることも可能である．

また，個別のケースを支援する際にも，ライフコース疫学の知見を，アセスメントや見立て，支援計画の立案に活用することも可能である．精神病症状体験は，思春期においては6人に1人が経験するきわめて頻度が高い経験であり，ごく一部の人の特別な経験ではない．こういった疫学的事実をもとに，精神病

219

第 IV 部　幻覚・妄想および統合失調症

症状体験を正常体験の延長と位置づけてノーマライジングすることで，スティグマを軽減し，当事者の心理的苦痛の緩和につなげることもできる．また，いじめ被害が精神病症状体験につながるメカニズムを理解しておくことで，精神病症状体験の背後にいじめ被害がある可能性を予測できるし，支援のターゲットを絞り込むことも可能となってくる．出生コホート研究の知見を活かし，啓発活動や妊娠期からの支援による人生早期の住民全体を対象としたポピュレーションアプローチによる予防戦略を構築することも可能だろう．

　今後は日本でも，一般人口を対象とした大規模長期追跡コホートによるデータから得られたエビデンスをもとに介入戦略・介入法を構築し，無作為割付効果試験により検証していく流れを作ることが重要と考えられる．エビデンスの構築を進めるとともに，そこから得られた知見を，個々のケースの支援に活用していくことも求められるだろう．また，最新の疫学的知見を踏まえると，精神病症状を含む精神疾患のケアでは，個体内の要因（認知・行動など）よりもむしろ，社会環境を変えるアプローチのほうが効果量が大きいことが明らかになってきており，20 世紀型の専門家による個別支援モデルからの脱却が必要となっている．エビデンスをもとにこれまで発展してきた認知行動療法も，21 世紀以降のエビデンスの前に，岐路に立たされている．今後はクライアント個人をターゲットとした個別の心理社会的アプローチを越えて，社会環境やシステムを変え，地域社会全体をダイナミックに変革するアプローチが求められる．

引用文献

Ando, S. *et al.* (2018). Help-seeking intention for depression in early adolescents: Associated factors and sex differences. *Journal of Affective Disorders, 238*, 359-365.

Ando, S. *et al.* (2019). Cohort profile: The Tokyo Teen Cohort study (TTC). *International Journal of Epidemiology, 48*(5), 1414-1414g.

安藤俊太郎他 (2018). 東京ティーンコホート　特集「メンタルヘルス疫学」　日本社会精神医学雑誌, *27*, 181-187.

Arai, M. *et al.* (2010). Enhanced carbonyl stress in a subpopulation of schizophrenia. *Archives of General Psychiatry, 67*(6), 589-597.

Arseneault, L. (2017). The long-term impact of bullying victimization on mental health. *World Psychiatry, 16*(1), 27-28.

Cannon, M., Jones, P. B., & Murray, R. M. (2002). Obstetric complications and schizophrenia: historical and meta-analytic review. *American Journal of Psychiatry, 159*(7), 1080-1092.

第 14 章　一般人口における精神病症状体験

Caspi, A., & Moffitt, T. E. (2018). All for one and one for all: Mental disorders in one dimension. *American Journal of Psychiatry, 175(9)*, 831-844.

Catone, G. *et al.* (2015). Bullying victimisation and risk of psychotic phenomena: Analyses of British national survey data. *Lancet Psychiatry, 2(7)*, 618-624.

Corcoran, C. *et al.* (2003). The stress cascade and schizophrenia: Etiology and onset. *Schizophrenia Bulletin, 29(4)*, 671-692.

DeTore, N. R., Gottlieb, J. D., & Mueser, K. T. (2021). Prevalence and correlates of PTSD in first episode psychosis: Findings from the RAISE-ETP study. *Psychological Services, 18 (2)*, 147-153.

DeVylder, J. *et al.* (2023). Adolescent psychotic experiences before and during the COVID-19 pandemic: A prospective cohort study. *Journal of Child Psychology and Psychiatry, 65 (6)*, 776-784.

Dragioti, E. *et al.* (2022). Global population attributable fraction of potentially modifiable risk factors for mental disorders: A meta-umbrella systematic review. *Molecular Psychiatry, 27(8)*, 3510-3519.

Fisher, H. L. *et al.* (2013). Specificity of childhood psychotic symptoms for predicting schizophrenia by 38 years of age: A birth cohort study. *Psychological Medicine, 43(10)*, 2077-2086.

Hosozawa, M. *et al.* (2024). Sex differences in adolescent depression trajectory Before and Into the Second Year of COVID-19 Pandemic. *Journal of the American Academy of Child and Adolescent Psychiatry, 63(5)*, 539-548.

Jester, D. J. *et al.* (2023). Review of major social determinants of health in schizophrenia-spectrum psychotic disorders: I. clinical outcomes. *Schizophrenia Bulletin, 49(4)*, 837-850.

Kelleher, I. *et al.* (2012). Prevalence of psychotic symptoms in childhood and adolescence: A systematic review and meta-analysis of population-based studies. *Psychological Medicine, 42(9)*, 1857-1863.

Kelleher, I. *et al.* (2013). Psychotic symptoms and population risk for suicide attempt: A prospective cohort study. *JAMA Psychiatry, 70(9)*, 940-948.

Kessing, L. V., Ziersen, S. C., Caspi, A., Moffitt, T. E., & Andersen, P. K. (2023). Lifetime incidence of treated mental health disorders and psychotropic drug prescriptions and associated socioeconomic functioning. *JAMA Psychiatry, 80(10)*, 1000-1008.

Miyashita, M. *et al.* (2021). Fingertip advanced glycation end products and psychotic symptoms among adolescents. *NPJ Schizophrenia, 7(1)*, 37.

Nishida, A. *et al.* (2014). Risk for suicidal problems in poor-help-seeking adolescents with psychotic-like experiences: Findings from a cross-sectional survey of 16,131 adolescents. *Schizophrenia Research, 159(2-3)*, 257-262.

Okada, N. *et al.* (2019). Population-neuroscience study of the Tokyo TEEN Cohort (pn-TTC): Cohort longitudinal study to explore the neurobiological substrates of adolescent psychological and behavioral development. *Psychiatry and Clinical Neurosciences, 73(5)*, 231-242.

Ouellet-Morin, I. *et al.* (2011). Blunted cortisol responses to stress signal social and behavioral

221

第 IV 部　幻覚・妄想および統合失調症

problems among maltreated/bullied 12-year-old children. *Biological Psychiatry, 70(11),* 1016-1023.

Patel, V. *et al.* (2023). Transforming mental health systems globally: Principles and policy recommendations. *Lancet, 402,* 656-666.

Patton, G. C., & Viner, R. (2007). Pubertal transitions in health. *Lancet, 369,* 1130-1139.

Shinde, S. *et al.* (2018). Promoting school climate and health outcomes with the SEHER multi-component secondary school intervention in Bihar, India: A cluster-randomised controlled trial. *Lancet, 392,* 2465-2477.

Simeon, D. *et al.* (2007). Hypothalamic-pituitary-adrenal axis function in dissociative disorders, post-traumatic stress disorder, and healthy volunteers. *Biological Psychiatry, 61 (8),* 966-973.

Stanyon, D. *et al.* (2023). Auditory hallucinations and self-injurious behavior in general population adolescents: Modeling within-person effects in the Tokyo Teen Cohort. *Schizophrenia Bulletin, 49(2),* 329-338.

Sullivan, S. *et al.* (2021). The association between locus of control and psychopathology: A cross-cohort comparison between a UK (Avon Longitudinal Study of Parents and Children) and a Japanese (Tokyo Teen Cohort) cohort. *Frontiers in Psychology, 12,* 600941.

Van Lieshout, R. J., & Voruganti, L. P. (2008). Diabetes mellitus during pregnancy and increased risk of schizophrenia in offspring: A review of the evidence and putative mechanisms. *Journal of Psychiatry & Neuroscience, 33(5),* 395-404.

van Os, J. *et al.* (2021). Schizophrenia and the environment: Within-person analyses may be required to yield evidence of unconfounded and causal association-The example of cannabis and psychosis. *Schizophrenia Bulletin, 47(3),* 594-603.

Viner, R. M. *et al.* (2012). Adolescence and the social determinants of health. *Lancet, 379,* 1641-1652.

Walker, E., Mittal, V., & Tessner, K. (2008). Stress and the hypothalamic pituitary adrenal axis in the developmental course of schizophrenia. *Annual Review of Clinical Psychology, 4,* 189-216.

Werner-Seidler, A., Perry, Y., Calear, A. L., Newby, J. M., & Christensen, H. (2017). School-based depression and anxiety prevention programs for young people: A systematic review and meta-analysis. *Clinical Psychology Review, 51,* 30-47.

Yamasaki, S. *et al.* (2016). Dissociation mediates the relationship between peer victimization and hallucinatory experiences among early adolescents. *Schizophrenia Research Cognition, 4,* 18-23.

Yamasaki, S. *et al.* (2019). Maternal diabetes in early pregnancy, and psychotic experiences and depressive symptoms in 10-year-old offspring: A population-based birth cohort study. *Schizophrenia Research, 206,* 52-57.

山崎修道・荒川裕美・清野絵 (2005)．慢性期の統合失調症患者における早急な結論判断バイアス　精神医学, *47,* 359-364.

山崎修道・荒川裕美・丹野義彦 (2006)．大学生の妄想様観念と対処方略の関係　逃避型対処方略と計画型対処方略　パーソナリティ研究, *14,* 254-265.

山崎修道・田中伸一郎・森本幸子・山末英典・岩波明・丹野義彦 (2004). Peters *et al.* Delusion Inventory (PDI) 日本語版の作成と信頼性・妥当性の検討　臨床精神医学, *33*, 911-918.

Zammit, S. *et al.* (2009). Investigating whether adverse prenatal and perinatal events are associated with non-clinical psychotic symptoms at age 12 years in the ALSPAC birth cohort. *Psychological Medicine, 39*(*9*), 1457-1467.

第15章 ● 被害観念と社交不安

森本幸子

1 被害観念とは何か

妄想の連続性

DSM-5（American Psychiatric Association, 2013）によると，妄想とは外的現実に対する間違った推論に基づく誤った確信であり，その矛盾を他のほとんどの人が確信しており，矛盾に対して反論の余地のない明らかな証明や証拠があるにもかかわらず，強固に維持される．かつて妄想は，統合失調症などの精神疾患の症状の一つであり，妄想を「持つ人」（精神疾患患者）と「持たない人」（健常者）に分かれると考えられていた．しかし，ストラウス（Strauss, J.）の研究（Strauss, 1969）以降，妄想は「持つ人」と「持たない人」に区別される二分法的な現象ではなく，精神疾患患者から健常者までに見られる連続した現象であることが多くの研究で指摘されている（Chapman & Chapman, 1980; Claridge, 1997; Van Os *et al.*, 2000）．もちろん，精神疾患患者の持つ妄想と健常者に見られる妄想に類似した観念（妄想様観念）は全く同一のものではない．妄想様観念の有無，確信度（どれくらい妄想様観念を真実だと確信しているのか），苦痛度（妄想様観念についてどれくらい苦痛を感じているのか），心的占有度（どれくらい妄想様観念について考えてしまうのか）という4次元で妄想様観念を評価する尺度である，Peters *et al.* Delusions Inventory（PDI）（Peters *et al.*, 1999）を用いて，精神疾患患者の妄想と健常者の妄想様観念とを比較した研究では，妄想と妄想様観念の有無の割合に差異は見られなかった．しかし，苦痛度と心的占有度において両者の間に違いがあった（Peters *et al.*, 1999）．このように，ストラウスによって妄想が連続的な現象であることが指摘されて以降，健常者や精神疾患患者を対象とした妄想様観念についての研究が行われている．

第IV部　幻覚・妄想および統合失調症

被害観念とは

被害妄想とは，自分（または自分と親しい人）が襲われる，苦しめられる，騙される，迫害される，または陰謀を企てられるということが中心的な主題になっている妄想である（American Psychiatric Association, 2013）．被害妄想は，妄想の中でもその体験率の高さと行動化しやすいという点で重要だと考えられている（Appelbaum *et al.*, 2000）．この被害妄想と類似した主題を持つ妄想様観念を，被害観念（paranoia / paranoid ideation / persecutory ideation / paranoia thinking）と呼ぶ．被害観念を持ちやすい人は，他者の言動を被害的に受け取ることによって他者との間で不必要な争いを起こしやすいと考えられる（滝村，1991）．また，精神科医による評価では，被害観念は他の妄想様観念と比べて診断的重要度が高いと判断されている（丹野他，2000）．よって，被害観念は，妄想様観念の中でも特に重要な観念であると考えられる．

健常者を対象とした先行研究では，「先生は私を嫌っているので，意図的に私に悪い点数をつけた」「あるグループの人が，私に敵対することを計画している」「私を動揺させるためにわざと私をグループからのけ者にした」のような被害観念が約半数の調査参加者に見られたこと（Ellett *et al.*, 2003）や，調査参加者の約21％が過去に被害観念を持ったことがあると回答していること（Johns *et al.*, 2004）が報告されており，被害観念は健常者においてもよく見られる現象であることが確認されている．これに対しフリーマン（Freeman, D.）らは，被害観念の有無や体験率よりも，被害観念の確信度や苦痛度に注目することが重要であると主張し，被害観念を多次元的に測定できるパラノイア・チェックリストを作成している（Freeman *et al.*, 2005）．彼らは，パラノイア・チェックリストを用いて1000人以上の健常者を対象に被害観念の調査を行い，被害観念にも「私についての悪い評判が広まっているかもしれない」（体験率42％）のような体験率の高いものもあれば，「私に対する陰謀があるかもしれない」（体験率5％）のような体験率が低いものもあることを明らかにしている．そして，体験率の低い被害観念ほど，体験率の高い被害観念よりも確信度や苦痛度が高く，体験率の低い被害観念を持つ人は，体験率の高い被害観念を持つ人に比べ，パラノイア・チェックリストの総得点が高かったことから，被害観念の階層性について言及している．図15-1に示す通り，下層部は社会や対人

226

第15章　被害観念と社交不安

図 15-1　被害観念の階層性（Freeman *et al.*, 2005 より一部改変）

関係に関連した不安についての被害観念であり，上位の階層に行くほど，他者から迫害される，危害を加えられるというように被害観念の内容の深刻さが増す．同じ被害観念であっても，多くの人に見られるものからごく一部の人にしか見られない妄想に近いものまで，様々なバリエーションが存在すると考えられる（Freeman *et al.*, 2010）．他の研究でも同様のことが指摘されており，健常者の被害観念は対人関係へ過敏な群，対人不信群，自己関連づけ群，そして迫害的な観念を持つ群に分類され，また，この中で一番重篤なのは迫害的観念を持つ群である（Bebbington *et al.*, 2013）．被害観念は状況によっては適応的である可能性もあるが，それが過度で苦痛を伴う場合には臨床上の問題となり得るだろう．加えて，被害観念が妄想に発展する可能性も考えられることから，被害観念を対象とした研究の重要性が指摘されている（Bebbington *et al.*, 2013）．

　では，被害観念は一体どのように形成されるのだろうか．被害観念の形成に関しては被害妄想の研究を参考としていくつかの研究が行われている．

第IV部 幻覚・妄想および統合失調症

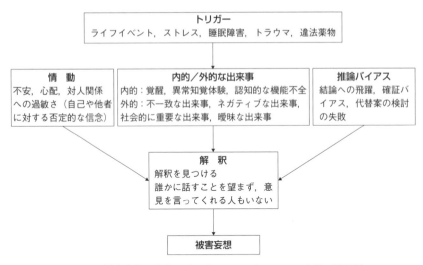

図 15-2　被害妄想の形成モデル（Freeman *et al.*, 2010 より一部改変）

Freeman *et al.*（2010）は，ストレス―脆弱性モデルの枠組みをもとに，被害妄想の形成モデルを作成している．ストレス―脆弱性モデルとは，脆弱性（遺伝的，生物学的，心理的，社会的な要因）とストレス（生物学的，心理的，社会的ストレス）との相互作用が症状を形成するというモデルである．図 15-2 に示す通り，被害妄想の形成はストレスフルなライフイベントやストレス，睡眠障害，トラウマ，違法薬物の摂取などの「トリガー」から始まる．「トリガー」によって内的状態が変化し，異常な状態（例えば，異常知覚体験など）になる．そしてこの異常な状態がなぜ生じているのかを「解釈」しようとするのだが，「解釈」の際には，「情動」が解釈に影響を与える．不安は危険を予期させ，対人関係への過敏さは他者からの潜在的な脅威を強調する．そして，心配はより否定的であり得ない解釈をもたらす．特に，過去に迫害のようなひどい出来事を経験していれば，被害的な解釈につながりやすい．また，結論への飛躍（少ない情報で性急に結論を下す）のような「推論バイアス」は被害妄想の確信度を高めるように働く．例えば，睡眠障害によって，食べ物の味がいつもと違うような異常知覚体験をした場合，私たちはこの体験を解釈しようとする．通常であれば，「最近よく眠れず疲れがたまっているので，食べ物の味がいつもと違う

第15章 被害観念と社交不安

ように感じたのかもしれない」と解釈するだろう．しかし，「他人は信用できない」のような他者に対する否定的な信念を持っており，過去にひどいいじめを受けた体験がある場合には，「以前も同じことがあった．誰かが嫌がらせで私の食べ物に何か入れたのかもしれない」と誤って解釈してしまうかもしれない．そして推論バイアスを持つ場合は，その誤った解釈を強く確信するのだ．このように，Freeman *et al.* (2010) のモデルでは，「トリガー」によって引き起こされた「内的／外的な出来事」を解釈する際，「情動」や「推論バイアス」によって誤った解釈をすることにより，被害妄想が生じると考えられている．

　健常者の被害観念については，Martin & Penn (2001) によって，被害妄想の研究をもとにした検討が行われている．抑うつ気分と外的帰属 (Bentall, 1994)，社交不安 (Chadwick *et al.*, 1996)，および周囲の状況へ過敏な注意を向ける傾向 (Phillips & David, 1997) などを測定し，これらが健常者の被害観念にも関与するのかを重回帰分析を用いて分析している．結果，抑うつ気分，社交不安および周囲の状況へ過敏な注意を向ける傾向は被害観念を予測したことを明らかにしている．Martin & Penn (2001) の研究は，被害妄想の形成に関与する要因が健常者の被害観念を予測したという点で大変興味深いが，横断的な研究デザインが用いられている．横断的な研究デザインを用いた場合，測定した要因と被害観念との関連を調べることは可能だが，その要因が被害観念の形成に関与するのか，それとも被害観念の結果として生じるのかといった因果関係を明らかにすることはできない．一方，縦断的な研究デザインを用いた場合，どのような要因が被害観念の継続的な変化に影響を及ぼすのか，その因果関係を調べることが可能となる．そのため，筆者らは縦断的な研究デザインを用いた健常者の被害観念の研究を行っている．森本・丹野 (2004) は，脆弱性―ストレスモデルをもとに，3回にわたる縦断調査を実施している．第1回の調査では，先行研究 (Martinc & Penn, 2001) で指摘されていた被害観念の予測変数（否定的評価懸念，社会的回避傾向，セルフモニタリング）を，被害観念の心理的脆弱性として測定した．第2回の調査では被害観念を，第3回の調査では，被害観念と第2回調査時点から第3回調査時点までの間に体験したネガティブライフイベントを測定した．3回にわたる縦断調査を行うことで，第2回調査時点から第3回調査時点における被害観念の変化量に与える心理的脆弱性の影響を

229

第 IV 部　幻覚・妄想および統合失調症

表 15-1　"社会的回避傾向"を心理的脆弱性とした階層的重回帰分析の結果

変数の投入順序	予測変数名	R^2	F値	t値	df	pr
1	被害観念（第 2 回調査時）	.5460	136.23**		1115	.7215
2	主効果	.5490	0.37		2113	
	社会的回避傾向			1.66	113	.1551
	ストレス			1.33	113	.1244
3	社会的回避傾向×ストレス	.5720	6.03**		1112	.2260

**$p < .01$.

検討することができる．階層的重回帰分析を用いた結果，表 15-1 および図 15-3 に示す通り，社会的回避傾向（例：非常に社会的に振る舞わなければならないような状況は避けようとする）を持つ人ほど，ストレス時に被害観念を持ちやすくなることを明らかにしている．心理的脆弱性とストレスとの相互作用が被害観念を予測するという森本・丹野（2004）の結果は，Freeman *et al.*（2010）の被害妄想の形成モデルとも一貫する結果であると考えられる．

　一度形成された被害妄想は，妄想に関連する苦痛を減らすために回避行動をとることにより維持されると考えられる．例えば，人に悪口を言われていると感じるので，人に会うことを避けたり人が集まる場所を避けたりすると，「人に悪口を言われている」のが事実であるのかどうかを確認する機会を逸してしまい，「人に悪口を言われている」と感じることがそのまま強固に維持されるようになる（Freeman *et al.,* 2001）．これは健常者の被害観念も同じで，被害観念を持つ人は回避行動をとりやすいことが報告されている．健常者を対象に被害観念への対処法に関して自由記述調査を行った研究では，被害観念を持つ人の 44% が被害観念を抱かせる他者や状況に対応したいと思いながらも，その 35% の人は実際には何の対処もしておらず，22% は被害観念を抱かせるような他者や状況を避けていると回答していた（Ellett *et al.,* 2003）．また別の研究では，被害観念が強い人ほど，情動的対処行動や回避的対処行動を用いており，合理的な対処行動を用いない傾向があることも報告されている（Freeman *et al.,* 2005; 森本, 2008）．回避的な対処方略を使用し，被害妄想あるいは被害観念の内容が事実であるかどうかを確認する機会を逸することが，被害妄想でも被害

観念でも，その維持につながるようだ．

2　被害観念と社交不安

社交不安障害とは，社会的状況において他者からの注目や否定的な評価を受けることに対して，強い不安や恐怖を抱く精神疾患である（American Psychiatric Association, 2013）．社交不安障害の生涯有病率は12%程度であり，

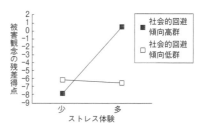

図15-3　"社会的回避傾向"の高得点者（+1SD）と低得点者（−1SD）のストレスの多い時（+1SD）と少ない時（−1SD）に回帰式により予想される被害観念の変化

発症年齢の中央値は13歳と報告されていることから，比較的多くの人が早い時期から罹患する精神疾患であると考えられる（Stein & Stein, 2008）．DSM-5（American Psychiatric Association, 2013）では，社交不安は「不安症群／不安障害群」に分類される．もちろん被害妄想や被害観念とは異なる疾患に分類され，治療法も異なると考えられる．しかし，Gilbert et al.（2005）が指摘するように，①自分が他者からの注意の対象になっているという信念がある（例：人から見られている），②自己関連づけバイアスがある（例：パーティで人々が笑っているのを見たら，自分のことを笑っているのだと推測する），③妄想性障害において高い割合で社交不安が見られる，の3点において被害観念と社交不安との間に共通点が見られるのも確かである．

これらの共通点については，ここ数年の研究から被害観念と社交不安がその心理・行動メカニズムにおいて多くの特徴を共有しているためであると考えられている．例えば，外界のスキャニング，行動の影響を過度に見積もること，高い公的自己意識，他者の注意の的になっているという感覚，自己関連づけバイアスや確証バイアスによる苦痛などである（Girbert et al., 2005; Rietdijk et al., 2009）．しかも，両者は互いにその形成に関与している可能性も指摘されている．社交不安障害患者は過去の経験に基づき，自分や自分を取り巻く状況に対してネガティブな推測をしやすい．そのため周囲の危険を感知しやすく，それが不安を高める．周囲の状況や出来事の影響を過剰に見積もるバイアスを持っており，あいまいな出来事をネガティブに解釈し，中程度にネガティブな出来事を

壊滅的な形で解釈する．さらに，視線を避けるような回避行動をとりやすい．このような情報処理の歪みや回避行動が社交不安障害患者の被害観念を誘発するので，社交不安障害患者は他人が自分たちをネガティブに判断し，他者が自分たちを傷つけると思い始めるかもしれない（Schutters *et al.*, 2012）．被害観念と社交不安の関係を調べるために行われた，7000人以上を対象とした大規模なコホート研究では，訓練を受けた面接者により，WHO統合国際診断面接（World Health Organization, 1990）を用いて，ベースライン時の社交不安に該当する体験を報告した調査参加者575人（8%）と，被害観念の体験を報告した調査参加者705人（10%）を同定し，彼らのベースライン時の社交不安や被害観念の得点が，その後の社交不安および被害観念を予測するかどうか検討している（Rietdijk *et al.*, 2009）．その結果，ベースライン時の被害観念が1〜3年後の社交不安の発症を予測したことが明らかにされている．そしてこの結果は，妄想の結果として不安が生じるといった臨床での知見とも一致するため（Birchwood *et al.*, 1992），被害観念が社交不安の予測因子であることが示唆されている．

　一方で，被害観念は社交不安の予測因子ではないという知見も存在する．Pisano *et al.* (2016) は，社交不安障害患者と健常者の被害観念を比較しているが，重篤な社交不安障害患者ほど被害観念を示し，不安が強いほど被害観念の頻度や強度が高いことから，社交不安障害患者にとって，被害観念は社交不安障害の前駆症状や結果ではなく，臨床像の一部であると述べている．また，Freeman *et al.* (2010) による被害妄想の形成モデルでは，不安が被害観念の形成に大きな役割を果たしていると考えられている．彼らは，被害妄想の形成モデルに含まれる要因を用いて，被害妄想群，高被害観念健常群，低被害観念健常群の3群を対象に，どの要因が被害観念の連続性に影響を与えるのかについて検討している．不安，心配，抑うつ，異常知覚体験，推論バイアス，トラウマを変数として，ロジスティック分析を行った結果，不安と異常知覚体験のみが被害観念の連続性を予測したことを報告している．不安が強いほど，そして異常知覚体験の数が多いほど，より強い被害観念を予測している．これらの研究から，不安は，被害観念や被害観念の強さを予測する重要な要因となっていることを示唆している．

　以上のように，従来は全く異なる疾患として区別して扱われてきた被害観念

第 15 章 被害観念と社交不安

と社交不安であるが，最近の研究からは，両者の心理または行動的なメカニズムには共通要素が存在し，互いにその形成に関与していることが示唆される一方で，なぜそのような共通点が見られるのか，また両者の関係が相関関係にとどまるのか，それとも因果関係であるのか，もし因果関係であるのであれば，被害観念が対人不安を予測するのか，それとも社交不安が被害観念を予測するのかなどについての議論は決着を見ていない．

3　被害観念と社交不安の事例と弁別

前述の通り，被害観念と社交不安には共通点が多く，しばしば臨床場面ではそれが被害観念による言動であるのか，それとも社交不安による言動であるのかを区別することが困難な場合がある．事例を用いてそれらについて考えてみたい．

事例 A（18 歳，男性）　**主訴：人から噂されてつらい**
A は，同胞 3 人の長男として出生し，妹と弟と両親の 5 人で暮らしている．
大学 1 年生の秋頃から，人から噂されることを苦痛に感じて大学に登校することができなくなっていた．心配した担任が A を呼び出し，様子がおかしいために学生相談室につき添って来室したケースである．来室時の A の様子は，表情が硬く緊張している様子であった．しかし，決して自ら進んで話すわけではないものの，質問に対してはきちんと回答していた．大学入学までの様子を聞くと，もともと人づき合いが苦手で，ほとんど親しい友人はおらず，家族内でも母親とのみ多少話すとのことであった．
大学に入学して半年たったが，親しい友人ができず，いつも独りで授業を受けている．教室に入る時には教室にいる学生たちの視線を感じて何となく緊張するので，教室に入ることが怖い．授業中は視線を感じることはあまりないが，休み時間や廊下を歩く時には視線を感じてつらい．なぜ他の学生たちがあなたを見ていると感じるのかというカウンセラーの問いに対しては，自分の見た目があまりよくないためだと話す．廊下でおしゃべりをしている他の学生たちに「ダサい」「かっこ悪い」と噂され，馬鹿にされている．廊下を歩く時は怖いの

233

で，他の学生と視線が合わないようにうつむき加減で早足で通り過ぎるようにしている．カウンセラーが，他の学生から見られていることや噂されているのを実際に見たり聞いたりしたことがあるのかどうかを確認すると，何かの拍子に他の学生と目が合うことがあり，そこで「自分が見られていた」と感じるとのことであった．また，廊下で話している人たちの声で「ダサい」と言っているのが直接頭に聞こえてきたことがあり，ちょうどその時廊下を歩いていたのが自分だけだったので，自分に向けられた言葉だと思ったと話す．数回にわたる面接では，たいてい前述のようなエピソードが語られ，それを一通り話し終えると，「人に話してみると，何だか気にしすぎていたように思える」と気持ちを落ち着かせることができていた．数回の面接の後，「親しい友人が1人できた．最近は人の視線や噂されていることは気にならなくなった」と不安が落ち着いてきた様子が見られた．また，進級に伴い，忙しくなったということで，本人から面接の終結の希望があった．そのため，面接は一旦終結となった．

　しかし，その2年後，Aは再び学生相談室に来室した．話を聴くと，ここ1カ月ほど，道を歩いていてすれ違う人が自分のことを悪く言ってきたり，独りで部屋にいると家の外を歩いている人が自分の悪口を言う声が聞こえてきたりするため，勉強に集中できなくなったと訴える．先日も大学からの帰宅途中に，向こうから来た面識のない人の「不細工」という声が聞こえ，自分の部屋で勉強をしている時には，窓の外から「センスがないから無駄」という声が聞こえてきた．最初は誰か他の人のことを言っているのではないのかと思ったのだが，それが数回続いており，どうやら自分のことを言っているようだと気づいた．母親にも相談したが，不思議なことに母親には声は聞こえていないようだった．最初はたまたま母親には聞こえなかったのだと思っていたが，次第に，もしかして自分だけに声が聞こえているのかもしれないと不安になったようであった．

　自分のことを悪く言う声はその後も続き，また大学にいる時など，自宅以外でも声が聞こえるようになった．それに伴い，苦痛が強くなったため，Aを医療機関に紹介した．医療機関でAは統合失調症の診断を受け，投薬により現在は症状も落ち着き，再び登校できるようになっている．

第15章　被害観念と社交不安

　事例Ｂ（21歳，女性）　主訴：友人たちから変なやつと噂されていないかと不安
　Ｂは，大学入学を機に独り暮らしをしている．同胞２人の第二子として出生
し，実家には兄と両親が暮らしている．

　もともと人づき合いが苦手なタイプであり，ごく少数の友人とだけ交流があ
った．特に人と話すことに対する緊張感が強く，複数の友人と一緒にいる場合
には自分から話すことはほとんどなく，相手の話に相づちを打つことがやっと
であった．大学入学後は，高校からの知り合いに誘われて断り切れずにテニス
サークルに入った．１，２年次は特に大きな問題もなく，大学生活を送っていた．
しかし，３年次にくじ引きでテニスサークルの部長になったことをきっかけに，
人から変に思われているのではないかと心配で人に会うのが怖くなり，自ら希
望して学生相談室に来室した．主訴は，みんなに「変なやつ」と噂されている
のではないかと不安だということであった．サークルのミーティングで，部長
として自分が仕切るべきであったのに，緊張のあまり一言もしゃべることがで
きなかったことがあった．その時は副部長の学生がその場を仕切ってくれたが，
そのミーティング以降，人前で話そうと思っても声がうまく出なくなった．そ
んな自分の姿を見てサークル仲間に「変なやつ」と思われているのではないか
という不安が強くなった．また，部室に入る前にはみんなの話し声が聞こえて
いたのに，自分が部室に入ると急に会話が途切れ，ギクシャクとした雰囲気を
感じたことや，周囲の人がクスクス笑っているように感じたことがあってから
は，大学に来ること自体が怖くなった．サークル仲間が，自分がいないところ
で自分のことを噂しているのではないかと怖くなり，彼らを避けて行動するよ
うになっている．最初はサークル仲間たちに対してのみ不安を感じていたが，
次第に同じ学部の友人たちも自分のことを噂しているのではないかと感じるよ
うになってきた．教室で他の学生が話しているのを見ると，自分のことを噂し
ているように感じるとのことであった．面接の中で，実際に他の学生が自分の
ことを話しているのを見たり聞いたりしたことがあるのかとカウンセラーが尋
ねると，何となく自分のほうを見て笑っていたり，友人たちが会話の中で「お
かしい」と話しているのが聞こえたことがあり，みんなが自分のことを「頭が
おかしい」「変なやつ」と噂しているのだと感じたと話す．Ｂは医療機関への
受診を嫌がったため，当面カウンセリングのみで様子を見ることとしたが，面

235

第 IV 部　幻覚・妄想および統合失調症

接の中では大学で人に会うのがつらいと語るものの，欠席することもなく大学には何とか通っていた．数カ月面接を継続した後，B がサークルを引退してサークル仲間たちと距離をとることができるようになったことから，噂されているのではないかと気になることが減った．そのため，本人の希望もあり，面接は終結となった．その後も特に問題なく，B は無事に大学を卒業していった．

　以上の二つの事例では，ともに他者が自分のことを噂しているのではないかという不安を訴えている点で類似している．また，他者の行動（例えば，笑って話している）を自分と関連づけて考えて苦痛を感じたり，他者の視線や他者との会話を避けたりするなどの回避行動をとっている点においても，二つの事例は類似している．自分が他者の言動の標的になっているという主題や回避行動が存在することから考えると，前述の事例は被害観念とも社交不安ともとらえられるが，これらの事例は被害観念なのだろうか，それとも社交不安なのだろうか．この問いに対する答えは，被害観念と社交不安との弁別要因にあるかもしれない．

　被害観念と社交不安とを弁別する要因は，現在のところ二つあると考えられている．一つめは，知覚や感覚の異常が存在するかどうかという点である．「実際には何もないのに，形，光，色を見たことがある」「食べ物や飲み物の味がいつもと違う」「自分の考えや行動にコメントする声のようなものが聞こえる」などの異常知覚体験は，社交不安を予測せず，被害観念のみを予測することが指摘されている（Freeman *et al.*, 2005）．前述の通り，異常知覚体験は被害妄想や被害観念形成の中核的な要素であり，これを誤って解釈することによって被害妄想および被害観念が形成されると考えられる（Freeman *et al.*, 2010）．つまり，異常知覚体験のような何かしらの内的および外的な状態の変化が存在する場合には，被害観念である可能性が高い．この点から考えると，事例 A の「『ダサい』と言っているのが直接頭に聞こえてきた」のは異常知覚体験であり，事例 A は被害観念であると考えられるだろう．二つめの弁別要因は，何を恐れているのかという点である．社交不安の場合には，典型的には自分が他者により，不安が強い，弱い，どうかした，バカだ，退屈だ，卑怯だ，汚い，好きでないと評価されることを恐れ，心配する（American Psychiatric Associa-

236

tion, 2013）．一方，被害観念の場合には，他者が悪意を持って自分を襲う，苦しめる，騙す，陰謀を企てる，迫害することを恐れている（American Psychiatric Association, 2013; Freeman & Garety, 2000）．事例 B については，他者が悪意を持って自分を迫害することを恐れるというよりも，他者から自分が「変なやつ」と見られることを恐れている点から，社交不安と考えるのが妥当かもしれない．もちろん，実際の臨床場面では前述の事例のように安易に両者を弁別することはできない場合も多いだろう．しかし，被害観念ととらえる場合と社交不安ととらえる場合では，ケースの見立てや進め方が異なるため，できるだけ弁別を心がけることが必要であろう．

4　今後の展望

これまで述べてきた通り，ここ数年の研究によって，被害観念と社交不安は共通の心理・行動メカニズムを背景とした多くの類似点を持つことが指摘されている．しかし，研究は未だ発展途上であり，いくつかの問題点も指摘されている．

まずは先行研究で用いられているサンプル数が少ないことが挙げられる．被害観念を持っている人自体がそこまで多くない．大規模なコホート研究においても，被害観念を持っていた調査参加者はその 10% 程度にとどまる（Rietdijk *et al.*, 2009）．被害観念を持つ臨床群となるとなおさらそのサンプル数は少なくなる．そのため，これらの先行研究の結果の解釈は慎重に行われるべきだろう．

続いて，被害観念の測定方法が統一されておらず，先行研究では必ずしも同じレベルの被害観念を対象としているとは言えないことなどが挙げられる．被害妄想と被害観念は連続性を持ち，健常者にも被害観念は見られるが，Freeman *et al.*（2005）が想定しているように，被害観念には階層性が存在するかもしれない．健常者の被害観念にも，社会的な，または対人関係に関連した不安のような被害観念から，「陰謀を企てられている」などのように，より重篤で被害妄想にその主題が類似するものまで存在する．それぞれの先行研究で用いられている被害観念がどの程度のレベルなのかについては，明確にされないままに研究が進められている．被害観念を測定するために，被害妄想の診断面接

第IV部　幻覚・妄想および統合失調症

基準を用いている先行研究もあれば，健常者の被害観念の測定のために作成された質問紙を用いている先行研究もある．果たしてそこで測定されている被害観念が被害妄想に近いものであるのか，それとも一般的に多くの人に見られる被害観念なのかについてはあまり検討されないままに研究が進められており，そこから導き出された結果の解釈には留意しなければならない．

　最後の問題点は，被害観念と社交不安との関連性についての知見が不足しており，被害観念と社交不安の共通性がなぜ見られるのか，またそれらは単なる相関関係なのか，または因果関係であるのかなどについては不明な点が多いことである．今後はこれらの問題点を改善しつつ，さらなる研究が行われることが必要だろう．

　前述のように，先行研究の結果の解釈には十分な留意が必要となるが，それでも臨床上，治療者が被害観念と社交不安の類似性を理解し，それが被害観念であるのか，それとも社交不安であるのかを弁別することは重要だろう．被害観念と社交不安には共通性はあるものの異なる疾患であり，その治療法は異なる．したがって，治療者が両者を適切に弁別することは適切な治療につなげるためには重要だと考えられる．そのため治療者には，今後の被害観念と社交不安の研究動向を注視しつつ，被害観念と社交不安との類似性について理解を深めておくことが求められるだろう．

引用文献

American Psychiatric Association (2013). *Diagnostic and statistical manual of mental disorders (5th ed.)*. American Psychiatric Association.

Appelbaum, P. S., Robbins, P. C., & Monahan, J. (2000). Violence and delusion: Data from the MacArthur violence risk assessment study. *American Journal of Psychiatry, 157*(4), 566-572.

Bebbington, P. E. *et al.* (2013). The structure of paranoia in the general population. *British Journal of Psychiatry, 202*, 419-427.

Bentall, R. P. (1994). Cognitive biases and abnormal beliefs: Towards a model of persecutory delusions. In A. S. David & J. Cutting (Eds.), *Neuropsychology of Schizophrenia* (pp. 337-360). Erlbaum.

Birchwood, M., Macmillan, F., & Smith, J. (1992). Early intervention. In M. Birchwood & N. Tarrier (Eds.), *Innovations in the psychological management of schizophrenia: Assessment, treatment and services* (pp. 115-145). John Wiley & Sons.

Chadwick, P. D. J., Birchwood, M. J., & Trower, P. (1996). *Cognitive therapy for delusions, voices and paranoia.* John Wiley & Sons.

Chapman, L. J., & Chapman, J. P. (1980). Scales for rating psychotic and psychotic-like experiences as continua. *Schizophrenia Bulletin, 6(3),* 476-489.

Claridge, G. (1997). *Schizotypy: Implication for illness and health.* Oxford University Press.

Ellett, L., Lopes, B., & Chadwick, P. (2003). Paranoia in a nonclinical population of college students. *Journal of Nervous and Mental Disease, 191(7),* 425-430.

Freeman, D., & Garety, P. A. (2000). Comments on the content of persecutory delusions: Does the definition need clarification? *British Journal of Clinical Psychology, 39(4),* 407-414.

Freeman, D. *et al.* (2005). Psychological investigation of the structure of paranoia in a non ─ clinical population. *British Journal of Psychiatry, 186,* 427-435.

Freeman, D., Garety, P.A., & Kuipers, E. (2001). Persecutory delusions: Developing the understanding of belief maintenance and emotional distress. *Psychological Medicine, 31(7),* 1293-1306.

Freeman, D., Pugh, K., Antley, A., & Slater, M. (2010). Testing the continuum of delusional beliefs: An experimental study using virtual reality. *Journal of Abnormal Psychology, 119,* 83-92.

Gilbert, F., Boxall, M., Cheung, M., & Irons, C. (2005). The relation of paranoid ideation and social anxiety in mixed clinical population. *Clinical Psychology and Psychotherapy, 12 (2),* 124-133.

Johns, L. C. *et al.* (2004). Prevalence and correlates of self-reported psychotic symptoms in the British population. *British Journal of Psychiatry, 185,* 298-305.

Martin, J. A., & Penn, D. L. (2001). Social cognition and subclinical paranoid ideation. *British Journal of Clinical Psychology, 40(3),* 261-265.

森本幸子 (2008). 大学生における被害妄想的観念への対処方略について 心理学研究, *78(6),* 607-612.

森本幸子・丹野義彦 (2004). 大学生における被害妄想的観念に関する研究――素因ストレスモデルを用いて 心理学研究, *75,* 118-124.

Peters, E. R., Joseph, S. A., & Garety, P. A. (1999). Measurement of delusional ideations in the normal population: Introducing the PDI (Peters *et al.* Delusions Inventory). *Schizophrenia Bulletin, 25(3),* 553- 576.

Phillips, M., & David, A. S. (1997). Visual scan paths are abnormal in deluded schizophrenics. *Neuropsychologia, 35(1),* 99-105.

Pisano, S. *et al.* (2016). Paranoid thoughts in adolescents with social anxiety disorder. *Child Psychiatry Human Development, 47(5),* 792-798.

Rietdijk, J., van Os, J., de Graaf, R., Delespaul, P. H., & van der Gaag. M. (2009). Are social phobia and paranoia related, and which comes first? *Psychosis, 1(1),* 29-38.

Schutters, S. I. J. *et al.* (2012). The association between social phobia, social anxiety cognitions and paranoid symptoms. *Acta Psychiatrica Scandinavica, 125(3),* 213-227.

Stein, M. B., & Stein, D. J. (2008). Social anxiety disorder. *Lancet, 371,* 1115-1125.

Strauss, J. (1969). Hallucination and delusion as points on continua function. *Archives of Gen-*

第IV部　幻覚・妄想および統合失調症

eral Psychology, 21(5), 581-586.

滝村美保子 (1991). パラノイド傾向と攻撃——パラノイド質問紙作成の試み及びパラノイド傾向と非行との関連性の検討　応用社会学研究, *1*, 61-78.

丹野義彦・石垣琢麿・杉浦義典 (2000). 妄想的観念の主題を測定する尺度の作成　心理学研究, *71*(5), 379-386.

Van Os, J., Hanssen. M., Biji, R. V., & Rabelli, A (2000). Strauss (1969) revisited: A psychosis continuum in the general population? *Schizophrenia Research, 45*(1-2), 11-20.

World Health Organization (1990). *Composite International Diagnostic Interview (CIDI). version 1.0.* World Health Organization.

第16章●幻聴への認知的アプローチ

古村　健

1　幻　聴

　周りには聞こえていない「声」が自分にだけ聞こえる体験を想像できるだろうか.「声」の質や調子は, ささやき声, 優しい声, 怒鳴り声, 知っている人の声や知らない人の声, 男性の声や女性の声など様々である.「声」の内容は, 自分を応援してくるものもあれば, 否定したり, 命令したりしてくるものもある. このような体験が一度だけであれば, 気のせいかと思い, 聞き流せるであろう. しかし, このような体験が持続し, 感情が不安定になったり, 生活に支障が出てきたりすると, 精神医学では幻聴（auditory hallucination）ととらえ, 治療の対象と考える.

幻聴とは
　アメリカ精神医学会の作成したDSM-5精神疾患の診断・統計マニュアルによれば, 幻覚（hallucination）とは「外的刺激がないにもかかわらず起きる知覚様の体験」である（American Psychiatric Association, 2013　高橋・大野訳　2014）.「幻覚は, 現実の外的刺激が誤って知覚され, または誤って解釈されている《錯覚 illusion》と区別するべきである」と記されているように, 知覚の対象となる外的刺激は現実には存在しない. また「幻覚という用語は普通, 夢を見ているとき, 眠りに入るとき（入眠時）, または目覚めるとき（出眠時）に起こる誤った知覚には用いない」とされているように, 意識が低下した状態での体験は含まない.
　幻覚は, 視覚, 聴覚, 味覚, 嗅覚, 触覚の「どの感覚様態にも生じうるが, 統合失調症および関連障害群では幻聴が最も多い. 幻聴は通常, 声として体験

241

第 IV 部　幻覚・妄想および統合失調症

される．聞きなれた声も聞きなれない声もあるが，その人自身の思考とは別な
ものとして知覚される」．

　幻聴体験の当事者は，自分の思考とは異なるものとして知覚される幻聴を
「幻覚である」と自覚できるのだろうか．このような病識が持てるのかという
観点から DSM-5 を見ると，「その人は，幻覚の真正でない本質について洞察
があることも，ないこともある．幻覚を体験している人の中には，誤った感覚
体験を認識している人もいるが，その体験が現実に基づいていると確信してい
る人もいる」と指摘されている．

　幻聴体験の疫学調査を見ると，統合失調症患者の幻聴の体験率は，約 7 割で
ある（Shinn et al., 2012）．なお，幻聴体験は，統合失調症以外にも，双極性障害，
大うつ病，PTSD，アルコール依存症，認知症など，様々な疾患の症状として
生じることが知られている．

　一般人口を対象に実施した疫学調査では，5 〜 28% が幻聴を体験している
と報告されている（de Leede-Smith & Barkus, 2013）．また，Romme & Escher
（1989）が報告したように，幻聴体験はあるが，苦痛やケアの必要性を示さな
い人たちが存在することは認められている．

幻聴の重症度のアセスメント方法

　このような幻聴体験によって思考，感情，行動が影響を受けてしまう臨床群
に対して実施する，幻聴体験の重症度の評価方法が確立されてきている．特に
幻聴に対する治療を試みることを目指すアプローチでは，半構造化面接によっ
て客観的に症状を評価する精神病症状測定尺度（Psychotic Symptom Rating
Scales : PSYRATS）（Haddock et al., 1999）が標準的に使用されている．この尺度
では，幻聴と妄想をそれぞれアセスメントすることができる．幻聴のアセスメ
ントは表 16-1 に記した 11 項目で構成され，それぞれ 0 〜 4 点のアンカーポイ
ントが定められており，評価者が評価を行う．合計得点が高いほど重症となる．
定量的に幻聴体験の重症度をとらえることができるため，重症度評価や治療前
後の介入効果検証の評価尺度として活用されている．なお，PSYRATS 日本語
版は，菊池（2015）が信頼性と妥当性の確認を行っている．

　また，近年では，幻聴の重症度を自己記入式尺度で測定する方法も開発され

第 16 章　幻聴への認知的アプローチ

表 16-1　PSYRATS 幻聴尺度の評価項目 (Haddock *et al.*, 1999)

(1)　頻度：どのくらい頻繁に声が聞こえるか？
(2)　持続時間：声が聞こえてくるときには，どのくらい続くか？
(3)　どこから聞こえるか：声は頭の中から聞こえるか，外から聞こえるか？
(4)　声の大きさ：声はどのくらいの大きさで聞こえるか？
(5)　「声」の起源についての信念：何が原因で声が聞こえると思うか？
(6)　「声」に含まれる否定的内容の量：声は不快なことを言うか？
(7)　否定的な内容の程度：否定的な内容の深刻度はどの程度か？
(8)　苦痛の量：声が聞こえることで苦痛を感じることはあるか？
(9)　苦痛の強さ：どの程度の苦痛を感じるか？
(10)　声によって生じた生活の破綻：声のせいで生活にどの程度の悪影響があるか？
(11)　声のコントロールの可能性：声を消したり，引き起こしたりすることはできるか？

表 16-2　HPSVQ の評価項目 (定量的評価) (古村・石垣，2015)

(1)　声はどのくらいの度合いで聞こえましたか？
(2)　声の言うことは，どのくらいひどいですか？
(3)　声の大きさはどのくらいですか？
(4)　声が続くのは，たいていどのくらいの長さですか？
(5)　日常生活をしているときに，声はどのくらいうっとうしいですか？
(6)　声が聞こえると，どのくらいつらいですか？
(7)　声が聞こえたときに，どのくらいひどい気持ち（自分には価値がない／自分は役に立たない）になりますか？
(8)　声は，どのくらいはっきり聞こえますか？
(9)　どのくらい声の言う通りにしますか？

ている．その一つとして，簡便で PSYRATS との高い相関が示された尺度が，カナダのハミルトン州で作成された Hamilton Program for Schizophrenia Voices Questionnaire（HPSVQ）(Van Lieshout & Goldberg, 2007) である．定量的評価として表 16-2 に示した 9 項目があり，それぞれ 0 ～ 4 点で測定され，得点が高いほど重症となる．日本語版は古村・石垣 (2015) が作成している．

2　幻聴の認知モデル

幻聴体験者における臨床群と非臨床群を分けるポイントは，幻聴の頻度や否定的な内容の声に違いがありそうだと指摘されている (Baumeister *et al.*, 2017)．精神科治療における薬物療法は，幻聴体験を軽減させる効果が期待されており，

第IV部　幻覚・妄想および統合失調症

図16-1　認知モデル（Chadwick *et al.*, 1996より筆者作成）

実際に幻聴が消失することもあるが，十分な薬物療法が提供されても治療が奏功しない場合もあることも事実である．

幻聴への認知モデルは，薬物療法での治療効果を示さない慢性の幻聴体験を有する統合失調症への治療の道を開いた．本節では，1990年代から英国で発展した認知モデル研究を紹介する．まず基本的な認知モデルは，図16-1の通りである．

幻聴によって苦痛がもたらされるのは，幻聴の内容のせいか解釈のせいか

最初に実証的な研究を行ったのは，チャドウィック（Chadwick, P.）とバーチウッド（Birchwood, M.）である．彼らは，認知モデルを幻聴に適用した実証研究を行った（Chadwick & Birchwood, 1994）．対象としたのは，長年にわたって幻聴によって苦しむ統合失調症患者であった．最初に検証された仮説は，図16-2に記したように，［A 幻聴内容］が，［C 幻聴に関連した苦痛／問題行動］をもたらすのか，［B 幻聴についての解釈］が媒介しているのかというものであった．

Chadwick & Birchwood（1994）は，まず横断調査として，26人から詳細に体験を聞き取った．その結果，すべての患者が幻聴を全知全能の存在と見なしていることを発見した．そして，幻聴の意図を「悪意」と認識すると恐怖感を覚え，「善意」と認識すると親密な関係を構築していることを発見した．幻聴の意図を読み取る際には，幻聴の内容とは必ずしも一致しないものも31%で見られた．このことを根拠に，幻聴内容をそのまま受け取るわけではなく，患者自身の解釈が媒介し，苦痛が生じているという仮説を支持することを主張した．

彼らの報告では，さらに介入による検証も行った．4人の患者に対して，幻

第 16 章　幻聴への認知的アプローチ

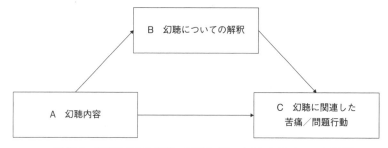

図 16-2　認知モデルの幻聴への適用（Chadwick & Birchwood, 1994）

聴の全能性，意図に対して体系的な論駁を試みる，認知療法による介入であった．そして，その介入の結果として確信度が低下すると，苦痛が減り，適応的行動が増加したと報告している．これによって，幻聴についての認知が苦痛をもたらしていることを実験的にも検証したのである．

　チャドウィックとバーチウッドは，続いて認知モデルを再検証するためのアセスメントツールとして，The Beliefs About Voices Questionnaire（BAVQ）を作成し，信頼性と妥当性を確認した（Chadwick & Birchwood, 1995）．これは，幻聴に対する認知，行動，感情を尋ねる自己記入式の質問紙である．質問内容は，Chadwick & Birchwood（1994）が行った横断調査で得られた患者からの言葉を用いて作成されている．回答は「はい」か「いいえ」のシンプルな2件法となっている．

　そして，彼らは，このアセスメントツールを用いて幻聴の認知モデルを検証するために，2年以上幻聴体験が持続している統合失調症患者に対して実証研究を行った（Birchwood & Chadwick, 1997）．この研究では，声の物理的特徴（voice topography）を測定するために，Hustig & Hafner（1990）の自己報告式尺度を使用している．この尺度は，5件法で，幻聴の頻度，大きさ，明瞭さ，そして感情と障害度を測定するものである．ここでは，これらのアセスメントツールを用いて，過去2年間幻聴体験が持続している患者を対象に，［C 幻聴に関連した苦痛／問題行動］は，［A 幻聴の物理的な特徴］ではなく，［B 幻聴についての解釈］によって説明されることを検証した（図16-3）．その結果，幻聴の物理的な特徴ではなく，幻聴についての信念が，感情と行動を理解する

245

第IV部 幻覚・妄想および統合失調症

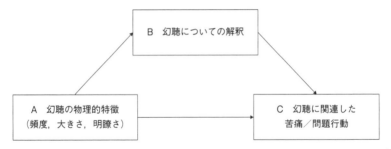

図16-3 アセスメントツールによる認知モデルの再検証 (Birchwood & Chadwick, 1997)

重要な要素であることを示した.このような幻聴の認知モデルの検証はオランダでも行われ,同様に認知モデルを支持する結果が得られている (van der Gaag et al., 2003).

幻聴との関係性は社会との関係性を反映しているのか

Chadwick & Birchwood (1994) では,当事者が幻聴について,全知全能の力を有しており,しかも悪意を持っていると信じていることによって,苦痛が生じていることを明らかにした.しかし,苦痛は,幻聴についての信念だけではなく,そもそも自分自身が社会的な身分が低い階層にいるととらえていることから生じているのかもしれない,とバーチウッドらは仮説を立てた.そこで,Birchwood et al. (2000) は,図16-4のように,苦痛の中から「抑うつ」を取り上げ,[B1 自分についての社会的階層の低さについての信念] と [B2 幻聴は自分よりも力が強いという信念] のいずれが [C 抑うつ] を説明するのかを検証した.

この仮説を検証するにあたり,Birchwood et al. (2000) は新たな尺度を作成した.まずはこれまで全能性と表現してきた幻聴についての認知を,声と聴声者の力の差と表現し,測定する尺度として,Voice Power Differential (VPD) Scale を開発した.この尺度では「力 (power)」を,能力 (strength),社会的信用 (confidence),社会的尊敬 (respect),社会的制裁力 (ability to inflict harm),社会的地位 (superiority),社会的経験や教養 (knowledge),の六つから構成した.質問項目は,「全体的に声と私自身を比べると,……」と不完全な文章を

第 16 章　幻聴への認知的アプローチ

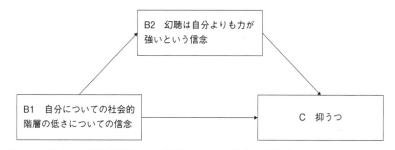

図 16-4　抑うつと社会的階層および幻聴についての信念の関係（Birchwood *et al.*, 2000）

示し，2極を持つ六つの項目に，5件法で回答を求めた（例えば，「私よりも声のほうが尊敬されている」～「声よりも私のほうが尊敬されている」）．

　さらに，この尺度の一部を変更する形で，社会一般と自己との力の差を測定するために社会的力の差の尺度（Social Power Differential Scale：SPD）も作成した．これは VPD の質問項目の「声」を「世の中の人」に置き換えたものであった（例えば，「私よりも世の中の人のほうが尊敬されている」）．これによって，社会に対するとらえ方を測定することを考案した（Birchwood *et al.*, 2000）．

　また，社会的比較尺度（Social Comparison Scale：SCS）（Allan & Gilbert, 1995）を修正し，声との社会階級を比較するために使用している．この尺度には，社会階級，社会的集団への適応，社会的魅力，の下位尺度がある．修正した点は，最初の教示を「声と比較すると自分は……」としたことであり，声の階級尺度（'voice rank' scale）と名づけている（Birchwood *et al.*, 2000）．

　前述のように新たな尺度を開発したり，既存の尺度を修正したりして，2年以上幻聴体験が持続している統合失調症患者を対象に横断調査を行った（Birchwood *et al.*, 2000）．その結果，仮説は支持され，自分が声よりも力が弱いと思っている人は，世の中の人と比べても自分の力が弱いと思っていることが明らかとなった．そして，社会的に自分の階層が低いと思っていると，抑うつ的となることも示された．すなわち，幻聴体験に伴う抑うつにおいては，幻聴との関係だけでなく，社会的にも自身の階層を低く，従属的な立場としてとらえていることが鍵となるのである．

第 IV 部　幻覚・妄想および統合失調症

認知モデルによるアプローチは命令幻聴への服従行動を説明できるか

　幻聴の内容の中には，行動を指示する命令性の声もある．このような命令幻聴についても認知モデルに基づく実証的な研究が行われた．Beck-Sander *et al.* (1997) は，Chadwick & Birchwood (1994) のインタビュー方法（Cognitive Assessment Schedule）を用いて命令幻聴の内容と服従に関する情報を収集し，BAVQ（Chadwick & Birchwood, 1995）を用いて幻聴についての認知をアセスメントした．

　Beck-Sander *et al.* (1997) はまず，命令への服従スコアに基づいたケンドールの順位相関係数の結果をもとに，命令の内容を 3 種類に分類した．すなわち，①日常生活上の指示（例えば，「黙れ」「お茶を飲め」）や軽犯罪を起こすような「無害な命令」，②刑法犯罪となる「深刻な他害命令」，③自分を傷つける「自傷命令」，である．

　Beck-Sander *et al.* (1997) での認知モデルに基づく仮説は，幻聴の意図を「善意」ととらえると「命令に服従」し，「悪意」ととらえると「服従しない」というものであった．調査で得られたデータでは，幻聴の意図を「善意」ととらえていると「無害な命令」「深刻な他害命令」には従うという有意な相関関係が見られた．一方，幻聴の意図を「悪意」ととらえていた場合，服従関係との有意な相関は見られなかった．

　この研究でのインタビューから引き出された発見は，幻聴を「なだめる」ための行動であった．例えば，ある患者は，他者を叩くように命令されていたが，「神様」の声に従わず，代わりに神様の機嫌をとるために神様をたたえる歌を歌ったり，謝罪の言葉を重ねたり，後で従うと答えたりといったことをしていた．また，他者に対して暴力を振るう命令には服従せず，自分を傷つける命令に従う傾向が見られた．これらのデータをもとに，幻聴体験者は，深刻な他害行為の命令に対しては，声の主をなだめるような行動をとることがわかってきた．また，声を「なだめる」行動の形態の一つとして，深刻な他害命令に従う代わりに自分を傷つける命令に従い，幻聴を満足させようとしていることが浮かび上がってきた．

認知モデルによるアプローチは命令幻聴への服従行動を減らすことができるか

　ここまでに紹介した認知モデルによる幻聴体験者の理解は，治療方法として展開した（Trower *et al.,* 2004）．対象となったのは，過去6カ月に命令幻聴に従い，深刻な他害行為やなだめ行動としての自傷行為を行った統合失調症患者であった．対象者は無作為に割りつけられ，通常治療群と命令幻聴の認知行動療法を追加した群で治療の効果が比較された．

　認知行動療法における認知面のアセスメントとしては，それまでに作成されたツールが使用されている．幻聴に関する定性的な情報収集にはCognitive Assessment Schedule（Chadwick & Birchwood, 1994）が用いられた．定量的なアセスメントツールとしてはBAVQ（Chadwick & Birchwood, 1995），VPD（Birchwood *et al.,* 2000）が使用された．そして，アウトカムとなる症状の評価には，精神科において一般的に使用される陽性・陰性症状評価尺度（Positive and Negative Syndrome Scale：PANSS），心理的介入の効果を敏感に測定することができる尺度としてPSYRATS，統合失調症患者の抑うつを評価する尺度としてカルガリー抑うつ尺度（Calgary Depression Scale for Schizophrenia：CDSS）が測定された．さらに，新たに幻聴コンプライアンス尺度（Voice Compliance Scale：VCS）を作成し，服従行動を定量的に測定した．

　このような準備を経て実施された認知行動療法による介入（Trower *et al.,* 2004）は，マニュアル化され，再現性の確保されたものであった．実際に介入に要したセッション数の中央値は16回であった．介入後12カ月時までの結果として，アウトカムとして設定された服従行動の割合を見ると，多職種が様々なアプローチを行う通常治療群における服従率は53%であった．一方，認知行動療法を通常治療に追加した群では，わずか14%にまで低下させることができていた．幻聴に行動が左右され，自傷他害といった危険な行動をとり，入院となった統合失調症患者が，認知行動療法を受けることで，通常治療以上に改善することが示されたのである．

　この介入研究は，その後，3施設の共同研究として展開した（Birchwood *et al.,* 2014）．対象を無作為に割りつけ，通常治療群と認知療法を追加した群への治療効果を比較した．結果としては，介入開始から18カ月後の時点における深刻な命令幻聴に服従した人の割合は，通常治療群が46%で，認知療法を追

第IV部　幻覚・妄想および統合失調症

加した群は 28% であり，有意に大きな差が認められ，認知療法の効果が確認された．この研究においても幻聴についての信念を扱い，幻聴との力の差が小さくなることで，服従行動が抑えられることが示された．

3　日本における幻聴の認知モデル研究の展開

慢性の幻聴体験者は，当然のことながら日本にも存在する．前述のような心理支援は日本にも求められる．前節で取り上げたチャドウィックとバーチウッドの一連の研究から始まった，幻聴の認知モデル開発からアセスメントと介入をまとめた認知療法は，治療マニュアルとして書籍にまとめられている（Chadwick *et al.*, 1996）．彼らの治療方法は，丹野（2001）が『エビデンス臨床心理学』の中で紹介している．さらに，バーチウッドが 2001 年に来日してワークショップを開催し，治療方法が具体的に紹介された（丹野，2002）．

Chadwick *et al.*（1996）の治療マニュアルの日本語訳の出版は，このワークショップから約 10 年を経た 2012 年であった（古村・石垣，2012）この書籍には，インタビュー方法，幻聴についての認知をアセスメントするための BAVQ といった尺度も掲載されており，ようやく実際の治療方法を提供する資料が日本語で揃ったこととなる．

命令幻聴への認知療法の治療効果は前節で取り上げたが，そのバーチウッドらの研究成果としてまとめられた症例集（Byrne *et al.* 2005 菊池訳，2010）が2005 年に英国で出版され，2010 年には再びバーチウッドが来日してワークショップを開催し，日本に治療方法が紹介された．また，同年に症例集の日本語訳が出版された．

統合失調症への認知行動療法の日本での普及は，2012 年に東京大学の石垣琢麿教授を中心に始まった CBTp ネットワークによって進められた．例えば，日本認知療法・認知行動療法学会の学術大会では，CBTp ネットワークは2013 年に最初の企画を開催し，2016 年からは毎年シンポジウムを企画して，普及が進められた（表 16-3）．また，2019 年には，雑誌『臨床心理学』において「CBT for psychosis：幻覚と妄想に対処する」が特集され，本章で扱った幻聴へのアプローチ（古村，2019）以外にも，日本における CBTp の歴史から，

第16章　幻聴への認知的アプローチ

表16-3　CBTp ネットワーク企画シンポジウム

	テーマ	開催年
1	統合失調症の認知行動療法——アセスメントからフォーミュレーションへ	2013
2	統合失調症の認知行動療法（CBTp）に不安やうつへの技法をどのように応用できるか	2016
3	統合失調症の認知行動療法（CBTp）——多様な地域支援	2017
4	統合失調症の認知行動療法	2018
5	多職種協働による統合失調症への認知行動的アプローチ——医療観察法病棟での経験から一般精神医療へ	2019
6	青年期における CBTp——統合失調症の早期介入，就学・就労支援	2020
7	統合失調症の認知行動療法（CBTp）の現在地から未来へ	2021
8	CBTp をどのように導入するか	2022
9	心理職が実践する CBTp——長所，注意点，および多職種連携	2023

様々な場面での取り組みまで紹介された．CBTp ネットワークは，事例検討も継続し，日本での実践に基づく事例集も発行した（石垣他，2019）．2020 〜 22 年に取り組まれた AMED 研究「各精神障害に共通する認知行動療法のアセスメント，基盤スキル，多職種連携のマニュアル開発」（研究代表者：藤澤大介）の中では，「統合失調症／精神症の認知行動療法マニュアル」も完成させた．なお，この治療マニュアルは日本認知療法・認知行動療法学会のホームページに掲載され，無料で公開されている．今後は，日本における効果研究へと展開することが期待されている．

　このように日本における認知モデル研究は展開してきたが，日本人を対象にした疫学調査，臨床仮説を検証するための評価法の開発，さらに開発した評価法を用いたメカニズム研究といった基礎的な研究には，まだまだ不足している部分は残されている．実態調査，評価法開発，メカニズム研究，介入研究が今後も密接に関連しながら進められることが望まれる．特に研究を進めていく上では海外では主に心理職がその役割を担ってきている．日本においては，国家資格がないために精神医療領域における臨床研究に心理職が参入しづらかった部分もあったと思われるが，公認心理師制度が始まった状況にあることから，臨床研究に参画する公認心理師が増えることを期待する．

第 IV 部　幻覚・妄想および統合失調症

引用文献

American Psychiatric Association (2013). *Diagnostic and statistical manual of mental disorders (5th ed.)*. American Psychiatric Association.（高橋三郎・大野裕（監訳）(2014). DSM-5　精神疾患の診断・統計マニュアル　医学書院）

Baumeister, D., Sedgwick, O., Howes, O., & Peters, E. (2017). Auditory verbal hallucinations and continuum models of psychosis: A systematic review of the healthy voice-hearer literature. *Clinical Psychology Review, 51*, 125-141.

Beck-Sander, A., Birchwood, M., & Chadwick, P. (1997). Acting on command hallucinations: A cognitive approach. *British Journal of Clinical Psychology, 36(1)*, 139-148.

Birchwood, M., & Chadwick, P. (1997). The omnipotence of voices: Testing the validity of a cognitive model. *Psychological Medicine, 27(6)*, 1345-1353.

Birchwood, M., Meaden, A., Trower, P., Gilbert, P., & Plaistow, J. (2000). The power and omnipotence of voices: Subordination and entrapment by voices and significant others. *Psychological Medicine, 30(2)*, 337-344.

Birchwood, M. *et al.* (2014) Cognitive behaviour therapy to prevent harmful compliance with command hallucinations (COMMAND): A randomized controlled trial. *Lancet Psychiatry, 1*, 23-33.

Byrne, S., Birchwood, M., Trower, P. E., & Meaden, A. (2005). *A casebook of cognitive behavior therapy for command hallucination*. Routledge.（菊池安希子（監訳）(2010). 命令幻聴の認知行動療法　星和書店）

Chadwick, P., & Birchwood, M. (1994). The omnipotence of voices: A cognitive approach to auditory hallucinations. *British Journal of Psychiatry, 164*, 190-201.

Chadwick, P., & Birchwood, M. (1995). The omnipotence of voices. II: The Beliefs About Voices Questionnaire (BAVQ). *British Journal of Psychiatry, 166*, 773-776.

Chadwick, P., Trower, P., & Birchwood, M. (1996). *Cognitive therapy for delusion, voices and paranoia*. Wiley.（古村健・石垣琢麿（訳）(2012). 妄想・幻声・パラノイアへの認知行動療法　星和書店）

de Leede-Smith, S., & Barkus, E. (2013). A comprehensive review of auditory verbal hallucinations: Lifetime prevalence, correlates and mechanisms in healthy and clinical individuals. *Frontiers in Human Neuroscience, 7*, 367.

古村健 (2019). 幻覚への CBTp　臨床心理学, *19(2)*, 145-148.

古村健・石垣琢麿 (2015). 言語性幻聴の重症度を定量的に測定する自己報告式尺度の開発——Hamilton Program for Schizophrenia Voices Questionnaire 日本語版の信頼性と妥当性　精神医学, *57(5)*, 349-352.

Haddock, G., McCarron, J., Tarrier, N., & Faragher, E. B. (1999). Scales to measure dimensions of hallucinations and delusions: The Psychotic Symptom Rating Scales (PSYRATS). *Psychological Medicine, 29(4)*, 879-889.

Hustig, H. & Hafner, R. (1990). Persistent auditory hallucinations and their relationship to delusions and Mood. *Journal of Nervous and Mental Disease, 178(4)*, 264-267.

石垣琢麿・菊池安希子・松本和紀・古村健（編著）(2019). 事例で学ぶ統合失調症のための認知行動療法　金剛出版

第 16 章　幻聴への認知的アプローチ

菊池安希子（2015）．統合失調症の認知行動療法の普及に向けて　厚生労働科学研究費補助金（障害者対策総合研究事業）平成 26-27 総括研究協力報告書（https://mhlw-grants.niph.go.jp/system/files/2015/153091/201516018B_upload/201516018B0023.pdf）

Romme, M., & Escher, A. (1989). Hearing voices. *Schizophrenia Bulletin, 15*(2), 209-216.

Shinn, A. K. *et al.* (2012). Auditory hallucinations in a cross-diagnostic sample of psychotic disorder patients: A descriptive, cross-sectional study. *Comprehensive Psychiatry, 53*(6), 718-726.

丹野義彦（2001）．エビデンス臨床心理学――認知行動理論の最前線　日本評論社

丹野義彦（編著）（2002）．認知行動療法の臨床ワークショップ――サルコフスキスとバーチウッドの面接技法　金子書房

Trower, P. *et al.* (2004). Cognitive therapy for command hallucinations: 110 randomised controlled trial. *British Journal of Psychiatry, 184*(4), 312-320.

van der Gaag, M., Hageman, M., & Birchwood, M. (2003). Evidence for a cognitive model of auditory hallucinations. *Journal of Nervous and Mental Disease, 191*(8), 542-545.

Van Lieshout, R. J., & Goldberg, J. O. (2007). Quantifying self-reports of auditory verbal hallucinations in persons with psychosis. *Canadian Journal of Behavioural Science, 39*(1), 73-77.

第17章●メタ認知トレーニング

石垣琢麿

1 メタ認知

本章ではメタ認知トレーニング（metacognitive training：MCT）の理論と実践方法について概説する．MCT はドイツ・ハンブルク大学のモリッツ（Moritz, S.）教授らが中心となって開発した心理教育・心理療法のツールである（Moritz & Woodward, 2007）．背景理論は精神症・統合失調症に対する認知行動療法（CBTp）にあり，小集団に対して行われる低強度の認知行動療法的介入法である．

本章では，まずメタ認知の研究史と定義から始める．メタ認知は発達心理学や教育心理学の分野で，1970 年代から注目され始めた．Moritz & Lysaker（2018）や Baker et al.（2020）によれば，早くからメタ認知に注目していた研究者として，発達心理学者のフレイヴェル（Flavell, J. H.）と教育心理学者のブラウン（Brown, A. L.）を挙げることができる．フレイヴェルは1950 年代の一時期，臨床心理士として病院で働いており，ブラウンは自らがディスレクシア（読み書き困難：dyslexia）であった．2 人とも研究者だが，彼らの臨床体験がメタ認知研究の推進に役立った可能性があり，筆者のような臨床家としては興味深い．

彼らの研究は主にメタ記憶に関する基礎研究や，読み・書きなど認知能力の教育領域のものであった．幼児期から青年期にかけてのメタ認知発達プロセスの解明やそれを生かした教育法開発が主眼であった．例えば，フレイヴェルの実験には次のようなものがある．子どもに「徹底的に記憶してごらん」と教示を与えて事物を記憶させ，その後に再生させたところ，年長になるほど自分の記憶力とそれに基づくパフォーマンスを適切に予測できるようになることがわ

255

第 IV 部　幻覚・妄想および統合失調症

表 17-1　フレイヴェルが提案した四つのメタ認知要素（Flavell, 1979）

メタ認知的要素	概　要
知　識	人間の認知に関する知識．「人は焦っていると不注意になるものだ」．「自分は，記憶力はよいがなかなか決断できない」．人間，課題，方略の三つのカテゴリーがある．
体　験	自らの認知に関する気づき．アハ体験を伴うことがある．メタ認知的モニタリングの一つとされることもある．
目　標	メタ認知的モニタリングに基づいて設定される．活動の結果を評価して，必要に応じて柔軟に修正される．
活　動	メタ認知的モニタリングと目標に基づいて遂行される．活動の結果を評価して，必要に応じて柔軟に修正される．

かった．つまり，年長の子どもが「自分は完璧に思い出せる」と言えば，実際にほとんどの場合で完璧に思い出せたが，より幼い子どもは，彼ら自身が「自分は完璧に思い出せる」と考えていても，実際にはそうならなかった．この研究から言えることは，人間は成長に伴って，記憶の程度や再生可能性を適切にモニタリングしたり，その結果に基づいて自らの行動を制御したりできるようになるということである．

　フレイヴェルは表 17-1 に示したような，メタ認知的知識，メタ認知的体験，メタ認知的目標（あるいは，課題），メタ認知的活動（あるいは，方略）という四つの要素を提案している（Flavell, 1979）．

メタ認知的知識

　メタ認知的知識とは，フレイヴェルによれば，「人間を認知的存在として扱い，人間の多様な認知的課題，認知的目標，認知的活動，認知的経験を扱うために必要な，世界に関する知識」である．例えば，「人は焦っていると不注意になるものだ」や「自分は，記憶力はよいがなかなか決断できない」などは人間全般のカテゴリーのメタ認知的知識であり，「抽象的問題を解く時は頭の中だけでなく紙に書き出して考えると正解に至りやすい」というのは方略のカテゴリーのメタ認知的知識である．

メタ認知的体験

　メタ認知的体験とは，自らの認知プロセスに関する何らかの気づきを意味す

る．場合によってはアハ（a-ha）体験を伴う．フレイヴェルは，こうしたメタ認知的体験には，自分や他者のパフォーマンスに関する驚きや不満足感のような情動体験が伴うと考えていた．現代の心理学では，三宮（2008）が「認知についての気づき・フィーリング」と定義しているものがメタ認知的体験に相当し，そこではメタ認知的モニタリングの一つとしてとらえている．

メタ認知的目標

現代の心理学では，目標や計画を立てることはメタ認知的コントロールに含まれると考えられている．しかし，メタ認知的な目標や計画は，まず自らの認知活動をモニタリング（観察）できなければ成立しないため，モニタリングとコントロールは常に連動している．状況は急に変わることもあり，活動の効果や結果によっては目標も再設定される．「状況や，自分の認知と活動へのモニタリングに基づいて，メタ認知的な目標は柔軟に修正されるべきだ」ということも，メタ認知的知識の一つであろう．

メタ認知的活動

フレイヴェルは，生徒は試験前の状況でメタ認知が活性化すると考えた（Flavell, 1979）．試験の数日前に「試験に合格できるほどは教科書をちゃんと読んでいない」と生徒が考えたなら，自らの現状と将来に対する強い不安を伴うメタ認知的体験となるだろう．この不安を解消するための積極的な活動には2種類ある．一つは認知的な活動（方略）であり，この教科書の大切な箇所を何度も読むことがそれにあたる．もう一つは，メタ認知的な活動である．これは，学習すべき知識を自分自身に問い，試験でうまく答えられる程度を文字化したり数値化したりしてモニタリングしながら，理解を深めることである．後者のほうが，時間はかかるが知識は定着するだろう．その活動がメタ認知的なのか認知的なのかは目標次第で変わり，両者の差異はあいまいだが，活動はメタ認知的モニタリングに基づいて柔軟に修正される必要がある．

第 IV 部　幻覚・妄想および統合失調症

2　メタ認知と認知バイアスの臨床的意義

メタ認知的知識と病理

表 17-2 に，精神疾患に関連する偏ったメタ認知的知識の例を挙げた．

ある思考に対してメタ認知的モニタリングやコントロールが効かないと，あくまでも思考，仮説であるはずのものが，ゆるぎのない事実として認識されてしまう（メタ認知的知識，あるいはメタ認知的信念）．例えば，「世の中は私を騙そうと狙っている人で満ちている」という強い猜疑心に対してメタ認知機能が働かなくなったものが，被害妄想や被害的な信念だと考えられる．この強く偏った信念に基づいて立てられる目標は，「騙されないようにすること」「騙そうとする相手を見つけて攻撃すること」かもしれない．狙われる恐怖感が強いと社会からのひきこもりを選択することも多い．社会的ひきこもりにより他者や社会との接触がさらに少なくなり，自らのメタ認知的知識を修正する機会が失われ，さらに強化される可能性が高まる．加えて，生活環境の狭小化によって，自らの身体や環境の些細な変化への注目が高まり，自分のメタ認知的知識を強化する証拠ばかりを集める確証バイアスも盛んに発動される．つまり，被害的信念を強化する悪循環を止められなくなる．

認知バイアス

偏ったメタ認知的信念のみならず，精神疾患や精神症状には多くの認知バイアスが働いていることが見出されている．認知バイアスは，注意と記憶，リスク認知，概念，思考，自己決定，言語，創造，共同などの領域に存在すると考えられているが（鈴木，2020），ここでは MCT に関連する認知バイアスについて概説する．MCT では特に，妄想や妄想様観念（二次妄想とも呼ばれる）に関連する認知バイアスが取り上げられる．表 17-3 に MCT の八つのモジュールと，そこで扱われる認知バイアスを挙げる．ただし，ここで言う認知バイアスは，モリッツらが MCT のマニュアルで認知バイアスと呼んでいるものを指しており，厳密な意味での認知バイアスではないものも含まれている．表 17-4 には，各認知バイアスの概要を載せる．

258

第 17 章　メタ認知トレーニング

表 17-2　精神疾患に関連する偏ったメタ認知的知識（信念）の例

状　態	偏ったメタ認知的知識（信念）
不安症	いろいろと心配することは問題解決の役に立つ．
うつ病	私は何をやってもうまくいかないし，同僚に迷惑をかける存在だ．
躁病	私は万能なのだから周囲の人より常に優れている．
被害妄想	世の中は私を騙そうと狙っている人で満ちている．

表 17-3　MCT のモジュールとターゲットとなる認知バイアス

モジュール	ターゲットとなる認知バイアス
1　帰属——誰かのせいと自分のおかげ	自己奉仕バイアス
	唯一原因論的推論
2　結論への飛躍 I	結論への飛躍バイアス
	反証への抵抗バイアス
	「リベラル・アクセプタンス」理論
3　思い込みを変える	結論への飛躍バイアス
	反証への抵抗バイアス
4　共感すること I	心の理論の障害
	表情知覚の障害
5　記憶	誤った記憶への過度の確信
6　共感すること II	心の理論の障害
	社会的認知の障害
	反証への抵抗バイアス
	あいまいな状況への不耐性
7　結論への飛躍 II	結論への飛躍バイアス
	仮説を無批判に受け入れるバイアス
8　気分	ネガティブな自己スキーマ
	原因が不明確な自尊心の低下

オリジナルのモジュールは上記八つだが，現在ではこれに二つのモジュール，「自尊心」と「スティグマに対処する」が追加された．

　MCT でまず大切なのは，「一般に，人間にはこういう認知バイアスがある」，あるいは「私はある場面でこの認知バイアスを働かせがちだ」と，メタ認知的体験によって気づくことである．そして，それを知識として定着させたものがメタ認知的知識ということになる．MCT では，このメタ認知的知識をもとに適応的な行動を身につけるための目標が設定され，活動することになる．

259

第Ⅳ部　幻覚・妄想および統合失調症

表 17-4　妄想関連の認知バイアスの概要

認知バイアス	概　要
自己奉仕バイアス	失敗は自分以外の人（あるいは物や状況）に帰属し，成功は自分に帰属するバイアス：self-serving bias（例えば，Garety & Freeman, 2013）．ただし，失敗も成功も自分に帰属しない傾向があるとも言われている．
唯一原因論的推論	原因を一つしか考えない推論のあり方：monocausal inferences（例えば，Moritz *et al.*, 2018）．
結論への飛躍バイアス	少ない証拠に基づいて結論を下してしまう傾向：jumping to conclusion（JTC）（総説として，So *et al.*, 2016）．
反証への抵抗バイアス	誤った解釈への評価を修正することができない．自分の解釈への「反証」が現れても，最初の解釈に固執する傾向：bias against disconfirmatory evidence（BADE）（例えば，McLean *et al.*, 2017）．
「リベラル・アクセプタンス」理論	妄想の 2 段階説：liberal acceptance theory（Moritz *et al.*, 2017）．妄想の形成（第 1 段階）と妄想の持続（第 2 段階）からなる．
あいまいな状況への不耐性	完結への欲求と確信への欲求．つまり，制限がないことや，あいまいな状況に耐えられない（例えば，Colbert & Peters, 2002）．
仮説を無批判に受け入れるバイアス	理不尽で証明不可能な選択肢を高く評価し，説得力のない規準を採用して意思決定してしまう．情報に適切な重みづけをしない（総説として，Ward & Garety, 2019）．
ネガティブな自己スキーマ	基本的にはうつ病におけるネガティブな自己スキーマと同じだが，スティグマの影響をより強く受けている（総説として，Gerlinger *et al.*, 2013）．

3　メタ認知トレーニングの実際

認知バイアスを扱う利点

　MCT は，特に妄想関連の認知バイアスに焦点を当てた，八つのモジュール（表 17-3）から構成されている．八つのモジュールの集合は 1 サイクルと呼ばれ，二つのサイクルが用意されている．この二つのサイクルに属するモジュールは，タイトルは同じだが，使われているスライドの内容は多少異なっているため，参加者に飽きを感じさせない．モジュールの内容とトレーニングの進行方法は構造化されている．各モジュールで使用できるスライドの量は膨大なので，MCT 治療者（以下，トレーナー）が適宜選択して用いる．

　MCT は認知バイアスに注目したところがきわめて優れた点である．精神症状に関連するとはいえ，認知バイアスの程度は様々であり，健常者でも大なり小なり存在し得る．MCT で扱われる事項には，人間ならば誰しも困ったり，間違えたりする可能性がある．こうした特徴によって，病識が乏しい患者でも

260

第17章　メタ認知トレーニング

参加への抵抗が少なくなり，治療的介入からの脱落を防ぐことができ，ノーマライゼーションを促進することもできる．

　症状や病気という言葉を使わないことの意義も大きい．医療者は，自分では当事者との間の垣根を意識していなくても，患者，症状，病気などの言葉を使うことによって，どうしても自他を分けてしまい，その言葉を聞いた当事者も差別を意識する．しかし，認知バイアスであれば程度の差異があるだけで自他ともに存在するため，抵抗なく共有できる．

　もちろんMCTでも，「妄想は認知バイアスと同じで誰にでもあるのだから気にするな」と伝えるわけではない．認知バイアスが極端な状況になると妄想に至ってしまうという説明が繰り返し行われ，実際に極端な状況に陥った体験がないかと参加者に問いかける．「妄想をなくそう」と直接的に伝えるのではなく，認知バイアスと症状が関連していることを学び（メタ認知的知識），認知バイアスが極端になるような状況を避けること（目標や活動）を促し，結果として妄想に陥るのを避ける，というのがMCTの方略である．

　MCTの各モジュールで繰り返し伝えられるメッセージは，「結論を出す前に十分な情報を集めなければならない」と，「いったん決めたことであっても状況によって修正してよい」である．前者の「十分な情報」には他者の意見も含まれる．これらはすべて，MCTの中で獲得すべきメタ認知的知識として反復学習される．

ゲームの効用

　MCTでは，知識の獲得と定着にメタ認知的体験を重視していることは前述の通りだが，その体験を得るために，セッション中に遊びの要素がふんだんに取り入れられていることも優れた点である．このことは特に日本において実践しやすい理由の一つになっている．

　MCTの背景は認知行動理論なので，介入セッション以外の日常生活でも思考や行動の「実験」を行い，経験を報告するホームワークが設定されている．ホームワークは理論上きわめて重要な治療要素なのだが，実際に毎日遂行することは困難であろう．MCTが開発されたハンブルク大学エッペンドルフ病院では，入院中の患者の協力を得て研究と実践が行われた．そのため，ホームワ

261

第 IV 部　幻覚・妄想および統合失調症

ークを実行することも難しくはなかったかもしれない．しかし，日本の精神科医療では，多くの機関でMCTは外来あるいはデイケアで実践されており，医療者が参加者の日常生活をコントロールすることは難しい．したがって，セッション中にできるだけ多くのメタ認知的体験を持ち，認知バイアスへの気づきが高まることが，治療上，まずは重要だと思われる．どのような内容のゲームが，どの程度含まれると効果が上がるのか，という実証的な研究はないものの，興味深い錯視図形や「ひっかけ問題」によって，自らが持つ認知バイアスに容易に気づくことができるので，セッション参加が楽しかったと回答する参加者は非常に多い（細野ら，2016）．

モジュールの構造

　各モジュールは心理教育とノーマライゼーションから始まる．例えば，モジュール2「結論への飛躍I」では，まず結論への飛躍という認知バイアスが，人間全般に見られることが参加者に示される（ノーマライゼーション）．次に，結論へ飛躍してしまう多くの実例や，それによる問題が示される．その後にクイズが挿入される．少しずつ完成する線画が何を描いたものか当てるクイズと，騙し絵によるクイズの2種類がある．最後に「学習目標」が提示され，精神症状と結論への飛躍の関係性が示されて終了するが，「結論を出す前に十分な情報を集めなければならない」と，「いったん決めたことであっても状況によって修正してよい」というポイントも伝えられる．

　この構造はすべてのモジュールで共通している．構造が各モジュールで共通していると，突然の予定変更や，手順の流動的な変化にうまく適応できない認知機能が低下している人も安心して参加できる．

　MCTを実施する上で必要な資料を，表17-5に示す．日本語版の資料とマニュアルについては，一般社団法人MCT-Jネットワーク（https://mct-j.jpn.org/）へ問い合わせてほしい．

　イエローカードは，妄想が生じそうな場面や状態だと自ら気づいたら，MCTで学習した内容を思い出せるような質問が並べられている．「こういう状況は自分にとって危険である」ということもメタ認知的知識である．レッドカードは危機的状況にある時に使うため，援助者（専門家や家族，友人）との連

第17章 メタ認知トレーニング

表 17-5 MCT の資料構成

資 料	概 要
16 のパワーポイント・スライド	各々八つのモジュールを含むサイクル A とサイクル B からなる. 全体の概念と, 各モジュールの実践方法, 実践ポイントが示されている.
マニュアル	詳細にわたって解説されているので, 実践前に必読.
六つのホームワーク資料	モジュールごとに用意されている (ただし, モジュール 2 と 7, 4 と 6 は同じ資料). ホームワークの前半はモジュールの要点がまとめられており, 後半はモジュールの内容に沿った日常生活での実体験を自己記入する課題が設定されている.
1 枚のイエローカード	認知的修正, 対処法の再考を促す三つの質問「そう考える証拠は何ですか?」「別の見方はありますか?」「たとえ本当だとしても, 過剰に反応していないでしょうか?」からなる.
1 枚のレッドカード	緊急連絡先を記入するカード.

絡先が記入される.

気分とスティグマ

気分や自尊心をモジュールとして設定した背景には, 統合失調症の心理学研究の成果が反映されている. 統合失調症の当事者の多くは不安や抑うつ気分に苦しめられており, その背景には自尊心の著しい低下があると考えられている. また, こうしたネガティブな思考や気分が, 妄想を持続させてしまう間接的な要因になっていることもわかってきた. 例えば, フリーマン (Freeman, D.) らは, 被害妄想に対する不安や心配の影響に注目し, それらを減弱させることによって被害妄想も弱くなることを臨床的に実証している (Freeman *et al.*, 2015).

さらに, 社会からの偏見 (スティグマ), あるいは自分自身が精神障害に対して抱いている偏見 (セルフ・スティグマ) がネガティブな気分をもたらして, 社会的ひきこもりを助長している可能性もある. スティグマと気分が回復プロセスに与える影響を探索している研究もある (Wood *et al.*, 2017). こうした社会からのスティグマに個人が立ち向かうのには, 大きな困難を伴う. 追加モジュール「偏見 (スティグマ) に対処する」では, 精神障害に関するノーマライゼーションが行われ, 対処法の例が紹介され, 偏見に少しでも立ち向かえるよう支援する.

最近, ハンブルク大学では, 自尊心を高め, スティグマを軽減させることが陽性症状の改善にとって不可欠だとする立場から, これらを扱う新たな二つの

第 IV 部　幻覚・妄想および統合失調症

モジュールを，単なる「追加モジュール」ではなく「必須モジュール」として，
一つのサイクルを 10 モジュールで行うことを推奨するようになった．

実施方法

マニュアルでは，週に 2 回，1 回に 1 モジュールを実施することと，体験を
深めて効果を維持するために，A と B 二つのサイクルの含まれる 16 のモジュ
ールと，新たな二つのモジュール，合わせて 18 モジュールに一つずつ参加す
ることを推奨している．サイクルとモジュールの実施順は特に定められていな
い．しかしながら，週 1 回，1 サイクル 8 モジュールで効果を実証している先
行研究も多い．日本での RCT は週 1 回，1 サイクル 8 モジュールに追加モジ
ュール二つ，合計 10 モジュールで実施され，効果が認められた (Ishikawa *et
al.*, 2020).

実施するモジュールの順番は決められていないので，どのモジュールから始
めてもよい．MCT はオープン・グループで行われる．マニュアルでは，グル
ープの人数は 3 人以上 10 人までが適当となっており，一般的な集団療法と同
じ規模を想定すればよい．所要時間は，マニュアルでは 45 〜 60 分とされてい
るが，筆者の経験では 60 分は最低でも必要である．

MCT の研修会では，セッション（1 回のセッションで一つのモジュール）を何
回繰り返せばよいのかという質問がよく見られる．これに関するエビデンスは
ないが，諸外国でも多くの臨床研究は 8 〜 16 回程度のセッションでの有効性
を示している．おそらく研修会参加者の多くは外来診療やデイケアに従事され
ており，MCT 参加者に治療終結までの期間を明示できない状況にあると思わ
れる．繰り返し行うと治療者側も参加者側もマンネリ化し，治療目標があいま
いになりがちである．可能であれば，16 回程度でいったん終結し，期間を空
けて再導入したほうがよい．

マニュアルでは，「初めに前回のモジュールを振り返り，次にホームワーク
の確認を行う」という順序が推奨されている．セッション終了の時間が迫って
いる時は，すべて終わっていなくても，トレーナーはそのモジュールの学習目
標が要約されている最後のスライドだけは提示すべきである．セッションの最
後にホームワーク用紙が配布される．万一，セッション中に参加者の精神症状

第 17 章　メタ認知トレーニング

が悪くなった場合は，その場での治療的行為は行わず，主治医や他の医療スタッフに対処を依頼する．

ホームワーク

前述したように，ホームワークは認知行動療法においてきわめて重要な治療要因と考えられるが，MCT 参加者がホームワークを実践しない可能性は高い．しかし，その人に関わるすべての医療スタッフが，MCT の目的や内容とそこで使われる用語を理解して日々の支援に用いれば，その人にとってホームワークを行うことと同等の体験ができるはずである．治療上重要なことは，「参加者にホームワークを確実にやってもらう」ことではなく，「MCT で学習した内容を，日常生活に反映させる」ことである．

参加者の基準

MCT は統合失調症および統合失調症スペクトラム障害が主たる対象となっている．入院患者でも外来患者でも参加は可能だとされている．それ以外の診断を受けた患者にも適用は可能だと考えられる．例えば，統合失調症スペクトラム以外の患者が混在する状況で MCT を実践し，効果を確認した研究も日本で行われている（Tanoue *et al.*, 2021）．日本の日常診療の中では様々な疾患がグループ内に混在する状況が普通であり，この研究の結果は実践的な意義が大きいと考えられる．

もちろん，集団ルールを守れず，反社会的行動をとる人は参加できない．トレーナーは，他の人の話に耳を傾けること，異なる意見を尊重するといった，集団療法の基本的ルールを事前に説明する必要がある．

4　治療効果と今後の展望

有効性の検証

MCT は今や世界中で実践されており，治療効果に関してはいくつかのメタ分析も提出されている．その中で最新の論文（Sauvé *et al.*, 2020）は，32 の研究における 2738 人の参加者データに基づいて，MCT によって認知バイアス

第 IV 部　幻覚・妄想および統合失調症

(Hedges' $g = 0.27$; 95% CI = $[0.13 - 0.41]$; $z = 3.77$; $p < .001$)，陽性症状全体（Hedges' $g = 0.30$; 95% CI = $[0.13 - 0.48]$; $z = 3.44$, $p < .005$)，病識（Hedges' $g = 0.35$; 95% CI = $[0.15 - 0.56]$; $z = 3.37$, $p < .005$)に関して統計的に有意な改善が見られたとしている．なお，このメタ分析には日本の研究も含まれている．

　長期的な効果に関してもモリッツらが興味深いデータを示している．Moritz *et al.* (2014) は，150 人の統合失調症患者を MCT 群と認知トレーニング（COGPACK）群にランダムに振り分け，RCT を実施した．アセスメント法は PANSS，PSYRATS，Fish Task（JTC を測定するテスト課題），Rosenberg 自尊心尺度，QOL 尺度，各種神経心理学的検査であった．実施直前，直後，6 カ月後，3 年後にアセスメントした．結果として，PANSS の陽性症状項目得点と PSYRATS の妄想得点は，実施直後から MCT 群のほうが低くなり，3 年後も維持されていた．さらに興味深いことに，自尊心と QOL は，実施直後には両群で差がなかったが，3 年後には MCT 群のほうが有意に改善していたことであった．彼らはこれを「MCT の sleeper 効果」と呼んでいる．

適応範囲の拡大と新しいツール

　ハンブルク大学の研究グループは，数多くの MCT ツールを開発し，臨床効果を調べている．MCT ツールは対象とする精神疾患ごとに，介入標的となる認知バイアスは異なっているが，ツールの背景理論やモジュールの基本構造はほぼ同じである．表 17-6 に示したように，統合失調症だけでなく，うつ病（D-MCT），境界性パーソナリティ障害（B-MCT），強迫症（MCT-OCD, myMCT）などに適応範囲を広げている．また，統合失調症でも個別対応が必要な人のためのツール（MCT+），急性期（入院中）用ツール（MCT-Acute）のように状態に応じたもの，うつ病でも高齢者（MCT-Silver）や異文化出身者（CA-D-MCT）のように対象者別のツールも開発されている．

　コロナ禍以後，彼らが最も注力しているのはセルフヘルプ・アプリの COGITO である．COVID-19 の蔓延中，集団療法がためらわれたのはドイツも日本も同じであった．今後も集団に対する介入が難しくなる事態が想定されることに加えて，特に若い年齢層ではインターネットとスマートフォンなどのデバイス使用が常識になっているため，有用なアプリケーションの開発は急務

266

第 17 章　メタ認知トレーニング

表 17-6　ハンブルク大学で開発されている新しいツール

名　称	内　容
MCT+*	統合失調症個人プログラム
D − MCT*	うつ病用集団プログラム
B − MCT	境界性パーソナリティ障害用集団プログラム
MCT − Acute	急性期で入院中の患者用
MCT − Silver	高齢期のうつ病の患者用
CA − D − MCT	特にアラビア語圏とペルシア語圏からの亡命希望者・難民に対する，イスラム文化に合わせた内容の D − MCT
MCT − OCD	強迫症の患者用のグループワーク
myMCT*	強迫症のセルフヘルプ・ツール
Self-help app COGITO	セルフヘルプ・アプリケーション．気分障害，睡眠障害，統合失調症，ギャンブル障害，慢性疼痛，強迫症に対するメニューが用意されている．

＊：日本語版があるもの．

と言えるだろう．

　これらすべてのツールの有効性が RCT を用いて実証されているわけではないが，臨床的にはきわめて有用だと考えられ，将来のさらなる発展が期待される．さらに，COGPACK のような認知リハビリテーションツールや，社会認知を改善させる他の方法と組み合わせることも検討されている．

　表 17-6 で＊がついたツールは日本語版があるので，興味のある読者はMCT-J ネットワークに連絡してほしい．ネットワークでは今後も日本語版をさらに拡大させる予定である．

トレーナーの養成

　メタ分析によって，少なくとも統合失調症のいくつかの症状や病的状態に効果があることは実証されている．日本で普及を図るためには，医療経済的にMCT が保険点数化されることがまずは重要である．また，適切に実施できるトレーナーが増えることも介入の質を担保するために重要である．MCT は開発当初から，「認知行動療法の基礎を熟知し，マニュアルを精読すれば，どのような職種でもトレーナーになれる」ことを目的としていた．筆者が 2015 年にハンブルク大学エッペンドルフ病院を見学した際も，トレーナーは臨床心理学の大学院生であった．したがって，表 17-7 に示したように，臨床研究において，実施回数もトレーナーの職種や訓練方法も多種多様である．

第 IV 部　幻覚・妄想および統合失調症

表 17-7　MCT の実施回数とトレーナーの訓練方法

先行研究	実施回数	トレーナーとその訓練方法
Kumar *et al.* (2010)	週 1 回，8 モジュール．	記載なし．おそらく論文執筆者．
Moritz *et al.* (2011)	週 1 回，最大 8 セッション．	記載なし．
Naughton *et al.* (2012)	週 2 回，8 週間，1 モジュールにつき 2 回実施（実施されたのは 8 モジュール）．	精神科医と精神科専門看護師が実施．上級医師が SV．
Moritz *et al.* (2013)	記載なし．	記載なし．
van Oosterhout *et al.* (2014)	週 1 回，8 モジュール．	精神科医，精神科専門看護師，作業療法士，臨床心理士が実施．全員が経験者による 8 時間のトレーニングを受けた上で実施し，試験期間も 2 回以上の SV を受けた．
Favrod *et al.* (2014)	週 1 回，8 モジュール．	記載なし．
Briki *et al.* (2014)	週 2 回，8 週間（16 モジュール）．	2 人が実施（精神科医，精神科専門看護師，精神科インターン，臨床心理士）．CBT と MCT に精通した上級精神科医が 2 回教育．
Erawati *et al.* (2014)	週 2 回，8 モジュール．	記載なし．おそらく論文執筆者．
Kuokkanen *et al.* (2014)	週 2 回，8 モジュール．	4 人の臨床心理士が 2 人ずつペアになって．全員が実施前に 2 時間の訓練を受けた．
Lam *et al.* (2015)	週 2 回，最大 8 モジュール（4 週間）．	数年間の経験を持つ複数の作業療法士．
Gaweda *et al.* (2015)	週 2 回，8 モジュール．	統合失調症の患者と関わったことのある臨床心理学の学生（最終学年）．論文執筆者が訓練した．
Ochoa *et al.* (2017)	週 1 回，8 モジュール．	モリッツらによる 2 日間のワークショップに参加した複数の治療者．
Andreou *et al.* (2018)	週 2 回，8 モジュール．	記載なし．
Pos *et al.* (2018)	週 1 回，8 モジュール．	5 年以上の経験を持つ精神科専門看護師（おそらく 1 人）．
Turner *et al.* (2018)	1 回だけ．	論文執筆者．

　一般社団法人 MCT-J ネットワークの会員の職種は，2023 年 10 月の段階で最も多いのが作業療法士であり，次いで公認心理師・臨床心理士である．以下，看護師，精神保健福祉士，医師，教員その他となっている．多職種で実施できることは MCT の臨床上の利点の一つだが，職種によって教育課程や教育内容が大きく異なり，現状では全員が認知行動療法に精通しているわけではない．そこで，MCT に特化したトレーナー養成プログラムが必要とされている．細野ら（2023）は，ネットワーク会員と MCT 研修会参加者にアンケートを取り，研修に必要な要素を抽出した．それによると，CBTp や MCT に関する知識の習得と定着はもちろんだが，体験型の研修，特に自分がトレーナーとなって模

擬セッションを行う研修が重要だと認識されていることがわかった．今後はこうした実証データに基づいて，研修方法を修正，拡充させていく必要がある．

アセスメント

メタ分析に用いられた臨床研究では，主要アウトカムである妄想や陽性症状全体に対する効果を PANSS や PSYRATS のような客観評価尺度で測定している．副次的アウトカムの病識，QOL，気分などに関しては様々な自記式尺度が用いられている．それぞれ，臨床妥当性も統計学的信頼性も証明されているものばかりである．また，結論への飛躍バイアスに関しては，ビーズ課題やフィッシュ課題のように特化したテスト課題が考案されている（So *et al.*, 2016）．ただし，すべての認知バイアスを測定できるわけではない．

メタ認知に関しては，メタ認知的知識（信念）の一部を測定する自記式尺度はあるものの（例えば，Wells & Cartwright-Hatton, 2004），メタ認知的体験やメタ認知的活動を測定する方法はない．また，妄想の要素，例えば妄想の確信度や苦痛度などが MCT によってどのように変化するかを追った精神病理学的な研究はない．つまり，MCT によって妄想や陽性症状全体が改善することは実証されているものの，そのプロセスについては不明な点が多いということである．より有効な技法やツールを生み出すためにもアセスメント研究のさらなる拡充が必要とされている．

引用文献

Baker, L., Millman, Z. B., Singer Trakhman, L. M. (2020). How the construct of metacognition has contributed to translational research in education, mental health, and beyond. *Translational Issues in Psychological Science, 6*, 1-7.

Colbert, S. M., & Peters, E. R. (2002). Need for closure and jumping-to-conclusions in delusion-prone individuals. *The Journal of Nervous and Mental Disease, 190*(1), 27-31.

Flavell, J. H. (1979). Metacognition and cognitive monitoring: A new area of cognitive-developmental inquiry. *American Psychologist, 34*, 906-911.

Freeman, D. *et al.* (2015). Effects of cognitive behaviour therapy for worry on persecutory delusions in patients with psychosis (WIT): A parallel, single-blind, randomised controlled trial with a mediation analysis. *Lancet Psychiatry, 2*(4), 305-313.

Garety, P. A., & Freeman, D. (2013). The past and future delusions research: From the inexplicable to the treatable. *British Journal of Psychiatry, 203*(5), 327-333.

第 IV 部　幻覚・妄想および統合失調症

Gerlinger, G. *et al.* (2013). Personal stigma in schizophrenia spectrum disorders: a systematic review of prevalence rates, correlates, impact and interventions. *World Psychiatry, 12* (2), 155-164.

細野正人他（2016）．メタ認知トレーニング日本語版（MCT-J）満足度調査票の開発．精神医学, *58*, 255-258.

細野正人他（2023）．多職種を対象としたメタ認知トレーニング日本語版（MCT-J）トレーナー養成に必要な研修内容の検討　文理シナジー, 27, 17-27.

Ishikawa, R. *et al.* (2020) The efficacy of extended metacognitive training for psychosis: A randomized controlled trial. *Schizophrenia Research, 215*, 399-407.

McLean, B. F., Mattiske, J. K., & Balzan, R. P. (2017). Association of the jumping to conclusions and evidence integration biases with delusions in psychosis: A detailed meta-analysis. *Schizophrenia Bulletin, 43*(2), 344-354.

Moritz, S., Bentall, R. B., Kolbeck, K., & Roesch-Ely, D. (2018). Monocausal attribution and its relationship with reasoning biases in schizophrenia. *Schizophrenia Research, 193*, 77-82.

Moritz, S., & Lysaker, P. H. (2018). Metacognition – What did James H. Flavell really say and the implications for the conceptualization and design of metacognitive interventions. *Schizophrenia Research, 201*, 20-26.

Moritz, S. *et al.* (2017). A two-stage cognitive theory of the positive symptoms of psychosis: Highlighting the role of lowered decision thresholds. *Journal of Behavior Therapy and Experimental Psychiatry, 56*, 12-20.

Moritz, S. *et al.* (2014). Sustained and "sleeper" effect of group metacognitive training for schizophrenia: A randomized clinical trial. *JAMA Psychiatry, 71*, 1103-1111.

Moritz, S., & Woodward, T. S. (2007). Metacognitive training in schizophrenia: From basic research to knowledge translation and intervention. *Current Opinion in Psychiatry, 20* (6), 619-625.

三宮真智子（2008）．メタ認知研究の背景と意義　三宮真智子（編著），メタ認知──学習力を支える高次認知機能（pp. 1-16）北大路書房

Sauvé, G. *et al.* (2020). Efficacy of psychological interventions targeting cognitive biases in schizophrenia: A systematic review and meta-analysis. *Clinical Psychology Review, 78*, 101854. doi: 10.1016/j.cpr.2020.101854.

So, S. H. *et al.* (2016). 'Jumping to conclusions' data-gathering bias in psychosis and other psychiatric disorders: Two meta-analyses of comparisons between patients and healthy individuals. *Clinical Psychology Review, 46*, 151-167.

鈴木宏昭（2020）．認知バイアス──心に潜むふしぎな働き　講談社

Tanoue, H. *et al.* (2021). Clinical effectiveness of metacognitive training as a transdiagnostic program in routine clinical settings: A prospective, multicenter, single-group study. *Japan Journal of Nursing Science, 18*(2), e12389. doi: 10.1111/jjns.12389.

Ward, T., & Garety, P. A. (2019). Fast and slow thinking in distressing delusions: A review of the literature and implications for targeted therapy. *Schizophrenia Research, 203*, 80-87.

Wells, A., & Cartwright-Hatton, S. (2004). A Short form of the metacognitions questionnaire:

第 17 章 メタ認知トレーニング

Properties of the MCQ-30. *Behaviour Research and Therapy, 42,* 385-396

Wood, L. *et al.* (2017). The impact of stigma on emotional distress and recovery from psychosis: The mediatory role of internalised shame and self-esteem. *Psychiatry Research, 255,* 94-100.

第 V 部
●
パーソナリティとそれに関連する障害

第Ⅴ部はパーソナリティとそれに関連する障害を扱っている．パーソナリティをめぐ
る問題については『認知臨床心理学入門』では扱われていなかったが，実践では大きな
問題となることが多いので，ここで取り上げた．

　第18章は，パーソナリティ理論の枠組として性格5因子理論（ビッグ5理論）を取
り上げている．この理論は，生物学・心理学・社会学・精神医学などを統合する総合科
学として，めざましい発展を遂げている．また，DSM-5やICD-11では，パーソナリ
ティ障害（パーソナリティ症）の診断基準としてビッグ5理論が取り上げられており，
日本の公認心理師の実践にも影響を与えつつある．

　第Ⅴ部で取り上げる各章も，ビッグ5理論のプラットフォーム機能を反映して、大雑
把には以下のような関連があると言うことができる．

　第19章「完全主義の臨床心理学」は，実践場面で問題となることの多い「完全主義」
を取り上げ，その臨床心理学研究をまとめている．ビッグ5理論においては，完全主義
はC次元（統制性）と関連すると考えられている．

　第20章「攻撃性と精神病理」は，攻撃性といろいろな精神病理の関係を整理し，攻
撃性や怒りに対する心理的支援をまとめている．攻撃性や怒りといったネガティブ情動
を扱っている点で，ビッグ5理論ではN次元に関連するが，攻撃性や怒りの抑制につ
いてはC次元の衝動性と関連していると考えられる．

　第21章「冷たい（基礎）と暖かい（臨床）のあいだ」は，「自己」に関する認知神経
科学を扱っている．自己の客観と主観の問題や，基礎心理学と臨床心理学の方法論を研
究上で統合するのはなかなか難しいことではあるが，これに挑戦することが今後の認知
臨床心理学の課題だとしている．こうした研究は統合失調症の症状や統合失調症型パー
ソナリティ症の研究から始まったものであり，あえて言えば，ビッグ5理論においては
O次元と関連すると考えられる．

第18章●パーソナリティ理論と公認心理師の実践
──ビッグ5理論の可能性

丹野義彦

1 ビッグ5理論の成果と利点──プラットフォームとしてのビッグ5理論

パーソナリティ心理学は「個人差」の科学である．個人差はどのように記述できるか，個人差はどのようなメカニズムで出現するのか，個人差はどのように変化するのか，こうしたことについて科学的に調べることが目的である．

パーソナリティ心理学は，長い歴史を経て，性格5因子理論（以下，ビッグ5理論）にほぼ集約されつつある（丹野，2003; 杉浦・丹野，2008）．ビッグ5のそれぞれの次元は，頭文字をとってNEOACと呼ばれる．以下では，このアルファベットで次元名を表す．

　　　N次元：神経症傾向（neuroticism）

　　　E次元：外向性（extraversion）

　　　O次元：開放性（openness to experience）

　　　A次元：協調性（agreeableness）

　　　C次元：統制性（conscientiousness）

ビッグ5理論の成果は表18-1のようにまとめられる．丹野（2015）で詳しく述べたが，ここではビッグ5理論が個人差の心理学的実体を明らかにしたことを強調しておきたい．これまでのパーソナリティ心理学は，統計学的な記述・分類か，臨床的な質的研究が主であったのに対し，ビッグ5理論は，表18-1に示されるように，N次元ならネガティブ情動性，E次元ならポジティブ情動性など，各次元の心理学的実体をデータに基づいて実証的に明らかにした．筆者にその重要性を伝えたのは，辻（1998）やネトル（2009）の著作である．心理学的実体が明らかになることで，後述のビッグ5カウンセリングの考え方も出てきたのである．

275

第Ⅴ部　パーソナリティとそれに関連する障害

表 18-1　ビッグ 5 理論と生物・心理・社会モデル

	N 神経症傾向	E 外向性	O 開放性	A 協調性	C 統制性
	＋ネガティブ情動性 －情動安定性	**＋外向性** －内向性	**＋独創性** －透明性	**＋協調性** －分離性	**＋統制性** －衝動性
生物学	扁桃体，セロトニン系	中脳ドーパミン報酬系	前頭葉機能	ソーシャルブレイン	衝動抑制系
心理学	ネガティブ情動性 罰感受性	ポジティブ情動性 報酬感受性	拡散的思考（創造性）	共感性 心の理論	達成動機 完全主義 衝動抑制
病理	**＋うつ病，不安症** PD（クラスターC）	－PD（クラスターAとC）	**＋統合失調型PD**	－自閉スペクトラム症，PD（クラスターB）	－ADHD，PD（クラスターB）
社会学	**＋自殺** －危険行動（リスク過小評価）	**＋リーダーシップ** －ひきこもり	**＋芸術的創造性**	**＋向社会行動，集団埋没** －非行・犯罪，反社会的行動	**＋経済成長，職業的成功，摂食障害とダイエット** －依存症（薬物・ギャンブル）

PD：personality disorder（DSM-5 のパーソナリティ症）.

　ビッグ 5 理論にはいろいろな利点がある．第一の利点は，これまで互いに無関係に行われてきた様々な性格研究が，ビッグ 5 理論の枠組の中で，実証的に整理されたことである．例えば，クレッチマー（Kretschmer, E.）やユング（Jung, C. G.）の類型論やギルフォード（Guilford, J. P.）やキャッテル（Cattell, R. B.）やアイゼンク（Eysenck, H. J.）の因子論などがビッグ 5 理論の枠組に統合されている．つまり，ビッグ 5 理論はパーソナリティ理論のプラットフォームとして機能する．

　第二の利点は，表 18-1 に示すように，これまでばらばらに行われてきた生物学・心理学・社会学の研究が，ビッグ 5 理論の枠組の中で統合されたことである．ビッグ 5 理論は，生物学，心理学，社会学のプラットフォームとして機能し，学際的な総合科学のパラダイムに成長した．生物―心理―社会モデルの成功例である．

　本章では，ビッグ 5 研究の最近の動きをまとめ，国家資格となった公認心理師の実践にもビッグ 5 理論が大きな影響を与えることについて述べたい．

276

第18章　パーソナリティ理論と公認心理師の実践——ビッグ5理論の可能性

2　パーソナリティ症をビッグ5理論から理解する

personality disorder の訳語は，以前は「パーソナリティ障害」だったが，2023年のDSM-5-TR日本語版と2022年のICD-11から「パーソナリティ症」へと変わったため，本章もこれに従う．

　健常なパーソナリティ特性，パーソナリティ症，精神疾患という三者は，これまでばらばらの分野で研究されてきており，それらの関係については明らかでなかった．これらは連続的なものなのだろうか，あるいは質的に異なるものなのだろうか．この点について，最近では，三者が連続したものであることが実証的に示され，精神医学全体の大きなパラダイムシフトが進んだ（黒木, 2014）．こうした大きな構造変換がビッグ5理論から生まれたことは，この理論の大きな可能性を示すものである．以下，これについて紹介したい．

DSM-5のパーソナリティ症とビッグ5理論

　パーソナリティ症は，1980年のDSM-Ⅲ（精神疾患の診断・統計マニュアル第3版）の時代から，ミロン（Millon, T.）の理論に基づいて類型分類（カテゴリー分類）が行われてきた．10個のパーソナリティ症を羅列し，それぞれの基準に従って質的に判断するものである．しかし，この方法では，パーソナリティ症どうしの関係がわからないし，健常なパーソナリティとパーソナリティ症の関係が明らかでないという限界があった．

　最近，ビッグ5理論に基づいたパーソナリティ症の研究が進み，DSM-5（American Psychiatric Association, 2013）では，新しい基準が付録として取り上げられた．それが「パーソナリティ障害群の代替DSM-5モデル（alternative DSM 5 model for personality disorders：AMPD）」である．AMPDでは，ビッグ5理論に基づくパーソナリティ症の分類が提案され，前述のような限界を超えようとしている．

AMPDにおけるパーソナリティ症

　AMPDにおいては，表18-2に示す通り，6種のパーソナリティ症を挙げて，

277

第Ⅴ部　パーソナリティとそれに関連する障害

表 18-2　パーソナリティ症群の代替 DSM-5 モデル（AMPD）

クラスター	次元 / パーソナリティ症名	高 / 低	N 神経症傾向　否定的感情 / 情動安定性	E 外向性　外向 / 離脱	O 開放性　精神病性 / 透明性	A 協調性　同調性 / 対立	C 統制性　誠実性 / 脱抑制
A	統合失調型			低	高		
B	反社会性					低	低
	境界性		高			低	低
	自己愛性					低	
C	回避性		高	低			
	強迫性		高	低			高

ビッグ 5 の次元で示している.

　ビッグ 5 の N 次元は，AMPD においては，高い場合は否定的感情（negative affectivity）と呼ばれ，低い場合は情動安定性（emotional stability）と呼ばれている．E 次元は，高い場合は外向（extraversion），低い場合は離脱（detachment）と呼ばれる．O 次元は，高い場合は精神病性（psychoticism），低い場合は透明性（lucidity）と呼ばれ，A 次元は，高い場合は同調性（agreeableness），低い場合は対立（antagonism）と呼ばれる．C 次元は，高い場合は誠実性（conscientiousness），低い場合は脱抑制（disinhibition）と呼ばれる．

　表 18-2 において，クラスター A の統合失調型パーソナリティ症は，E 次元が低く，O 次元が高い．また，クラスター B の反社会性パーソナリティ症は，A 次元が低く，C 次元が低い．境界性パーソナリティ症は，N 次元が高く，A 次元が低く，C 次元が低い．自己愛性パーソナリティ症は，A 次元が低い．クラスター C の回避性パーソナリティ症は，N 次元が高く，E 次元が低い．強迫性パーソナリティ症は，N 次元が高く，E 次元が低く，C 次元が高い．

　このように，AMPD では，これまでの類型分類に比べて，各パーソナリティ症の相互の関係を明らかにすることができる．これは大きな進歩と言える．

　表 18-2 において，クラスターごとに見ると，これまでのクラスター A・B・C の質的分類が，ビッグ 5 理論によって実証的に確認されたと言える．クラスター A は O 次元が高い．クラスター B は，ほぼ共通して A 次元が低く，C 次元が低い．クラスター C は，共通して N 次元が高く，E 次元が低い．

　次元という点から見ると，パーソナリティ症は O 次元，A 次元＋ C 次元，

278

第 18 章　パーソナリティ理論と公認心理師の実践——ビッグ5理論の可能性

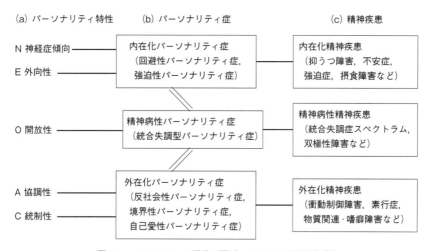

図 18-1　DSM のメタ構造（黒木，2014 より筆者作成）

N 次元＋E 次元という新たな三つの次元を形成していることがわかる．つまり，ビッグ5の五つの次元は，パーソナリティ症に関して見ると，三つの複合次元に縮約できる．これらは精神病性の次元，外在化の次元，内在化の次元と呼ぶことができる（黒木，2014）．

このように見ると，パーソナリティ症は三つに分かれる．すなわち，精神病性パーソナリティ症（クラスターA），外在化パーソナリティ症（クラスターB），内在化パーソナリティ症（クラスターC）である．

まとめると図 18-1 のようになる．(a) パーソナリティ特性と (b) パーソナリティ症に示すように，パーソナリティ特性は，ビッグ5の5次元を介して，パーソナリティ症とつながっている．

これまでの類型分類では，健常なパーソナリティ特性とパーソナリティ症の関係は明らかではなく，質的に異なると考えられていた．これに対して，AMPD では，パーソナリティ特性の延長線上にパーソナリティ症が位置している．これによってパーソナリティ症はより理解しやすくなった．

AMPD はまだ正式の診断基準ではなく，いわば付録扱いであるが，DSM-6 以降では正式な診断基準となる可能性が高い．いずれにせよ，精神医学の DSM においてビッグ5理論が採用されたことは画期的である．

第 V 部　パーソナリティとそれに関連する障害

3　精神疾患をビッグ 5 理論から理解する

これまではいろいろな精神疾患は独立したカテゴリーであると仮定されてきたが，批判も多かった．例えば，精神疾患の間には高い併発性（comorbidity）があり，精神疾患には共通した遺伝的背景があるという生物学的研究も多いからである．

クルーガー（Krueger, R. F.）は，精神障害の併発性の疫学調査データについて確認的因子分析を行い，内在化（internalizing）の障害群と，外在化（externalizing）の障害群の 2 因子モデルが最も適合度が高いという結果を得た（Krueger, 1999）．その後，統合失調症と双極性障害が共通の因子に含まれることがわかった．さらに，Krueger（1999）は，ビッグ 5 理論の質問紙データの探索的因子分析を行い，パーソナリティ症の次元的構造が，精神疾患の構造と似ていることを見出した．こうした結果に基づいて，黒木（2014）は，図 18-1 における（b）パーソナリティ症と（c）精神疾患のように示している．

改めて図 18-1 を見ると，（a）健常なパーソナリティ特性，（b）パーソナリティ症，（c）精神疾患の三者が連続していることがわかる．それらはビッグ 5 理論によって橋渡しされている．パーソナリティ心理学から出たビッグ 5 理論が，パーソナリティ症だけでなく，精神医学全体の組み替えという壮大なパラダイムシフトのもとになった．ビッグ 5 理論の革新性はここにある．

残された問題は，いわゆる発達障害（自閉スペクトラム症や ADHD などの神経発達症群）とパーソナリティ症がどんな関係にあるかという点である．自閉スペクトラム症は A 次元，ADHD は C 次元との関係があるようで，将来は，発達障害もビッグ 5 の次元で整理され，パーソナリティ特性とパーソナリティ症の間に位置づけられるかもしれない．

4　ICD-11 のパーソナリティ症とビッグ 5 理論

2022 年の ICD-11（国際疾病分類第 11 回改訂版）では，DSM-5 よりも根本的な改革が行われた．ICD-10 と ICD-11 のパーソナリティ症の診断分類（加藤，

第 18 章　パーソナリティ理論と公認心理師の実践——ビッグ 5 理論の可能性

表 18-3　ICD-10 と ICD-11 の対照表（パーソナリティ症）

ICD-10		ICD-11	
F60	成人の人格障害	6D11.0	否定的感情（Negative Affectivity）
F60.0	妄想性人格障害	6D11.1	離隔（Detachment）
F60.1	統合失調質性人格障害	6D11.2	非社会性（Disociality）
F60.2	非社会性人格障害	6D11.3	脱抑制（Disinhibition）
F60.3	情緒不安定性人格障害	6D11.4	制縛性（Anankastia）
F60.4	演技性人格障害	6D11.5	ボーダーラインパターン
F60.5	強迫性人格障害		
F60.6	不安性［回避性］人格障害	6D10.0	パーソナリティ症，軽度
F60.7	依存性人格障害	6D10.1	パーソナリティ症，中等度
F60.8	その他の特定の人格障害	6D10.2	パーソナリティ症，重度

2022）を表 18-3 で比べてみると，その変貌ぶりがよくわかる．

　ICD-10 では「〜人格障害」という類型が並んでいたが，ICD-11 ではこれ
らが消えた．唯一，ボーダーラインパターンが残っているだけである．これに
代わって，「否定的感情」から「制縛性」という五つの特性名が並んでいる．
これらは，AMPD と同じく，ビッグ 5 の次元名である．これまでのような「〜
人格障害」という診断名はつけられなくなり，「否定的感情と離隔の特性が強
い」といったようにビッグ 5 の次元に基づく診断をすることになる．

　ICD-11 では類型論から特性論への大改革が行われた．その理由は，類型診
断に対して以下のような批判が強かったためである．①パーソナリティ症どう
しの併存率が高いこと，②パーソナリティ症と健常なパーソナリティ特性の境
があいまいなこと，③パーソナリティ症と精神疾患との境があいまいなこと，
などである（黒木, 2014）．こうした批判を克服するために次元診断が採用され
たのである．

　これは精神医学のパラダイムシフトと言える．1915 年のクレペリン（Kraepe-
lin, E.）の「精神病質人格」や 1923 年のシュナイダー（Schneider, K.）の「精神
病質人格」の無体系分類に始まるドイツ精神医学の理論が，ほぼ 100 年を経て
書き換えられたわけである．「時代は変わった」という感慨を持つのは筆者だ
けではないだろう．こうした精神医学 100 年の改革が，パーソナリティ心理学
のビッグ 5 理論をプラットフォームとして出発したことも驚くべきことである．
とはいえ，類型論から特性論へと装いは変わったものの，パーソナリティ症と

281

第Ⅴ部　パーソナリティとそれに関連する障害

いう中身が変わったわけではなく，ビッグ5理論に吸収されてアップデートされただけとも言える．その橋渡しをしたのがAMPDということになる．

　いずれにしても，ビッグ5理論が医学の国際的な体系の中に採用されたことは画期的である．

5　公認心理師の実践とビッグ5理論

　ビッグ5理論は，国家資格となった公認心理師の実践にも大きな影響を与える．

診断と多職種連携

　日本ではICDが保険診療報酬の基本となるので，医師はICD-11に従ってパーソナリティ症の診断を行わなければならない．その意味では，DSM-5のAMPDよりも日本の医療現場にもたらすインパクトは強い．診断は類型論から特性論へと変わったが，医師は特性論の考え方やビッグ5理論にまだ慣れていない（加藤，2022）．したがって，これからのパーソナリティ症の臨床においては，まさに公認心理師の出番となるだろう．歴史的に見ても，特性論はオルポート（Allport, G. W.），ギルフォード，キャッテル，アイゼンクなどの心理学者が発展させ，その長い歴史の中からビッグ5理論が生まれてきた（丹野，2003; 杉浦・丹野，2008）．

　特性論やビッグ5理論は心理学者には身近な考え方である．公認心理師は，表18-1に示されるようなビッグ5理論をよく理解し，チーム医療の他の職種に対して情報を提供し普及や指導に努める必要がある．多職種連携の一つの姿である．

アセスメント

　ICD-11やAMPDでは，パーソナリティ症は，ビッグ5の5次元で測定し，五つの次元のプロフィル（ないし五角形のレーダーチャート）で表示することが求められる．ここでもビッグ5理論に慣れていない医師に代わって，公認心理師の出番となる．

282

第 18 章 パーソナリティ理論と公認心理師の実践——ビッグ 5 理論の可能性

　ビッグ 5 の次元のアセスメントを行う前提として，ビッグ 5 理論は無味乾燥な分類の道具であるといった誤解を解消しておく必要がある．そのためには，表 18-1 に示されるような各次元の心理学的実体や，後述する葛藤としての各次元の意味（第 6 節参照）をよく理解する必要がある．

　ビッグ 5 の次元のアセスメントのツールには構造化面接法と質問紙法がある．

　前者には，SCID-5-AMPD（パーソナリティ症群の代替 DSM-5 モデルのための構造化面接法）がある（Bender *et al.*, 2018）．モジュール I と II からなり，II のほうがビッグ 5 の各次元を測定するものとなっている．

　また，質問紙法としては，NEO-PI-R 人格検査（NEO Personality Inventory - Revised）や 5 因子性格検査（Five Factor Personality Questionnaire：FFPQ）などの質問紙が多く開発され，日本語版も作られている．

　さらに，DSM-5 のためのビッグ 5 の次元の質問紙として，Personality Inventory for DSM-5（PID-5）が開発されており，その短縮版の邦訳も作られている（堀江他，2021）．

心理学的介入（心理療法）

　診断がビッグ 5 の 5 次元に基づくようになれば，当然，心理学的介入（心理療法）も 5 次元に基づいて行われることになる．ビッグ 5 理論は，①ターゲットとなる次元によって心理療法を分類・整理したり，②個人のビッグ 5 の特性に合わせて心理療法の技法を選択したり，③各次元に特化した新しい技法の開発にヒントを与えたりしてくれる．ビッグ 5 の各次元から心理学的介入を整理してみると，表 18-4 のようになる．

　まず，N 次元への介入は，不安・恐怖・うつといったネガティブ情動を減らすことである．多くの心理療法は N 次元をターゲットとしている．認知療法は，ネガティブ情動を認知によってコントロールする方法である．行動療法のエクスポージャー療法は，恐怖刺激に暴露することで馴化する方法である．マインドフルネス療法やメタ認知療法，リラクセーション法などは，ネガティブ情動との距離の取り方を調整する．力動的心理療法やクライエント中心療法は，不安というネガティブ情動をいかに自覚し受容するかを問題とする．これまでの心理療法は，N 次元との戦いの歴史であったと言える．逆に言うと，N 次元以

283

第Ⅴ部　パーソナリティとそれに関連する障害

表18-4　ビッグ5の各次元と関連する介入技法の例

次元	技法の例
N	認知療法，行動療法（エクスポージャー法）など
E	オペラント条件づけ法，随伴性コントロール行動活性化法
O	創造性訓練，統合失調症のための認知行動療法
A	社会生活技能訓練，メンタライゼーションに基づく治療
C	問題解決療法，先延ばし克服プログラム

外の病理に対しては効果が低いということでもあろう．そこで，他の次元に特化した介入法を開発することが課題となる．

E次元への介入は，賞に対するポジティブ情動の感受性を高め，内向性を低めることである．典型的なものは，行動療法や応用行動分析のオペラント条件づけや随伴性コントロールを用いる方法である．レーム（Rehm, L. P.）の自己マネジメントプログラム，セリグマン（Seligman, M. E. P.）らの学習性無力感理論，プロチャスカ（Prochaska, J. O.）の変化ステージ理論に基づく介入なども，そうした側面を持っていると言えよう．ベック（Beck, A. T.）の認知療法は，認知的技法（認知再構成法など）と行動活性化技法（自己モニタリング，活動スケジューリングなど）からなるが，前者はN次元，後者はE次元への介入と考えることもできる．

O次元への心理学的介入には，創造性や拡散的思考を高める訓練などがあてはまるだろう．一方，O次元を低める方法としては，統合失調症のための認知行動療法（CBTp）などを挙げることができよう（石垣他，2019）．また，Sugiura（2006）は，因子分析を用いて各種心理療法に共通する因子を調べた結果，すべての因子はビッグ5のO次元との正の相関を示し，O次元の柔軟性や遊び心が心理療法では重要としている．

A次元への介入は，協調性や共感性を高め，分離性を低めることである．社会生活技能訓練（ソーシャルスキルトレーニング），メンタライゼーションに基づく治療，対人関係療法などが含まれるかもしれない．

C次元への介入は，統制性を高め，衝動性を低めることである．問題解決療法において優先順位を決めて統制力を高めることや，ADHDに対する先延ばし克服プログラムやアンガー・マネジメントなどがあてはまるだろう．

以上のような議論にはまだ実証的研究が少ないので，今後データに基づいた

第 18 章　パーソナリティ理論と公認心理師の実践——ビッグ 5 理論の可能性

議論が必要である.

心理学研究

ICD-11 や AMPD が類型分類から次元分類に移行したのは，心理学者の研究によるところが大きい．これまでの類型分類は，精神医学の専門家の合意に基づくトップダウン方式であったが，今や，心理学者が臨床データの多変量解析を進め，データからボトムアップで分類が決められるところまで来た．それを代表するのが，前述のクルーガーなどの計量心理学者である．世界においては，DSM や ICD といった精神医学の分野に心理学者がどんどん入り，先頭に立って仕事をしている．科学的研究が臨床実践を変えていくという好例である．これからもパーソナリティの研究は公認心理師の大きな仕事となる．理論研究，アセスメント研究，心理的介入法の研究，その効果研究など，公認心理師には多くの研究課題が待っている.

6　ビッグ 5 カウンセリングの試み

カウンセリングと心の健康教育——ビッグ 5 カウンセリングの試み

キャリアガイダンスや進路指導を行う際に，ビッグ 5 理論の質問紙を実施し，特性プロフィルに基づいてアドバイスすることができる．いわゆる特性因子カウンセリングの方法である．これをビッグ 5 カウンセリングと呼んでみたい.

これは公認心理師法第 2 条で定められた 4 業務の一つの「心の健康教育」を行う際にも有効である．「心の健康教育」とは，支援対象者やその家族に対する心理教育や，地域社会に対する予防教育や情報提供を行うことである．その際には科学的なエビデンスに基づいて，教育的方法を駆使して行う必要がある．パーソナリティ特性は日常的で身近な話題であり，パーソナリティ症や精神疾患の予防は市民にとって必要な知識であるので，ビッグ 5 理論を一般向けにわかりやすく説明することが公認心理師に求められる.

さらに，ビッグ 5 の次元のアセスメントのフィードバックを実施する際にも役に立つ.

285

第Ⅴ部　パーソナリティとそれに関連する障害

状態としての各次元——振り子の比喩

カウンセリングや心の健康教育においても，ビッグ5理論が分類の道具以上のものであることを理解しておく必要がある．その前提について考えてみたい．

ビッグ5理論の各次元は「特性（trait）」と定義されているので，変化しないものと考えられがちである．しかし，パーソナリティを「状態（state）」として考える状況主義アプローチから見ると，性格は変えられるものになる．

C次元を例にとって説明する．C次元は，統制性と衝動性の両極を持つ特性であるが，これは，欲求を統制する判断と，衝動に従う判断を両極とする次元と考えることができる．

具体例として食欲で考えてみると，「ダイエットのため我慢する」といった統制性と，「食べたい」という衝動性とを両極とする欲求の葛藤である．これを図18-2のような振り子の比喩で表してみる．

統制と衝動の葛藤は時々刻々と変化し，その時の状況に適応する方向に揺れる．例えば，仕事中や寝る前なら食欲の統制が強まり，食事前なら衝動が強まる．こうした葛藤は生存や健康のために必要なものである．健康のために食べ過ぎないこと（ダイエット）は重要だが，一方で食事は必要だし，ストレス解消にもなる．一般に，振り子の支点は両極の中央にあり，時間が経つと復元力によって支点の位置に戻る．振り子の振れ幅が健常範囲の内側に収まっていればよいが，極端にどちらかの極まで振れてしまうと問題行動となる（例えば，行き過ぎたダイエットや食べ過ぎ，メタボリックシンドローム）．葛藤の振り子は両極に揺れ，健常な人でも，状況（食欲不振や飢餓状況など）によっては，大きく揺れてしまうこともある．

状態と特性の関係

パーソナリティは状況だけによって決まるわけではなく，生まれつきの素質や置かれた環境などによってその人特有のパターンが作られている．図18-3に示すように，振り子の支点は両極の中央に位置するのが一般的だが，個人差があり，統制性の側にずれている人と，衝動性の側にずれている人があるだろう．

支点の位置がどちらかにずれていると，振り子はそちらの方向の健常範囲を

第 18 章　パーソナリティ理論と公認心理師の実践——ビッグ 5 理論の可能性

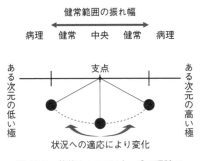

図 18-2　状態としてのビッグ 5 理論の次元——振り子モデル

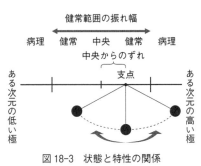

図 18-3　状態と特性の関係

超えやすいことになる．統制性の側にずれていると食欲を抑制したり肥満になったりする傾向（行き過ぎたダイエット）が強く，衝動性の側にずれていると過食する傾向が強くなる．支点のずれの位置を長期的な目で見ると，「特性」と呼ばれることになる．

このように，各次元は，短期的に見ると刻々と変化する流動的な状態であるが，長期的に見るとその人なりの一定の安定した偏りがあり，それが特性と呼ばれる個人差であろう．

健常範囲の性格と病理

図 18-3 に示すように，支点の中央からのずれが大きいほど，健常範囲を通り越して，病理を現しやすい．また，時間が経っても支点まで戻らなくなる．統制性の極では神経性無食欲症，衝動性の極では神経性過食症（むちゃ食い）ということになる．パーソナリティ症とは，支点の位置が片方に大きくずれていることを意味するだろう．状況（ストレス）と素因の交互作用を考える「素因ストレスモデル」とも一致する．注意すべきは，振り子は流動的なので，たとえ統制性の強い人でも，状況によっては衝動性に振れる（拒食の人が過食に走る）こともあるし，その逆の場合もあることである．

ビッグ 5 の各次元の解釈

図 18-2 と図 18-3 に表される健常範囲の性格と病理について，ビッグ 5 の各

287

第 V 部　パーソナリティとそれに関連する障害

表 18-5　ビッグ 5 の各次元における健常範囲の性格と病理

次元	低い極	病理	健常範囲の性格	健常範囲の性格	病理	高い極
N	情動安定性	リスク無視の行為	○安定した情緒 △感情鈍麻	○危険回避，慎重さ △臆病，気後れ	不安症 うつ病 クラスター C の PD	ネガティブ情動性
E	内向性	クラスター C の PD	○行動自制，自己理解 △回避，ひきこもり	○行動力，リーダーシップ △無謀，刺激欲求	注意引き行動（演技性 PD）	外向性
O	透明性	—	○堅実な現実主義 △形式的な権威主義	○創造性，芸術的関心 △逸脱思考	統合失調型 PD	独創性
A	分離性	クラスター B の PD 自閉症	○自主独立，孤独に強い △自閉・敵意	○共感性，向社会行動 △集団埋没	他者への過剰依存（依存性 PD）	協調性
C	衝動性	依存症，神経性過食症 クラスター B の PD	○あるがまま △無為怠惰，先延ばし傾向	○高い達成動機 △統制過剰，欲求不満，仕事中毒	強迫傾向 神経性無食欲症	統制性

PD: personality disorder（DSM-5 のパーソナリティ症）.

次元でまとめてみたのが表 18-5 である．

　C 次元を例にとって説明する．C 次元は，特性としては統制性と衝動性として表されるが，状態としては欲求の統制と衝動の葛藤を表すと考えられる．すなわち，目先の欲求を統制して目標を達成しようとするか，それとも欲求を早く解放するかとの葛藤である．食欲に関してだけでなく，欲求全般に及ぶ葛藤である．

　表 18-5 に示すように，統制性の極は，健常範囲なら，達成動機が高いという利点がある．その半面，欲求の統制過剰，欲求不満，仕事中毒，ネガティブな完全主義といった欠点ともなる．病理まで振れると，強迫傾向や神経性無食欲症などとなって表れる．

　一方，衝動性の極は，健常範囲なら，あるがままの生き方をすることや，流動的な環境に臨機応変に適応できる（機能的衝動性）といった利点がある．その半面，無為怠惰，先延ばし傾向といった欠点にもなる．病理としては，依存症（薬物やギャンブル），神経性過食症（むちゃ食い），クラスター B のパーソナ

第18章　パーソナリティ理論と公認心理師の実践——ビッグ5理論の可能性

リティ症，ADHD などとして表れる．

　N 次元は，特性としてはネガティブ情動性と情動安定性を表すが，状態としては，罰や失敗に対して，慎重に行動して危険を回避するか，あるいは楽観視して大胆に振る舞うかという葛藤を示す（以下，それぞれの次元の性格や病理は表 18-5 を参照）．

　E 次元は，特性としては外向性（ポジティブ情動性）と内向性を表すが，状態としては，賞や成功に対して，大胆に挑戦し報酬やポジティブ情動を獲得しようとするか，あるいは慎重に振る舞って行動を自制するかという葛藤を示す．

　N 次元と E 次元は対照的であり，前者は「失敗したくない．負けたくない．失敗して悔しい思いをしたくない」といった動機であるのに対し，後者は「成功したい．勝ちたい．勝って喜びを味わいたい」といった動機である．前者は失敗に学ぶ次元，後者は成功に学ぶ次元である．二つの次元は独立であり，両方が強い人，両方が弱い人，片方だけが強い人という 2×2 の分類ができる．

　O 次元は，特性としては独創性と透明性を表すが，状態としては，創造的で独創的に考えたり行動したりするか，あるいは平凡でも現実的に固く考えるかという葛藤を示す．病理まで振れると統合失調型パーソナリティ症となって表れる。

　A 次元は，特性としては対人関係での協調性と分離性を表すが，状態としては，その時々の人づき合いにおいて他者と協調するか，距離を置くかという葛藤を示す．

カウンセリングや心の健康教育の指針

　こうした考察から，ビッグ5カウンセリングや心の健康教育の方法について示唆が得られる．まず，ビッグ5の次元のアセスメントによって特性プロフィルを知り，高得点・低得点の次元の解釈により，自己理解を深める．人は誰でも心の中で5本の振り子が常に揺れている．ビッグ5は，生存や健康にとって必要な葛藤の5次元であり，プロフィルはその人の葛藤への態度，いわば生き方の縮図を示している．誰にとっても，各次元の葛藤は振り切れて，問題行動を引き起こすことがある．支点の位置がずれている次元では病理を引き起こしやすいことを自覚してもらう．

第Ⅴ部　パーソナリティとそれに関連する障害

葛藤の振り子は復元力によって元に戻るので，支点を中心としたバランスを取り戻すことが重要となる．高得点・低得点の次元ごとに，バランスを保つための指針をアドバイスする．

また，5つの次元はばらばらではなく相互作用があるので，不得意な次元を他の次元で補うことができる．例えば，N次元の高い人が不安を克服しようとする場合，もしA次元が高ければ，対人関係は良好であるから，うまくソーシャルサポートを獲得して不安を低める．もしC次元が高ければ，目先の誘惑に負けず，問題焦点型コーピングで乗り切って不安を低める，などである．

7　ビッグ5理論の可能性——臨床的ポテンシャルを引き出そう

以上のように，DSM-5やICD-11においては，健常なパーソナリティ特性，パーソナリティ症，精神疾患の三者の関係が明確になり，その橋渡しをしたのがビッグ5理論である．これによって精神医学には大きなパラダイムシフトがもたらされた．冒頭でビッグ5理論は生物学・心理学・社会学のプラットフォームとして機能することを述べたが，さらに心理学と精神医学とをつなぐプラットフォームでもある．

また，公認心理師の実践にも多くの示唆を与える．ビッグ5理論は，多職種連携，アセスメント，心理学的介入，心理学的研究，カウンセリング，心の健康教育といった公認心理師の業務をつなぐプラットフォームとしても機能する．とくに，表18-4に示したように，心理学的介入（心理療法）の各流派を新たな観点から見直し，新たな介入技法の開発を促す点は興味深い．ビッグ5理論が心理学内部の多様な領域のプラットフォームとしても機能することを強調しておきたい．

今後もさらにビッグ5理論の持つ臨床的ポテンシャルが引き出され，公認心理師の実践の大きな柱となるだろう．

引用文献

American Psychiatric Association (2013). *Diagnostic and statistical manual of mental disorders* (*5th ed.*). (高橋三郎・大野裕（監訳）(2014). DSM-5　精神疾患の診断・統計マニュアル　医学書院)

Bender, D., Skodol, A., First, M., & Oldham, J. (2018). *Structured clinical interview for the DSM-5 Alternative Model for Personality Disorders Scid-5-AMPD, Module II: Personality Traits.* American Psychiatric Association.

堀江和正・七田千穂・黒木俊秀 (2021). 日本語版 Personality Inventory for DSM-5 短縮版 (PID-5-BF-J) の開発及び信頼性・妥当性の検討　九州大学総合臨床心理研究, *13*, 17-23.

石垣琢麿・菊池安希子・松本和紀・古村健 (2019). 事例で学ぶ統合失調症のための認知行動療法　金剛出版

加藤敏 (2022). パーソナリティ症および関連特性群——正常なパーソナリティ機能とパーソナリティ症，パーソナリティ特性　精神神経学雑誌, *124*, 252-260.

Krueger, R. F. (1999). The structure of common mental disorders. *Archives of General Psychiatry, 56*, 921-926.

黒木俊秀 (2014). 精神科診断におけるディメンジョン的アプローチとは何だろうか？　臨床精神病理, *35*, 179-188.

ネトル, D. ／竹内和世 (訳) (2009). パーソナリティを科学する——特性5因子であなたがわかる　白揚社

杉浦義典・丹野義彦 (2008). パーソナリティと臨床の心理学——次元モデルによる統合　培風館

Sugiura, Y. (2006). Personality correlates of mindfulness. In M. G. T. Kwee, K. J. Gergen, & F. Koshikawa (Eds.), *Horizons in Buddhist psychology: Practice, research and theory* (pp. 251-266). Taos Institute Publications.

丹野義彦 (2003). 性格の心理　サイエンス社

丹野義彦 (2015). パーソナリティ理論　丹野義彦・石垣琢麿・毛利伊吹・佐々木淳・杉山明子　臨床心理学　有斐閣

辻平治郎 (1998). 5因子性格検査の理論と実際——こころをはかる5つのものさし　北大路書房

第19章●完全主義の臨床心理学

小堀　修

1　公認心理師が完全主義者と出会う時

　非現実的な目標を追い続け，ミスや失敗をすると自分を責め，儀式的な行動を繰り返すことで，生活に支障をきたしている人がいる．このような人たちは，完全主義的であり，かつ不適応に陥っている．実際に完全主義は，様々な不適応や精神疾患との結びつきを持っていることがわかっている．その一方で，元プロ野球選手のイチローのように，高い目標を掲げ，自分に妥協を許さず，儀式的な行動を繰り返すことで高いパフォーマンスを発揮し続けるトップアスリートがいる．このような人たちは，完全主義的であり，かつ適応的と言える．完全主義とはいったいどんな特性なのか，完全主義はどのような不適応と結びつくのか，そして，完全主義はポジティブな性質をどのように持ち得るのか．

　まず，公認心理師が出会うかもしれない，完全主義的なクライアントとは，どんな人か．次の二つの事例を通して想像してほしい．

　　Aは35歳の会社員．うつ病のために休職している．休職する前は，誰よりも早く出勤し，誰よりも遅く退社していた．「彼自身の設定した」出勤時間に1分でも遅れると強く落ち込んでいた．

　　仕事を与えられると，5～6時間は休憩をとらずに打ち込み，上司が「そこまでやらなくても」とアドバイスしても，A自身が「完璧だ」と思うまでは仕事を止めなかった．誤植など小さなミスを許すことができないため，仕事が完成しても2～3度は見直しを繰り返していた．時には同僚や部下に見直しを要求し，「これで大丈夫です」と言われても，ミスが見つかるまで何度も繰り返し確認させることもあった．

293

第Ⅴ部　パーソナリティとそれに関連する障害

　Aは会社と提携しているクリニックでカウンセリングを受け始めた．しかし，2セッションめにキャンセルの連絡が入った．後ほど何があったのか聞いてみると，「与えられた宿題が完璧にできなかったので，終わるまでは行けないと考えているうちに，家から出られなかった」と語った．また，抑うつ尺度の得点が高くなると，ひどく動揺しているようだった．

　Bは40歳の主婦．最近になって布団から起き上がれなくなった．以前は，子どもと夫の弁当を毎朝作り，部屋中に毎日掃除機をかけ，近所づき合いやPTA活動を欠かさず，夕食を毎晩手作りしていた．一つでもやり忘れることがあると，「これではいけない」と自分を責めていた．
　ある朝，Bがキッチンに行くと，シンクに洗い忘れていた皿が1枚あることに気づいた．本人としては「昨夜の家事は完璧にやった」と思っていたため，いつも以上に落胆し，悲しくて涙が止まらなくなった．
　その時，「私はダメな主婦だ」「夫や子どもに申し訳ない」「姑に気づかれ嫌味を言われるのではないか」「皿の上でバイ菌が繁殖したら大変だ」「こんな私は存在価値がない」という考えが頭をよぎり，頭から離れなくなった．強い落ち込みと疲労感に襲われ，その日の朝食を作ることができず，そのことでまた自分を責めた．
　その日の夜から，洗い忘れがあってはいけないと，Bは儀式的にキッチンを確認するようになった．夜中も1時間おきに目が覚め，キッチンに行くようになってしまった．このような状態がしばらく続き，不眠と疲労が蓄積し，ついには布団から起き上がれなくなってしまっていた．

　Bのような人には保健医療分野，Aのような人には産業分野で会う可能性がある．他にも，「有名校」に入学すべく受験勉強する子ども，あるいは保護者に，教育分野で会うことがあるかもしれない．受験勉強や入試には，高得点を目指して，ミスが許されないようなプレッシャーがあるためである．
　もう一つ，公認心理師の5分野には入っていないが，スポーツ臨床においても，完全主義のアスリートたちにしばしば出会う．受験勉強と同じように，高い目標や順位を目指し，ミスが許されず，完璧を求めるような環境だからであ

294

第 19 章 完全主義の臨床心理学

る．一方で，次節で完全主義の適応性について述べるように，完全主義によって成功，成長していくアスリートたちもいる．

2 完全主義者とは何者なのか

完全主義という言葉の使われ方

日常生活では，完璧や完全主義という言葉はどのように使われているのか．例えば，プロ野球の実況解説で，バッターが大きなホームランを打った瞬間，アナウンサーが「完璧だああ !!!」と絶叫する．試合後，打者にインタビューをすると，「あのスイングは完璧でした」と言うことがある．ピッチャーの投球に対して，これまで練習してきたスイングを，そのまま再現できた，という気持ちが含まれている．

他にも，完璧という言葉が使用される対象を振り返ってみると，ダンスやフィギュアスケートなどのミスのない演技，優れた芸術作品や料理に対する賛辞，どのようなパターンにも対応できるシステムなどがあるだろう．このような場合，完璧という言葉は対象それ自体や，対象を一生懸命に準備した人をポジティブに評価し賛美，驚嘆するために用いられている．

完全主義のもたらす不適応

完全主義的な傾向が強いと，どのように悩むのか，どのように不適応に陥ってしまうのか．

まず，完全主義者は目標設定が極端に高いと言われている．例えば，ダイエットに関して「1カ月で3kgやせる」という目標を設定するかもしれない．他にも，試験のすべての科目においてA（優秀）をとろうと熱心に勉強するかもしれない．しかしながら，このような目標はいつでも達成可能というわけにはいかないため，完全主義者は他の人に比べて「失敗」をより多く経験することになる．

他にも，完全主義者は目標設定の柔軟性が低いことが知られている．例えば「今月中に1kgやせる」という目標を設定し，その1カ月で実際に1kgやせることができたとする．1kgやせるという目標が達成できたのだから，以降

295

第Ｖ部　パーソナリティとそれに関連する障害

は「その体重をキープする」という目標に変更するはずが，完全主義者は「も
う1 kgやせよう」と考え，次の月も同じ目標を維持してしまう．あるいは
「1 kgやせるという目標が達成できたということは，その目標は私にとってや
さし過ぎて，やりがいのないものだった」と解釈し，「1カ月で2 kgやせる」
と目標をより高くしてしまう（Kobori *et al.*, 2009）．やせることではなく，やせ
るために「苦しい努力をすること」が目的になってしまっている．

　完全主義がネガティブな性質を持つことは，心理学的／精神医学的研究から
も明らかにされている．まず，完全主義は様々な精神疾患や不適応の指標と結
びついている．例えば完全主義は，抑うつ，絶望感，希死念慮，低い自尊感情，
外的な統制の所在，摂食障害，不安障害，シャイネス，知覚された低い社会ス
キル，全般的な身体症状などと結びついている（レビューとして，Shafran &
Mansell, 2001）．

　完全主義はさらに，抑うつの治療にも影響を与えることがわかっている
（Blatt, 1995; Blatt *et al.*, 1998）．Blatt（1995）は，完全主義傾向の強い抑うつ患者
は，完全主義傾向の弱い抑うつ患者に比べて，治療効果が低く，治療に対する
満足感が少ないことを示している．この結果は，完全主義者は良好な治療同盟
が築きにくいためではないか，もしくは治療が終結に近づくと，「十分に治ら
なかった」という感触を持ちやすいためではないかと解釈されている．

完全主義の概念と定義の整理

　完全主義には多様な測定尺度があるが，それぞれの尺度が異なる理論や概念
に基づいて作成されている．このため，完全主義の意味についての理解は容易
ではない．例えば，完全主義は「その状況で求められる以上の質を自分や他者
に求めてしまう傾向」（Hollender, 1965, p. 94）と定義される一方，Burns（1980）
は完全主義者を「手の届かないほど不合理な高さの基準を設定し，その不可能
な目標に向かって，強迫的に，絶え間なくがんばり続ける者であり，自分の価
値をもっぱら生産性と成果によって評価する者」と定義している．Pacht（1984）
は完全主義を，「自分のパフォーマンスに対して過度に高い基準を設定し，過
度に批判的な自己評価をすること」と定義している．これまで完全主義の定義
について一致した見解はない．そのため，過去の様々な研究を解釈したり，今

後の研究を計画したりするにあたり，完全主義の様々な定義や尺度について注意を払う必要がある．そこで完全主義の認知や行動を整理してみる．

高い目標設定　完全主義は目標や基準の設定と強く結びついている．Hollender（1965）は完全主義を「自分や他人に高い質のパフォーマンスを要求する習慣」と定義している．また，完全主義者は不合理で非現実的な目標を設定する（Burns, 1980; Hamachek, 1978）．

目標を追求する粘り強さ　完全主義者は自分のパフォーマンスを改善するため，常に「さらによく」やろうとする（Hollender, 1965）．完全主義者は不可能な目標のため強迫的に努力し，その目標にあくまで固執しようとする（Burns, 1980）．Antony & Swinson（1998）もまた，病的な完全主義者は絶え間なく極端で厳密な目標を追い求めるとしている．

目標達成への動機づけ　目標を達成することの動機づけについて述べているものもある．例えば，完全主義者は失敗恐怖によって動機づけられている（Hamachek, 1978; Shafran *et al.*, 2002）．他にも，他者からの受容を第一に求めると考えられている（Hollender, 1965）．Hamachek（1978）はまた，完全主義者は根深い劣等感を持っており，非現実的に高い目標を設定することで，賞賛や受容を得ようとすると述べている．Pacht（1984）は，完全主義者は，愛情や賞賛を得たり，過去の過ちの埋め合わせをしたりするため，完璧なやり方で振る舞わなければならないと感じていると述べている．

注意バイアス　完全主義には「失敗」に注目して「成功」したことを無視してしまう傾向がある（Antony & Swinson, 1998; Burns, 1980; Hamachek, 1978; Hollender, 1965）．筆者らの研究でも，完全主義が高いほど，失敗に関連した単語に注意を向けやすいことが明らかになった（Kobori & Tanno, 2012）．一方でミスをたくさん検出するのではなく，ミスを検出した際のネガティブな反応が強いことも明らかにされている（Frost *et al.*, 1997）．

297

第 V 部　パーソナリティとそれに関連する障害

厳しいパフォーマンス評価　完全主義者は自分のパフォーマンスを厳しく評価する傾向がある（Shafran *et al.*, 2002）．Hamachek（1978）は「完全主義者からすれば，ベストを尽くして努力したことであっても，決して十分だと見なされない．彼らはもっとよくできるはずだ，やるべきだと考えているようだ」と説明している．

自己評価への影響　パフォーマンスの評価が，完全主義者の自己評価に大きな影響をもたらす場合がある．完全主義者は目標を達成する能力だけで自己評価する（Burns, 1980）．このため，目標を 1% でも達成できなかった場合は，自己評価が下がってしまう．

ネガティブな結果　完全主義は様々な不適応を導くことがわかっている．Shafran *et al.*（2002）によれば，完全主義の結末には感情的（例：抑うつ），社会的（例：社会的孤立），身体的（例：不眠），認知的（例：集中力低下），もしくは行動的（例：確認の繰り返し）な不適応，課題の先延ばし（Kobori *et al.*, 2020），援助を求めようとしない（小堀ら，2018）などがある．

完全主義を測定する尺度

完全主義を測定する質問紙は 100 種類以上あるが，代表的な自己報告式尺度に，多次元完全主義尺度（Multidimensional Perfectionism Scale：MPS）と呼ばれるものが二つある．この二つの尺度が開発されてから，完全主義の研究が世界中で実施されるようになった．

フロストらの多次元完全主義尺度　フロスト（Frost, R. O.）らが作成した多次元完全主義尺度は，MPS-F と略され，6 次元の完全主義的傾向を測定する（Frost *et al.*, 1990）．

①ミスへのとらわれ（concern over mistakes）：ミスに対しネガティブに反応し，一つでもミスがあれば失敗と等価だと考えること（項目例：「ミスをすれば，人は私のことを軽く見るだろう」）．

②行為疑念（doubt about actions）：自分の行動に疑念を持つこと（項目例：「毎

298

日やっているような単純なことでも，疑問を感じることがよくある」）．

③高目標設置（personal standards）：達成できないような過度に高い目標を設定すること（項目例：「私は極端に高い目標を持っている」）．

④親からの期待（parental expectation）：親から高い期待をかけられているという知覚（項目例：「親は，私に最高の出来を求めていた」）．

⑤親からの批判（parental criticism）：自分に対して親がとても批判的だったという知覚（項目例：「子どもの時，完璧にできないと罰をもらった」）．

⑥整理整頓（organization）：秩序や整理の重要性を過度に強調すること（項目例：「私はこぎれいできちんとした人でありたい」）．

ヒューイットとフレットの多次元完全主義尺度　ヒューイット（Hewitt, P. L.）とフレット（Flett, G. L.）が作成した多次元完全主義尺度は，MPS-H と略され，3 次元の完全主義的傾向を測定する（Hewitt & Flett, 1991）．

①自己志向的完全主義（self-oriented perfectionism）：自分自身に厳しい基準を設定し，自分の行動を厳しく評価すること．この下位尺度は，完全性を得ようとする努力，失敗を回避しようとする努力の二つの動機づけを反映している．またこの下位尺度は自己批判や自罰を導くとされている．項目例には「するなら何でも完璧にやりたい」などがある．

②他者志向的完全主義（other-oriented perfectionism）：非現実的な高い基準を重要な他者に課すこと．項目例には，「周りの人がすることは何でも最高であるべきだ」などがある．他責，信頼感の欠如，他者に対する敵意などと結びつく．

③社会規定的完全主義（socially prescribed perfectionism）：他者が自分に対し非現実的に高い基準を課しており，他者から厳しく評価されるという知覚である．項目例には「周りの人は私に完璧を求めている」などがある．他者は非現実的な期待を自分に求めており，自分は他者を喜ばすことができず，他者はネガティブに評価されるだろうという信念を反映している．

完全主義の定義をめぐる論争

完全主義の測定尺度やその概念について，多くの批判が持ち上がった

（Rhéaume *et al.*, 2000; Shafran & Mansell, 2001; Shafran *et al.*, 2002）．まず，MPS-F の親からの期待，親からの批判といった下位尺度は，その人の現在の状況を測定せず，過去の体験を尋ねている．このため，現在その人が完全主義的かどうかは判別できず，介入による尺度得点の変化も少ないだろうといった批判が挙げられる．さらに，行為疑念は完全主義ではなく強迫症状を測定しているに過ぎないという批判もある．

　さらに，Shafran *et al.*（2002）は，臨床的完全主義（clinical perfectionism）という概念を提唱し，非機能的な完全主義を維持させている多様な認知過程を説明している．臨床的完全主義は，「自らに課した厳しい基準に，自己評価が過度に基づいていること，その基準には少なくとも一つの顕著な領域があり，不適応が生じているにもかかわらずその基準を持ち続ける」と定義されている．この概念の提唱から，精神病理学の中核となる完全主義の概念についての論争が始まった（Hewitt *et al.*, 2003; Shafran *et al.*, 2003）．

　この論争は，以下の三つの点にまとめられるだろう．まず，Hewitt *et al.*（2003）は多次元的なとらえ方を主張している．対人的な側面が完全主義の中核的特徴であり，完全主義傾向の強い患者は他者から完璧を求められていると知覚しており，他者の承認や受容を求めていると説明している．これに対し，Shafran *et al.*（2002, 2003）は，完全主義を個人差や特性としてではなく，完全主義がどのように維持されるか，その認知行動の過程を記述しており，特に「自分自身に課した厳しい基準と自己批判」によって，臨床的完全主義が維持されていると説明している．

　次に，Hewitt *et al.*（2003）は，自己評価的な反応（例えば，ミスした自分を批判するといった反応）は完全主義の概念から切り離すべきだと考えている．一方，Shafran *et al.*（2002, 2003）は自らに課した基準が自己評価に大きく影響してしまうことが重要だと主張している．

　最後に，Hewitt *et al.*（2003）は，完全主義者は生活の様々な領域において，完全性を求めたり完璧にやろうとしたりしていると主張しているが，Shafran *et al.*（2002, 2003）は，一つの顕著な領域（例えば体重）のみで，厳しい基準を追求すると主張している．

　「他者から完璧を求められている」という認知は，たしかに臨床上では大切

なテーマで，過剰適応傾向や対人的な過敏さを反映していると思われる．一方で，「〇〇主義」という言葉は，「その人や団体の行動の指針にする原則」であるため，社会規定的完全主義の概念が「主義」と言えるかどうかには疑問が残る．

3 完全主義の二面性——ポジティブとネガティブ

イチローはポジティブな完全主義者か

完全主義にはネガティブあるいは不適応的な側面だけでなく，ポジティブあるいは適応的な側面があると言われている．完全主義にポジティブな側面があるとするならば，どのような特徴を持つかを考えるために，完全主義者と表現されることの多い，元プロ野球選手のイチローについて見ていく．彼は完璧という境地を目指すことに対して，「完璧にはなれないとわかっていますが，それに向かっていこうと思うのが，野球選手だと思います」と述べている（『夢をつかむイチロー262のメッセージ』編集委員会，2005, p. 43）．もちろんイチローも，自身の完全主義によって苦しんだこともあったと思われる．しかし，これまでの彼の実績を踏まえて，本章ではイチローを「ポジティブな完全主義者」として位置づけ，その思考パターンや行動パターンを検討する．

　　高い目標設定　イチローは，特にバッティングに関して高い目標を掲げていた．例えば，「ヒット280本，打率4割」を引退する年に成し遂げることを理想としている（山本，2006, p. 164）．

　　目標設定の工夫　イチローは，高い目標を闇雲に目指しているわけではない．例えば「4割を求めて打席に立つのは本位ではないので，ぼくは，なかなか，打率に目標をおくことはできないのです」と述べている（『夢をつかむイチロー262のメッセージ』編集委員会，2005, p. 24）．

　　ヒットを打っても打率は減ることがある．しかし，ヒット数は増えるだけで減ることはない．つまり，イチローは小さな目標を設定して大きな目標に近づこうとするだけでなく，正のフィードバックだけが得られる目標に重点を置い

第 V 部　パーソナリティとそれに関連する障害

ていると考えている.

　ミスに対する反応と修正　イチローもミスをしたり，失敗したりすることは
ある．しかし，イチローはミスに対する受け止め方を工夫することで，落ち込
むのではなく，今後の成長のための材料に変換している様子がわかる.
　終盤すごく競っている試合で，バックホームで刺すチャンスを二度そらした
ことがあった．最初の返球は 3 塁側に大きくそれ，同じイニングにもう 1 回飛
んできたボールの返球は 1 塁側にそれた．このことに関してイチローは，「自
分としてはそこに可能性を感じるのは，二度とも 3 塁側ではないということで
す．2 回目が 1 回目と同じ方向に行ったとしたら問題ですよね．修正をしよう
と思って，それを表現している僕がいるので，そこに心配はないです」とコメ
ントしている（山本，2006, p. 120）.

　綿密な行動　イチローは，自分に打順が巡ってきて打席に入るまで，いつい
かなる時でも同じ仕草を同じ手順で繰り返す．これは，儀式的行動とも考えら
れるが，イチローにとってはこれらの行動はすべて合理的である．つまり，あ
る時間が来たらある行動をとること（例えば，打席に入る前のストレッチや素振り）
がどうして必要かつ重要なのか，イチローはすべて説明できる（児玉，2006）.

　他者の評価から自由であること　イチローは，他者からの期待，励まし，評
価，批判を気にせず，自分で自分に目標を課し，自分で結果を評価している.
2004 年の大記録達成後には，「ぼくは，やりたいと思ったことはやりとげたい
ほうですし，まわりの人がいようがいまいが，そのことは変わりません」（『夢
をつかむイチロー 262 のメッセージ』編集委員会，2005, p. 5）と述べている.

完全主義はどのようにしてポジティブになるのか

　完全主義には二つのタイプ，つまりポジティブもしくは適応的な完全主義と，
ネガティブもしくは不適応的な完全主義の二つがあることが指摘されている.
Hamachek（1978）は，健全な完全主義者（normal perfectionist）と神経症的な
完全主義者（neurotic perfectionist）の二つのタイプがあると指摘している．健

全な完全主義者は，骨の折れる仕事や努力に喜びを見出し，細部にそれほどこだわらない．その結果，健全な完全主義者は技術の向上を喜び，うまくできたことを評価し，自らの自尊感情を高める（Hamachek, 1978）．一方，神経症的な完全主義者は，どれほどベストを尽くして努力しても，その結果を不十分だと感じ，「もっとうまくやれるはずだった．今後はもっとうまくやるべきだ」と考えてしまう．このため，満足感を得られず，不安で，混乱し，次の仕事を始める前に疲れきってしまっている（Hamachek, 1978）．

MPS-F の高目標設置や整理整頓などは，適応的な指標と結びつくことが明らかになっている（Stoeber & Otto, 2006）．それでもなお，完全主義にポジティブ／健全／機能的な側面があることを否定する研究者がいる（例：Flett & Hewitt, 2002, 2005）．例えば，フロストの作成した尺度「高目標設置」は，ポジティブな完全主義ではなく，健康的な秀逸の追求（healthy pursuit of excellence）と表現すべきだと主張されている．

ポジティブな完全主義とネガティブな完全主義の関係については，少なからず未検討な部分がある．例えば，二つのタイプの完全主義者というようにカテゴリーが存在するのか．それならば，ネガティブな完全主義者は生涯を通してネガティブなのか．ポジティブな完全主義者が不適応的になる可能性はないのか．

現在では，多くの研究が完全主義の特性，つまり個人差を扱っている．この差をもとに，クラスター分析などでポジティブな完全主義とネガティブな完全主義のグループが特定されている（Parker, 1997）．しかし多くの完全主義者は，ポジティブとネガティブの境界付近に位置しているだろうし，時間的な変化があるのかについては明らかにされていない．

Flett & Hewitt（2002）によれば，ネガティブな完全主義は極端な完全主義者であり，次元上の高い得点に位置する完全主義は不適応的だということになる．しかしこの見解を検証する研究は行われていない．例えば，完全主義の得点が中程度ならば適応的指標が高くなり，完全主義の得点が高ければ不適応的な指標が高くなる，といった研究が必要になるだろう．

他の研究では，ポジティブな完全主義者でも状況次第でネガティブになることが示唆されている．例えば，素因ストレスアプローチを利用した研究では，

第Ⅴ部　パーソナリティとそれに関連する障害

ポジティブと想定された完全主義（自己志向的完全主義）がネガティブなライフ
イベントと交互作用することで，うつや不安と結びつくことが示されている
（例：Hewitt *et al.*, 1996）．

4　自己志向的完全主義の持つ二つの過程

　自己志向的完全主義は，もともとネガティブな完全主義として導入されたが
（Hewitt & Flett, 1991），ネガティブな指標との結びつきは，社会規定的完全主
義など他の完全主義と比較して，それほど強くない．自己志向的完全主義は，
ネガティブな指標だけでなく，ポジティブな指標とも結びついている．例えば
ポジティブ感情（Frost *et al.*, 1993），セルフコントロール（Flett *et al.*, 1991），ソ
ーシャルスキル（Flett *et al.*, 1996），学業成績（Cox *et al.*, 2002）などとも結びつ
いている．本節では，自己志向的完全主義がどのようにしてポジティブになっ
たりネガティブになったりするのか，そのプロセスを明らかにしていく．

　自己志向的完全主義は，ポジティブな側面とネガティブな側面を併せ持って
いるため，自己志向的完全主義がネガティブな状態と結びつく際は，他の要因
が関与する可能性がある．その一つの可能性として「完全主義の2過程モデル
（a dual process model of perfectionism）」（Slade & Owens, 1998）が援用できる．
Slade & Owens（1998）は，スキナー（Skinner, B. F.）の行動理論（Skinner, 1968）
に基づき，ポジティブな完全主義とネガティブな完全主義を強化の過程として
とらえた．

　ポジティブな完全主義とは，接近目標（成功，他者からの賞賛，痩身などの追
求）に関連した認知や行動であり，ネガティブな完全主義とは回避目標（失敗，
他者からの拒絶，肥満などの回避）に関連した認知や行動となる（表19-1）．Slade
& Owens（1998）は，ポジティブな完全主義はポジティブな感情（例：満足感や
喜び）と結びつき，ネガティブな完全主義はネガティブな感情（例：不満や不安）
と結びつくとした．以上を踏まえ，筆者らは図19-1のような二つの認知過程
を想定し，実験的に検証した（Kobori & Tanno, 2005）．

　①接近目標がある時，その人にとって報酬に値するものを追求するために，
自己志向的完全主義からポジティブな完全主義の認知が生じる．このポジティ

304

表19-1 2過程モデルに基づくポジティブな完全主義とネガティブな完全主義の分類 (Slade & Owens, 1998)

	ポジティブな完全主義	ネガティブな完全主義
定義	接近目標のための認知や行動	回避目標のための認知や行動
目標の例	成功, 他者からの賞賛, 痩身の追求	失敗, 他者からの拒絶, 肥満の回避
目標が達成できると	ポジティブな感情（例：満足感や喜び）を体験	変化なし
目標が達成できないと	変化なし	ネガティブな感情（例：不満や不安）を体験

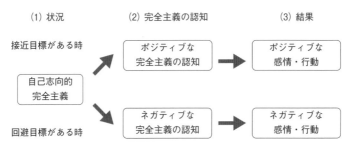

図19-1 自己志向的完全主義の持つ二つの過程 (Kobori & Tanno, 2005)

ブな完全主義の認知は，ポジティブな感情や行動を導く．

②回避目標がある時，その人にとって罰に値するものを回避するために，自己志向的完全主義からネガティブな完全主義の認知が生じる．このネガティブな完全主義の認知は，ネガティブな感情や行動を導く．

前述の認知過程は，これまで提唱されてきた精神疾患の認知モデルと同じ構造をとっている（例：Beck, 1995; Wells & Matthews, 1994; Salkovskis, 1985）．これらのモデルは，信念やスキーマが活性化して認知（現在進行形の意識化された思考）となり，この認知が，感情や注意，心身症状，行動をもたらす．

第Ⅴ部　パーソナリティとそれに関連する障害

5　今後の展望と完全主義研究の始め方

2過程モデルの限界と展望

　前節では，完全主義が，状況次第で，ポジティブになったりネガティブになったりする過程についてのモデルを提案した．接近目標がある時は，失敗しても何も失うものがないという状況を想定している．そのような状況は，実生活ではそれほど出現しないかもしれない．また接近目標が回避目標に変化してしまう状況がある．例えば，ある仕事で成功しようと高い目標を掲げるとする．しかしながら，仕事に失敗し，上司や同僚に批判された後には，同じ仕事をするとしても，ミスや失敗を恐れるようになるかもしれない．

　また，ある接近目標は，ネガティブな認知も生じさせるかもしれない．例えば，高すぎる目標やあいまいな目標（すべての人に好かれる，完璧な容姿を手に入れる，など）は，その人にとって罰ではなく，報酬と位置づけられるだろう．しかし，目標に対してどのくらい近づいているか，進歩のフィードバックが得られないため，ミスや失敗に思考が傾いてしまう．さらに，先行する気分によっては，あるいは目標を達成する自信が小さい時，これまでの成功体験が足りない時も，得られるものよりも失うものに対して注意を向けさせ，接近目標が回避目標になってしまうかもしれない．

　完全主義がポジティブになるとまでは行かなくとも，完全主義が役に立っている状況もあると考えられる．例えば，アスリートの完全主義が高い成績やポジティブ感情を直ちに導くことはないとしても，やはり高い目標を掲げ，粘り強く追求するという傾向は，その競技に対する動機づけになる．スポーツに限らず，勉強，仕事，料理，演奏，芸術活動などで完全主義的になることもある．このような領域で完璧を目指すことで，必ずしも好ましいものが得られるとは限らないだろう．しかし完全主義によって，その人がこだわりを持ち，強く動機づけられている面があるとも考えられる．音楽家を対象とした筆者らの研究でも，自己志向的完全主義が，練習時間や受賞数と正の相関を持っていた（Kobori *et al.*, 2011）．

　今後の展望としては，そのような完全主義の対人的な側面も検討する必要が

306

ある．例えば，他者からの賞賛を接近目標，他者からの拒絶を回避目標とした実験などが考えられるだろう．他にも，高すぎる接近目標，あいまいな接近目標が，ネガティブな完全主義の認知を生じさせるか，などの検討が必要である．完全主義は治療にも影響するが，セラピストの完全主義（Presley *et al.*, 2017）や，スーパーバイザーの完全主義が，治療効果にどのような影響を及ぼすのかも，重要なリサーチクエスチョンである．

完全主義の論文を検索する

完全主義の研究論文は，Google Scholar で perfectionism と検索すると，およそ7～8万件見つかる．特定のキーワードを使って文献を探す前に，2001年に完全主義についてレビュー論文が出ている（Shafran & Mansell, 2001）ので，こちらから読むと，完全主義研究の全体像がつかめる．

次に，検索する年を，1990年から2015年頃までに絞り込む．1990年と1991年には，完全主義の代表的な質問紙が出版され，ここから一気に実証的な研究が増えた．1989年より前は，臨床的な記述や，より理論的な内容が多くなる．2015年前後は，完全主義の認知行動療法の効果研究，その後は介入のコストを下げるような試みが盛んになった．介入技法の詳しい内容は，研究論文を読むよりも，Egan *et al.* (2016) の書籍を手にとってみてほしい．

引用文献

Antony, M. M., & Swinson, R. P. (1998). *When perfect isn't good enough: Strategies for coping with perfectionism.* New Harbinger Publications.

Beck, J. S. (1995). *Cognitive therapy: Basis and beyond.* Guilford Press.

Blatt, S. J. (1995). The destructiveness of perfectionism. Implications for the treatment of depression. *American Psychologist, 50*, 1003-1020.

Blatt, S. J., Zuroff, D. C., Bondi, C. M., Sanislow, C. A. III, & Pilkonis, P. A. (1998). When and how perfectionism impedes the brief treatment of depression: Further analyses of the National Institute of Mental Health Treatment of Depression Collaborative Research Program. *Journal of Consulting and Clinical Psychology, 66*, 423-428.

Burns, D. (1980). The perfectionist's script for self-defeat. *Psychology Today, November*, 34-52.

Cox, B. J., Enns, M. W., & Clara, I. P. (2002). The multidimensional structure of perfectionism in clinically distressed and college student samples. *Psychological Assessment, 14(3)*, 365-373.

第Ⅴ部　パーソナリティとそれに関連する障害

Egan, S. J., Wade, T. D., Shafran, R., & Antony, M. M. (2016). *Cognitive-behavioral treatment of perfectionism.* Guilford Publications.

Flett, G. L., & Hewitt, P. L. (2002). Perfectionism and maladjustment: An overview of theoretical, definitional, and treatment issues. In G. L. Flett & P. L. Hewitt (Eds.), *Perfectionism: Theory, research, and treatment* (pp. 5-13). American Psychological Association.

Flett, G. L., & Hewitt, P. L. (2005). The perils of perfectionism in sports and exercise. *Current Directions in Psychological Science, 14(1)*, 14-18.

Flett, G. L., Hewitt, P. L., Blankstein, K. R., & O'Brien, S. (1991). Perfectionism and learned resourcefulness in depression and self-esteem. *Personality and Individual Differences, 12*, 61-68.

Flett, G. L., Hewitt, P. L., & DeRosa, T. (1996). Dimensions of perfectionism, psychosocial adjustment, and social skills. *Personality and Individual Differences, 20*, 143-150.

Frost, R. O., Heimberg, R. G., Holt, C. S., Mattia, J. I., & Neubauer, A. L. (1993). A comparison of two measures of perfectionism. *Personality and Individual Differences, 14*, 119-126.

Frost, R. O., Marten, P., Lahart, C. M., & Rosenblate, R. (1990). The dimensions of perfectionism. *Cognitive Therapy and Research, 14*, 449-468.

Frost, R. O. *et al.* (1997). Self-monitoring of mistakes among subjects high and low in perfectionistic concern over mistakes. *Cognitive Therapy and Research, 21(2)*, 209-222.

Hamachek, D. E. (1978). Psychodynamics of normal and neurotic perfectionism. *Psychology: Journal of Human Behavior, 15*, 27-33.

Hewitt, P. L., & Flett, G. L. (1991). Perfectionism in the self and social contexts: Conceptualization, assessment, and association with psychopathology. *Journal of Personality and Social Psychology, 60*, 456-470.

Hewitt, P. L., Flett, G. L., Besser, A., Sherry, S. B., & McGee, B. (2003). Perfectionism is multidimensional: A reply to Shafran, Cooper and Fairburn (2002). *Behaviour Research and Therapy, 41*, 1221-1236.

Hewitt, P. L., Flett, G. L., & Ediger, E. (1996). Perfectionism and depression: Longitudinal assessment of a specific vulnerability hypothesis. *Journal of Abnormal Psychology, 105*, 276-280.

Hollender, M. H. (1965). Perfectionism. *Comprehensive Psychiatry, 6*, 94-103.

Kobori, O., Dighton, G., & Hunter, R. (2020). Does perfectionism impact adherence to homework assignment? A preliminary pilot study of perfectionism and procrastination of CBT homework. *Behavioural and Cognitive Psychotherapy, 48(2)*, 243-247.

Kobori, O., Hayakawa, M., & Tanno, Y. (2009). Do perfectionists raise their standards after success? An experimental examination of the revaluation of standard setting in perfectionism. *Journal of Behavior Therapy and Experimental Psychiatry, 40(4)*, 515-521.

Kobori, O., & Tanno, Y. (2005). Self-Oriented Perfectionism and its relationship to positive and negative affect: The Mediation of Positive and Negative Perfectionism Cognitions. *Cognitive Therapy and Research, 29*, 555-567.

Kobori, O., & Tanno, Y. (2012). Self-oriented perfectionism and its relationship to selective attention: An experimental examination using social cognitive paradigm. *Japanese Psy-*

chological Research, 54, 418-423.

Kobori, O., Yoshie, M., Kudo, K., & Ohtsuki, T. (2011). Traits and cognitions of perfectionism and their relation with coping style, effort, achievement, and performance anxiety in Japanese musicians. *Journal of Anxiety Disorders, 25(5),* 674-679.

小堀修・吉永尚紀・沢宮容子 (2018). 完全主義は心理的援助へのアクセスを妨げるか――大学生アスリートの援助希求を妨げる心理的要因の研究 認知療法研究, *11(1),* 23-31.

児玉光雄 (2006). イチローにみる「勝者の発想」――イチローと松井の比較心理学 二見書房

Pacht, A. R. (1984). Reflections on perfectionism. *American Psychologist, 39,* 386-390.

Parker, W. D. (1997). An empirical typology of perfectionism in academically talented children. *American Educational Research Journal, 34(3),* 545-562.

Rhéaume, J. *et al.* (2000). Functional and dysfunctional perfectionists: Are they different on compulsive-like behaviors? *Behaviour Research and Therapy, 38,* 119-128.

Salkovskis, P. M. (1985). Obsessional compulsive problems: A cognitive behavioral analysis. *Behaviour Research and Therapy, 23,* 571-583.

Shafran, R., Cooper, Z., & Fairburn, C. (2002). Clinical perfectionism: Towards a redefinition and cognitive-behavioral model of maintenance. *Behaviour Research and Therapy, 40,* 773-791.

Shafran, R., Cooper, Z., & Fairburn, C. (2003). "Clinical perfectionism" is not "multidimensional perfectionism": A reply to Hewitt, Besser, Sherry & McGee. *Behaviour Research and Therapy, 41,* 1217-1220.

Shafran, R., & Mansell, W. (2001). Perfectionism and psychopathology: A review of research and treatment. *Clinical Psychology Review, 21,* 879-906.

Skinner, B. F. (1968). *Contingencies of reinforcement: A theoretical analysis.* Appleton Century Crofts.

Slade, P. D., & Owens, R. G. (1998). A dual process model of perfectionism based on reinforcement theory. *Behavioral Modification, 22,* 372-390.

Stoeber, J., & Otto, K. (2006). Positive conceptions of perfectionism: Approaches, evidence, challenges. *Personality and Social Psychology Review, 10(4),* 295-319.

Wells, A. & Matthews, G. (1994). *Attention and emotion: A clinical perspective.* Lawrence Erlbaum.

山本益博 (2006). イチローに学ぶ――失敗と挑戦 講談社

『夢をつかむイチロー 262 のメッセージ』編集委員会 (2005). イチロー　262 のメッセージ ぴあ

第20章 • 攻撃性と精神病理

上野真弓

1 攻撃性とは

　他者に対する印象として「攻撃性が強い人」と聞くと，一般的に「怒りっぽい人」や，「会話が否定的でトゲがある人」「他人や物にすぐ八つ当たりをする人」を思い浮かべることが多いのではないだろうか．そんな攻撃性だが，心理学においては情動，認知，動機づけ，パーソナリティを含む，攻撃という行動を起こす内的過程であると定義されている．言い換えるならば，攻撃行動が生起する仕組みのこと（山口，1996）であり，主に情動的側面，認知的側面，行動的側面の3側面から構成されている．情動的側面には怒り感情が，認知的側面には敵意が，行動的側面には身体的・言語的な攻撃行動（以下，攻撃）が当てはまる．情動的側面である怒りは，攻撃を引き起こす不快感情の中でも最も代表的な感情の一つである．敵意は，怒りと似たような意味合いで語られることが多いが，悪意や否定的な見方，態度といった認知的な側面を指している．行動的側面である攻撃は，「そのように扱われることを避けたいと動機づけられた他の生活体を害したり傷つけたりするという目標へと向けられた，あらゆる形態の行動」（湯川，2005）である．また大渕（1993）によると，攻撃には「意図的な行動であること」と「危害を加えようとしていること」が必須要素であるとされている．本章では，攻撃性の中でも特に，情動的側面である怒りと，行動的側面である攻撃について注目していきたい．

第Ⅴ部　パーソナリティとそれに関連する障害

2　怒りとは

怒りの定義とその機能

　攻撃性において情動的側面に当てはまり，攻撃を誘発する要因の一つとなっているのが，情動の一部である怒りである．怒りはどのような人間でも抱く一般的な感情の一つであり，身体的もしくは精神的に「安全である」ことが損なわれる時に生じる感情である．つまり，怒りは自身が安全ではなく，対応が必要な問題に直面していることを生体に伝える機能を有している（豊見山・中尾，2023 など）．そのため，怒りをネガティブなものとして完全に消失させてしまうと，自身が直面した危機に反応できない，対応できない状態に陥ってしまうことが予想される．したがって，怒りという感情を適切な場面かつ適切な強さで感じることは，生物が生命活動を行う上でも必要なことであると言えるだろう．また，怒りは攻撃を誘発するというネガティブな側面が注目されやすいが，問題解決へのモチベーションとして機能するというポジティブな側面もある．そのため，怒りを単純にネガティブな感情と定義することはできないのである．

怒りの発達

　怒りは発達に伴ってその意味や機能も変化していく（野坂，2023）．新生児の怒りは，空腹に代表されるような不快な感覚によって引き起こされる，より生体の生命維持に関わる感情である．続く幼児期には，生命維持のためというよりも，他者との関わりにおける自身の意思の表明としての怒りへと発達していく．さらに児童期・青年期になると，対人関係における自身の立場や地位の確保と維持という観点での怒りを獲得していく．つまり，怒りは発達に伴って，身体的に安全であるか否かという生命維持のための感情から，社会生活を安全・円滑に送り，精神的に安全か否かを表現するための感情へと変化していくのである．このことから，主に児童期以降に社会生活を送るにあたって，対人関係において怒りを適切に表現したり対処したりすることはとても重要になると言えるだろう（井上，2023 など）．例えば，日常生活において過剰な怒りや明らかに場にそぐわない怒りを攻撃として表出することが，対人関係にネガティ

第 20 章 攻撃性と精神病理

ブな影響を与えるであろうことは容易に予測可能である．そのため，臨床心理
学の領域においては，主にこの過剰な怒りと精神疾患や心理的な問題との関連
について言及がなされてきている．

3 攻撃とは

攻撃の定義と分類

攻撃は，攻撃性の行動的側面であり，他者に危害を加えようとする意図を含
むすべての形態の行動を指す．これまでの先行研究において，攻撃はその性質
や機能によっていくつかに分類されてきている．その分類の代表的なものとし
て，能動的攻撃（proactive aggression）と反応的攻撃（reactive aggression）（Dodge
& Coie, 1987）が挙げられる．能動的攻撃とは，何かの目的を達成するための道
具のように用いられる攻撃であり，反応的攻撃とは，怒りの発散を伴い，対象
に危害を加えることそのものを目標とする攻撃のことである（Poulin & Boivin,
2000 など）．具体的な例を挙げるならば，周囲に対して強い自己を印象づけた
いがために他者を殴ったといった場合の殴るという攻撃は，能動的攻撃である
と言える．一方，上司に理不尽な理由で非難され人格否定されたので殴ったと
いった場合の殴るという攻撃は，反応的攻撃であると言えるだろう．平易なと
らえ方をするならば，能動的攻撃は他者へのアピール，反応的攻撃は怒りの爆
発を目的とした行動であると言い換えることもできるだろう．

この他に，他者の対人関係や社会的地位，社会帰属意識を損なわせることを
目的とする，関係性攻撃（relational aggression）という攻撃の分類も存在する
（Crick & Grotpeter, 1995）．具体的には，特定の個人を集団から仲間外れにして
孤立させたり，無視したり，悪意のある嘘の噂を集団内に流布したりなどして，
他者とその周囲の関係性を変える攻撃が関係性攻撃とされている．身近な事象
を例に挙げるならば，小集団内でのいじめなどが関係性攻撃にあてはまるであ
ろう（濱口，2020 など）．広義では関係性攻撃も能動的攻撃の一部ととらえるこ
とも可能ではあるが（山﨑・島井，2002 など），能動的攻撃も反応的攻撃も直接
的な攻撃であることに対して，関係性攻撃は間接的な攻撃であることからも，
異なる攻撃の分類であると考えられている．

313

第Ⅴ部　パーソナリティとそれに関連する障害

見えない攻撃と見える攻撃

　反応的攻撃は，さらに不表出性攻撃と表出性攻撃に分類することが可能であるとされている（坂井・山崎, 2004）．不表出性攻撃は，敵意や猜疑心などに代表されるような，他者から見えない形で表す攻撃のことを指している．例えば，対人場面においてとげとげしい態度で接したり，相手を全く信用していない心構えで対話したりするといった状況は，不表出性攻撃がなされていると言えるであろう．例からもわかる通り，不表出攻撃は他者からとてもわかりにくいため，攻撃されていることが相手に伝わりにくい．一方，表出性攻撃は殴る，罵倒するといったような，他者からも明確に判別できる形で表す攻撃のことを指している．こちらも例を挙げるならば，対人場面においてカッとなって相手を殴り倒したり，ものを投げつけたり壊したりするという状況は，表出性攻撃がなされている状況であると言えるであろう．このように，表出性攻撃は他者からも見えやすくわかりやすいため，他者に攻撃をしていることを伝えやすく，問題行動であるととらえられやすい．一口に攻撃と言っても，性質によって細分化がなされ，そのそれぞれとその他の社会心理学的要素との関連が検討され続けてきている．

4　攻撃性と精神疾患

　Fernadez & Johnson（2016）のレビューによると，DSM-5（American Psychiatric Association, 2013）での診断基準において攻撃性が大きく関連している疾患として，間欠爆発症／間欠性爆発性障害（intermittent explosive disorder：IED），反抗挑発症／反抗挑戦性障害（oppositional defiant disorder：ODD），重篤気分調節症（disruptive mood dysregulation disorder：DMDD），境界性パーソナリティ障害（borderline personality disorder：BPD），双極性障害（bipolar disorder：BD）が挙げられている．

間欠爆発症（IED）と攻撃性

　IED は，主に攻撃的・衝動的で制御不能な行動爆発を反復して起こす障害である．基本的に他者やものを破壊するような攻撃を起こすのではなく，激し

い口論や非難，突発的な癇癪発作のみが見られることも特徴である（Coccaro,
2012 など）．DSM-5 における診断基準においても，きっかけとなったストレス
要因につり合わないほどの過剰な言語的・身体的攻撃が見られることが挙げら
れている．また，Yoshimasu *et al.* (2011) による日本人を対象とした調査によ
ると，IED の生涯有病率は 2.1% であり，男性の若い年齢で症状を経験しやす
いことが示されている．さらに，不安障害や気分障害との合併が多いことなど
も指摘されている．

反抗挑発症（ODD）と攻撃性

ODD は長期的，継続的に，拒絶的，敵意的，反抗的な態度や振る舞いが見
られる障害である．さらに，非常に怒りっぽく癇癪を起こしやすいことも主な
症状の一つである．平均の生涯有病率はおよそ 3.3% とされ，児童期の男児に
見られることが多い．また，不安症や気分障害，注意欠如・多動性症（atten-
tion-deficit / hyperactivity disorder：ADHD）との合併率の高さについても指摘さ
れている（McBurnett & Pfiffner, 2009 など）．前述の IED と違い，主に大人や社
会のルールを対象に攻撃や癇癪を起こすという点も特徴的である．

重篤気分調節症（DMDD）と攻撃性

DMDD は DSM-5 において新たに作られた診断の一つであり，IED や ODD
と同様に，主に児童期に多く見られる障害である．発達水準にそぐわない頻度
での激しい癇癪などが主症状であるが，秩序破壊的・衝動制御・素行症群では
なく，小児と青年におけるうつ病の下位カテゴリに属している．しかしながら，
高い割合で前述の ODD，ADHD，後述の BD との合併が見られることも特徴
である．Mayes *et al.* (2016) によると DMDD の症状を持つ子どものうち，
92% が ODD の診断基準を満たしていたことが示されている．このことからも，
特に ODD と DMDD は非常に密接に関連していると言えるだろう．さらに，
DMDD の主症状である易怒性や激しい癇癪は，ODD や ADHD の主症状とも
一致しているため，診断基準そのものに批判も見られている（Bruno *et al.*, 2019
など）．しかし，前述のように ODD は攻撃や癇癪の対象が比較的限定的である
一方，DMDD には同様の特徴が見られないという明確な差異も存在するため，

第 V 部　パーソナリティとそれに関連する障害

診断はより慎重に行われるべきであると考えられる.

境界性パーソナリティ障害（BPD）と攻撃性

　BPD はパーソナリティ障害の中でも，演技的，感情的で移り気な様子を特徴とする B 群に分類されている．対人関係，自己像，感情の不安定さ，および顕著な衝動性が特徴とされており，特に自身が他者から見捨てられたり無視されたりすることに対して非常に過敏であり，強い恐れと不安を感じることが知られている．この強い恐れと不安は一般に，見捨てられ不安と称されている．見捨てられ不安を少しでも感じるような出来事に遭遇した場合に，相手から見捨てられることを避けるためになりふり構わない努力をすることが，BPD の顕著な特徴の一つである．さらに，不適切で激しい怒り，または怒りの制御が困難であることも BPD の特徴である．BPD における怒りは，個人内での感情価の変動が激しいため，非常に顕著な不安定性があり，前述の見捨てられ不安との関連が指摘されている．しかしながら，攻撃性そのものと BPD に直接的な関連があるとは言い難い（Fernadez & Johnson, 2016 など）．攻撃性は，BPD の症状そのものや発生原因に関連があるというよりは，怒りによって対人関係の悪化を促す可能性や，自殺念慮のトリガーとなる可能性が示唆されている.

双極性障害（BD）と攻撃性

　BD は，気分や活動性の高揚などが見られる躁病・軽躁病エピソードと，気分の落ち込みや活動性の低下などが見られるうつ病エピソードの両方を反復して繰り返す障害である．DSM-5 からは単独のカテゴリとして，抑うつ障害群と統合失調症スペクトラム障害との間という立ち位置で設定されている．下位分類として，明白な躁病エピソードとうつ病エピソードが見られる双極性 I 型と，軽躁病エピソードとうつ病エピソードが見られるが明白な躁病エピソードが見られない双極性 II 型，軽躁病エピソードと抑うつエピソードを繰り返すものの，双極性障害の診断基準を満たさない気分循環性障害の三つが設定されている．躁病エピソード中は，過活動になり，自尊心の肥大や衝動性，誇大性が目立ち，妄想などが見られる場合もある．反対にうつ病エピソード中は，活動性の低下や不眠または過眠，絶望感や気分の落ち込みなどが見られる．攻撃性

は，特に児童期や青年期の躁病エピソードのコア側面の一つと考えられている（Hunt *et al.*, 2009 など）．さらに，特に双極性Ⅱ型においては攻撃性の値が高いことが知られている（Benazzi & Akiskal, 2005）．

うつ病と攻撃性

Fernandez & Johnson（2016）によって指摘されていた五つの疾患以外にも，攻撃性が抑うつの発生要因となり得るという見解がある（Bridewell & Chang, 1997）．例えば，うつ病患者が突然大声で怒鳴ったり，怒りをぶつけたりする，怒り発作（anger attack）という現象が存在している（Fava *et al.*, 1991）．また，うつ病ではない健常群と比較した際に，怒り発作を持つうつ病患者がより強い怒り特性を持っていることや，怒りを抑制しやすい傾向と怒りを表出しやすい傾向の両方を強く持っていることなども示されている（Painuly *et al.*, 2007）．BPD について述べた部分でも触れたように，対人場面において強い怒りや攻撃を示すことは，対人関係の悪化や葛藤を引き起こしやすい．対人葛藤はうつ症状の強い人の自尊心を低め，自責感を高めてしまう可能性が考えられる．そして低い自尊心と高い自責感が，うつの症状をさらに強めてしまうという悪循環に陥る可能性が考えられている．また，Biaggio & Godwin（1987）は，抑うつ症状の強い人のほうが，抑うつ症状の弱い人よりも怒りを表現したり，経験したりする感覚が強いことを示した．つまり，抑うつ症状の強い人は怒りをより頻繁に感じ，それを周りに示しやすいと言える．このことから，抑うつ症状の強い人は怒りのコントロールをしなくなる傾向があるということが提唱されている．他にも，Cheng *et al.*（2005）において，抑うつ症状の強い人が攻撃を表出しやすい傾向があること，子どもを対象とした武田（2000）でも，抑うつ症状の強い子どもは攻撃性が高いとする結果が示されている．

うつ病と抑制される攻撃性

先行研究によって抑うつ症状の強さと怒りや攻撃を他者に表出する傾向の強さの関連が主張されてきている一方，抑うつ症状と不表出性の攻撃や怒りを抑圧する傾向の関連を示した先行研究も数多く見られる．Moreno *et al.*（1994）は，不表出性の攻撃と抑うつとの関連を示唆する結果を示しており，Bride-

第Ⅴ部　パーソナリティとそれに関連する障害

well & Chang (1997) は，怒りの抑制がうつの第一の予測因子となることを示している．さらに，鈴木・安齋 (1999) では，抑うつ症状の強い人は外面的には自責的であり内面的には他責的であるという結果を示している．また，上野ら (2009) は，大学生においては抑うつの強さは表出性攻撃よりも不表出攻撃と強く関連しており，抑うつ症状の強い人は怒りやすく，他人に対して不信的な態度で接するが，感じた怒りや不満をあまり主張しない傾向があることを示している．その上，崔・新井 (1998) によって，ネガティブな感情の表出を抑制することが抑うつ症状を強めてしまう可能性が示唆されていることからも，怒りの表出をしない傾向が抑うつ症状を強めていることが考えられる．このように，抑うつ症状・うつ病と攻撃性には強い関連がある可能性は高いものの，現在のところ明確な，一貫した結論は得られていない状態である．

うつ病のサブタイプと攻撃性

　うつ病の中でも特定の特徴を持つもの（以下，サブタイプとする）の一つとして，非定型うつ病がある（大前，2010 など）．非定型うつ病は，うつ病の診断基準を満たすことに加えて，気分反応性があり，過食・過眠傾向と鉛様の麻痺（手足が重くなり動かすことが困難な様子）を持つとされている（Parker *et al.*, 2002; 横山，2006 など）．中でも気分反応性は，何かいい出来事があった，もしくはポジティブな出来事が起こりそうな時に一時的に気分が高揚する状態を指し，非定型うつ病の診断基準の中で最も特徴的な部分であると言えるだろう．また，非定型うつ病は慢性的なイライラ感を強く抱えているとされている．特に対人関係には過敏になりやすく，他者との関係が終わったり，拒絶されたりすることを非常に恐れるという特徴を持っている．Chopra *et al.* (2005) によると，他のうつ病のサブタイプと比較して，攻撃性，衝動性が高いということも報告されている．また，余談ではあるが，非定型うつ病は前述の双極性障害，特に双極性Ⅱ型との関連が強いという見解（Akiskal & Benazzi, 2005）や，単極性と双極性との間に存在しているとする見解（Akiskal & Benazzi, 2008）がある．さらに，対人関係における拒絶への過敏性は前述した BPD の見捨てられ不安と類似する側面があることから，非定型うつ病は BPD との関連もあると考えられている．

5 攻撃性と心理的支援

攻撃性に対する心理的アプローチの意義

攻撃性との関連が示唆されている精神疾患について，いくつかの特徴的なものに触れてきた．全体を通して言えることとして，攻撃性が疾患の発生の第一要因となっているわけではないということが挙げられる．見られる症状の主なものが強い攻撃性であったり，攻撃性の高さによって引き起こされた対人関係の悪化が症状を強めてしまったりするものがほとんどである．したがって，攻撃性に直接何らかのアプローチをしても，疾患自体が直接改善する可能性は低いと考えられる．しかしながら，攻撃性にアプローチすることで当人の周囲の環境が改善され，疾患にポジティブな影響を与えるということは十分に考えられる．そこで攻撃性に着目した心理的アプローチや支援について俯瞰していきたい．

怒りをコントロールすること

これまでに攻撃性に関しては，怒りのコントロールをすることで暴力などの攻撃を抑えるというアプローチがなされてきている（Ireland, 2004 など）．その反面，そもそも怒りはセラピーとして扱うことが難しいと考えられている（野坂, 2023; 毛利, 2023 など）．理由として，怒り自体を低減できても，怒り発生のもととなった感情（例えば，悲しみや恐怖など）自体にアプローチできなければ，問題の根本的解決には至らないということが挙げられる．また，セラピストの立場からは，怒りが不安や抑うつと比べて直面化が難しい感情であることや，参考にできる実証的な研究が少ないことなどが，怒りを扱うことが難しいと考えられている理由として挙げられている（中井, 2021 など）．このような前提を踏まえつつ，「怒りをコントロールしたい」「怒りをなくしてネガティブな行動を減らしたい」という目的のために，様々な心理的アプローチが実践されてきている．

第 V 部　パーソナリティとそれに関連する障害

自分の怒りを自分でマネジメントする

怒りを感じた際の対処法として代表的なものには，筆記療法やマインドフルネスなどが挙げられる．これらの方法も怒りに対応するという意味では有効な手法ではあるが，臨床現場や過度な怒りをコントロールするアンガーマネジメントの分野では，認知行動療法が最も広く用いられている（Blake & Hamrin, 2007）．アンガーマネジメントとは文字通り，怒りを自身でマネジメントすることであり，「怒りに正しく対処することで健全な人間関係を作り上げる知識・技術を習得すること」（安藤，2016）である．具体的には，怒りを感じた際の認知に着目させることで怒りを低減するスキルトレーニング（石原，2002 など）や，怒りを感じた際にそれを伝えたり，表現したりするためのトレーニングを行う．また，「怒りを表出することが悪いことではない」という心理教育を行い，怒りを表出する適切な方法をソーシャルスキルトレーニングなどで身につけさせる，または「怒りを表出することのネガティブな側面」を教育し，怒りを表出することがよくない結果を招くことを学習させ，怒りを抑えようと努力する方法をトレーニングすることもアンガーマネジメントと言える．前述の通り，怒りを自分自身でマネジメントするという点において，広く用いられている認知行動療法の中でも，特に問題解決スキルトレーニングプロトコルが有効であることが示されている（Candelaria *et al.*, 2012）．また，アンガーマネジメントプログラムは児童期や青年期の子どもを対象に行われていることが多く，その有効性も実証されてきている（Candelaria *et al.*, 2012; Costa *et al.*, 2018 など）．これは第 4 節でも触れた通り，IED，ODD，DMDD が児童期青年期に多いことからも予測できるであろう．また先にも述べたように，怒りの発達という観点からも，児童期以降の社会生活を安全に過ごしていくために攻撃性のコントロールを学習することは非常に効果的であると言える．

最後に

本章では攻撃性と精神病理というテーマで，攻撃性とは何か，攻撃性と精神疾患との関連，攻撃性に対する心理的アプローチという，大きく三つの観点で俯瞰した．まずは攻撃性が決して少なくない精神疾患と関連がある一方で，その根源要因とはなり得ておらず，攻撃性に対するアプローチが疾患の根本的治

療とはなり得ていないことを示した．一方で，攻撃性に対する心理的アプロー
チが人間関係におけるストレスを低減させ，疾患の改善を促す選択肢の一つで
あることも示した．疾患をなくすためではなく，疾患を受け入れながらより精
神的に健康な生活を送っていくという観点から，攻撃性に対する心理的アプロ
ーチを行っていくことは一つの大きな可能性であると言えるのではないだろう
か．

引用文献

Akiskal, H. S., & Benazzi, F. (2005). Atypical depression: a variant of bipolar II or a bridge between unipolar and bipolar II? *Journal of Affective Disorders, 84*, 209-217.

Akiskal, H. S., & Benazzi, F. (2008). Continuous distribution of atypical depressive symptoms between major depressive and bipolar II disorders: Dose-response relationship with bipolar family history. *Psychopathology, 41(1)*, 39-42.

American Psychiatric Association (2013). *Diagnostic and Statistical Manual of Mental Disorders (5th ed.).* (高橋三郎・大野裕（監訳）(2014). DSM-5 精神疾患の診断・統計マニュアル 医学書院)

安藤俊介 (2016). アンガーマネジメント入門 朝日新聞出版

Benazzi, F., & Akiskal, H. (2005). Irritable-hostile depression: Further validation as a bipolar depressive mixed state. *Journal of Affective Disorders, 84(2-3)*, 197-207.

Biaggio, M. K., & Godwin, W. H. (1987). Relation of depression to anger and hostility constructs. *Psychological Reports, 61(1)*, 80-90.

Blake, C. S., & Hamrin, V. (2007). Current approaches to the assessment and management of anger and aggression in youth: A review. *Journal of Child and Adolescent Psychiatric Nursing, 20(4)*, 209-221.

Bridewell, W. B., & Chang, E. C. (1997). Distinguishing between anxiety, depression, and hostility: Relations to anger-in, anger-out, and anger control. *Personality and Individual Differences, 22(4)*, 587-590.

Bruno, A. *et al.* (2019). Focus on disruptive mood dysregulation disorder: A review of the literature. *Psychiatry Research, 279*, 323-330.

Candelaria, A. M., Fedewa, A. L., & Ahn, S. (2012). The effects of anger management on children's social and emotional outcomes: A meta-analysis. *School Psychology International, 33(6)*, 596-614.

崔京姫・新井邦二郎 (1998). ネガティブな感情表出の制御と友人関係の満足感および精神的健康との関係 教育心理学研究, *46(4)*, 432-441.

Cheng, H. L., Mallinckrodt, B., & Wu, L. C. (2005). Anger expressions towards parents and depressive symptoms among undergraduates in Taiwan. *Counselling Psychologist, 33(1)*, 72-97.

Chopra, K. K. *et al.* (2005). A dimensional approach to personality in atypical depression. *Psy-*

第Ⅴ部　パーソナリティとそれに関連する障害

chiatry Research, 134(2), 161-167.

Coccaro E. F.（2012）. Intermittent explosive disorder as a disorder of impulsive aggression for DSM-5. *American Journal of Psychiatry, 169(6)*, 577-588.

Costa, A. M. *et al.*（2018）. Cognitive-behavioral group therapy for intermittent explosive disorder: Description and preliminary analysis. *Brazilian Journal of Psychiatry, 40(3)*, 316-319.

Crick, N. R., & Grotpeter, J. K.（1995）. Relational aggression, gender, and social-psychological adjustment. *Child Development, 66(3)*, 710-722.

Dodge, K. A., & Coie, J. D.（1987）. Social-information-processing factors in reactive and proactive aggression in children's peer groups. *Journal of Personality and Social Psychology, 53(6)*, 1146-1158.

Fava, M. *et al.*（1991）. Anger attacks in depressed outpatients and their response to fluoxetine. *Psychopharmacology Bulletin, 27(3)*, 275-279.

Fernandez, E., & Johnson, S. L.（2016）. Anger in psychological disorders: Prevalence, presentation, etiology and prognostic implications. *Clinical Psychology Review, 46*, 124-135.

濱口佳和（2020）．能動的・反応的攻撃性と社会的情報処理による関係性挑発場面の応答的行動への因果モデルの検証──青年期初期と中期の発達的差異の比較　筑波大学心理学研究, *58*, 59-82.

Hunt, J. *et al.*（2009）. Irritability without elation in a large bipolar youth sample: Frequency and clinical description. *Journal of the American Academy of Child and Adolescent Psychiatry, 48(7)*, 730-739.

井上祐紀（2023）．親子関係における怒り　臨床心理学, *23(1)*, 40-44.

Ireland, J. L.（2004）. Anger management therapy with young male offenders: An evaluation of treatment outcome. *Aggressive Behavior, 30(2)*, 174-185.

石原俊一（2002）．攻撃性の治療的介入　島井哲志・山崎勝之（編），攻撃性の行動科学──健康編（pp. 230-246）　ナカニシヤ出版

Mayes, S. D., Waxmonsky, J. D., Calhoun, S. L., & Bixler, E. O.（2016）. Disruptive mood dysregulation disorder symptoms and association with oppositional defiant and other disorders in a general population child sample. *Journal of Child and Adolescent Psychopharmacology, 26(2)*, 101-106.

McBurnett, K., & Pfiffner, L. J.（2009）. Treatment of aggressive ADHD in children and adolescents: Conceptualization and treatment of comorbid behavior disorders. *Postgraduate Medicine, 121(6)*, 158-165.

Moreno, J. K., Selby, M. J., Fuhriman, A., & Laver, G. D.（1994）. Hostility in depression. *Psychological Reports, 75(3-1)*, 1391-1401.

毛利真弓（2023）．怒りを吐露する　臨床心理学, *23(1)*, 70-74.

中井あづみ（2021）．怒りと怒りの近似概念の操作的定義の異同および怒りの操作的定義に影響を与えた要因　心理学紀要（明治学院大学）, *22*, 13-30.

野坂祐子（2023）．救いを求める思春期の怒り──トラウマによる行動化からの回復　臨床心理学, *23(1)*, 34-39.

大渕憲一（1993）．セレクション社会心理学9　人を傷つける心──攻撃性の社会心理学　サ

イエンス社

大前晋（2010）．非定型うつ病という概念——4種の定義　精神神経学雑誌, *112(1)*, 3-22.

Painuly, N., Sharan, P., & Mattoo, S. K. (2007). Antecedents, concomitants and consequences of anger attacks in depression. *Psychiatry Research, 153(1)*, 39-45.

Parker, G. *et al.* (2002). Atypical depression: A reappraisal. *American Journal of Psychiatry, 159(9)*, 1470-1479.

Poulin, F., & Boivin, M. (2000). Reactive and proactive aggression: Evidence of a two-factor model. *Psychological Assessment, 12(2)*, 115-122.

坂井明子・山崎勝之（2004）．攻撃概念の細分化と形成過程　美作大学・美作大学短期大学部紀要, *37*, 1-7.

鈴木常元・安齋順子（1999）．抑うつ病の外面的および内面的攻撃性　心理臨床学研究, *16(6)*, 573-581.

武田（六角）洋子（2000）．児童期抑うつの特徴に関する一考察——攻撃性を手がかりに　発達心理学研究, *11(1)*, 1-11.

豊見山泰史・中尾智博（2023）．怒りの背景にあるもの——脳神経画像研究から　臨床心理学, *23(1)*, 20-25.

上野真弓・丹野義彦・石垣琢麿（2009）．大学生の持つ抑うつ傾向と攻撃性との関連——攻撃性の4つの下位尺度を踏まえて　パーソナリティ研究, *18(1)*, 71-73.

山口浩（1996）．日常生活における怒りと攻撃性の表出　実験社会心理学研究, *36(2)*, 273-286.

山崎勝之・島井哲志（編）（2002）．攻撃性の行動科学——発達・教育編　ナカニシヤ出版

横山知行（2006）．うつ病態の精神療法——非定型うつ病　精神療法, *32(3)*, 326-333.

Yoshimasu, K., Kawakami, N., & WMH-J 2002-2006 Survey Group (2011). Epidemiological aspects of intermittent explosive disorder in Japan; prevalence and psychosocial comorbidity: Findings from the World Mental Health Japan Survey 2002-2006. *Psychiatry Research, 186(2-3)*, 384-389.

湯川進太郎（2005）．バイオレンス——攻撃と怒りの臨床社会心理学　北大路書房

第 21 章 ● 冷たい（基礎）と温かい（臨床）のあいだ

浅井智久

1 自己研究への旅

　思い返せば不思議なもので，私は今でも卒論のテーマであった「多感覚統合」に関連する研究をしているし，修論と博論のテーマであった「自己」やその障害としての「統合失調症」の研究に関わり続けている．その当時はそれほど明確なモチベーションや特段の理由はなかった．指導いただいた先生の専門だったとか，たまたま与えられた論文がそうだったとか，たくさんの縁がつながって今の私ができていると実感できる．そういった自己物語りは誰にとっても何より大事なものであると思うが，その物語の主人公は常にこの世界の中で身体を持ち，自由に動き回れる存在であった．「当時」である 20 年前から今に至るまで，主体性や主体感と呼ばれてきたものは，システム論で言えば「外からは予測できない」振る舞いの成分が強いことであり，本人の主観を扱う心理学では「自分のこととして」何かをしている感じを指し，計算論的な神経科学では「一人称視点での」予測誤差を最小化できることである．このような生物としての自律的な行動原理は，自己充足的であるため，自己の自己証明を実現していると表現される．

　このような，われわれにとって当たり前過ぎて隠れていた影の原理に，否が応でも光が当たってしまうのが統合失調症をはじめとする精神疾患である．これを生物としての「システム障害」と，あえてドライに扱うことでその治療可能性を見出そうとするのが精神病理学であり，それを本人の主観的体験とも橋渡ししようとするのが認知臨床心理学であろう．これは翻っては，正常に見えるわれわれ自身の本質をも問い直すことにつながる．私にとってのこれまでの20 年というのは，そんな自己対話を繰り返してきたような日々であった．以

第Ⅴ部　パーソナリティとそれに関連する障害

下はその研究小史を振り返るものであるが，自分にはそうは振る舞えなかった公認心理師のあるべき姿が見えてくるような，また，そのあるべき姿が抱える問題の難しさに翻弄されながら関連分野を渡り歩いてきた自己の記録でもある．

2　心理物理学——多感覚の科学

　学生の頃の記憶で言えば，ヒトは視覚優位な動物だと教わったことを折に触れて思い出す．今の私にとっては，確かにそうだと思える理由がいくつか思い当たる（例えば，脳波でアルファ波を観察したいと思ったら，実験参加者にそっと目を閉じてもらえばよい．視覚入力という，われわれにとって最大の「外乱」もしくは情報源を失った，脳波の生の振る舞いがそのまま見える）．しかし当時は，なぜそう言えるのか，誰が決めたのか，と思春期さながらの反抗心で安易に納得できなかった．だからなのか，後からは決してわからないのであるが，卒論のテーマは視聴覚統合であった．優位と言われる視覚であっても聴覚の影響は少なからず受ける．しかし一般に，視覚が聴覚に与える効果のほうが強い．そして，その影響の受け方も実験参加者の1人称視点での「解釈」に拠る部分が大きいという現象を扱った（図21-1）．今風に言えば，ベイズ統合と呼べるものだった．

　古典的な心理物理学（当時は精神物理学と呼んでいた）の考え方では，刺激入力に対する何らかの反応を関数として表現することを目的とする．例えば，電球の明るさをだんだん変えていくことで，実験参加者がどれだけ明るいと感じられるかの対応関係を心理物理関数として描こうとする．言うならば，ヒトもある種の機械として，入力—出力の情報処理をしているというとらえ方であり，その内部処理をブラックボックスのまま扱うか（行動主義的），積極的に内部を見に行こうとするか（リバースエンジニアリング的）で，立場の違いはあれど，ヒトは高機能な機械であるという認識が当時はあったように思う（例えば，学生の頃に『大脳機械論』という邦訳を読んだ（ジャンヌロー，1988））．今でもそのような認識は広く一般にあると思うが，高性能のコンピュータやAIの登場で，特定の機能に限れば，機械のほうがよっぽど高機能であるのが当たり前の世の中になった（いわゆるイージープロブレムの解決）．とすれば，今後のヒトは「低機能な機械」として存在してゆく定めなのだろうか．

326

第 21 章　冷たい（基礎）と温かい（臨床）のあいだ

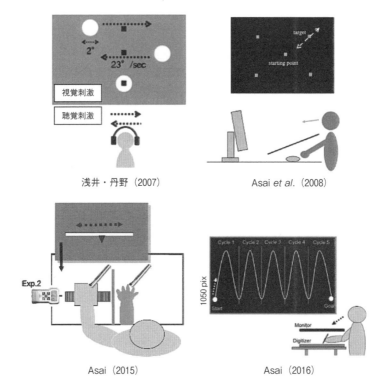

図 21-1　種々の実験パラダイムによる心理測定の例
私たちの心を数値化するためには，実験室内で統制された実験を行う必要がある．しかし，やり方には正解がないため，様々な方法がこれまでも提案されてきている．また，これらの実験における精神病理学的な個人差の検討もしてきたが，こちらも測定法の正解がないため，いくら知見を累積させても決定的な研究とはなりにくい（メタ分析で全般的な効果が検証されるくらいで）．何をどう示せば「完全な解決」なのかと，思考実験から問い直すことも時には重要だと考えられる．

おそらくこのような時代の潮流からの反発として，ヒトはそもそも機械ではなかったと考える研究者が近年増えてきた．ヒトは生物であった．機械は自らが消失してしまうことを回避する行動はとらない．われわれは必死で生命にしがみつこうとする．機械は逃げないが，われわれは逃げる．痛いことは嫌がるし，快適や快楽を求める．快はその本人にとって様々に定義され，またその瞬間でいつでも変わってよい．一般人からしたら当たり前に聞こえるだろう結論

第Ⅴ部　パーソナリティとそれに関連する障害

に，研究者は長らく時間をかけて辿り着いた．ただし研究者は，個々の体験を
まとめる形で，理論を携えて再登場した．われわれにとっての快の一つの形は，
「意味がわかること」である．解けなかった問題が解けた瞬間，真っ暗で何も
見えないところから状況が見えてきた瞬間，部屋の掃除をすることであるべき
姿が明確になった瞬間．これらに共通するのは，乱雑な状況がすっきり収束し
た瞬間であることだ．すべて，貴重なエネルギーを消費した自分の能動的行為
が必要である．多感覚統合とはそういった「自然な」能動的推論の一つの形で
ある（ここで行動と推論を同じものとして言い換えている）．そして，ヒトを含んだ
生物にとっては「自然な」や「自明な」が成立するのに対して，今の機械にと
ってはその前提が成り立たない（フレーム問題）．例えば，この世界に住まう生
物であれば，「重力」という自明で逃れられない大いなる自然の力の中での生
存を余儀なくされる．しかし機械にはその重力は働かない．生存をかけてサバ
イバルしていないからだ．

　つまるところ，われわれは事態をすっきり理解したいのである．それは二つ
のモノコトが別々にあると認識するよりも，一つしかないモノコトを複数の側
面から見ただけと理解したほうが省エネだからだ（同時に2人の子どもを見てい
ないといけない状況を想像してみよう）．視聴覚統合の代表例であるマガーク効果
や腹話術効果は，そういった生物にとっての自然な一般法則で説明できる（1
人は見えて，もう1人は声だけ聞こえる．のではなく，見える1人が声も出している）．
そうすると，視聴覚統合しやすい音や形の組み合わせというのが必然的に見つ
かることになる．私の卒論は，移動するオブジェクトの見た目は，移動する音
に対しての視聴覚統合のされ方（与える影響）が異なるというもので，物体が
音を立てて移動しているように「解釈」されやすい刺激の組み合わせであれば，
その影響が強いというものであった．オブジェクトサイズが大きくなると，そ
れは物体の移動ではなく，環境の移動のように感じられ，音の移動とは相性が
悪い．つまり，二つのモノコトが別々にあるという理解のほうが妥当である．
しかし，一つにまとめられる自分なりの「基準」を満たせば，われわれは積極
的にまとめたがる．ヒトは入力をそのまま処理する機械なのではなく，その理
由やソースを深読みする（推論する）生物だからである．自分なりの解釈でよ
いので，意味がわかってしまったほうが悩み続ける必要がなく，省エネだから

328

だ．限られたエネルギーを生存のために効率的に使おうとする．それがたまたま上手であった個体がサバイブして，その形質を子どもに引き継ぐ．これが淘汰圧と呼ばれるこの宇宙の原理だ．しかし，「間違った」解釈をしてしまうと，生存に不利なのだろうか．これは種々の精神疾患がなぜ進化論的に残り続けているのか，という議論にもつながる．卒論を終えて大学院に進学する際に，キャンパスが本郷から駒場に変わり，こういった問題を議論する研究プロジェクトにも関わることとなった．しかし，そのヒトの「内的な解釈」が重要で生存競争にも関わるというのであれば，それはどうやって実験として計測し得るのだろうか．その計測値の解釈は研究者視点の勝手な「外的な解釈」ではないのか，などのグルグルやモヤモヤを引きずりながら．

3 精神病理学——幻覚の科学

いつが自分の研究生活の始まりだったかの明確なスタートはないのだが，研究者風の生活が始まったのがいつだったかと定義すれば，自分自身の研究テーマを初めて持った卒論からになるので，2003年の冬から2004年の春ということになる（それで，「これまでの20年」と冒頭では呼んだ）．しかし，立場や身分としての研究者生活が始まったのは大学院に進学した瞬間であり，アマチュア研究者としての最初の仕事は，「心理士」（当時は医療心理師と呼んでいたはずだ）の国家資格化に向けての団結式に出席することで，そのために国会議事堂に初めて入った（今でもそれが唯一の機会のままである）．その後の公認心理師制度の成立までにはさらに15年かかることになったので，自分の在学中には実際にはそれ以降の活動にほとんど関わることはなかったのだが，研究者は研究だけしているわけではなく，その研究活動と世の中との関わりを考えないといけないと知った貴重な体験であった．

私のような基礎系の出身者は，応用寄りの分野では居場所や活躍の場所を見つけにくい可能性があるわけだが，心理士という理念はまさにそうした基礎と応用をつなぐことを目的としていた．そして，私自身も，基礎的な視点（裏で働くメカニズムの視点）を持って応用的な研究（表から見える臨床症状の理解）に活かしたいと思ったからこその「宗旨変え（研究室変え）」だったわけで，その

第 V 部　パーソナリティとそれに関連する障害

ための，自分自身の研究上のという意味での最初の仕事は「実験室」を作ることであった．

　なぜわれわれのような基礎研究者には実験室が必要なのであろうか（もともとはなかったからこそ新たに作る必要があったのだが）．それは端的に言えば「きれいなデータ」を出すのに有効だと考えられているからで，実験計画法と呼ばれる理論上は「統制された実験」を行う必要があるからである．ここでノイズとシグナルという概念がある．われわれが取り出したいモノコトが「シグナル」で，それはわれわれにとって興味のない「ノイズ」にまみれた微弱な振る舞いである．何をノイズ／シグナルと呼ぶかにもよるが，ざっくりとノイズのほうが 100 倍くらいはシグナルよりも大きいと想像してみよう．そういった繊細なシグナルを取り出す工夫というのが，これまでに数多く理論化されたり，あるいは経験的に研究室内での秘伝として伝わったりしてきている．前者の理論化された工夫とは，実験計画法のフィッシャーの 3 原則として，①反復（replication），②無作為化（randomization），③局所管理（local control），として知られているものである．後者の経験的な工夫とは，例えば，実験参加者は生身の人間なので，適度な休憩の入れ方やうまい説明の仕方，そもそものラポール（実験者と参加者間のよい関係性）が重要であることなどであり，先輩研究者から実地で学ぶ．前者は教科書でも学べるが，後者は実際に多くの時間を「現場」で過ごさない限り得られない．「実験室」はその前者にも後者にも必要なのである．同じ土俵の上で動いてもらうからこそ，結果を比較してどちらが強いか決着をつけられるし（前者），実験室という計測の空間に入ることで，実験参加者は実験参加者としての振る舞いを期待され，誘導される（後者）．

　この意味で，「実験」と「観察」は区別される．実験として参加している以上は，「実験である」前提のもとで起こり得る現象しか扱えない（条件つき確率と呼べるだろう）代わりに，制約が強いからこそ収束した現象として，ノイズからシグナルが分離される．そういった前提を与えない隠し撮りのような「観察」だと，制約を受けない自由な振る舞いが見えるからこそ，一般化できるような現象に収束しにくい．例えば，ある人物や物体のポテンシャルを知りたい時に，「ストレス」をかけると能力や物性がわかることがある．どこまで耐えられるかの計測を破壊検査という．そこまでしないにしても，圧迫面接をすれ

330

第 21 章 冷たい（基礎）と温かい（臨床）のあいだ

ば対応能力の個人差がその場ですぐ明確になると考えている人事採用担当者は多いだろう．特殊な状況に追い込むことで，普段は隠れた特性を浮き彫りにしようとする．この追い込みがうまく行った現象を，SN 比（シグナル−ノイズ比）が高いという．もし特殊な状況でしか発揮されない潜在能力には興味がないのであれば，実験室を離れた通常運転を観察すれば，ヒトや物に優しい非破壊検査になる（最近だと，対象の隠し撮りだけで破壊検査になり得るという量子力学の議論もある）．しかし一般に，「観察」の SN 比はかなり悪いため，研究者（ここでは実験主義者の意）には当然のように実験室が必要で，その中で「実験」という圧をかける．さて，われわれ研究者はそうすることで，いったい誰の何が知りたかったのだろうか．

10 年ほど前から，最近のパソコン（PC）の CPU は，基本周波数という動作性能を，必要時には自動でいくらか引き上げる仕様になっている．山あり谷ありの「重い処理」が多いのであれば，このターボブーストの引き上げ率が大きい PC が活躍するが，日々平坦な軽い処理しかしないなら宝の持ち腐れになる．高負荷をかけるベンチマークテストによって，その PC の潜在能力が引き出され，それが計測の対象になる．ここでも，経験的に開発されてきた機械の議論が，ヒトにも当てはまるアナロジーになっていることが多いため，第 2 節のような人間機械論が長らく浸透してきたのだろう．ここで，精神病理や臨床症状を科学するにあたっての困難さが顕在化する．まず，これらの「症状」は，定義からしても実験室内で起こることではないし，実験室内で引き起こしてはいけないという研究倫理上の問題も立ちふさがる．日常生活という一般的な状況の中で，しかしある種のストレスがかかった時に具体化する．つまり，実験でも観察でも，外から期間限定ではとらえきれない．よって，症状が顕在化した後で，あるいは治まった後で，自分自身で振り返ることになる．統合失調症に関して言えば，幻覚と妄想という特徴的な症状で知られるため，需要の多さからか，患者さん自身による手記が数多く出版されている．これらの助けを得ることで，実際の診察場面でも使われているような「診断基準」も開発されてきたが，実験圧をかけて取り出された SN 比の高い「現象」ではないため，診断結果が揺れるという問題に長らく悩まされてきている．つまり，正解の病態というのがないか，もしくはそれを定義してもぴったり一致する個別の症例とい

331

第Ⅴ部　パーソナリティとそれに関連する障害

うのがない．また，それを外からそのタイミングで観察する機会もわずかで，病態が他者による伝聞や本人の事後報告に依存しがちである（図21-2）．つまり，実験でも観察でもない方法でモノコトを扱っているという研究上の難しさを，まずは認識しないといけない（その場で見る／見せる，ができない）．機械が対象であれば，高負荷をかける破壊検査で，どういった圧をかけるとどう振る舞うのかの実験ができる．これを模したようなコンピュータシミュレーションやモデル動物研究では，モジュールの破壊実験によって，統合失調症様の症状を発現させるといったアプローチがとられる．しかしながら，当然この「症状」とは本人の訴えではなく，研究者視点の「外的な解釈」を超えることはない．

　結局，私が5年間の大学院時代に学んだこととは，幻覚に始まる精神疾患の症状が本人の一過性の体験である限り（全く同じモノコトは二度とは起こらないだろう），実験主義者が考えるような方法論で厳格に定義や測定するなどできないということだ．それは「自己」の中で閉じた体験であり，他者に共感してもらう必要のない類の性質を持っている．そして，これは臨床症状に限った話ではない．これが心理学上の根本的な問題と気づいてしまうと，正常と異常，錯覚と幻覚，客観と主観，の境目があやふやになってくる．われわれは，この瞬間の流れるような心模様のメカニズムを知りたいのであって（それが幻覚や妄想と呼ばれるモノコトであっても），SN比が高いからと言って，実験圧をかけられた実験参加者の集団平均を知りたいわけではない．当たり前だが，加算平均された後の「きれいなデータ」を何らかの方法で再現しても（例えば機械の中で），われわれの体験は再現されない．それは機械には意識がないから，ではなく，微小なさざなみが消失した美しすぎる平均顔のようなヒトは，初めから存在などしていなかったからである（ないモノコトの再現など，ない）．この意味で，現代の実験主義者はそのまま平均主義者と同じ意味になってしまっている．私自身が「平均は存在しない」と気づくのに，ここからさらに10年かかったのだが（球面集中現象と呼ばれる），当時の私がしたこととは，今の自分には「主訴」は扱えないと痛感し，ただの実験心理学者に戻ることであった．しかし，2003年末の初々しかった頃とは，「心理学」や「科学」に対する態度，あるいは不信感という意味では，全くの別人となってしまっていた．

第 21 章　冷たい（基礎）と温かい（臨床）のあいだ

対象の制御感，運動感，行為の意図性

	思わない　　　　思う
他の人よりも，くすぐったがりだと思う	1 2 3 4 5
自分の身体に知らない間に何かがくっついていても気がつかない	1 2 3 4 5
物を見ずに手探りで探すのは難しいと感じることがある	1 2 3 4 5
何を言おうとしていたのか忘れてしまうことがある	1 2 3 4 5
物を運んでいる時に，落としてしまうことがある	1 2 3 4 5
歩いていて物や人にぶつかってしまうことがある	1 2 3 4 5
知らないうちに，落とし物をしていることがある	1 2 3 4 5
声が大きいと言われることがある	1 2 3 4 5

健常者　統合失調症
（32 名）　（15 名）

自己身体（道具）の所有感，存在・現実感

	思わない　　　　思う
気づいたら，自分の体が冷たくなってしまっていることがある	1 2 3 4 5
自分の存在に現実感がない時がある	1 2 3 4 5
街を歩いていて鏡やショーウインドウに映った自分に気づかない	1 2 3 4 5
自分の身体がロボットであるかのように，ぎこちなく感じる	1 2 3 4 5
洋服と自分の皮膚が擦れるのが妙に気になることがある	1 2 3 4 5
着ている洋服が重いような気がすることがある	1 2 3 4 5
頭の中の考えが，自分のものではないように感じることがある	1 2 3 4 5
自分が何かしている時，離れているところから自分を眺めている	1 2 3 4 5
自分の体がとても軽く感じられることがある	1 2 3 4 5

健常者　統合失調症
（32 名）　（15 名）

自己の統一感，時間的連続感

	思わない　　　　思う
昔の自分と今の自分は，まったく別人であるように感じる	1 2 3 4 5
音楽が頭の中で聞こえていて，自分ではなかなか消しにくい	1 2 3 4 5
思い出し笑いをすることがある	1 2 3 4 5
人から言われる自分の性格は何か間違っているように感じる	1 2 3 4 5
自分の性格が，自分でもよく分からなくなることがある	1 2 3 4 5
どんなに集中しようとしても，関連のない考えが思考に入ってくる	1 2 3 4 5
自分の性格は，その場面や状況に応じて変わると感じる	1 2 3 4 5
その時何をしていたか，記憶があいまいな時期がある	1 2 3 4 5

健常者　統合失調症
（32 名）　（15 名）

図 21-2　自己記入式質問紙による本人の主観体験の計測の例（Asai *et al.*, 2016）

より直接的にそのまま聞きたいことを聞いてしまう質問紙法も選択肢の一つではある．その場合，「本当のこと」が回答として得られるのかや，何を基準にして答えているのかなどがブラックボックスになる．また，実験の結果と整合的でない回答の場合は，どちらが正しいのかといったトートロジカルな議論にも陥りがちである．

実験でも質問紙でも正解は一つに決まらないのは自明であるが，その問題をどう乗り越えていくのかが次世代に必要な観点である．

第Ⅴ部　パーソナリティとそれに関連する障害

4　認知神経科学——自己の科学

　今でも覚えているが，博士号を取得してから卒業するまでの数カ月ほど，ニヒルな自分でいたことはないだろう．博士号というのはプロライセンスにあたる（というのが，恩師の丹野義彦先生の言葉である）．これを使えばお金稼ぎができる．卵がかえった瞬間であり，大学という閉じ込められた空間から，羽ばたいてどこに行ってもよい．どんな研究をするのもしないのも自分の自由で，自己責任だ（しかし結局，私は今でも同じようなことをしているし，卒論がずっと続いているような気分のままであるが）．なぜ自分が虚無感に苛まれていたかというと，プロの仲間入りをしたことと，自分がそれまでやってきたことが抱える矛盾がどうにも折り合わなかったからだ．慎重にその分野のお作法というレールを踏み外さないようにすれば博士号は取れる．しかし，素直に従っただけだからこその後味の悪さのようなものがあった．おそらく，前述した懸念にその時こだわっていたら「博士」になれなかっただろうし，研究者としての今の自分はいない．悪いことをしてもらった免許証というと大げさだが，研究に真摯に向き合わなかったからこそ取れたカードのような，そんな気分だったのかもしれない．だからなのか，後からは決してわからないのであるが，私は「自己の科学」と呼ばれ始めていた基礎研究に自己回帰した．たぶん，自己矛盾を解消したかったからだと思う．

　博士論文自体のテーマにも「自己」は含まれていたので，博士号を取る前と後で，外から見ても変化は気づかれなかったかもしれない．ただし，私自身はそれまで「自己研究」をしているという実感がなかった．統合失調症の病態の解明が第一の研究目的だったのもあるし，当時であっても「意識」や「自己」は直接的な研究対象になるような用語ではなかったので，無意識的にそう名乗るのを避けていたのだろう．しかし，自分の内側での思いとは裏腹に，外からどう見えていたかは別物らしい．人に紹介してもらう機会というのが散発的にあるものだが，ある時に「自己研究をしている研究者」として紹介されたのだ（その後で「予測の研究をしている人」と評されたこともあり，人からの見え方は「予測誤差」があって面白いと感じる）．自分が自己研究者なんだと認識したのはその

334

第21章 冷たい（基礎）と温かい（臨床）のあいだ

瞬間からであり，壮大なライフワークのような響きがあって気に入っている．
当事者研究としての自己研究，と言えば聞こえはいいかもしれないが，実際の
私は大いに迷子状態だったので，自己研究の実験として扱いやすい「身体」や
「運動」を積極的に扱うようになったし，実験心理学の王道的なルートである
「脳科学」の世界にも踏み出すことになった（ただし，当時から今でも「脳」にそ
れほどの興味は持ち合わせていない）．迷おうと思えばいくらでも迷えるのが，博
士号取得後のポスドク時代のよいところだろう．そして，ポスドクの定義も明
確ではないため，今でもポスドクのような気分／立場のままだ．

　環境や所属機関の影響というのは，知らぬうちに少なからず受けているもの
で，振り返るとよくわかる．その場において触れる知識や人物が，よくも悪く
も偏るので，普通に過ごしているだけでプライヤ（ここでは研究に対する考え方
や態度）が日々変形していく．最初のポスドク先は，これまでの積み重ねを失
う覚悟で，やりたいように再出発した．手作りの実験装置を使って，アイデア
ベースのいろいろな実験をしたのもこの頃だ．きっとその場所や人の雰囲気が
緩かったせいもあるだろう．先行研究に則らない適当な実験をしてみると，定
評のある実験パラダイムや装置の出来のよさが改めてわかった（巨人の肩に乗
る，というやつ）．この頃の数年は，枠からはみ出る前例になった大事な時期で
もあったが，その反動からか，その次のポスドク先は自然な流れでカタかった．
しっかりした自分の立つ瀬がほしかったのだと思うし，形あるものを扱いたか
った．その場合，実験として扱いやすい対象というのがあるので，物理的に制
御しやすい刺激を使うのが常套手段だ．世間で視覚研究が総じて多いのはその
ためであり，実験がしやすいからだ．しかし，この含意はもう少し深い．

　第一に，制御しやすい刺激は，ヒトにとって制御しやすいという意味なので，
視覚刺激の制御のしやすさは，ヒトが視覚優位な生物であることを意味してい
る可能性がある（われわれは絵を描いて視覚刺激を作ることは容易だが，音刺激や匂
刺激を作るのは簡単ではない）．第二に，実際のわれわれの生活の場になっている
空間は，視覚的な物理数学表現である（数字や位置，座標の定義が視覚そのもので
あり，聴覚や嗅覚優位なネズミは数式を解けるだろうか）．第三に，そもそもの研究
やその論文は視覚的な表現のもとでしか成立していない（つまり，「実験」や「観
察」は視覚的な営みである）．つまるところ，見えるモノコトである「身体や運

335

第Ｖ部　パーソナリティとそれに関連する障害

動」を「自己」と結びつけると，それらしい実験研究ができ上がるという構図だ．ただし，自己矛盾という名のトートロジーのループを回り続けているように感じたのは私だけではないはずだ．「それらしい研究」もしくは研究のための研究に別れを告げるため，……では決してなかったのだが，次は形のない世界に吸い込まれることになる．

　心理学者で脳科学に興味を持つ人の多くは，心の諸相を見えるモノコトとして扱いたいのだ．しかし，脳活動計測の深みに沈めば沈むほど「脳は見えない」と知ることになる．行動指標を扱う心理実験と脳計測の一番の違いは，その計測値が given（所与）かどうかだと思う．心理実験の場合は，見えない心模様をどうやって数値化するのかで，まずつまずく．正解がないため，種々の定義や指標，実験パラダイムが開発されてきた．結果として，似たような概念で溢れ，その一つひとつも結局は実体がない．実験で計測されたモノコトで概念や機能を定義し直すような「操作主義」という名のパラドクスが往々にして起こっている．脳計測の場合は，最初から数値化された計測値が与えられている．なぜなら，機種の違いはあれど，利用できる脳計測機器は片手に余るほどで（計測モダリティと呼ぶ），それ自体の精度や信頼性をエンジニアでない素人が疑うことは通常できないため，given なものとして研究がスタートする（つまり，装置を「買ってくる」ことが最初だ．もっと言えば，買う予算を獲得するのが第一歩にあたる）．とすると，手元のデータは，その意味で「脳計測」になってはいない可能性すらある（図21-3）．手持ちの機器で測れるモノコトしかわれわれには見えていないことになるからで，本当の意味で「何がなぜ写っているのか」は装置依存で，推測以外では誰にもわからない（写真のゴースト現象や心霊写真のようなもの）．数値化できない前者と，数値化を疑えない後者．共通の問題と個別の問題が複雑に絡み合う．さらに，心理学者は前者と後者の対応関係が知りたいので（心脳問題），なかなかの前途多難であると再認識すべきなのだと思う（スタートすらできていないと言うべきか）．

　「脳が見えない」理由の一つは，先人が開発してきた計測装置が限られ，それが「大事なもの」を写し取っているかが未だ不明で，その証拠となるべき心理認知機能との対応がうまく行っていないためということになる（こちら側も，前述のように操作主義を含んだ本質的問題を抱えているため）．もう一つの理由は，

336

第 21 章　冷たい（基礎）と温かい（臨床）のあいだ

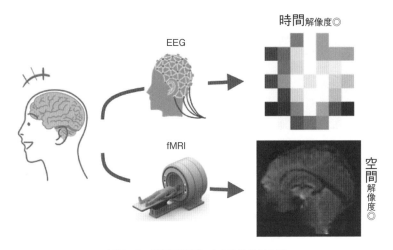

図 21-3　脳活動計測による生体信号の例

実験や観察，質問紙に出てくる結果の原因が「脳」にあると考えるのであれば，いくつかの装置（計測モダリティ）で検討は可能である．ただし，計測できる対象は当然異なるため，時間空間解像度などの長所／短所や，そもそも見たいものがそのモダリティでは見えてこない可能性も十分にあり得る（Asai et al., 2023 など）．これらの「前提」を理解しないで探索的に装置／計測ありきでやってしまうと chasing rainbows になり．また，出てきたものを後づけで解釈してしまうと，再現できない論文をまた一つ増やしてしまうことになりかねない．

脳活動の計測値自体はその「本質」ではないだろうと考えられる点にある．これは，本質や実体をどのようなものと考えるかという問いである．花火の例がよいだろう．見せる側は，花が開いている姿を見てほしい．この時に，見る側がその「正面」から見れば花は開くが，「横」から見たら閉じてしまうか花にすら見えなくなる．つまり，脳を正面から見るとはどういうことかを考えないといけないことになるわけだ．適切な空間に「投影」し，その「奥行き」を想像しながら，視点もしくは形自体を「回転」させる．これが誇張や比喩でなく，「脳を見る」ために実際の現代脳科学で試行錯誤されていることだ．ここからの教訓は，ヒトは視覚優位という gift を授かった生命体であり，われわれの「見る」能力は次元を超えられる．もしくは高次元世界を写し取ることができる．このような写輪眼や千里眼を一所懸命に鍛えていく以外に，形なき心や脳の実体をとらえ，関係づけることなどできはしないのである（さらに，その形質を受け継いだわれわれの子孫も，その探求を続けてくれることを願いつつ）．

337

第Ⅴ部　パーソナリティとそれに関連する障害

5　認知臨床心理学——主観と客観の科学

　研究者が思うところの精神疾患の患者像は，しばしばバイアスがかかっている．実際にはいろいろなケースがあるため，一括りにはできないが，統合失調症の患者であれば，幻覚や妄想そのものに悩まされている以上に，それらが原因となって二次的に社会的な生活が困難になり，何より経済的に自立した人生を送れないことこそが深刻な「主訴」であることも多いようだ．誤解を恐れず言えば，幻覚や妄想とは持病としてうまくつき合いながらも，自分が納得できる日々が送れるようになったならば，その時が「寛解」なのかもしれない．彼らは（そしてわれわれも），自分なりのやり方で世界を「見る」ようにしてきただけで，そこには誰かが決めた正解などはないということを，これまでの20年で教わってきたように思う（分野の異なる研究者から，周囲の人から，患者から，家族から）．その様々な人が行き交うクロスロードにおいて，キーワードとなる「幻覚」を研究するのには複数のアプローチがある．「特殊な錯覚」ととらえれば，実験心理学のテーマになる．「創造性の裏側」と考えれば，進化論的に適応した形質としても検討できる．「個人差の形態」とすれば，世間一般からの理解を促せるかもしれない．しかし，しばしば他人事のように聞こえがちな「研究」を離れて，自分事として「症状とどううまくつき合うか」があっても当然よい．結局，「主観と客観」を超えて，その押しつけ合いを乗り越えていくことが次世代の課題になっているのである．

　「認知臨床心理学」という分野が今後さらに必要になるのであれば，この点においてまさに真価が問われるのだと思う．「科学者—実践家モデル」というこの分野での旗印を学生の頃に学んだ．基礎研究を理解する，あるいは実施する研究者自身が，臨床現場における実践家たれ，というメッセージは強烈で，誰もその意義を否定しようがない明確な方向づけになっている．これがいつまでも「モデル」のままではなく，あえて唱える必要もないくらいに一般化するためにはどのような視点が必要だろうか．第一に，「基礎と応用」は想像以上に離れていることを認識した上での「架け橋」が必要である．二つの PhD. を取る（ダブルディグリー）くらいの覚悟が必要かもしれないし，別の対立する宗

第 21 章　冷たい（基礎）と温かい（臨床）のあいだ

教くらい考え方が異なる．そもそも目的が違う．基礎研究では，それが意味が
あるかは問わず，まだ知られていない現象や理論を報告すれば一つの研究とし
て事足りる（基礎研究の積み重ねが，将来的には必ず役に立つと信じられているので）．
応用研究では，そうした基礎研究の応用という意味ではなく，むしろ基礎を無
視してもよいので，現実社会においての実利があれば（例えば，「手技」で 1 人
でも助かる人がいるのであれば）その目的を果たしている．そのような「長い橋」
を架けることができるモデレーター（例えば，公認心理師）が今後はなおさら必
要とされるだろう．第二に，橋が架かった後で，それぞれの分野での従来的な
問題点の解決にもつなげようとする「懐の深さ」が求められている．実験主義
的な認知心理学としては，個々人の生々しい体験を研究対象とする方法論を持
っておらず，実験圧をかけた集団的・統計的な振る舞いを扱うに留まる（平均
主義的）．臨床心理学としては，そういった捨象を嫌うために一般化や数値化
をあえて避けるので，苦しみを抱える個人の多様性表現が言語的になり，ヒト
種の強みである視覚的に扱えない（非操作的）．異文化交流は，それぞれのイイ
トコドリというわけにはいかないので，時に痛み（批判や論争）を伴うことも
覚悟しておく必要があるだろう．これに果敢に挑戦することこそが，今後の認
知臨床心理学の課題と考える．第三に，この分野における「脳」の立ち位置が
定まっていない．脳は認知機能の原因であり，かつ症状の原因でもあるという
素朴な唯脳論の立場を採用するのか．そうであれば，脳を鍛えると認知機能も
症状も改善するのか．少なくともそう簡単な話ではないことはこれまでの歴史
が語る通りであるので，では「脳」とはいったい何かを両分野としても考え続
ける必要があるだろう．脳ブームと臨床心理ブームが同時に過ぎ去り，AI ブ
ームが始まった今となっては，何を拠り所として今後の発展が可能であるのか，
その基盤となる出発点が改めて要請されているように思う（例えば，実践か実験
か，その両者をつなぐアプローチが見つかるのか）．

　最後に，関連して第四として，日増しに強力になる「機械」のサポートや恩
恵を，分野として現状，ほとんど受けられていないことを挙げておきたい．例
えば，私が現在取り組んでいるような技術開発に関わる分野だと，買ってくる
PC の処理速度に比例して仕事が早く終わり，その分，別の作業をこなせる．
よって，何台もの PC を並べて，まさに現代の人馬一体となって駆け巡ること

第Ⅴ部　パーソナリティとそれに関連する障害

がよい姿とされる．このような研究スタイルが，第2節で述べたヒトと機械の正しい関係性であるかは意見があるだろうが，自動車が現代人の生活に必須なことと同じくらい，PCやウェブサービスは視覚的な営みである研究にも溶け込んでいる（結果として，現代人の近視が当たり前になってしまっているのと同じように，漢字が手で書けなくなるような弊害もあるのだが，裸眼と裸足で生活していた古きよき時代は過ぎてしまった）．認知臨床心理学の発展を願うならば，機械と仲よくなる（必ずしも依存するということではなく）ことも加速を促すエンジンになるだろう．機械は生存をかけてサバイバルしていないからこそ，生物であるヒトとは本質的な競争相手にはならないはずだ，と私には思われるのである．

6　脳と心の距離感

　本章では，「認知臨床心理学」という旗印に対して，今思えば，つかず離れずであった自分の研究者としての態度を自省を込めて振り返るとともに，その基礎と臨床の狭間にある，無限にも思うような距離を実感した道行きでもあった．これは，「脳と心の距離感」と言い換えることもできるのかもしれない．一般に，基礎系であっても臨床系であっても，脳と心は近しい（親しい）ととらえている研究者は少なくないはずである．しかし，どちらのテーマについてもそれなりの時間をかけて，独立に研究の対象としてきた私からすると，本当に近いのかどうかと思うことが最近増えてきている．例えば，川の上流から木の葉を流すとする．これまでの「心と脳の科学」では，下流でも必ず流れてきた葉が見つかると想定している．もしくは，下で見つかった葉っぱは必ず上から流れてきたものだと考えて，その痕跡を探しに行く．でも，本当にそれが正しい想定なのかと考えることが必要なのである．上から流した葉は途中で沈むことも，引っかかって止まることも，急な流れで粉々になることもあり得る．下で見つかった葉は逆に，途中で生み出されたものかもしれない（長らく沈んでいたものが浮かび上がったり，止まっていたものが流れ出したり）．もし「上流」と「下流」の距離がごく短いのであれば，こんなハプニングが起こる確率は小さくなる．確かに，心の状態に対応した脳活動が認められる場合もあるので，われわれは，両者は十分に近いと想定した上で研究をしてきてしまったのだと

340

思う．でも，それはごく限定的なシナリオであるはずで，私の理解では，心と脳にそんな単純な関係性は今のところ見つかっていない．思いのほか両者は遠いのではないかと考えながら，基礎と臨床の距離を感じ取った上での双方が近づく努力が，この旗印の下では，これまでも，そして今後も必要とされているのである．

引用文献

Asai, T. (2015). Illusory body-ownership entails automatic compensatory movement: For the unified representation between body and action. *Experimental Brain Research, 233*(3), 777-785.

Asai, T. (2016). Self is "other", other is "self": Poor self-other discriminability explains schizotypal twisted agency judgment. *Psychiatry Research, 246*, 593-600.

Asai, T., Kanayama, N., Imaizumi, S., Koyama, S., & Kaganoi, S. (2016). Development of embodied sense of self scale (ESSS): Exploring everyday experiences induced by anomalous self-representation. *Frontiers in Psychology, 7*, 1005.

Asai, T., Kashihara, S., Chiyohara, S., Hiromitsu, K., & Imamizu, H. (2023). Spatio-temporal "global" neurodynamics of the human brain in continuous and discrete picture: Simple statistics meet on-manifold microstates as multi-level cortical attractors. *bioRxiv.* doi: 10.1101/2023.07.13.548951

Asai, T., Sugimori, E., & Tanno, Y. (2008). Schizotypal personality traits and prediction of one's own movements in motor control: What causes an abnormal sense of agency? *Consciousness and Cognition, 17*(4), 1131-1142.

浅井智久・丹野義彦 (2007). 統合失調型パーソナリティと視聴覚に同時呈示した運動情報統合の関係 認知心理学研究, *5*, 33-41.

ジャンメロー, M.／浜田隆史 (訳) (1988). 大脳機械論——意志の生理学 白揚社

人名索引

あ行

相川充　119
アイゼンク（Eysenck, H. J.）　276
アイゼンク（Eysenck, M. W.）　60, 65, 99
安藤清志　122
アントニー（Antony, M. M.）　297
イーガン（Egan, S. J.）　307
石垣琢磨　250
イップ（Yip, J. M.）　102
ウィリアムズ（Williams, J. M. G.）　58
ウェルズ（Wells, A.）　18, 80
エーマン（Öhman, A.）　59, 61
エスピー（Espie, C.）　32
榎本博明　122
エメリー（Emery, G.）　17
エリクソン（Erikson, E. H.）　187
オーウェンズ（Owens, R. G.）　304
大渕憲一　311
オッタヴィアーニ（Ottaviani, C.）　102

か行

カーネマン（Kahneman, D.）　60
カーバー（Carver, C. S.）　158
カスピ（Caspi, A.）　218
キャッテル（Cattell, R. B.）　276
キャンベル（Campbell, J. D.）　159
キリングスワース（Killingsworth, M. A.）
　87, 96
ギルバート（Gilbert, D. T.）　87, 96
ギルフォード（Guilford, J. P.）　276
クラーク（Clark, D. M.）　18
グリヨン（Grillon, C.）　99

クリンガー（Klinger, E.）　87

クリンガー（Klinger, E.）　87
クルーガー（Krueger, R. F.）　280, 285
クレッチマー（Kretschmer, E.）　276
クレペリン（Kraepelin, E.）　281
ケーン（Kane, M. J.）　97
コイン（Coyne, J. C.）　121
コーエン（Cohen, J. B.）　116
コスター（Koster, E. H. W.）　148

さ行

シャーロック（Sharrock, R.）　100
シャイアー（Scheier, M. F.）　158
シャフラン（Shafran, R.）　300
シュナイダー（Schneider, K.）　281
シュナイダー（Shneidman, E. S.）　195
ジュラード（Jourard, S. M.）　121
ジョイナー（Joiner, T. E.）　191
ジョンソン（Johnson, S. L.）　317
スウィンソン（Swinson, R. P.）　297
スキナー（Skinner, B. F.）　304
ストラウス（Strauss, J.）　225
スピールマン（Spielman, A. J.）　30
スモールウッド（Smallwood, J.）　100, 101
スレイド（Slade, P. D.）　304
セリエ（Selye, H.）　41
セリグマン（Seligman, M. E. P.）　59, 284

た行

タルヴィング（Tulving, E.）　129
丹野義彦　48, 160, 229, 250
チャドウィック（Chadwick, P.）　244, 250
辻平治郎　275
ドットソン（Dodson, J. D.）　42

343

人名索引

トラップネル（Trapnell, P. D.）　159

な行

ニューマン（Newman, M. G.）　83-85
ネトル（Nettle, D.）　275

は行

ハーヴェイ（Harvey, A.）　32
バーチウッド（Birchwood, M.）　244, 250
バーロウ（Barlow, D. H.）　22
バーンズ（Burns, D.）　296
ハイムバーグ（Heimberg, R. G.）　17, 18
バウアー（Bower, G. H.）　58
パテル（Patel, V.）　217
ハマチェク（Hamachek, D. E.）　302
ピーターズ（Peters, E.）　206
ビショップ（Bishop, S. J.）　64
ヒューイット（Hewitt, P L.）　299, 300
フェルナンデス（Fernandez, E.）　317
フォークマン（Folkman, S.）　117, 183
フォックス（Fox, N. A.）　67
ブラウン（Brown, A. L.）　255
フリーマン（Freeman, D.）　226, 228, 263
フレイヴェル（Flavell, J. H.）　255, 257
フレット（Flett, G. L.）　299
フロスト（Frost, R. O.）　298
プロチャスカ（Prochaska, J. O.）　284
ベアード（Baird, B.）　98
ベック（Beck, A. T.）　17, 31, 57, 61,
　146, 206, 284
ペヒト（Pacht, W. D.）　296
ペン（Penn, D. L.）　229
ポエリオ（Poerio, G. L.）　98, 101

ホームズ（Holmes, T. H.）　116
ポズナー（Posner, M. I.）　148
ホフマン（Hoffmann, F.）　100, 101
ホフマン（Hofmann, S. G.）　18
ホランダー（Hollender, M. H.）　297

ま行

マーティン（Martin, J. A.）　229
マクラウド（MacLeod, C.）　146, 150
マシューズ（Mathews, A.）　63
マルケッティ（Marchetti, I.）　100
三宅晶　65
ミロン（Milon, T.）　277
ムラゼク（Mrazek, M. D.）　103
モグ（Mogg, K.）　62, 66
モフィット（Moffitt, T. E.）　218
森田正馬　16
モリッツ（Moritz, S.）　255, 259, 266
モリン（Morin, C. M.）　31

や・ら・わ行

ヤーキーズ（Yerkes, R. M.）　42
ヤスパース（Jaspers, K.）　206
ユング（Jung, C. G.）　276
ラザルス（Lazarus, R. S.）　116, 117, 183
ラペ（Rapee, R. M.）　18
リアリー（Leary, M. R.）　20
リーマン（Riemann, D.）　34
ルンド（Lundh, L. G.）　31
レイ（Rahe, R. H.）　116
レウィンソン（Lewinsohn, P. M.）　121
レーム（Rehm, L. P.）　284
ワッツ（Watts, F. N.）　100

事項索引

あ行

アイデンティティ　187
アウェアネス　103
アセスメント　71, 242, 245, 269, 283
アメリカ心理学会　5
アライアンス　6
アルコール依存　192
アルコール依存症　242
アンガーマネジメント　320
安全行動　18
アンヘドニア　139
怒り　311, 312, 319
　　──の発達　312
いじめ　193, 215-217, 220
異常知覚体験　232, 236
遺伝的な脆弱性　7
インターネットCBT　9
うつ病　266, 317
　　非定型──　318
エクスポージャー療法　70, 283
エピソード記憶　129
エピソード的未来思考　130
エフォートフル・コントロール　152, 153
遠隔CBT　9
遠隔心理学　8
援助希求行動　120, 196, 198, 201, 202
援助要請行動　→援助希求行動
応用研究　339

か行

解釈バイアス　145
ガイドライン　35

介入　6, 70, 80, 82, 154, 186, 216, 217,
　　220, 244, 249, 283, 290, 307
海馬　42, 47
回避　44, 230, 236
解離症状　215
科学者─実践家モデル　338
過覚醒　34, 62
覚醒　47, 48
覚醒度　44
葛藤　286
活動量計　30
考え続ける義務感　81
環境調整　49, 198
関係性攻撃　313
間欠爆発症　314
観察　330
観察者視点の自己注目　18
感情　23
　　──の統制感　22
感情記憶　48
感情制御　24
感情ネットワーク　58
感情バイアス　128
感情評価　58, 61
完全主義　31, 293, 295, 296
　　──の2過程モデル　304
　　健全な──　303
　　自己志向的──　304
　　神経症的な──　303
　　ポジティブな──　301, 304
　　ネガティブな──　303, 304
記憶
　　──の固定　47

事項索引

——の抑制　131, 136
記憶バイアス　145
危機介入　193
基礎研究　339
気晴らし　89
気分　263
気分障害　114
気分調節　98
気分反応性　318
虐待　216
逆境体験　216
急性ストレス　42, 115
　——と記憶　46
　——負荷課題　45
脅威刺激　67
脅威評価システム　63
境界性パーソナリティ障害　266, 316
共感性　88
強迫観念　101
強迫症　266
恐怖の準備性仮説　59
空間的注意課題　146
クライエント中心療法　283
計画的制御　68
経験サンプリング　87, 96, 102
啓発　114, 220
ゲートキーパー　197
ゲーム　262
結論への飛躍バイアス　269
幻覚　213, 241
言語的分析　86
検索誘導性忘却　132
検索抑制　132, 133, 136
幻聴　241
交感神経系　3
攻撃　311, 313
　能動的——　313
　反応的——　313
　表出性——　314
　不表出性——　314, 318

攻撃性　311
行動抑制性　67
行動療法　283
公認心理師　10, 111, 123, 186, 251, 268, 282, 285, 290, 293, 339
項目法　133
コーピング　50, 117, 183, 184, 290
心の健康教育　285
個人差　275, 287, 303
誤知覚　32
コホート（研究）　210, 220, 232
コルチゾール　43
コロナ禍　10, 123, 175, 201, 266

さ行

サービスギャップ　200
再現性　140, 149
サポート　50
産科合併症　213
3段階モデル　61
視覚的注意　66
磁気共鳴画像　→ fMRI
自己　334
思考抑制　135, 136
自己開示　121
自己概念　88, 180, 182, 185
自己関連づけバイアス　231
自己効力感　86
自己視線恐怖　16
自己臭恐怖　16
自己制御　158
自己注目　18, 157, 169, 171
自己洞察　177, 184, 186
　——の正確性　178, 183
　主観的——　177, 181, 183
自己内省　159, 160, 162, 164, 168-170, 185
　——の再定義　174
自己反すう　158, 159, 164, 185
自己評価　298

346

事項索引

自己理解　174, 289
自殺　191
　——の危険因子　193, 197
　——の対人関係理論　191, 197
自殺企図　193
自殺者数　114, 201
自殺潜在能力　191
自殺念慮　201
自殺予防　193, 202
自殺リスク　217
指示忘却　132, 133
思春期　210
自傷他害　249
持続的注意課題　96
持続要因　31, 35
自尊心　263
自他合意　181, 182
実験　330
実行機能　65, 66, 153
実行注意　152
自伝的記憶　88, 127, 128
　——の具体性の減少　129, 137
自動的制御　68
自発的思考　95
自閉スペクトラム症　280
社会環境要因　216
社会的コスト　22
社会的再適応評価尺度　116
社会的報酬　24
社会変動　212
社交不安症／社交不安障害　15, 231
醜形恐怖　16
醜形恐怖症／身体醜形障害　17
重篤気分調節症　315
終末糖化産物　214
状態不安　58, 63, 64
衝動　286
情報処理　61
　ネガティブな——　100
職場風土　199, 200, 202

所属感の減弱　191, 192
処理効率性理論　60
処理資源モデル　65
事例研究　115
進化　65
身体疾患　193
身体反応　16
診断横断性　77
診断横断的アプローチ　86
診断基準　331
　操作的——　77
心的イメージ　127
心的外傷後ストレス障害　→ PTSD
心的努力　60
侵入　44
侵入記憶　128
心脳問題　336
心配　78, 81, 86, 101
心理学的剖検　195
心理教育　6, 49, 122, 123, 175, 262
心理（社会）的支援　216, 218, 319
心理的ダメージ　184
心理的適応　183, 185
心理物理学　326
診療報酬　4, 282
睡眠関連情報　32
睡眠障害　32
睡眠阻害・解釈プロセス　31
睡眠日誌　30
睡眠ポリグラフ検査　30
推論バイアス　228
スクールカウンセラー　187
スティグマ　196, 198, 263
　セルフ・——　263
ストレス　41, 150, 161, 164, 287
　——脆弱性モデル　228
　学習後——　47
　対人関係における——　118
ストレス耐性　187
ストレスチェック実施者　187

347

事項索引

ストレッサー　42, 47, 49, 115
精神疾患　101, 102, 210, 212, 280, 296, 319, 332
精神病症状体験　209, 212, 213, 217
精神病理学　325
生物―心理―社会モデル　276
セルフコントロール　304
セルフヘルプ・アプリ　266
セルフモニタリング　86
前頭前皮質　65
前頭前野　24
全般性　16
全般不安症／全般性不安障害　79
素因　30
素因ストレスモデル　116, 287
双極性障害　242, 315, 316, 318
相互作用モデル　117
ソーシャルサポート　119
ソーシャルスキル　23, 119, 284, 304
促進要因　30

た行

大うつ病　242
対人関係　118, 121, 123, 318, 319
対人恐怖症　16
対比の回避　83, 85, 87
多感覚統合　328
多職種連携　282
脱中心化　82, 170
多認知バイアスアプローチ　72
知覚の切り離し　88, 89, 91
注意
　――の解放　149
　――の切り替え　152
　――の補足　149
注意欠如・多動性症　→ ADHD
注意資源　60
注意制御　65, 97, 99
注意バイアス　21, 57, 145, 146, 148, 297
注意バイアス修正法　35, 69, 150

注意割当メカニズム　58
長時間労働　193
治療関係　5
治療効果　265, 296
治療と仕事の両立支援　199
追跡率　211
敵意　311
適応的意義　73
デジタル CBT　37
デフォルトモード・ネットワーク　24, 88
統一プロトコル　4
動機づけ　153, 154
動機づけられた忘却　131, 132
道具的サポート　120
統合失調症　206, 209, 213, 214, 216, 225, 241, 263, 265, 266, 325
　――の認知行動療法　250, 255, 284
統制　286
　――の所在　215
　認知的――　120
島皮質　24
特性　287
特性不安　58, 63
特性プロフィル　289
特性論　282
特徴検出　61
ドットプローブ課題　35, 146, 148
　修正――　21
トップダウン処理　65
トラウマ　44, 48, 128, 216
トリガー　228
トレーナー　267

な行

内省　6
人間関係　99, 116
妊娠早期糖尿病　213
認知―動機づけモデル　62
認知機能　42, 103
認知行動療法　4, 8, 17, 31, 83, 170, 249,

事項索引

320
認知行動理論　261
認知症　242
認知神経科学　64, 334
認知心理学　339
認知的評価　117, 184
認知と気分の陰性変化　44
認知バイアス　32, 35, 57, 145, 258, 260
認知バイアス修正法　35, 69, 150
認知欲求　153
認知療法　17, 82, 283
認知臨床心理学　325, 338
ネガティブ感情　148, 171
　　——プライミング　140
ネガティブ記憶の修正　137
ネガティブな自己イメージ　20, 25
脳活動計測　336
脳と心　340
ノーマライジング　220
ノーマライゼーション　262, 263

は行

パーソナリティ症／パーソナリティ障害
　277, 287
　　外在化——　279
　　精神病性——　279
　　内在化——　279
パーソナリティ障害群の代替 DSM-5 モデル
　→ AMPD
パーソナリティ心理学　275
バイオマーカー　211
発達障害　280
パニック症　9
パフォーマンス限局型　16
ハラスメント　193
反抗挑発症／反抗挑戦性障害　315
反すう　86, 101, 148
　　事後的な——　18, 20
反応性　44
反復思考　77, 78, 85, 95, 101, 102

非意図的忘却　131, 132
被害観念　226, 229-231, 236
　　——と社交不安との弁別要因　236
被害妄想　226, 228, 230, 258, 263
ひきこもり　258, 263
非機能的認知　145
筆記療法　320
ビッグ5　180
　　——の A 次元　278, 284, 289
　　——の C 次元　278, 284, 288
　　——の E 次元　278, 284, 289
　　——の N 次元　278, 283, 284, 289
　　——の O 次元　278, 284, 289
ビッグ5カウンセリング　285
ビッグ5理論　275, 281, 282
否定的認知バイアス　18
不安　62, 81, 99, 150, 152, 232
不安症／不安障害　3, 44
　　——の発達　67
　　子どもの——　7
　　周産期における——　8
不確実さへの不耐性　84
腹側線条体　24
不合理な信念　31
負担感の知覚　191, 192
不適応　88, 153, 296, 298
不眠　29
不眠症　29
プロセスに基づいた心理療法　77
併発性　280
扁桃体　3, 23, 64
包括的不眠モデル　34
紡錘状回　24
ホームワーク　261, 265
ポジティブ感情　304
ボトムアップ処理　65

ま行

マインドフルネス　82, 103, 175, 186, 283,
　320

349

事項索引

マインドワンダリング　78, 87, 95
慢性ストレス　42, 116
未来思考の具体性の低下　130
未来に関する展望　98
明示的教示　151
命令幻聴　248
　――への服従行動　249
メカニズム　151, 182
メタ認知　79, 103, 255
　――的コントロール　257
　――的体験　256
　――的知識　256, 258, 259, 261
　ポジティブな――　81
メタ認知トレーニング　255, 260
メタ認知療法　80, 81, 283
メンタルヘルス　196, 215, 216, 218
妄想　225, 261, 263
妄想様観念　225
燃え尽き症候群　42
目標設定　295, 297
目標達成への動機づけ　297
モチベーション　24
モデリング　7
モニタリング　85, 158, 257
モバイルヘルス　36
問題解決　78, 87, 88, 91, 160, 162, 164,
　168-170, 174
　創造的な――　98
問題行動　286

や・ら・わ行

ヤーキーズ・ドットソンの法則　43
薬物療法　243
陽性症状　206
抑うつ　81, 100-102, 113, 127, 137, 148,
　152, 158, 160, 161, 164, 171, 212, 213,
　217, 247, 296, 317
　――の相互作用モデル　121
予防　217, 220
予防介入　194

　個別的――　195
　全体的――　194
　選択的――　195
ライフコース疫学　210, 219
ランダム化比較試験　6
力動的心理療法　283
リラクセーション法　283
臨床症状　331
臨床心理学　339
連続仮説　206
連続性　115
ワーキングメモリ　60, 97

A-Z

ABM（attention bias modification）　→注意
　バイアス修正法
ADHD　280, 284, 315
AMPD（alternative DSM-5 model for person-
　ality disorders）　277, 282
APA（American Psychological Association）
　→アメリカ心理学会
BD（bipolar disorder）　→双極性障害
BDD（body dysmorphic disorder）　→醜形
　恐怖症
BPD（borderline personality disorder）　→
　境界性パーソナリティ障害
CBM（cognitive bias modification）　→認知
　バイアス修正法
CBT（cognitive behavioral therapy）　→認
　知行動療法
CBTp（cognitive behavioral therapy for
　psychosis）　→統合失調症の認知行動療法
CBTp ネットワーク　250
COVID-19　36, 123, 200, 212
DMDD（disruptive mood dysregulation
　disorder）　→重篤気分調節症
DMN（default mode network）　→デフォル
　トモード・ネットワーク
FeST（Future Specificity Training）　138
fMRI（functional magnetic resonance

事項索引

imaging) 23
HPA（hypothalamic-pituitary-adrenal axis）
系 3, 216
IED（intermittent explosive disorder） →
間欠爆発症
IR（imagery rescripting） 137
MCT（metacognitive training） →メタ認知
トレーニング
MeST（Memory Specify Training） 137
ODD（oppositional defiant disorder） →反
抗挑発症
p（psycho-pathology）-factor 219
PBT（process-based therapy） →プロセス

に基づいた心理療法
PDI（Peters *et al.* Delusions Inventory）
225, 206
PTSD（post traumatic stress disorder）
3, 43, 137, 242
RCT（randomized controlled trial） →ラン
ダム化比較試験
SAD（social anxiety disorder） →社交不安
症
self-discrepancy 20, 158, 160
SNS（social networking service） 86,
122, 175

351

執筆者紹介（執筆順・＊は編集代表・†は編集委員）

丹野義彦＊　東京大学名誉教授（序・第Ⅴ部リード文・第18章）

佐々木淳†　大阪大学大学院人間科学研究科教授（第Ⅰ部リード文・第1章）

星野貴俊　甲南女子大学人間科学部准教授（第2章）

高野慶輔　産業技術総合研究所主任研究員（第3章）

林　明明　理化学研究所脳神経科学研究センター研究員（第4章）

杉浦義典†　広島大学大学院人間社会科学研究科准教授（第Ⅱ部リード文・第6章）

守谷　順　関西大学社会学部教授（第5章）

飯島雄大　帝京大学文学部専任講師（第7章）

森脇愛子†　帝京大学文学部専任講師（第Ⅲ部リード文・第8章）

小林正法　山形大学人文社会科学部准教授（第9章）

西口雄基　千葉大学教育学部准教授（第10章）

森　正樹　株式会社ディー・エヌ・エー　ヘルスケア事業本部（第11章）

中島実穂　立教大学現代心理学部助教（第12章）

山内貴史　東京慈恵会医科大学医学部准教授（第13章）

石垣琢麿†　東京大学大学院総合文化研究科教授（第Ⅳ部リード文・第17章）

山崎修道　東京都医学総合研究所社会健康医学研究センター副参事研究員（第14章）

森本幸子　東北医科薬科大学教養教育センター准教授（第15章）

古村　健　東尾張病院臨床研究部精神科リハビリテーション療法研究室長（第16章）

小堀　修　国際医療福祉大学赤坂心理・医療福祉マネジメント学部准教授（第19章）

上野真弓　元・精神保健研究所心身医学部流動研究員（第20章）

浅井智久　株式会社国際電気通信基礎技術研究所認知神経科学研究室主任研究員（第21章）

認知臨床心理学
――認知行動アプローチの展開と実践

2024 年 9 月 12 日　初　版

[検印廃止]

編集代表　丹野義彦

発行所　一般財団法人　東京大学出版会
　　　　代表者　吉見俊哉
　　　　153-0041 東京都目黒区駒場4-5-29
　　　　https://www.utp.or.jp/
　　　　電話 03-6407-1069　Fax 03-6407-1991
　　　　振替 00160-6-59964

組　版　有限会社プログレス
印刷所　株式会社ヒライ
製本所　牧製本印刷株式会社

©2024 Yoshihiko Tanno *et al.*, Editors
ISBN 978-4-13-011151-5　Printed in Japan

JCOPY〈出版者著作権管理機構 委託出版物〉
本書の無断複写は著作権法上での例外を除き禁じられています．複写され
る場合は，そのつど事前に，出版者著作権管理機構（電話 03-5244-5088,
FAX 03-5244-5089, e-mail: info@jcopy.or.jp）の許諾を得てください．

認知臨床心理学入門
——認知行動アプローチの実践的理解のために

W. ドライデン・R. レントゥル（編）丹野義彦（監訳）　A5判・392頁・4000円

不安・抑うつ・摂食障害など，現代の心の問題の理論・病理学・診断・療法を，認知行動アプローチによりバランスよく紹介する．丁寧な訳者解説を付し，大学生・院生から臨床に携る人まで，臨床心理学・精神医学の専攻者必携の実践的テキスト．

叢書 実証にもとづく臨床心理学
統合失調症の臨床心理学

横田正夫・丹野義彦・石垣琢麿（編）　A5判・240頁・3600円

統合失調症には，医学的治療だけでなく，生活技能の再獲得や，認知・行動のたてなおしなど，心理学による介入・援助が必須である．よりトータルな援助をめざす統合失調症の臨床心理学を，介入法から研究の先端まで本格的にまとめる．

叢書 実証にもとづく臨床心理学
臨床ストレス心理学

津田　彰・大矢幸弘・丹野義彦（編）　A5判・248頁・3800円

ストレスが心身の健康に影響をあたえるメカニズムが明らかになってきた．ライフコースの各場面や，医療・教育・福祉・災害の現場などで問題となるストレスへの心理的支援，そしてコーピングのありかたを実証的に概説し，実践に役立てる．

自分のこころからよむ臨床心理学入門

坂本真士・丹野義彦　A5判・208頁・2400円

"自分のこころ"への興味・関心を臨床心理学へとつなげ，ひろげるテキスト！　よくあるこころのトラブルである抑うつから，対人不安，そして統合失調症まで，実際の心理テスト（尺度）に自分で答えながら，生きたこころを研究する方法をしっかり学んでゆく．

ここに表示された価格は本体価格です．ご購入の
際には消費税が加算されますのでご了承ください．